客家学术研究丛书
主编 陈春声 罗 勇 王 东

# 那方山水那方人

## 客家源流新说

王 东 著

SPM
南方出版传媒
广东人民出版社
·广州·

图书在版编目（CIP）数据

那方山水那方人：客家源流新说／王东著．—广州：广东人民出版社，2018.4（2023.1 重印）
（客家学术研究丛书）
ISBN 978-7-218-11205-3

Ⅰ．①那…　Ⅱ．①王…　Ⅲ．①客家人—民族历史—研究—中国 Ⅳ．①K281.1

中国版本图书馆 CIP 数据核字（2016）第 225125 号

NAFANG SHANSHUI NAFANG REN：KEJIA YUANLIU XINSHUO

那方山水那方人：客家源流新说

王　东　著



出 版 人：肖风华

出版策划：钟　菱
责任编辑：钟　菱　王红星
插　　图：曹知博
印章篆刻：林清书
装帧设计：吴长乐　金　彤
责任技编：周　杰　吴彦斌
出版发行：广东人民出版社
地　　址：广州市大沙头四马路 10 号（邮政编码：510199）
电　　话：（020）85716809（总编室）
传　　真：（020）83289585
网　　址：http：//www.gdpph.com
印　　刷：三河市同力彩印有限公司
开　　本：787mm×1092mm　1/16
印　　张：20.75　　　　字　　数：318 千
版　　次：2018 年 4 月第 1 版　2023 年 1 月第 2 次印刷
定　　价：89.00 元


ISBN 978-7-218-11205-3

王 东 安徽庐江人，历史学博士，现为华东师范大学历史系教授、博士生导师。主要研究领域是史学理论与史学史、中国区域文化史。代表性著作有：《客家学导论》《社会结构与客家人教育》《史学与中国传统文化》（与人合著）等。另在《历史研究》《中国社会科学》等海内外学术期刊上发表学术论文、译文、书评百余篇。

# 《客家学术研究丛书》总序

清嘉庆十三年（1808），执掌惠州丰湖书院的徐旭曾，受广东东莞、博罗一带“土客械斗”的触动，招集院内诸生，讲述客家源流及其语言文化。徐氏的讲述，后经门人整理，以《丰湖杂记》为名，收录在《和平徐氏族谱》之中。[①] 在客家研究的学术史上，徐氏的这份讲述，“虽文仅一千余言，然颇能简明得要，且为最先提述客家源流问题的作品”[②]，故而一直被视为研究客家历史文化的先声。

以《丰湖杂记》为起始，客家研究已走过200多年的历程。200多年来，围绕着客家历史文化所建构的知识体系，可谓丰富而又饱满。尤其是进入20世纪90年代以后，伴随着民族学、人类学和语言学等社会科学学科的纷纷介入，在多学科交叉与整合背景下的“客家学”建构，正在成为一种真正意义上的学术实践。

从学术史的角度来看，在200多年来的客家研究进程中，罗香林先生的《客家研究导论》和《客家源流考》两书，无疑是具有划时代意义的著作。前者在继承和发展徐旭曾以来客家籍传统文人士大夫对于乡土历史与文化认同的集体记忆的同时，又立足于现代的学术规范，“以科学之方法，为客观之论述”[③]，从而首次以严谨的学术理路，对客家历史与文化作了系统的梳理和厘定，并得出了客家是汉民族中的一个系统分明的“民系”（或“支系”），而不是一个独立的民族，客家是由于

---

① 详请参阅罗香林：《客家史料汇编》，香港：中国学社，1965，第297～2199页。

② 罗香林：《客家研究导论》，兴宁：希山书藏社，1933，第2页。

③ 朱希祖：《客家研究导论序》，罗香林：《客家研究导论》，朱序，第1页。

历史上多次移民运动而引发的北方汉人南迁的产物等一系列重要结论。至于《客家源流考》，则主要是以客家谱牒文献为基础，进一步夯实前书所得出的重要结论。

继罗香林先生之后，海内外学术界又推出了大量的有关客家历史与文化的研究成果。不过，直到20世纪90年代之前，这类后续的成果除了拾遗补缺之外，总体上都没有超过罗香林《客家研究导论》和《客家源流考》两书的水平。一直到了90年代之后，随着民族学、人类学和语言学等众多社会科学学科的加入，特别是随中国改革开放而来的中外学术交流与合作的日趋频繁和深入，反思罗香林先生以来的客家研究传统，突破已有的以历史源流考证、方言特征描述和民俗事象举证为旨归的有限格局，一种全新的客家研究范式才开始越来越清晰地呈现出来。

正因为如此，在学术史的分期上，我们可以把20世纪80年代中后期以前的客家研究，笼统地归入由罗香林先生所开创的学术传统。就研究范式而言，这一传统有两个重要的特点：其一，从中国历史的整体进程出发，通过梳理北方汉族人口的几次大规模南迁，来辨析客家的渊源流变，再对客家的民族归属问题进行剖判；其二，在具体的研究策略上，主要是以零星的正史材料和地方志文献为经，以大量的客家谱牒文献为纬，通过这种经纬交织的文献铺陈方式，“再现”客家的起源、形成和发展过程。

“汉族移民史”范式主导下的客家研究，经过半个多世纪的承传与发展，积累了大量的有关客家历史与文化的知识。但是，从学理的层面看，这一研究模式至少存在两个方面的严重不足。首先，也是最为重要的，这种宏观的“汉族移民史”研究理路，无法从根本上解决同一部汉人南迁史背景下南方汉族又分化成不同方言文化群体的这一重要事实。众所周知，在今天的南方汉族人群中，不仅有客家这个群体的存在，而且还有吴、湘、赣、闽、粤等诸多汉语方言文化群。从语言与文化的角度来看，他们都是在北方汉人南迁的这一共同背景下形成和发展起来的。这一事实表明，仅仅从汉人南迁这个单一的移民史维度，是无法彻底厘清客家之所以成为客家、其他南方汉语方言群体之所以不同于客家的历史文化缘由。其次，这一研究路径在整体上漠视了赣南、闽西和粤东北这片毗邻区域（笔者称之为“赣闽粤边”）历史文化景观的独特性，漠视了该区域独特的历史文化景观与客家形成及发展之间的种种内在关联。数十年来，在“汉族移民史”的研究理路影响下，作为客家赖以生存与发展地理基础的“赣闽粤边”，一直以来只是一个“配景”，是接纳北方人口南迁的“容器”，是承载随北方人口南下而来的中原文化意识、文化观念和文化事物的“集装箱”。在这种“赣闽粤边”完全“不在场”的叙事模式下，客家就是一群“中原衣冠”辗转南迁、“雅不欲与土人相混处”[①]的“中原音韵”承传者、“诗书礼乐”传播者和“爱国保族思想”的勇敢实践者。[②]至于赣闽粤边区域内部的族群关系、社会文化发展过程以及该区域与周边其他区域的互动等各种因素，对客家这个特定的区域性语言文化群体所产生的影响，在这一叙事模式之下，则一概阙如。

就主要研究策略来看，“汉族移民史”研究理路，主要立足于中国历史的宏观发展进程，经由对中国历史上几次大规模北方汉族人口南迁过程的梳理，来厘清客家人的来龙去脉，一方面借以证明客家是汉民族的重要组成部分，另一方面则彰显客家人根在中原和忠义爱国的群体特性。显而易见的是，这一研究的核心关怀，一方面是力图化解自19世纪以来华南地区日益强化的客家人与周边其他语言文化群体之间的矛盾与紧张，另一方面又与20世纪初叶以来华南地区不断高涨的民族主义思想相呼应。在这样的研究策略和核心关怀指导下，作为中国历史上重大事件的晋室南渡、安史之乱、宋金对峙、蒙元南下以及清军入关等等，遂成为理解客家起源与发展的几个最主要的历史情节。相应地，所谓“中原衣冠”“义不帝秦”“诗礼传家”“崇文重教”等，便成为客

---

① 徐旭曾：《丰湖杂记》，罗香林编：《客家史料汇编》，第299页。
② 详请参阅罗香林：《客家研究导论》，第四至第八各章。

家人或客家文化的基本特质。在过去半个多世纪的时间里，围绕着客家历史与文化所建构的一整套叙事模式，包括在这一叙事模式之下所积淀起来的有关客家历史与文化的各种知识，都与上述这套话语体系密切相关。

进入20世纪90年代之后，伴随着民族学和文化人类学等学科的纷纷介入，特别是经过中国史研究从原先的“宏大叙事”向中观层面的“区域史”路向的转变，不同学科的学者都开始了对罗香林先生所开创的学术传统进行反思与检讨。正是在这一反思与检讨的过程中，客家研究进入了学术上的“突破”期。

这一时期所谓的“突破”，尽管体现在问题意识、研究理路、概念工具乃至具体方法等各个不同的面向，但由此前“汉族移民史”的宏大叙事模式，向“区域社会史”叙事模式的转向，则是这一时期最为引人注目的学术现象。尽管就严格的意义而言，最近二三十年来所问世的客家研究成果，丰富而又驳杂，以至于我们很难用某种统一的理论范式来加以归类；但是，把客家的起源、形成与发展以及客家文化的类型特征放置于特定的区域社会史的脉络之中，从区域社会的发展过程、人口流动、族群关系、生计类型、贸易网络、区域互动等各个不同角度，来理解客家这个特定的方言文化群体的形成与发展，辨析客家文化与周边其他区域文化的异同，则是这一时期众多研究者的共同取向。在“区域社会史”的脉络下，客家这个地域性的语言文化群体，就不再是一群行色匆匆的北方来客（及其后裔），而是赣闽粤边地域社会与文化发展的必然结果。这一研究的整体理路，是以赣闽粤边这一特定的地理范围及其相邻区域为基础，揭示具体的时间和空间因素与作为历史主体的人在构成区域历史或区域文化过程中所扮演的不同角色及作用。它重在从区域内部的人地关系、族群关系以及该区域与周边其他区域的互动过程中，来理解地域社会的类型及其特征。与以往那种宏观的汉族移民史研究理路相比，这一研究路径所开凿出的诸多研究课题，所发展出的各种研究方法，所凝练出的各种理论诠释，不仅极大地拓展和深化了我们对于客家历史与文化的认知，而且为推动中国区域社会史研究向纵深的发展提供了丰沛的学术资源。

正是基于对百余年来客家研究学术史的以上认识，我们在编辑这套“客家学术研究丛书”时，把罗香林先生的《客家研究导论》和《客家源流考》作为整套丛书的第一种。这样的结构安排，既是对百余年来客家研究学术史的尊重，更是对罗香林先生这份学术遗产的格外珍视。而整套丛书所希望重点呈现的，自然是最近若干年来客家研究界所贡献的一系列最新成果。这里需要特别说明的是，客家研究从19世纪中叶以来，就是一项世界性的学术事业。从近代来华的西方传教士、外交官，到当代欧美和日本的中国学研究界，关于客家人、客家历史及文化的研究，一直就未曾中断过。在最近二三十年来客家研究的发展与“突破”过程中，一些来自于海外的学术成果，就起着十分重要的作用。因此，在着手编辑这套丛书时，我们也曾考虑将海外学术界的重要成果加以收录。然而，由于这些成果大都是以外文出版或发表的，短时间内很难一一译成中文。故而，除梁肇庭先生的著作外，其他的成果暂时都未能编入丛书。这当然是非常遗憾的。我们殷切地期待译界朋友能尽快地将这些成果系统地迻译过来，一方面以嘉惠整个学林，另一方面也让这套丛书在内容上更加丰富和饱满。

是为序。

王　东

2018年2月1日

# 再版前言

《那方那水那方人：客家源流新说》，是教育部哲学社会科学“十五”规划首批立项课题的最终成果集结。原书由华东师范大学出版社于2007年出版。让我多少有点意外的是，在该书出版差不多十年之后，广东人民出版社还把它列入“客家学术研究丛书”，准备再版。多年前的旧作能够新版，对作者而言自然是一件值得高兴的事。

根据广东人民出版社的相关要求，凡收入“客家学术研究丛书”的著作，都应该做相应的修订或补充。这一原本合情合理的要求，对我而言却甚是为难。首先，这些年来，我虽然一直在做与客家有关的学术研究，但本书中形成的相关结论则一直维持未变，没有新的突破。其次，我一直有一个偏见，认为一本著作自它出版之时起，便有了独立的生命。既然如此，以十年后的识见来修订或补充此前的文字，似乎也就没有什么必要。好在出版社的朋友宽容地理解了我，并接受了我因慵懒而未对原书稿作任何修订。

我本人因慵懒而未对原书稿作任何修订，但细心的编辑朋友还是找出了原书中的很多文字错误，并一一予以改正。对于他们的努力，我还是心存感激的。

王　东

2018年1月10日

客家文库

# 目 录


序　　朱政惠　胡逢祥 / 1

导　言

一、客家研究的学术史回顾 / 1

二、存在的问题 / 17

三、本书的相关概念与分析路径 / 27

第一章　赣闽粤边的山形水势与现代客家方言地理

一、赣闽粤边的现代客家方言地理 / 36

二、赣闽粤边的地貌特征与客家方言格局 / 48

三、赣闽粤边的河流走向与客家方言格局 / 54

四、三点结论 / 60

第二章　赣闽粤边的民族源流与早期区域开发

一、赣闽粤边的早期居民蠡测 / 64

二、帝国拓边与早期区域开发 / 71
三、民族融合与分化 / 83

第三章　隋唐时期的赣闽粤边
一、隋末唐初的赣闽粤边 / 95
二、唐中期以降赣闽粤边的人口重建 / 97
三、结论 / 110

第四章　苗瑶语族的迁入与赣闽粤边的民族新格局
一、苗瑶语族溯源 / 112
二、苗瑶语族向赣闽粤边的迁移 / 118
三、北宋开梅山与畲族的形成 / 130
四、余论 / 136

第五章　宋代赣闽粤边的地域社会与文化
一、北宋时期的赣闽粤边 / 139
二、靖康之乱后赣闽粤边的人口新格局 / 146
三、私盐贸易与区域联系网络的形成 / 155
四、南宋以降粤东北地区的人口重建 / 164
五、客家方言群的孕育 / 172

第六章　民族融合与客家方言群的形成
一、赣闽粤边民族融合的展开 / 185
二、赣闽粤边民族融合的新趋势 / 191
三、客家方言群的形成 / 203

**第七章　人口流动与客家方言群地域格局的变迁**

一、赣闽粤边内部的人口流动 / 215

二、社会动乱与流民“安辑” / 227

三、王守仁巡抚南赣与“新民”的定居落籍 / 232

四、粤东北和粤北山区的客家流民 / 246

**结语　离心式移民的展开与客家方言群的裂变**

一、早期的离心式移民及其迁移方式 / 255

二、走天涯与大裂变 / 263

三、移民的定居落籍与土客关系 / 278

**附录　主要引用文献** / 301

# 序

《那方山水那方人：客家源流新说》，是教育部哲学社会科学“十五”规划首批立项课题——“赣闽粤边：一个方言群的历史与神话”之最终成果集结。在前不久举行的第十八次上海市哲学社会科学学术著作出版资助评审中，该成果经专家的审读和评定，获得出版资助，即将付梓出版。作为书稿的推介人和最早的读者，我们愿意就该书稿提出一些综合性的评介意见，权为之序。

书稿的作者王东教授是我们的同事。他从20世纪80年代后期开始，就专注于客家历史与文化的研究。十多年间，他先后出版了《客家学导论》和《社会结构与客家人教育》等著作，并发表相关学术论文数十篇。在长期的学术积累的基础上，他于2001年提出“赣闽粤边：一个方言群的历史与神话”之研究计划。该计划后来成为教育部哲学社会科学“十五”规划首批立项的课题之一。从这个意义上来讲，该书稿可视为作者此前十多年的学术积淀和最近五年来苦心孤诣的心血之作。

打开书稿，给人的第一印象是引证的资料十分丰富。长期以来，学术界在讨论客家的渊源流变时，基本上都是把谱牒文献视为第一手的资料，至于谱牒以外的文献，则鲜少有人问津。在本书中，作者从方法论的高度，对谱牒文献的局限性进行了深入细致的分析。作者认为，由于传世的谱牒大多编修于明清时期，加之编修谱牒的主要目的，乃在于提高本家族的社会地位，因此，谱牒文献中有关家族远祖世系源流部分的记载，其可靠性往往很低。把这些不尽可靠的家族世系源流视为信史，并据以追溯客家的渊源流变，得出来的结论自然破绽百出。有鉴于此，作者在写作本书时，把资料收集的范围扩大到正史、地理总志、地方志和私人文集等各个方面。据书稿所附的“主要引用文献”目录可知，书中征引的各类史籍、地理志、文集以及各个时期的地方史志文献凡数百种。至于宋元以来赣南、闽西和粤东北各地传世的地方史志文献，更是几乎被作者一网打尽。在广泛收集资料的基础上，作者在写作过程中，又做了细致的披沙拣金和去芜存菁的工作。在士林浮躁、学风空疏的当下，作者这种严谨的治学态度，无疑是十分难得的。由于作者是在丰富而又扎实的史料基础上展开其研究工作的，故而，书中的相关结论便具有很强的说服力和穿透力。

书稿虽以讨论客家人的起源、形成和发展为主旨，但作者并不是就客家论客家，而是把客家这个地域性的语言文化群体之起源、形成与发展，放到赣闽粤边这一特定的地理和社会空间来加以考察。作者认为，客家这个地域性的语言与文化群体之起源和形成，远非像以往的研究成果所显现的那样简单——仅仅是北方人口南迁的产物。在以往的那种移民史视野观照下，赣闽粤边对于客家的起源与形成而言，一直只是一个“配景”，充其量也只是被视作为接纳北方人口南迁的“容器”，是承载随北方人口南下而带来的中原文化意识、文化观念和文化事物的“集装箱”。有鉴于此，作者在书中别出心裁地把赣闽粤边作为基本的研究单位，从赣闽粤边的山形水势、水陆交通体系、区域开发进程、地方行政建置、历史时期的人口迁移和人口发展过程、区域贸易网络的形成等各个角度，来动态地、立体地分析时空因素与作为主体的人的历史性活动之间的种种内在关系。经过作者这种层层剥笋式的分析，客家这个地域性的语言与文化群体，就不再是一群行色匆匆的北方来客，而是赣闽边地域社会与文化发展的必然结果。与以往那种单纯的移民史研究方法相比，作者的这一研究路径和研究策略，其优点自然更加明显。也正因为如此，全书的论述总给人以一种厚重和丰满之感。

当然，书稿也存在一些不足之处。例如，在客家的界定问题上，作者认为客家既不是一般所谓的“民系”，也不是西方社会学术语中的“族群”，而是一个“方言群”。但是，对于“方言群”这个概念的内涵与外延以及方言群划分的相关理论等问题，却并没有加以明确的厘定和系统的梳理。再如，作者把客家界定为方言群，但是全书有关客家方言的实证性研究，却稍显薄弱。

总体而言，王东教授的这本新作，算得上是一份资料丰富、结构严谨、视野开阔、结论缜密的学术成果。我们相信，它的问世一定会把客家研究推向一个新的学术高度。

朱政惠　胡逢祥

2006 年 4 月 18 日

# 导　言

## 一、客家研究的学术史回顾

1933年，客家籍的文史学者罗香林教授，出版了首部以汉民族客家方言群（原作者称之为“客家民系”）历史与文化为研究对象的学术著作——《客家研究导论》。[①] 以该书的出版为标志，立足于现代学术规范的客家研究工作，遂如火如荼地开展起来。

从《客家研究导论》的出版，到20世纪的80年代，海内外学术界出版了大量有关客家源流及其历史与文化的研究成果。[②] 不过，从总体上来看，这一时期问世的众多研究成果，基本上都没有超过罗香林在《客家研究导论》一书中所达到的学术水平。即便是罗香林本人，在20世纪50年代出版的《客家源流考》[③] 一书，也基本上是因袭他在《客家研究导论》中的主要观点，只不过在材料上稍有补充罢了。

正因为如此，在学术史的分期上，我们可以把20世纪80年代中后期之前的客家研究，笼统地归入罗香林所开启的学术传统。就研究范式（paradigm）而言，这一传统有两个重要的特点：其一，从中国历史的总体进

---

① 《客家研究导论》1933年由广东兴宁希山书藏社初版发行，台北古亭书屋于1975年、台北众文图书有限公司于1981年、台北南天书局于1992年、上海文艺出版社于1992年再版发行。

② 这些成果主要包括：罗香林《客家源流考》（1950年）、郭寿华《客家源流新志》（1963年）、陈运栋《客家人》（1978年）、邓迅之《客家源流研究》（1982年）、雨青《客家人寻根》（1985年）等。

③ 罗香林的《客家源流考》问世于1950年，最初收录在1950年12月出版、由罗香林自己主编的《香港崇正总会三十周年纪念特刊》上。由张卫东和王洪友编辑、上海同济大学出版社1989年出版的《客家研究》第一辑，首次辑录该书。同年，北京中国华侨出版公司出版了该书的单行本。

程发出，通过梳理北方汉族人口的几次大规模南迁，来辨析客家的渊源流变，在此基础之上，再对客家的民族归属问题进行判别，并由此得出客家并非一个独立的民族，而是汉民族内部的一个系统分明、具有独特个性的“民系”等一系列重要结论；其二，在具体的研究策略上，主要是以零星的正史材料和地方志文献为经，以大量的客家家谱文献为纬，通过这种经纬交织的文献铺陈，“再现”客家的起源、形成和发展过程。

从20世纪80年代中后期开始，客家研究进入了学术上的突破时期。在这期间，以下几本著作尤其值得关注。

首先是房学嘉的《客家源流探奥》。① 该书初版于1994年，它是新时期中国大陆学术界研究客家源流的较早专著之一。在该书中，作者通过对客家地区（主要是作者所熟悉的广东省梅州地区）历史时期人文事象的探讨，以及对客家文化与历史上百越文化的比较研究，得出这样的结论：长期生活在赣闽粤边的客家人，“是南迁的中原人与闽粤赣三角地区的古越族遗民混化以后产生的共同体，其主体是生活在这片土地上的古越族人民，而不是少数流落于这一地区的中原人。”②

房学嘉的这一观点，可以说是对罗香林以来海内外学术界有关客家研究成果的全面否定。罗香林在《客家研究导论》和《客家源流考》两书中所作的研究，概括起来主要有两点结论：其一，客家是汉民族的一个民系（或支系），而不是一个独立的民族；其二，客家是由于历史上的多次移民运动而引发的北方汉人南迁的产物。自从罗香林的观点发表以来，半个多世纪中海内外学术界关于客家问题的研究，基本上都是以罗氏的上述观点为出发点的。从这个意义上来说，房学嘉的这一观点，可谓石破天惊。

从总体上来讲，我认为房学嘉的这一观点是完全站不住脚的。对此，本人在拙著《客家学导论》中已作过详细的讨论。③ 不过，如果全面地看，该书在一些具体的问题上，还是提出了若干有价值的学术见解。长期以来，在罗香林“客家民系，最令人注意的，为狭义的种族思想及由此思想所表现的

---

① 广州广东高等教育出版社1994年初版，台北武陵出版社1996年再版。

② 房学嘉：《客家源流探奥》，广州：广东高等教育出版社，1994年，第36页。

③ 王东：《客家学导论》，上海：上海人民出版社，1996年，第61～67页。

种种活动或行为"①的观点影响下，很多学者在探讨客家的源流时，总是自觉或不自觉地把客家视作为汉民族的"正统"所在。诸如所谓客家是"汉族里头一个系统分明的、富有忠义思想、民族意识的民系……是中原最纯正的正统汉人的后裔"②，再如所谓"客家多为中原贵族名门的后裔，他们保持中原文化的传统，并为此而自豪……客家人的凝聚性是公认的事实，他们无论走到哪里，都保持自己的语言和习俗，不肯与外族通婚"③，等等。正像有研究者所指出的那样，长期以来，有关客家源流问题的研究之所以一直无法超越罗香林的水平，其中很重要的一个原因，就在于有些研究者在讨论客家的源流时，"或多或少渗进了种族主义、主观主义等不科学的方法、不正确的情绪"④。正因为如此，在以往的研究过程中，一谈到客家的源流，就仅仅把他们视之为北方汉人南迁的产物。试想，在今天的汉语各南方方言群中，有哪一个方言群的形成不是北方汉人南迁的结果？换句话说，在北方汉人南迁的同一部移民史背景下，不仅形成了客家方言群，而且还形成了吴方言群、湘方言群、赣方言群、闽方言群和粤方言群。这一事实本身就足以表明，单纯从北方汉人南迁的角度，是无法彻底厘清客家人的来龙去脉的。如果辩证地看问题，除了北方汉人南迁这一基本的线索之外，南方各地的自然地理条件、区域开发的次第、原住民的构成等，恐怕都是形成汉语各南方方言群的重要因素。然而，长期以来，正是在这种种族主义和主观主义的影响下，一代又一代的客家问题研究者，看到的只是罗香林在多年前早就阐述过的汉人南迁这一基本事实，而无视甚至有意回避赣闽粤边的原住民与北方汉人之间的互动以及这种互动在客家形成过程中的作用。正如日本学者中川学所批评的那样，这种"把客家的形成史，看成（是汉人）由北向南迁徙过程中历史阶段的一种研究，其根本动机终究是离不开把客家的源流看作是支撑古代中原王朝的一股力量。因而，由客家本身所作的客家研究，很自然地就归趋于其认同感的确认作业上……试问，在讨论到客家迁徙到华南山岳地带获得安堵之

① 罗香林：《客家研究导论》，台北：南天书局，1992年，第277页。

② 陈运栋：《台湾的客家人》，台北：台原出版社，1989年，第38页。

③ 曾维才：《谈谈先于客家民系生活于闽粤赣三省交界地区土著居民的成分》，载吴泽主编：《客家学研究》第二辑，上海：上海人民出版社，1990年。

④ 谢重光：《客家源流新探》，福州：福建教育出版社，1995年，第2页。

际，是否应先探讨：客家先民与土著非汉族之间的关系如何？他们在相互之间是否有婚姻关系？……这些问题都不加以讨论，却热衷于优先讨论证明客家为纯正的汉族。这种态度是颇值得商榷的”①。

如果避开《客家源流探奥》一书中的前述主要观点不谈，仅就作者在该书中所采用的研究路径来看，房学嘉的有关努力也是值得肯定的。首先，作者力图打破自罗香林以来一直局限于从汉人南迁史的角度来探讨客家源流的旧有格局，立足于赣闽粤边的人文地理背景，并试图从赣闽粤边的土著民族与土著文化的渊源流变中，对客家的源流和形成问题，提出新的见解（尽管这一新的见解在总体上是不能成立的）。其次，作者在运用传统文献材料的同时，还将文化人类学研究中的田野调查方法，引入客家研究领域，并通过大量的田野调查所得，分析客家人在血缘和文化两个方面与赣闽粤边土著民族（主要是较早时期的古越族和唐宋以后的畲族）之间的内在关联。② 这种研究思路和研究方法，突破了罗香林以来的客家研究传统，为新时期客家研究范式的转换，做了有益的尝试。

其次是谢重光的《客家源流新探》。③ 该书初版于 1995 年，是近十年来系统地研究客家源流及其形成过程的具有较大影响的著作之一。在该书中，作者凭借其深厚的历史学功底，对客家研究领域多年来相沿成俗的许多似是而非的问题，进行了系统的梳理，并一一予以廓清。例如，罗香林在《客家研究导论》和《客家源流考》两书中，一方面“以客家方言的形成及分布”来“建立客家的界说”,④ 但是，另一方面又将客家与晋代的“给客制度”和唐宋时期的“客户”联系起来。⑤ 在这以后，很多人在讨论客家的源流时，都把客家与“给客制度”或“客户”联系起来。例如，邓迅之在《客家源流研究》一书中就认为：“至于客家的名称由来，则在五胡乱华、中原人民辗

---

① 中川学：《中国客家史研究的新动向》，载《一桥论丛》，1977 年第 4 期，转引自陈运栋：《台湾的客家人》，台北：台原出版社，1989 年，第 38 ～ 39 页。

② 详请参阅房学嘉：《客家源流探奥》之第三部分《客家妇女与客家源流》，广州：广东高等教育出版社，1994 年，第 255 ～ 296 页

③ 福州福建教育出版社 1995 年初版，台北武陵出版社 1998 年再版。

④ 罗香林：《客家研究导论》，台北：南天书局，1992 年，第 18 页。

⑤ 罗香林：《客家研究导论》，台北：南天书局，1992 年，第 57 ～ 58 页。罗香林：《客家源流考》，北京：中国华侨出版公司，1989 年，第 41 ～ 42 页。

转南迁的时候，已有给客制度……由此可知，客家的‘客’字，是沿袭晋元帝诏书所定的。其后到了唐宋，政府簿籍乃有‘客户’的专称。而客家一词，则为民间的通称。”① 显然，在邓氏看来，客家的称谓最早来自于“给客制度”，至于唐宋时期的“客户”，只不过是政府簿籍对客家的专称而已。再如，雨青在《客家人寻根》一书中，甚至还专门列有“晋元帝给客制度”一节，借以说明客家称谓与“给客制度”之间的内在联系。作者在该节中有这样一段解说性的文字：“客家名称的由来，虽然出自晋元帝‘给客制度’的诏书。但是这里所说的‘客’，应该是广义的‘客’，而不是单纯地指今日客家人的‘客’。这种广义的‘客’，一部分演化为‘越海系’，一部分演化为‘湘赣系’。各系演化以后，各有各的名称。”② 尽管有一大段限定性的文字，但在把客家的称谓追溯到“给客制度”这一点上，并没有任何不同。在《客家源流新探》一书中，作者以大量翔实的材料，对涉及客家称谓问题的种种看法，一一予以辨明，从而廓清了客家研究界多年来相沿成习但却似是而非的观点。作者以其深厚的历史学素养，对晋代“给客制度”的实质，对唐宋时期“主户”与“客户”的内涵等，分别予以厘清。作者通过大量的史实证明：“自晋至唐，史籍中常见‘客’、‘僮客’、‘佃客’、‘浮客’、‘逃移客户’之称，不过这一时期带有‘客’字的种种称谓，大多是指流离失所、无以为业，不得已投靠大姓受其奴役的贫穷百姓。他们在身份上是低于平民一等的半自由民，在分布上则是全国各地所在多有。这样的‘客’、‘客户’，与后世聚居于闽粤赣交界区域，与当地旧居民即‘土著’相对称的‘客家’毫无关系。”至于唐、宋时期政府簿籍中所说的“主户”和“客户”，“则完全是当时户籍制度基于财产之有无、多寡所作的区分。其中有土地的人家称为主户……客户则是完全没有土地、靠佃耕地主之土地为生的人家”。③ 经过他的这一番梳理之后，“可知罗香林先生把宋代赣闽粤交界区域各州的客户当作自北方迁来的客民，以宋代主客户的比重变化说明客家的壮大，并以开始

① 邓迅之：《客家源流研究》，台北：天明出版社，1982 年，第 32 ～ 33 页。
② 雨青：《客家人寻根》，台北：武陵出版社，1985 年，第 34 ～ 35 页。
③ 谢重光：《客家源流新探》，福州：福建教育出版社，1995 年，第 4 ～ 5 页。

实行主客户制度的宋初作为客家民系正式形成的时间起点，实为根本性的错误”[1]。这样，自20世纪30年代以来所形成的有关客家界说以及客家形成的时间起点等陈说，基本上都被推翻。在此基础上，学术界才有可能对罗香林的既有成果展开全面的突破。

当然，《客家源流新探》一书最主要的学术成就还不在于“破”的一面，而在于“立”的一面。在破除了客家研究界多年来相沿成俗的种种似是而非的结论之后，作者还就客家的界定、客家的源流、客家的形成和客家的发展等若干重大问题，分别作了极具学术价值的研究。例如，就客家的界定而言，如前所述，尽管罗香林关于客家的界定在整体上是基于“客家的方言及其分布”；但是，由于他又把客家与“给客制度”和“客户”等混在一起，从而使得他的界定往往前后矛盾。在该书中，作者明白无误地指出：“客家是一个文化的概念，而不是一个种族的概念。”[2] 既然客家首先是一个文化的概念，那么，在客家形成的过程中，起作用的就不仅是北方汉人南迁这个唯一的因素，而应该包括赣闽粤边原住民的历史与文化等多种因素。依循这一线索，作者详细地考察了赣闽粤边（作者在书中称之为“客家基本住地”）在不同历史时期的自然条件和社会状况，并结合不同历史时期的区域开发和行政建置，来分析北方移民和当地土著的互动关系，借以说明具体的时间、空间因素与作为历史主体的人（移民与原住民）在构成区域历史或区域文化过程中所扮演的不同角色及其作用。在此基础上，作者得出了一系列崭新的结论：并非所有自北而南的移民都与客家人的形成直接关联，与客家源流真正相关的主要是唐宋时期的北方移民；在客家人的形成过程中，赣闽粤边的原住民也是不可或缺的重要因素，客家人正是他们与北方南迁汉人互动的结果，如果没有赣闽粤边原住民及其文化的“参与”，就不可能形成极具地域特色的客家文化；客家的形成，其起始时间不可能在五代、宋初，而是晚至南宋时期，等等。以上结论，对后来的客家研究，均具有重大的启发和参考价值。

再次是陈支平的《客家源流新论》。[3] 该书初版于1997年，也是新时期

① 谢重光：《客家源流新探》，福州：福建教育出版社，1995年，第6页。
② 谢重光：《客家源流新探》，福州：福建教育出版社，1995年，第12页。
③ 南宁广西教育出版社1997年初版，台北台原出版社1998年再版。

探讨客家源流问题的有较大影响的著作之一。前已指出，罗香林通过《客家研究导论》和《客家源流考》两书，为梳理客家源流建构了一个方法论的原则：即以零星的正史和方志文献为经，以大量的客家家谱文献为纬，通过这种经纬交织的文献铺陈，再现客家的起源、形成和发展过程。几十年来，罗氏所倡导的这一方法论，为一代又一代的客家问题研究者所因循。从邓迅之的《客家源流研究》，到陈运栋的《客家人》，再到雨青的《客家人寻根》，几乎都把罗香林的这一方法论视作讨论客家源流问题的不二之法。由于这一方法十分注重正史、方志和家谱文献的相互印证，给人以强烈的“实证”印象，故而，学术界对于在这一方法论背景下所形成的相关结论，也一直深信不疑。罗香林在《客家研究导论》和《客家源流考》两书中所提出的客家两阶段形成说和三阶段发展说,[①] 之所以一直被视作为客家源流的经典性结论，其原因正在于此。

在《客家源流新论》一书中，陈支平对罗香林以来的客家研究方法论，进行了一定程度的反思。作者认为，罗香林在运用谱牒文献考证客家的源流时，存在着两个方面的问题：一是仅引证能够说明自己观点的材料，而把同书中不能说明自己观点的材料摒弃不用；二是仅关心客家人的族谱，而极少参证非客家人的族谱。由此而导致的后果，就是“限制了全面考察客家源流的视野，陷于就客家论客家的圈子”。而他在《客家源流新论》一书中所要做的工作，就是“试图把闽、粤、赣、台等地不同民系的族谱综合起来，相互参照，从而对客家人的来龙去脉作出一个新的解释”[②]。由此看来，作者对

① 所谓客家两阶段形成说和三阶段发展说，就是指罗香林在《客家研究导论》和《客家源流考》二书中所概括的“客家民系”形成和发展理论。其具体结论是：西晋的永嘉之乱及稍后的五胡乱华，导致中原汉人大批南迁，其中有一支“司豫流人”，即为“客家先民”，他们在南北朝至隋唐时期不断向南迁移，“远者已达赣省中部、南部，其近者则仍淹滞于淮、汝、汉诸水间……故自东晋至隋唐，可说是客家先民自北南徙的第一时期”；唐代末年，由于受黄巢事变的影响，原先的“司豫流人”再次向南迁移，“这次迁移，其远者已达惠、嘉、韶等地，其近者则达福建宁化、长汀、上杭、永定等地，其更近者，则在赣东、赣南各地”，他们在五代至北宋初年，形成“客家民系”；两宋时期，特别是南宋末年，迫于金人和元人的相继入侵，生活在赣闽粤边的客家人再次向外迁移，从而形成“客家第三次的迁移运动”；清代初年，一方面由于满族的入主中原，另一方面亦由于赣闽粤边人口与土地矛盾的不断激化，客家人开始“第四次的迁移”，纷纷迁入广东沿海、四川和中国台湾等地；清代后期，随着人口的进一步增加，客家人再次大规模向外迁移，远者已达海外。其中，前两个阶段的迁移形成了“客家民系”，后三个阶段的迁移，则壮大、发展了客家民系。

② 陈支平：《客家源流新论》，南宁：广西教育出版社，1997 年，第 5 页。

罗香林的客家研究方法论，只是做了一些技术性的调整而已。正因为如此，在具体的研究策略上，《客家源流新论》基本上还是因袭罗香林所开启的学术路径，即通过梳理谱牒文献中的始迁祖郡望、南迁过程、支系繁衍等线索，来“复原”客家人的渊源流变。不过，他得出的结论却与罗香林截然不同。作者在大量地排比了客家和非客家的谱牒文献之后，不仅发现“客家人与非客家人的中原居地没有差别”、“客家人与非客家人的南迁过程大致相同”，而且还发现了“客家人与非客家人南迁时同祖而分支”、“由非客家人分支而成为客家人”、“由客家人分支而成为非客家人”、“客家人与非客家人的反复交错迁移”等诸多事实。据此，他得出结论：“客家民系与南方各民系的主要源流（均）来自北方，客家血统与闽、粤、赣等省的其他非客家汉民的血统并无明显差别，客家民系是由南方各民系相互融合而形成的，他们都是中华民族一千多年来大融合的结果。”①

以相同的研究路径，从同样性质的文献（家谱）出发，却得出了截然不同的结论。这一事实本身就足以说明，仅仅凭谱牒文献来梳理客家的源流，在方法论上是大有问题的。尽管陈支平的本意并非在此，但是，他的“无心插柳”，客观上却为罗香林以来的客家研究方法论凿开一道深深的“缺口”。沿着这道“缺口”，进一步反思罗香林以来的客家研究传统，我们才有可能在继承这份学术遗产的同时，又能推陈出新，把对客家历史与文化的研究推向一个更高的层次。

除上述三本著作之外，这里还应该提及已故澳大利亚籍学者梁肇庭（Sow-Theng Leong）的《中国历史上的移民与族群性：客家、棚民及其邻居们》（*Migration and Ethnicity in Chinese History*，*Hakkas*，*Pengmin and Their Neighbors*）一书。该书于1997年由美国斯坦福大学出版社初版，次年，台北南天书局以英文版原式再版发行。在该书中，作者不仅首次将西方社会学中的“族群”（ethnic group）概念与客家联系起来，而且还就16至19世纪客家移民运动的时间图式和空间特征，进行了别开生面的研究。为了分析客家移民运动的时间图式和空间特征，作者别出心裁地用三个具有内在联系的概念，

① 陈支平：《客家源流新论》，南宁：广西教育出版社，1997年，第123页。

建构了一个基本的分析模型：族群性（ethnicity）的分析概念、中国内地移民史（the history of internal migration in China）和施坚雅（G. William Skinner）的区域系统理论（the regional system methodology）。关于“族群”及“族群性”的概念，作者是从梳理帕特森（Orlando Patterson）和巴斯（Frederik Barth）等人的社会学理论开始的。从帕特森关于“文化群”（the cultural group）和“族群”划分的理论出发，作者特别强调“文化群”先于“族群”这一重要观点，并对“文化群”演变为“族群”的过程及其原因进行了分析。作者指出，当一个“文化群”因为人口迁移而与周边的其他“文化群”发生接触的时候，彼此间往往会在生存资源方面产生这样或那样的竞争，并由竞争而导致冲突（conflict）。一旦这种竞争和冲突的局面形成，身处冲突前沿的成员就会形成越来越强固的自我认同意识。随着这种自我认同意识的不断强化，“我群”与“他群”之间的无形边界就会越来越清晰。为了解释这一点，作者又引证了巴斯关于“族群边界”（the ethnic boundary）划分的理论。巴斯认为，“族群”并不是在一种社会文化的孤立状态中发展起来的，相反，它是在不同的社会群体发生交互作用（interaction）之后才形成的。正是由于这种交互作用，不同的群体间才会产生明确的“边界”概念。“边界”的形成与划分，是“族群”形成的重要标志。由于“边界”总是在不同群体间发生交互作用的前沿地带才会产生，因此某一“族群”的形成，并非意味着某一“文化群”的所有成员都变成这个“族群”，而是意味着只有那些与其他“文化群”发生交互作用的成员，才会凝聚成为一个“族群”。①

“族群”是不同的“文化群”在交互作用之中形成的，而这种交互作用往往又是由于移民而引发的，故而，作者在讨论了“族群”这个概念之后，便顺理成章地提出了另一个重要概念——“中国内地移民史”。所谓“内地移民”，是与“国际移民”相对应的一个概念，它是指发生在同一个国家内部不同区域间的人口迁移现象。作者认为，发生在中华帝国晚期——16 世纪末至 19 世纪中叶的客家移民，也是整个“中国内地移民史”的组成部分。

---

① Sow-Theng Leong. *Migration and Ethnicity in Chinese History*, *Hakkas*, *Pengmin and their Neighbors*, SMC Publishing Inc., Taipei, 1998, pp. 19～21.

那么，发生在中华帝国晚期的客家移民，是由什么原因引起的呢？为了分析个中的缘由，作者引证了施坚雅的“区域系统理论”。在施坚雅看来，传统的中国，并不是一个统一的社会和经济实体，它实际上是一个由功能独特、发展周期不尽相同的区域化城乡体系所构成的集合体。从地形地貌和市场层级的角度来看，传统的中国可分为九大宏观区域（macro regional），每个宏观区域都有自己的发展周期。传统中国的社会与经济发展节律，就是由这九个宏观区域的发展周期所共同决定的。当某一个宏观区域的经济进入发展的高峰时，就会吸引其周边的人口，导致其“边际区”的人口向“核心区”迁移。反之，当这个区域的经济发展高潮过后，原先聚居在这里的移民也开始退潮，并纷纷退到原来的“边际区”，或涌向另一个进入经济发展高潮的区域。明清时期的客家移民，之所以在不同的时间、沿着不同方向展开迁移，根本就是由岭南、东南沿海和江西等几个宏观区域的发展周期所决定的。①

作者认为，通过上述三个概念所建构起来的这一分析模型，不仅可以用来分析客家移民的时间图式和空间特征，而且也有助于分析移民团体的“族群性”问题。据此，作者得出以下四个重要结论：

其一，16 世纪以降，发生在东南沿海、岭南和江西等不同区域内的客家移民运动，是对每个宏观区域内“核心区”与“边际区”交互作用的一种人口统计学意义上的反映。当某一区域进入经济发展的高潮时，它所提供的经济机会就越多，尤其是在它的核心区域，情况更是如此。这样，原先居住在其边际区的人口，就会在它的吸引之下进行迁移。

其二，当这个区域的经济发展开始收缩之后，移民也会随之而退潮。原先聚居在这里的大量移民人口，或者移居到原先的边际区域，或者移居到另一个区域的边际区。

其三，在经济发展的收缩时期，由于生存资源的竞争开始加剧，移民的族群认同和族群动员也会随之而突显起来。

其四，客家移民是随着其周边不同区域发展周期的交替变化而在不同时

① Sow-Theng Leong. *Migration and Ethnicity in Chinese History, Hakkas, Pengmin and their Neighbors*, SMC Publishing Inc., Taipei, 1998, pp. 21～25.

间、播迁到不同区域的，而每个区域都有自己独特的土著社会和文化系统，因此播迁到不同区域的客家人，尽管他们都有着共同的文化背景，但是，由于各自区域内土著社会与文化系统的差异，以及生存资源、土客矛盾和冲突形式的差异等各种原因，移民群体的“族群”表达方式也是不完全相同的。①

正像本书的书名所显示的那样，梁氏的这部遗著并不是一本旨在研究客家历史与文化的专著，而是一本讨论发生在中华帝国晚期的移民运动及其族群性问题的著作。尽管如此，对于任何一位从事客家研究的学者而言，本书的价值都是不言而喻的。

如前所述，数十年来，由罗香林的《客家研究导论》和《客家源流考》两书所奠定起来的客家研究范式，影响了一代又一代的客家历史与文化研究者。这一范式的最大问题在于：仅仅着眼于从中国历史的宏观进程出发，通过梳理北方游牧民族的内迁与汉民族南下之间的历史性关联，来讨论客家的源流及其发展，而无视不同历史时期中国境内不同区域的经济发展差异以及这种差异对人口格局的影响。在这一范式的影响下，一部客家的发展史，被理解成一支血统纯正的汉族为避免异民族的统治而东奔西走的历史。正因为如此，不同历史时期北方游牧民族的内迁及其与汉民族的互动，成为理解客家这个独特群体形成和发展的唯一线索。于是，晋室南渡、宋金对峙、宋室南迁、蒙元南下、满清入关等，遂成为描述客家历史与文化发展进程的基本情节。

然而，正像梁氏在该书中所揭示的那样，至少对于16世纪以降由赣闽粤边迁入岭南、东南沿海和江西等区域的那部分客家人而言，他们的对外迁移，主要是基于经济的原因，而不是由于民族的或政治的原因。这至少从一个侧面证明，以往的那种客家研究范式，存在着很大的偏颇。

对于客家研究而言，该书的另一个重大贡献在于：作者引入了西方社会学理论中的“族群”概念，并用“族群”理论来分析客家“文化群”因迁移而产生的种种次生形态。有关“族群”概念及其理论对客家研究的意义，我

① Sow-Theng Leong. *Migration and Ethnicity in Chinese History, Hakkas, Pengmin and their Neighbors*, SMC Publishing Inc., Taipei, 1998, pp. 26.

们将在下一节作详细的分析。

如果说以上几本著作大体上代表了近十年来学术界对罗香林以来客家研究传统的反思、超越和突破，[①] 那么，这期间问世的大量专题性和区域性的研究成果，则体现了学术界对客家研究领域的不断拓展和实证研究的进一步深化。

在20世纪90年代之前，从事客家问题研究的学者，大多数都是历史学家、汉语方言学家或地方文史工作者。正是在这种学科背景之下，长期以来的客家问题研究，一直停留在探讨客家源流、粗线条地“复原”客家历史、描述客家方言特征、介绍客家民风民俗的格局之中。然而，从20世纪90年代初开始，一大批社会学者、文化人类学者相继加入客家研究的行列。他们的到来，不仅壮大了客家研究的队伍，而且还有力地推动了方法论的创新和研究视角的转换。正是在这种新的学科背景之下，一些极具学术价值的专题性和区域性研究计划才得以形成，一批优秀的专题性和区域性研究成果才得以问世。

这里，首先应该提到的是由法国远东学院和福建社会科学院联合开展的“客家传统社会”研究计划。该计划由法国学者劳格文（John Lagerwey）和福建省社会科学院客家研究中心的杨彦杰共同主持，同时邀请广东嘉应大学客家研究所、江西赣南师范学院客家研究所等机构共同参与。从1992年开始，该计划经由数十位学者和地方文史工作者的共同努力，先后开展了有关赣南、闽西、粤东北和粤北等客家地区的田野调查工作，并在此基础上相继集结成《闽西客家宗族社会研究》（杨彦杰著，1996年）、《梅州地区的庙会与宗族》（房学嘉主编，1996年）、《闽西的城乡庙会与村落文化》（杨彦杰主编，1997年）、《赣南地区的庙会与宗族》（罗勇、劳格文主编，1997年）、《梅州河源

① 除上述几本著作之外，这一时期从理论和方法上对罗香林以来的客家研究传统进行反思、超越和突破的研究成果尚有：刘佐泉：《客家历史与传统文化》，开封：河南大学出版社，1991年；张卫东：《客家文化》，北京：新华出版社，1991年；王东：《客家学导论》，上海：上海人民出版社，1996年，等。此外，吴松弟的《客家南宋源流说》（《复旦学报》1995年第5期）、周振鹤的《客家源流异说》（原载《学术月刊》1996年第3期，后收入作者《自选集》，济南：山东教育出版社，1999年，第139～157页）、张光宇的《论客家原义》（“台湾中央大学”客家研究中心编《客家文化研究通讯》第4期，2001年）、蒋炳钊的《客家文化是畲汉两族文化互动的产物》（徐正光编《聚落、宗族与族群关系》，台北：“中央研究院”民族学研究所，2000年）等论文，也就客家的源流问题提出了极有见地的学术见解。

地区的村落文化》（房学嘉主编，1997 年）、《赣南宗族社会与道教文化研究》（刘劲峰著，2000 年）、《韶州府的宗教、庙会与经济》（上下两册，曾汉祥、谭伟伦编，2000 年）、《闽西北的民俗、宗教与社会》（杨彦杰主编，2000 年）、《乐昌县的传统经济、宗族与宗教文化》（谭伟伦主编，2002 年）、《粤东三州的地方社会之宗族、民间信仰与民俗》（上下两册，谭伟伦主编，2002 年）、《长汀县的宗族、经济与民俗》（上下两册，杨彦杰主编，2002 年）《始兴县的传统经济、宗族与宗教文化》（曾汉祥主编，2003 年）等一系列研究成果。从著作类型上来看，这一计划中有专题性的研究成果（如杨彦杰的《闽西客家宗族社会研究》和刘劲峰的《赣南宗族社会与道教文化研究》等），但数量更多的是田野报告集结。田野作业所覆盖的区域，遍及赣南、闽西、闽西北、粤东北以及粤北的数十个纯客家住县。

由于这一计划到目前为止还在进行之中，相关的后续成果尚有待发表，因此我们还无法从总体上对该计划进行评价。这里，仅以劳格文为该计划所制订的研究策略为主线，[①] 并通过梳理已经出版的数种成果所体现出来的学术倾向，来对其进行简单的评论。[②]

劳格文是一位知名的道教研究专家，但是他为该计划所制订的总体研究策略却是基于欧美学术界的汉学人类学立场。按照他自己的说法，科大卫（David Faure）的“中国农业社会的结构”理论和弗里德曼（Maurice Freedman）的“宗族社会”理论，都对他构筑该研究计划产生了重要的影响。[③] 这一点从该计划被定义为“中国农业社会的结构与原动力”这一研究主题上，也可以清楚地看出来。他认为，通过该计划的实证性研究，“其目的在经由检视各类繁复不同而又具有象征意义的习俗，以理解客家社会及其历

① 劳格文为该计划所制订的研究策略，总题为“*The Structure and Dynamics of Chinese Rural Society*”，正式发表在 1998 年 11 由“台湾中央研究院”民族学研究所主办之第四届国际客家学研讨会上，后收录在徐正光主编的《历史与社会经济》一书中（台北：“中央研究院”民族学研究所，2000 年）。其实，劳格文为“客家传统社会丛书”各卷所写的序言，也可以视为其研究策略的重要组成部分。

② 有关该计划的详细评论可参见罗烈师：《朝向“结构与原动力”的客家研究新典范——评劳格文等编“客家传统社会丛书”》，“台湾中央大学”客家研究中心编：《客家文化研究通讯》，第 4 期（2001 年），第 102 ～ 117 页。

③ John Lagerwey. *The Structure and Dynamics of Chinese Rural Society*，徐正光编：《历史与社会经济》，台北：“中央研究院”民族学研究所，2000 年，第 1 页。

史……并在最低的程度上以新的观点检验以下各点：诸如何谓客家？客家与瑶、畲的关系如何？要之，在我们经常称之为‘中国’的多元语言、多元族群的土地上，‘汉族内在的族群特征’之性质究竟是什么？”①

从该计划已经出版的多项成果所涉及的讨论重点来看，所谓“各类繁复不同而又具有象征意义的习俗”，主要是指由祖先神崇拜和自然神崇拜而构筑起来的一整套信仰、仪式及其象征意义。在劳格文看来，这些习俗“是客家人传统上用来表述其价值体系，以及寻求保存并改善其生存方式的凭籍”②。他认为，借助人类学研究中的“民族志”方法，通过对不同客家社区的田野作业，将这些“繁复不同而又具有象征意义的习俗”揭示出来，便可以对以下这些汉学人类学界长期以来一直争论不已的问题提供新的答案：“究竟‘中国’是‘儒教的’、‘佛教的’，还是‘道教的’？或者说以上各教派都是，甚至全都不是？从另一方面来看，究竟是哪一系的神统可以‘界定’中国：是祖先崇拜界定了中国社会的特色，抑或是多种形式界定了中国社会的特色？”③

由此看来，劳格文为该研究计划所制订的总体目标，并不是为了就客家而论客家，相反，他是希望通过对赣闽粤边这个中国区域社会的人类学研究，来回应汉学人类学界长期以来有关中国社会与中国文化的诸多争论。当然，这一总体目标并没有影响到该计划对客家研究所做出的积极贡献。

就对客家历史与文化的研究而言，该计划的学术贡献主要体现在如下几个方面：

其一，该计划首次把文化人类学的视野和方法引入客家研究领域，通过对赣闽粤边众多客家社区的田野作业，力图从一个崭新的角度来切入对客家社会和客家文化的研究，从而打破了罗香林以来客家研究传统中的以源流探讨和历史过程描述为重点的宏观研究模式，为具体而又细微地研究客家社会

---

① 劳格文：《梅州地区的庙会与宗族·序》，房学嘉主编：《梅州地区的庙会与宗族》，香港：国际客家学会，1996年，第1页。

② 劳格文：《梅州地区的庙会与宗族·序》，房学嘉主编：《梅州地区的庙会与宗族》，香港：国际客家学会，1996年，第1页。

③ 劳格文：《梅州地区的庙会与宗族·序》，房学嘉主编：《梅州地区的庙会与宗族》，香港：国际客家学会，1996年，第1～2页。

和客家文化建立了一个全新的范式。

其二，从事该计划的“民族志”工作者，都是赣闽粤边客家地区的文史工作者。他们在各自的田野报告中，不仅广泛地运用了当地的乡土文献，而且还通过采访获得了大量的口述史料。更为重要的是，他们通过田野调查所获得的有关客家地区的大量“地方性知识”，很快就将成为“消失”了的“过去”。从这个意义上来讲，正像劳格文所期盼的那样，这些田野调查报告所记述的事实“都是不可替代的，所以，（其价值）也是不可估算的”①。这些材料的收集与保存，将成为日后客家研究的重要资料来源。

在“客家传统社会研究”计划展开的同时，其他一些专题性的研究成果也纷纷问世。如林嘉书和林浩合著的《客家土楼与客家文化》（台北，博远出版有限公司，1993年）、林嘉书的《土楼与中国传统文化》（上海人民出版社，1995年）、郭丹和张佑周的《客家服饰文化》（福建教育出版社，1995年）、王增能的《客家饮食文化》（福建教育出版社，1995年）、黄汉民的《客家土楼民居》（福建教育出版社，1995年）、孔永松等合著的《客家宗族社会》（福建教育出版社，1995年）、汪毅夫的《客家民间信仰》（福建教育出版社，1995年）、刘善群的《客家礼俗》（福建教育出版社，1995年）和王耀华的《客家艺能文化》（福建教育出版社，1995年）等，都是专题性的研究成果。这些专题性的研究分别涉及客家社会组织、客家建筑及其文化内涵、客家的饮食、服饰、礼俗和民间信仰等方方面面。近年来，李泳集的《性别与文化：客家妇女研究的新视野》（广东人民出版社，1996年）、谢剑和房学嘉合著的《围不住的围龙屋：记一个客家家族的复苏》（台湾南华大学出版社1999年初版，广州花城出版社2002年再版）、王东的《社会结构与客家人教育》（湖北教育出版社，2003年）等，更是将讨论的领域进一步深入到客家地区的两性文化、客家宗族组织的当代复苏以及历史时期的客家教育等方面。

在专题研究不断深入的同时，一些区域性的研究也在推进之中。最近十

① 劳格文：《梅州河源地区的村落文化·导论》，房学嘉主编：《梅州河源地区的村落文化》，香港：国际客家学会，1997年，第2～3页。

多年来年，在“赣闽粤边”这一客家传统聚居地之外，① 学术界还就四川等客家移民地区，进行了广泛的区域性研究，并推出了不少研究成果。② 当然，最具范式或方法论意义的区域性研究，应该首推台湾学术界就台湾客家所进行的一系列研究工作。在20世纪80年代之前，以陈运栋《客家人》一书为代表的台湾客家研究，大体上也是因袭罗香林所开创的学术传统。但是，随着台湾学术界关于台湾区域开发过程研究的不断展开和深入，有关台湾客家的区域性研究议题，开始受到越来越多的重视。1989年，长期从事客家研究的陈运栋，率先出版了《台湾的客家人》一书（台北，台原出版社）。以该书的出版为标志，台湾客家的区域性研究工作遂蓬蓬勃勃地开展起来。有关台湾客家区域性研究的总体进展及其主要成果，台湾学者尹章义在《台湾客家史研究的回顾与展望》以及陈运栋在《台湾客家研究的考察》等论文中，③ 已作过非常全面的讨论。这里，我想从研究范式或方法论的角度，对台湾学

---

① 有关“赣闽粤边”的区域性研究成果，可谓不胜枚举。其中，有关赣南的区域性研究成果主要有：汪祖德、许怀林、王东林主编：《中华客家研究论丛》（第1辑，南昌：江西人民出版社，1996年）；赖启华主编：《早期客家摇篮——宁都》（北京：中国国际出版社，2000年）；罗勇：《客家赣州》（南昌，江西人民出版社，2004年）；钟俊昆：《客家文化与文学》（海口：南方出版社，2004年）等。有关闽西的区域性研究成果主要有：张恩庭、刘善群、张仁藩主编：《石壁之光》（厦门：厦门大学出版社，1993年）；李文生、张鸿祥主编：《汀江与客家人》（北京：北京广播学院出版社，1996年）；张恩庭、刘善群主编：《宁化石壁与客家世界》（北京：中国华侨出版社，1998年）；张恩庭、刘善群主编：《石壁与客家》（北京：中国华侨出版社，2000年）；刘善群编著：《客家与宁化石壁》（北京：中国华侨出版社，2000年）；余兆廷编著：《宁化客家姓氏渊源》（北京：中国华侨出版社，2000年）；李根水、罗华荣编著：《宁化客家民俗》（北京：中国华侨出版社，2000年）；余保云编著：《宁化掌故》（北京：中国华侨出版社，2000年）；谢起光编著：《宁化民间故事》（北京：中国华侨出版社，2000年）；张恩庭编著：《宁化客家人物》（北京：中国华侨出版社，2000年）；王建和、张标发编著：《宁化客家民间音乐》（北京：中国华侨出版社，2000年）；王卓模：《闽西客家汉剧与民间音乐研究》（北京：燕山出版社，2000年）；葛文清：《全球化、现代化视角中的客家与闽西》（北京：燕山出版社，2000年）；钟德彪、苏钟生：《闽西近代客家研究》（北京：燕山出版社，2000年）；林清书：《武平方言研究》（福州：海峡文艺出版社，2004年）等。有关粤东北的区域性研究成果主要有：谢永昌：《梅县客家方言志》（广州：暨南大学出版社，1994年）；吴金夫：《潮客文化探索》（香港：天马图书有限公司，1999年）；房学嘉著：《围不住的围龙屋——粤东古镇松口的社会变迁》（广州：花城出版社，2002年）；宋德剑等：《民间文化与乡土社会——粤东丰顺县族群关系研究》（广州：花城出版社，2002年）等。

② 有关四川客家的区域性研究成果主要有：刘正刚：《闽粤客家人在四川》（南宁：广西教育出版社，1997年）；孙晓芬：《清代前期的移民填四川》（成都：四川大学出版社，1997年），孙晓芬：《四川的客家人与客家文化》（成都：四川大学出版社，2000年），陈世松、刘义章主编：《四川客家历史与现状调查》（成都：四川人民出版社，2001年）等。

③ 尹章义：《台湾客家史研究的回顾与展望》，载《台湾文献》48卷2期（1997年）；陈运栋：《台湾客家研究的考察》，收入徐正光编：《历史与社会经济》，台北：“中央研究院”民族学研究所，2000年。

术界的相关研究进行简单的概括或总结。从总的趋势来看，自20世纪80年代中后期开始，台湾地区的客家研究，与台湾学术界所开展的台湾区域开发史研究趋势是一致的。具体说来，最近十多年来的台湾客家研究，主要有以下特点：其一，放弃了罗香林以来学术界一直相沿成俗的“民系”概念，把客家定义为社会学意义上的“族群”——一个具有共同的文化或社会行为特征和价值观念的群体，并从族群认同、族群冲突等角度，来解释客家移民在台湾区域开发过程中的作用以及他们与其他族群的关系。其二，注重学科整合，即通过历史学、民族学、人类学、地理学、语言学和宗教学等多学科的交叉研究，多角度、全方位地探讨客家人迁移台湾的历史过程、台湾客家社区的形成和发展以及客家人的经济生活、社会组织、民俗事象和文化特征等。① 其三，比较研究的推展，尽管到目前为止，我们还没有看到这方面的具体研究成果，但是，从公开发表的一些学术座谈摘要或研究计划来看，② 对台湾客家社区与闽南人社区、台湾客家社区与其大陆原乡社区、台湾北部（桃园、新竹和苗栗）客家社区与南部（屏东等地）客家社区的比较研究，也将成为一个重要的趋势。

## 二、存在的问题

综上所述，20世纪80年代中后期以来的客家研究，基本上是围绕着反思、超越和突破罗香林所开创的学术传统而展开的。在这一反思、超越和突破的过程中，客家研究界推出了比此前半个多世纪还要多得多的研究成果。然而，面对琳琅满目的研究成果，人们不禁要问：它们到底解决了哪些问

① 例如，“台湾省文献委员会”从1996年开始规划的《台湾客家族群史》研究计划，就包括“移垦”（刘还月主笔）、“产经”（张维安主笔）、“政治”（萧新煌主笔）、“社会”（徐正光主笔）、“语言”（罗肇锦主笔）、“学艺”（梁荣茂主笔）、“民俗”（刘还月主笔）和“人物”（陈运栋主笔）等。详见“台湾省文献委员会”：《台湾客家族群史修纂计划》，“台湾中央大学”客家研究中心编：《客家文化研究通讯》创刊号（1998年）。

② 如庄英章在《客家研究的人类学回顾》（刊于“台湾中央大学”客家研究中心编《客家文化研究通讯》创刊号）一文中，就专门列有“客家研究的新尝试：比较研究策略”一节，并着重分析了闽客社区的比较研究和客家与其他族群的比较研究。再如高怡萍主持的“客家族群意识与历史的文化建构”研究计划，也是以台湾的客家社区与其大陆原乡的比较研究为基本策略，详请参阅高怡萍：《客家族群意识与历史的文化建构》，“台湾中央大学”客家研究中心编：《客家文化研究通讯》第3期（2000年）。

题呢？

如果从问题意识的角度来分析最近十多年来的客家研究成果，古人所说的“剪不断，理还乱”，大概就是最准确的概括了。这些年来，除了一些区域性和专题性的研究取得了实实在在的进展之外，学术界在客家的源流、客家的形成与发展、客家社会与客家文化等相对宏观的研究领域，一直处于众说纷纭、莫衷一是的尴尬境地。不论是房学嘉的“探奥”，还是谢重光的“新探”，抑或是陈支平的“新论”，他们相互之间并未形成有效的“交集”。在对客家渊源和客家形成年代的理解上，房学嘉认为，客家“是南迁的中原人与闽粤赣三角地区的古越族遗民混化以后产生的共同体，其主体是生活在这片土地上的古越族人民，而不是少数流落于这一地区的中原人”，“南朝末年，生活在客地的先民，已具有共同的思想意识、共同的语言、共同的风俗习惯等，标志着客家共同体已初步形成”；① 谢重光认为，唐宋时期的北方南迁汉人是客家人的直接源头，而其形成一个稳定共同体的时间则在南宋时期；② 陈支平则认为，客家是由南方各“民系”融合而成的，其源流与南方的赣、闽、粤等民系并没有本质上的差别，至于其形成一个稳定的共同体的时间，则在16、17世纪之交。③ 显而易见，他们相互之间的歧异，并不比他们与罗香林之间的差异小多少。

学术观点存在歧异是十分正常的，也是任何人都无法弥合的。然而，就客家的源流及其形成过程而言，这样的分歧却又是令人费解的。既然我们的研究对象是“客家”，那么，对于“客家是什么”，或者“什么是客家”，就应该有一个明确的、彼此基本一致的结论。否则，任何关于“客家”的研究，都只能是缘木求鱼。

几年前，在台湾学术界举办的一次座谈会上，研究台湾区域开发史的学者施添福教授就曾指出，对于客家研究而言，首先要解决的便是“什么是客家”或“客家是什么”的问题。在他看来，“即使要跨进21世纪，这个问题也需要优先解决，因为它是一个范畴。如果这个问题不太清楚的话，那么依

---

① 房学嘉：《客家源流探奥》，广州：广东高等教育出版社，1994年，第36页。
② 谢重光：《客家源流新探》，福州：福建教育出版社，1995年，第173页。
③ 陈支平：《客家源流新论》，南宁：广西教育出版社，1997年，第123、135页。

据我们所想象的‘什么是客家’来展开研究，会产生许多问题。不仅过去的老问题不能解决，可能还会带来许多新的困扰”，所以他认为“即使跨过另一个世纪，‘什么是客家’这个问题还是需要去面对的”。[①] 施教授讲这番话的时候是1998年，如今，我们已经迈入21世纪，可是，对于“什么是客家”这样的范畴性问题，依然没有获得正解。

大家都口口声声地称自己在研究客家，然而，对于“什么是客家”这样的问题，彼此却并没有共识。这便是最近十多年来海内外客家研究界所面临的共同尴尬。于是，就像我们一再看到的那样：历史学者俯仰于家谱文献之中，企图从家族人口迁移的蛛丝马迹之中寻找“客家”；方言学者奔走于不同的方言区域，力求从汉语方言的分化系谱中发现“客家”；文化人类学者更是辛勤地耕耘在社区田野之中，希望通过对若干具有象征性意义的文化符号的分析，从文化或社会类型的意义上再现“客家”。正因为如此，有研究者甚至干脆就认为，与其追问“什么是客家”，还不如讨论到底是“哪些力量在界定客家”。[②]

研究客家却无法回答“什么是客家”，甚至要从研究主体的角度来分析到底是“哪些力量在界定客家”，这无疑为“知识考古学”提供了又一个生动的素材。这种现状的产生，迫使我们不得不对既有的研究范式进行认真的反思。

首先应该加以反思的是研究的方法论问题。如前所述，陈支平在《客家源流新论》一书中所取得的研究结果，本身已证明了罗香林以来的客家研究在方法论上的严重缺陷。然而，令人不解的是，陈支平本人不仅没有意识到这一点，反而认为自己的研究“完全是建立在罗香林教授研究的基础之上的”[③]。细读该书，陈氏所说的“建立在罗香林教授研究的基础之上”，实指他的研究方法源自罗香林所开启的学术传统。具体说来，也就是通过梳理家谱文献（他把罗氏专注于对客家家谱的梳理扩大到非客家家谱文献的梳理），

---

① 施添福：《从台湾历史地理的研究经验看客家研究》，“台湾中央大学”客家研究中心编：《客家文化研究通讯》第1期（1998年）。

② 罗烈师：《台湾地区客家博硕士论文述评（1966—1998）》，“台湾中央大学”客家研究中心编：《客家文化研究通讯》第2期（1999年）。

③ 陈支平：《客家源流新论》，南宁：广西教育出版社，1997年，《引论》第3页。

来回溯客家的源流，“重建”客家的形成与发展史。尽管陈支平已经意识到，“中国南方谱牒中所追寻的中原祖先，真伪难辨，有些并非真有其事，或好攀附古代名人良臣作祖宗，即使是到了南迁入闽以后的世系记载也有不少相互附会合流的现象，不可尽信”，但他又认为，“在没有更为可靠的资料之前，罗香林先生利用客家族谱的记载来推断其先民的中原居地及其南迁源流，还是合理的”。① 兜了一个圈子，最终还是回到罗香林的老路上去了。

众所周知，家族谱牒文献蕴含着大量的历史和文化信息，其中有相当一部分内容还是正史和其他官方文献所不曾涉及的。正因为如此，对于研究中国社会史、区域史、人口史和移民史而言，谱牒文献都具有不可替代的价值。从这个意义上来讲，罗香林首次全面地运用谱牒文献来研究客家的渊源流变，实在算得上是一个学术上的创新。然而，谱牒文献的局限性也是十分明显的。对此，罗香林并没有予以全面的认识。从学术渊源的角度来看，罗香林运用家谱资料来讨论客家的源流，在很大程度上是受到谭其骧《中国内地移民史·湖南篇》（后改为《湖南人由来考》）一文的启发。正因为如此，他对谭其骧“谱牒之不可靠者，官阶也，爵秩也，帝王作之祖也，名人作之宗也，而内地移民史所需求于谱牒者，则并不在乎此，在乎其族姓何时自何地转徙而来。时与地既不能损其家族之令望，亦不能增其家族之荣誉，故谱牒不可靠，然唯此种材料，则为可靠也”的意见，深表赞同，认为是“实获我心”。他还进一步指出：“客家最重视族谱，而谱之为体，必溯其上世迁徙源流，故欲论客家迁移的历史，不能不聚其谱乘以资归纳。世人每以族谱侈谈华胄，攀援高门，以为内容所述，全不足信，引以证史，必受其欺，不知此乃浅人不善鉴别之所致，非谓谱牒果无参考与研讨的必要也。”② 其实，家谱中除了“帝王作之祖”和“名人作之宗”这些部分不可靠之外，其他如“其族姓何时自何地转徙而来”等记载，也并非完全可靠。细读中国的家谱，几乎每个家族“都要找出一位煊赫的祖宗，不是帝王、圣贤，就是高官、名人，甚至要追溯到三皇五帝。由于这些上古贵人基本上都出在北方的黄河流域，要使

① 陈支平：《客家源流新论》，南宁：广西教育出版社，1997 年，第 19 页。
② 罗香林：《客家研究导论》，台北：南天书局，1992 年，第 80 页。

本家族、特别是不在黄河流域的家族与这些祖先联系起来，就只能编造出一段迁移的历史”①。既然这段历史在很大程度上是“编造”出来的，因此就很难用“时与地既不能损其家族之令望，亦不能增其家族之荣誉”的理由，来将其视为信史。其次，中国南方的家族绝大部分都是在明清时期才开始编修其家族谱牒的。由于此时上距其始迁祖、远祖一般都有着几百年、乃至千多年的时差，而编修者往往仅凭着家族内部的传说或“集体记忆”来进行编撰，因此相关的记载难免会出现这样或那样的错误。再次，编修家谱的目的之一，就是为了提高本家族的社会地位。为了达到这一目的，家谱在追溯该家族的源流时，不仅要“帝王作祖”、“名人作宗”，而且还会随着时间的推移，对其家族的历史作这样或那样的“修改”或“再解释”。研究中国家谱的学者已经注意到，“族谱的每一次重新编撰过程，都要增加转述和再解释的工作。特别是对最初编修族谱时确立的有关宗族早期祖先的那一部分内容，往往会因编撰者的追溯性寻访和重新解释过程而大量增加”②。既然如此，仅仅凭借家谱资料来追溯客家的源流，“重建”客家的形成与发展历程，在方法论上就颇值得商榷了。

其实，在近年的客家研究过程中，已经有学者注意到了这一方法论的严重局限性。谢重光在《客家源流新探》一书中，就专门列有“谱牒资料在客家研究中的价值和局限”一节，批评罗香林客家研究的方法论问题。③ 周振鹤在1996年发表的《客家源流异说》一文中，也曾对罗香林主要依据族谱来考证客家源流的方法，提出过质疑。他指出：“罗先生的基本依据是族谱，然后辅以正史的记载。但是这些族谱大都修于晚近，因此上溯至唐宋时代以至东晋南朝时期的记事，其真实性是大打折扣的。”④ 然而，时至今日，有研究者依然认为，在梳理客家源流、“建构”客家历史的过程中，运用家谱是一种“具有关键意义”的方法，并断言“这方面理论（即对家谱价值的判断）

---

① 葛剑雄：《中国移民史》，第1卷，福州：福建人民出版社，1997年，第145页。

② 濑川昌久著，钱杭译：《族谱：华南汉族的宗族·风水·移居》，上海：上海书店出版社，1999年，第4页。

③ 谢重光：《客家源流新探》，福州：福建教育出版社，1995年，第14～20页。

④ 周振鹤：《客家源流异说》，载《学术月刊》1996年第3期。

的任何偏差，都会造成难以估量的损失”①。我的看法正好相反：如果我们对于客家源流的探究，总是跳不出家谱文献的范围，总是希望通过家谱的相关记载来推论客家源流、重建客家的形成和发展史，我们就永远无法求得真相，无法获得真正意义上的学术突破，到头来我们也会像陈支平一样，在推翻了罗香林的陈说之后，又会通过家谱而制造一个有关客家源流与发展史的新的“神话”。

除方法论之外，研究者的基本立场和观察视角也是一个值得讨论的问题。如前所述，以罗香林《客家研究导论》的出版为标志，基于现代学术规范的客家研究工作，才正式开展起来。然而，不容否认的是，罗香林的客家研究事业，与19世纪中后期以来华南地区客家人与广东本地人之间的矛盾和冲突这一总体背景，是密不可分的。自1860年代广东西路的土客械斗在官方的介入下被平息之后，客家人与广府人之间的矛盾和冲突，遂由昔日战场上的刀枪剑戟转而为口舌或笔墨上的剑拔弩张。斗祸结束之后不久，恩平士绅吴桐在其纪事诗中就曾愤愤不平地写道：“取禾取麦剧纵横，贼抱奸心岂欲平。狼弗全吞贪曷弭，蜗犹两立势仍争。不加雕剿终难慑，欲靖鸱张莫罢征。”② 虽是短短的几句，但把对客家人的仇视以及剿之而后快的情绪，渲染得淋漓尽致。广府人的这种情绪，不仅流露在个别文人学士的笔墨之间，而且还通过地方史志的编修而变成一种“地方性知识”。如同治九年（1870）编修的《新会县志》、光绪十九年（1893）编纂的《新宁县志》、光绪三十四年（1908）纂修的《新会乡土志辑稿》以及宣统元年（1909）编纂的《新宁乡土地理》等，不是称客家人为“匪”，就是视他们为“贼”。这一切当然激起了客家籍文人学士的极大反感。从林达泉的《客说》，到钟用龢的《土客源流考》，再到黄遵宪的《客说后》，其著述动机都与这一总体背景息息相关。③至于赖际熙的民国《赤溪县志》（1920）和《崇正同人系谱》（1925），以及罗香林的《客家研究导论》（1933），也都与这一总体背景具有内在的关联。

---

① 张卫东：《论谱牒文化与客家文化的传承》，收入徐正光主编：《历史与社会经济》，台北：“中央研究院”民族学研究所，2000年，第81～94页。

② （清）宣统《恩平县志》卷16《艺文》。

③ 罗香林：《客家研究导论》，台北：南天书局，1992年，第4页。

如果套用西方社会学中的族群分析理论，那么，罗香林的客家研究事业，正是对19世纪中后期以降华南地区客家族群动员（mobilization）的一种延伸和发展。在族群意识高涨和族群动员期间，“神话制造”（mythmaking）往往成为该族群的主要文化策略。正像罗香林在《客家研究导论》一书的开篇所写的那样：“南部中国，有一种富有新兴气象、特殊精神、极其活跃有为的民系，一般人称他们为‘客家’，他们自己也称为‘客家’。他们是汉族里头一个系统分明的支派……近百年来，中国一般局势的变迁、一般历史的进展，差不多都和他们有很大的关系。”① 这种开门见山式的介绍，本身就是对19世纪中后期以来有关客家起源神话的归纳和概括。②

罗氏的这一基本立场，对他的研究思路和研究策略都有着至关重要的影响。细读《客家研究导论》一书，我们就会发现，虽然其主体部分是一种实证性的研究，但是，在这种实证研究的背后，却有着一个基本的理论假设：客家是北方（狭义的中原地区）汉人南迁的产物。为了坐实这一假设，罗氏选择了这样的研究思路：把客家家谱文献中的有关记载，与正史或方志文献中有关北方人口南迁的史实对接起来。在具体的研究策略上，则“仅仅引证能够说明自己观点的材料，而把同书中不能说明自己观点的材料摒弃不用”③。在罗氏的意识中，既然正史和方志文献中都有关于晋室南渡、黄巢起义和赵宋南迁等重大历史事件造成北方汉人大规模南迁的记载，而客家家谱中的有关记载，又与正史和方志中的记载若合符节，因此自己的假设自然也就有史可据了。然而，就像陈支平在《客家研究新论》一书中所揭示的那样，中国南方各地的家谱，有关其祖先源流的记载，与客家家谱的记载往往大同小异。如果把客家家谱与非客家的家谱比照对读，人们就会发现，“客家人与非客家人的中原居地没有差别”④，“客家人与非客家人的南迁过程大致相同”⑤。既然如此，罗香林关于客家源流的界说，当然也就无法在学理上成

---

① 罗香林：《客家研究导论》，台北：南天书局，1992年，第1页。

② Sow-Theng Leong. *Migration and Ethnicity in Chinese History, Hakkas, Pengmin and their Neighbors*, SMC Publishing Inc., Taipei, 1998, pp. 69～81.

③ 陈支平：《客家源流新论》，南宁：广西教育出版社，1997年，第5页。

④ 陈支平：《客家源流新论》，南宁：广西教育出版社，1997年，第6～19页。

⑤ 陈支平：《客家源流新论》，南宁：广西教育出版社，1997年，第20～28页。

为一个自足的解释体系。

当然，罗氏客家研究范式的形成，除了深受其基本立场的影响之外，还与他的观察视角密不可分。罗氏乃广东兴宁人。包括兴宁在内的粤东北一带，在赣闽粤边的区域开发史上，地位比较特殊。大体而言，赣南第一波的区域开发高潮始于东汉后期，闽西的早期开发始于中唐时期，而粤东北的早期开发，在时间上则正好介于两者之间，其县级行政建置和人口的第一个高峰，都发生在东晋南朝时期。[①] 罗氏的故乡兴宁县，就是在东晋时期建置起来的。地方行政建置的突然增加，不仅意味着区域开发程度的加快，而且还意味着可能有大规模外来移民的迁入。如东晋时期首置的“义招县”（今大埔县境），南宋人王象之在《舆地纪胜》中引《南越志》云：“义安郡有义昭（同招）县，昔流人营也。”[②] 所谓“流人”，也是就外来的移民。再如南朝时期设置的“怀安县”，其命名显然也具有“安抚怀远”之意。东晋南朝之际粤东北区域开发节奏的加快，很容易使人产生这样的联想：它与由晋室南渡而引发的北方汉人大规模南迁是否具有内在的关联？打开当地客家人的家谱（罗氏所引证的客家家谱，绝大部分都来自粤东北地区），有关永嘉之乱引发中州士民南迁的记载，居然比比皆是。正因为如此，罗氏便顺理成章地把客家的源流与永嘉之乱以后北方汉人的南迁联系在一起。由此可见，罗氏客家东晋源流说的提出，显然也与他的“原乡视野”密切相关。

以上的分析表明，由于基本立场和“原乡视野”的双重局限，罗香林的客家研究范式，在学理上无法成为一个自足的解释体系。最近十多年来的客家研究，之所以围绕着反思、突破和超越罗香林的这一范式而展开，其原因也在于此。

问题是，在突破了罗香林的陈说之后，客家研究界是否已建立起一套全新的研究范式呢？至少，到目前为止还没有。

如前所述，在最近十多年来的客家研究过程中，房学嘉的《客家源流探

---

① 据李吉甫《元和郡县志》卷34《岭南道一》和嘉靖《惠州府志》卷2《沿革表》记载，粤东北的行政建置在东晋时期首次大规模增加，县级建置共有8个，即博罗、龙川、欣乐、雷乡、兴宁、海丰、怀安和义招；南朝时期，县级建置更是增加到13个，即博罗、龙川、新丰、罗阳、河源、海丰、兴宁、怀安、欣乐、齐昌、陆安、义招和程乡。

② （宋）王象之：《舆地纪胜》卷100《潮州》。

奥》、谢重光的《客家源流新探》和陈支平的《客家源流新论》，是反思、突破和超越罗香林客家研究范式的最有代表性的三本著作。然而，无论从哪个角度来看，这三本著作都还不足以构成一种全新的研究范式。以陈支平的《客家源流新论》为例，该书除了铺陈比罗香林还要多得多的谱牒资料之外，并未就客家之所以成为客家这个关键性的问题，做出任何具有范式意义的理论解释。细读该书，我们还会发现，陈支平的相关结论是建立在这样一个逻辑推理之上的：既然客家人的家谱中有其祖先迁自闽南人或广府人聚居地的记载，因此，所谓“客家民系”当然就是由包括闽南人和广府人在内的“南方各民系相互融合而成的”。其实，按照作者的这一推理逻辑，我们也可以推导出这样的结论：既然闽南人和广府人的家谱中也有其祖先来自客家地区的记录，因此，闽南人和广府人也可以被看作是由客家人播迁和融合而形成的。依循这样的逻辑一直推演下去，不仅从根本上“解构”了客家，而且也同时“解构”了闽南人、广府人等其他南方各方言群。这样的简单推理，自然无法在学理上形成能够解释客家之起源、形成和发展诸问题的自足的理论体系。

至于房学嘉的《客家源流探奥》，尽管在有关客家源流的梳理方面，突破了罗香林以来的种种陈说，但是，该书的立论前提和推理逻辑，却都存在着诸多的破绽。例如，为了坐实“客家共同体”的主体是古越族人这一推论，作者在该书的开篇大量罗列了赣闽粤边的考古资料，意在说明“客地在秦以前已有先民（古越人——引者）在繁衍生息”。[①] 问题在于，秦以前生活在赣闽粤边的古越人，就一定是后来的“客家共同体”的主体吗？他们在血缘和文化上与“客家共同体”具有怎样的内在联系？对于这些至关重要的问题，该书并未作出任何说明。在作者的意识中，这一切都是不证自明的。再如，为了坐实“客家共同体”形成于南朝末年这一推论，作者分别从“共同的精神和道德观”、“基本上可以相通的语言”和“共同的风俗习惯”三个方面，来加以分析。然而，作者的论证过程却仅限于“举例子”。诸如以南齐时的程旻德行高尚、为乡里辨曲直，来证明“在南齐时，客家地区已有共同的道德观”；以程旻为人排难解纷，来说明“客家地区已有基本上可以相通

① 房学嘉：《客家源流探奥》，广州：广东高等教育出版社，1994 年，第 19 页。

的语言”；以南朝时赣闽粤边的厚葬习俗和程乡县大觉寺的修建，来证明南朝时期客家地区已有“共同的风俗习惯”。① 这种举例子的论证方式和推理逻辑，本身就不具备任何范式的意义。

再来看看谢重光的《客家源流新探》。该书应该说是最近十多年来有关家源流研究的最富有创意的一本著作。在该书中，作者在全面反思罗香林以来客家研究传统的基础上，对客家的源流、客家的形成与发展等重大问题，均展开了极富有新意的研究。细读该书，我们就会发现，作者分明是从如下两个层面来建构其解释体系的：其一，从中国历史的宏观进程出发，通过梳理北方汉人南迁的蛛丝马迹，来辨析客家的源流；其二，立足于赣闽粤边地域社会与文化的发展过程，通过对赣闽粤边的区域开发、地方行政建置、土著社会与文化以及移民与土著的互动等问题的系统研究，来揭示客家之所以成为客家的历史文化缘由。作者所建构的这一分析框架，既看到了作为群属意义上的客家在渊源上与北方移民的诸多内在关联，同时又看到了作为文化意义上的客家区别于周边其他文化群属的独特性和地域性。正是在这样的基础上，作者对客家的形成作出全新的解释：“自北南移的大量汉人固然是形成客家的一个因素，但单有南移的汉人还不能形成‘客家’，还有待这批南移汉人在某一特定的历史时期，迁入某一特定地区，以其人数的优势和经济、文化的优势，同化了当地原住居民，又吸收了原住居民固有文化中的有益成分，形成一种新的文化——迥异于当地原住居民的旧文化，也不完全雷同于外来汉民原有文化的新型文化，那么这种新型文化的载体——一个新的民系，即客家民系才得以诞生。”② 这一解释体系把宏观层面的北方汉人南迁史与中观层面的赣闽粤边区域开发史结合起来，着重从移民与赣闽粤边的区域开发、移民与土著的互动、赣闽粤边区域社会与文化的整合等多重线索中来梳理客家的渊源流变，重建客家的形成及其发展过程。应该说，谢氏所建构的这一套解释体系，具有一定的范式意义。

不过，如果细加分析，谢氏的这一解释体系，依然存在着不少问题。根

① 房学嘉：《客家源流探奥》，广州：广东高等教育出版社，1994 年，第 35 页。

② 谢重光：《客家源流新探》，福州：福建教育出版社，1995 年，第 12 页。

据他的研究，客家是唐宋时期江淮地区的移民、闽越土著与先期迁入赣闽粤边的“盘瓠蛮”后裔（即畲族或畲族的先民），在经过长期的融合以后而形成的（具体的形成时间在南宋时期）。按照他的这一理解，客家的源头有三个部分构成，一个是唐宋时期来自江淮地区的移民，一个是闽越土著，另一个则是“盘瓠蛮”的后裔。① 问题在于，闽南和粤东沿海的漳、潮地区，既是闽越族的故乡，唐宋时期也接纳了大量的江淮地区移民，同时又是畲族的发祥地，可为什么就没有形成客家？客家为什么偏偏形成于漳、潮以东的赣闽粤边？赣南并非闽越土著的原乡，也没有证据显示这里曾有闽越族移民的迁入，可赣南为什么也成为客家方言区？赣南的“客家化”，难道仅仅是闽粤客家移民迁入的结果？问题还在于，如果客家是唐宋时期江淮移民、闽越土著和“盘瓠蛮”后裔相互融合而成的，那么为什么客家方言又与江西中北部一带的赣方言具有很大程度上的类似性？客赣方言的这种类似性，其历史与逻辑的联系又在哪里？一个自足的解释体系，不仅要保证该体系具有内在的一致性，而且还要能够系统地解决其研究对象所涉及的方方面面的问题。从这个意义上来讲，谢著的范式意义也是有限的。

## 三、本书的相关概念与分析路径

研究范式的“缺失”，决定了客家研究只能在目前的低水准层面上徘徊。要突破客家研究的“瓶颈”，研究范式上的创新就显得至关重要。从这个意义上来讲，尽快地为客家研究建立一套行之有效的方法论原则，并通过研究视角的转换来为客家研究搭建一个基本的理论平台，让不同学科的学者都能借助这个平台来进行对话与合作，通过真正的学科整合而从总体上推动客家研究的进展，提升客家研究的学术品味，将是我们不得不面对的课题。

然而，这样的理论平台又该如何建立呢？

逻辑的起点必须紧跟着历史的起点，这样建构起来的理论，才会既有逻

① 在新近出版的《闽台客家社会与文化》一书中，谢氏对这一观点又有进一步的发挥。详请参阅谢重光：《闽台客家社会与文化》，福州：福建人民出版社，2003 年，第 36 ～ 67 页。

辑的力量，又有历史的纵深。我们研究的对象是客家，因此我们只能回到客家。

既然我们的研究对象是客家，因此，首先必须面对的便是“什么是客家”或者“客家是什么”这样的范畴性问题。而要解决这样的问题，如何界定客家，便成为个中的关键。

说到客家的界定问题，我们首先想到的便是“民系”这个概念。众所周知，“民系”这一术语，是罗香林在20世纪30年代首先提出来的。他在《客家研究导论》一书中，将南方汉人划分为“越海系”（又称江浙系）、“闽海系”（又称福佬系）、“湘赣系”、“南汉系”（又称两广本地系或广府系）和“客家系”。[①] 原罗氏之意，所谓民系，意即同一民族内部的各个支系（有时候他又称之为“派系”）。至于用什么标准来划分同一个民族内部的不同支系，他并没有给出明确的答案。仔细分析罗氏的有关结论，他划分民系的标准也是不尽相同的。从表面上看，他似乎是以现代汉语的方言作为划分的标准。例如，“越海系”对应吴方言区，“闽海系”对应闽方言区，“南汉系”对应粤方言区，“客家系”则对应客家方言区。但是，按照这一标准，“湘赣系”则显然是一个例外。因为，从方言的角度来讲，湘、赣属于不同的方言区，前者为湘方言区，后者则是赣方言区。罗氏之所以把分属于不同方言区的湘、赣居民划归同一个“民系”，显然受到谭其骧《中国内地移民史·湖南篇》一文的影响。正因为如此，他在解释“湘赣系”这一称谓时，曾有着这样的解释：“据谭其骧《中国内地移民史·湖南篇》的研究，今日之湘人，其先十之八九皆来自江西南昌府属各县，其迁移历史，上起五代，下迄元明。”[②] 由此看来，他之所以把湘赣居民划入同一个民系，主要的依据不是共同的方言，而是湖南人在渊源上与江西人的种种关联。这样，在他那里，至少就有两个截然不同的划分标准，一个是共同的方言，另一个则是人口的源流。正是由于这种划分标准的歧异，导致了“民系”这一概念的不确定性。从这个意义上来讲，再用“民系”这个概念来界定客家，显然就不合适了。

---

① 罗香林：《客家研究导论》，台北：南天书局，1992年，第71页。

② 罗香林：《客家研究导论》，台北：南天书局，1992年，第89～90页。

近年来，在“民系”之外，人们又用“族群”这个概念来界定客家，特别是在中国台湾的学术界，所谓“客家族群”几乎已成为人人耳熟能详的称谓。在客家由“民系”转变为“族群”的过程中，澳大利亚籍学者梁肇庭是首先应该提及的一位。尽管他的遗著《中国历史上的移民与族群性：客家、棚民及其邻居们》，直到1997年才正式出版；但是，他从“族群”的角度来讨论客家历史的重要论文《客家历史新探》，却早在1982年就发表在《中国社会经济史研究》中。[①] 在这篇文章以及后来正式出版的《中国历史上的移民与族群性》一书中，梁氏不仅系统地引入了西方社会学理论中的“族群”概念，而且还首次运用“族群”理论来分析16至19世纪的客家移民运动。正是在梁氏研究范式的影响之下，“族群”这一概念及其理论，才在客家研究界流行开来。

在前文的学术史回顾部分，我们已经分析过，梁氏在引入“族群”这个概念的时候，十分强调“文化群”先于“族群”这个事实。在他看来，客家首先是一个“文化群”，其文化特质是客观存在的，也是能够被证实的（verifiable）。从16世纪开始，由于赣闽粤边人地关系的持续紧张，世代生活在赣闽粤边的客家人，才开始陆续迁入东南沿海、岭南和江西等不同的区域。由于不同区域内的经济发展周期以及区域结构（土著社会与文化体系）均不尽相同，故而迁入不同区域内的客家移民，与土著社会发生矛盾和冲突的时间及其表现形式，也都个个有别。正因如此，客家移民在不同区域内的主观诉求、自我认同意识及其表达方式，也都各不相同。换句话说，来自同一个“文化群”的客家人，在播迁到不同的地域之后，由于自我认同方式的差异才最终演化为不同的“族群”。这一“族群”形成的发生学分析，不仅有助于说明客家“文化群”的区域差异，而且还有助于解释为什么赣南和闽西的不少客家“文化群”成员并不承认自己是客家的内在缘由（赣南境内的居民，把明清时期由闽西和粤东北迁入境内的那部分人称之为“客家人”，而称自己是本土人；闽西的宁化、长汀和连城等地，也是如此）。从这个意义上

① 梁氏《客家历史新探》一文，发表在《中国社会经济史研究》1982年第2期。当时，“族群”（ethnic group）一词被译为“种族集团”。

来讲，“族群”概念的引入，使得客家界说在原有的“客观特质论”的基础之上，又增加了“主观认同论”的新途径。沿着这条新途径，我们对于客家这个群体的历时性文化共性与同时性的空间差异，或许会有更加清晰的理解。

然而，需要特别指出的是，不论是从西方社会学中的族群理论来看，还是从梁氏运用这一理论来讨论客家历史的研究实践来看，用“族群”来界定客家都是有条件的。首先，从西方社会学界有关族群形成及其边界划分的理论来看，族群是某一文化群在对外迁移的过程中，因与周边其他文化群的接触和冲突而逐步形成起来的。从这个意义上来讲，正像梁氏的研究所证明的那样，只有从16、17世纪开始由赣闽粤边不断外迁至岭南的那部分人，才能被称之为“客家族群”。问题在于，并非所有居住在赣闽粤边的客家人，都在这一时期向外迁移，如果用“族群”来界定他们之中的移居者，那么，对于一直留居在赣闽粤边的客家人（他们才是主体），又该如何界定？其次，既然客家人从16世纪才开始大规模向外迁移，那么，对于此前一直生活在赣闽粤边的居民，又该如何界定？

显然，从空间的维度来看，“族群”这一概念，只能用来界定明清以来由赣闽粤边向外移居的那部分客家人（而且即使是在外迁的客家人中，也并非都具有社会学意识上的族群意识，因为除了在岭南和台湾等局部区域曾发生过客家人与非客家人的“分类械斗”外，在没有“分类械斗”事件发生的其他区域内，客家与非客家之间，并没有严格意义上的文化或社会行为上的区分），而不能界定一直生活在赣闽粤边的大部分客家人；从时间的角度来看，“族群”这一概念也只能界定明代后期以来由赣闽粤边向外移居的那部分客家人，而无法界定在此之前就已长期生活在赣闽粤边的客家人。正因为如此，从发生学的意义上来讲，“族群”这个概念，揭示的只是客家人的次生形态，它所涵盖的客家历史与文化信息，在时空范围内都是十分逼仄的。

更为重要的是，就像梁氏在《中国历史上的移民与族群性》一书中的实证研究所揭示的那样，由于区域发展周期和区域结构的差异，来自同一个文化群的客家移民，在播迁到不同的区域之后，其主观诉求、自我认同意识及其表达方式，都具有各地的区域特点。换句话说，同属于客家文化群的成员，在播迁到不同的区域之后，其族群性（ethnicity）也是不尽相同的。正因为如此，即便是对于16世纪以降从赣闽粤边迁移到周边其他区域的客家移民而言，也不能用“客家族群”这个笼统的概念来指代他们。因为，这一过于宽泛的概念，既漠视了不同区域内客家移民迁移经验的差异，又回避了不同区域内客家移民所具有的独特的自我意识、主观认同及其表达方式。族群概念的宽泛化运用，不仅误读了梁氏引入这个概念的本意，而且使得族群这个概念最终也像“民系”这个术语一样，因为其宽泛和涵义不清而失去其作为分析范畴的价值。

就语义学的角度而言，任何一个概念（“词”）与它所指代的事物（“物”）之间，总会存在着“能指”与“所指”的张力。从这个意义上来讲，我们对任何事物的界定，都只能是对该事物部分特征的一种抽象，而无法囊括其全部内涵。也正因为如此，任何一个学者都可以根据其研究重点和研究策略，对自己的研究对象进行各种不同的界定，只要这种界定真正建立在对该事物（研究对象）部分特征的概括和抽象之上。然而，一个事物之所以区别于其他任何事物，最终还是由该事物的本质特征所决定的。因此，只有那些建立在对该事物的本质特征进行高度概括和抽象基础之上的概念或范畴，才会成为具有普遍意义的认识或分析工具。就“客家是什么”或者“什么是客家”这样的问题而言，需要我们提供的，正是这种具有普遍意义的、作为认识和分析工具的概念或范畴。这种具有普遍意义的概念或范畴的形成，当然也只能建立在对客家这一群属的本质特征进行高度概括和抽象的基础之上。

那么，客家的本质特征又是什么呢？

我们认为，在客家这个群属的一切文化特质中，只有客家方言才是该群属所特有的。正因为如此，最能代表客家这个群属本质特征的，应该是客家方言。客家方言不仅是客家人区别于非客家人的最直观、最基本的文化特征，而且也是客家这个群属自我认同的最重要的内聚纽带。一个客家人之所以把另外一个客家人归入自己的群属，最主要的原因就在于对方操有与自己相同的语言——客家方言。同样，其他群属之所以把客家人从自己的群属中区隔开来，最简单、最直接的原因，便在于客家人在语言上与其他群属迥然有异。从这个意义上来讲，作为一个群属而存在的客家，首先就是一个具有独特语言（方言）的人群共同体。故而，在本书中，我们用“方言群”（group of dialect，or dialectal group）来界定客家，而不用“族群”或其他概念。

其实，对客家的不同界定，不仅反映了研究者对客家义涵的不同理解，同时也表明了彼此间研究重点的差异。如前所述，本书所要着力解决的，是“客家是什么”或“什么是客家”这样的范畴性问题。就“方言群”与“族群”这两个概念的比较而言，前者是一个基于历史学本位的历时性概念，它可以用来指代不同时空背景下的客家群属，而后者则是一个基于社会学或文化人类学立场的同时性概念，它只能用来指代不同群属在互动过程中彼此间的社会或文化识别。从这个意义上来讲，用“族群”的概念来指代客家，在从事客家移民史（如梁肇庭）或区域开发史研究（如台湾学术界）的过程中，或许是合适的；但是，在本书所要讨论的范围内，“方言群”的概念显然更为合适。

本书之所以把客家界定为“方言群”，一方面是由于作者认为“方言群”的概念更能够反映客家这个群属的本质特征，另一方面还有研究策略上的考虑。因为，与“民系”和“族群”相比，“方言群”的概念强调的是方言这个非常客观、非常普遍的文化现象。正是由于这种客观性和普遍性，使得我们可以通过具体的经验研究来加以验证。反之，如果把客家界定为“民系”或“族群”，那么，在具体的研究过程中，势必会涉及所谓“共同的心理特质”或“自我认同”等相对观念性的议题。本人认为，在现有的材料基础上，这些观念性的议题，还很难进入经验研究的阶段。

本书不仅把客家界定为“方言群”，而且还把客家方言群的活动舞台——“赣闽粤边”——作为一个基本的研究单位。所谓“赣闽粤边”，就是赣、闽、粤三省的交界地区。其主要地理区域包括江西省的南部（简称赣南）、福建省的西南部（简称闽西）和广东省的东北部（简称粤东北）。对应于今天的行政区划，赣南即江西省赣州市辖境的各县市；闽西南即相当于福建省龙岩市所辖的长汀、上杭、武平、连城、永定5县以及三明市所辖的宁化、清流和明溪等县，此外还包括漳州市所辖的南靖、平和、诏安等县的部分地区；粤东北则相当于广东省梅州市辖境、河源市辖境的大部分地区以及揭阳市所辖的部分地区。

在本书中，“赣闽粤边”不仅是一个特定的地理区域，而且还是一个不可分割的社会空间。在笔者看来，要研究客家方言群的历史与文化，“赣闽粤边”无论就其作为一个地理空间，还是作为一个社会空间而言，都是一个不可分割的有机体。就其作为一个特定的地理空间而言，它是客家方言群孕育、形成和发展的地理背景；而就其作为一个特定的社会空间而言，我们对客家方言群历史与文化的任何描述、概括或分析，都是建立在把它当作一个不可分割的整体的基础上来进行的。

“赣闽粤边”之所以要被视作为一个基本的研究单位，首先考虑的就是这一地理区域的内在完整性和这一特定社会空间的不可分割性。众所周知，在以往的客家研究中，有些学者总是倾向于做割裂式的研究，他们或者只研究赣闽粤边的某一部分而不及其余，或者把赣闽粤边人为地划分出“中心”、“摇篮”、“大本营”等不同的层级，从而滋生出许多无谓的纷争。[①] 有鉴于此，我们认为，只有把赣闽粤边看作为一个基本的研究单位，而不是任意割裂或任意拼凑的空间，才有可能克服以往研究过程中一再出现的以偏概全的倾向，避免陷入无谓的纷争之中。

“赣闽粤边”之所以要被视作为一个基本的研究单位，还有着这样的考虑：自从罗香林的《客家研究导论》发表以来，许多研究客家问题的学者，都是从中国历史发展的宏观进程出发，通过梳理北方汉族人口的多次大规模南迁，来探讨客家的渊源及其形成问题。长期以来，“赣闽粤边”一直只被看作是接纳北方人口南迁的“容器”，是承载随北方人口南下而带来的中原文化意识、文化观念和文化事物的“集装箱”。诚然，从中国历史的宏观进程来看，客家方言群的形成，与北方汉人的南迁具有千丝万缕的联系。但问题在于：在北方汉人的同一部南迁史背景下，不仅产生了客家方言群，而且也产生了汉语的其他各南方方言群。这一事实告诉我们，仅仅从北方汉人南迁的角度，是无法彻底厘清客家之所以成为客家的内在缘由的。既然如此，我们就不得不回到“赣闽粤边”。笔者认为，如果我们回到“赣闽粤边”，并

---

① 详请参阅陈支平：《大陆客家研究的功利与学术趋向》，“台湾中央大学”客家研究中心编：《客家文化研究通讯》第2期（1999年），第108～116页。

把这一特定的地理区域当作一个基本的研究单位，通过对这一特定地理区域的开发过程、社会变迁和其他历史与文化事象的系统梳理，我们对客家方言群的来龙去脉，或许会有一个更加完整和真切的认识。

在明确了“方言群”和“赣闽粤边”这两个重要的概念之后，下面再来介绍一下本书的相关思路。

从总体上来讲，既然“赣闽粤边”被视作为一个基本的研究单位，因此，在接下来的研究过程中，“赣闽粤边”也就顺理成章地成为我们讨论客家方言群形成与发展的基本立足点。换句话说，我们将不再像罗香林那样，通过梳理北方人口的南迁，来勾勒出客家的渊源流变，而是以“赣闽粤边”这一特定的地理区域为论述背景，通过对这一特定地理空间与社会空间的具体而微的研究，来动态地分析作为方言群意义上的客家的形成及其发展过程。

具体说来，本书将从以下两个路径来进行研究：

其一，发生学的原则。所谓发生学的原则，就是指从发生学的意义上来分析客家方言群的形成过程。作为中国南方的一支汉语方言群，客家不是古来就有的，而是“赣闽粤边”区域社会与文化发展的产物。正因为如此，一个具有内在一致性或同质性的“赣闽粤边”区域社会与文化的形成，就可以被视作为客家方言群形成的发生学标志。众所周知，由于地理位置、战略形势和水陆交通等方面的众多差异，赣南、闽西和粤东北三个地区，尽管在地缘上紧相毗邻，但在过去相当长的历史时间内，却一直是作为彼此悬隔而且孤立的地理单元而存在的。这种悬隔和孤立，不仅反映在不同的历史时期三者分属于不同的行政区划方面，而且更体现在三者的人口源流、区域开发次第以及地域历史与文化的重大差异之中。三者之间最终形成一个具有内在一致性或同质性的区域社会文化系统——“赣闽粤边”，是在较晚的时期才完成的。客家方言群的孕育和形成，与赣南、闽西和粤东北从最初彼此悬隔和孤立的地理单元到最终成为具有内在一致性或同质性的“赣闽粤边”，其过程应该是一致的。因此，通过赣南、闽西和粤东北三个地区具体开发过程的研究，来揭示“赣闽粤边”区域社会和区域文化的形成过程，对于我们理解客家方言群的来龙去脉，将具有至关重要的意义。

其二，比较研究的策略。如前所述，一个具有内在一致性或同质性的

“赣闽粤边”的形成，是客家方言群在发生学上的重要标志。一般而言，任何一个地域性的社会文化系统，都是在独特的文化源头和独特的文化历史进程中形成和发展起来的。正是由于这种文化源头以及发展过程的独特性，才从总体上决定着这个地域内部各种社会或文化因素在成因上的一致性以及它们在空间形式上的同质性。这种一致性和同质性，不仅造就了该地域独特的文化景观和文化氛围，而且还使得该地域从总体上区别于周边的其他区域。“赣闽粤边”作为一个独特的地域性社会或文化单元，也当如此。既然如此，我们在考察“赣闽粤边”地域社会与文化的形成和发展过程中，就不能把目光只盯住“赣闽粤边”，同时还应该关注“赣闽粤边”周围的其他区域。只有在与周边其他区域的比较之中，我们才能够真正了解：哪些因素才是“赣闽粤边”所特有的？哪些因素又是“赣闽粤边”与周边其他地区所共有的？只有真正厘清了这些问题，我们才有把握说清楚形成客家的因素到底有哪些？形成“赣闽粤边”周边其他方言群的因素又是哪些？因此，如果说发生学的原则主要是解决“客家是怎么来的”这个问题，那么，比较策略的运用，则力图说明为什么只有“赣闽粤边”才形成了客家，而周边其他区域只能形成不同的方言群。

笔者希望，本书所采取的以上分析路径，能够揭示“赣闽粤边”这一特定的地域空间因素与作为历史主体的人在不同历史时段中的动态关系及其表现形式，以期较为系统地阐述客家地域社会与文化的结构过程及其演变，从而能够在总体上解答“客家是什么”或者“什么是客家”这个范畴性的问题。当然，最终能否达到这一预期的目标，还有待于研究实践的检验。

# 第一章　赣闽粤边的山形水势与现代客家方言地理

任何一种方言总是对应于一个特定的方言群，同样，任何一个方言群总是对应于一种特定的方言。根据方言与方言群之间的这种相互对应关系，我们不难设想：如果通过对不同历史时期客家方言资料的梳理，能够建立一个客家方言发展史的框架，那么，根据这一框架就有可能达成对客家发展史的某种认识。例如，某一时期客家方言在某一区域正式形成，可能就意味着客家方言群在此时此地正式形成；再如，某一时期客家方言边界的扩张，可能就意味着客家方言群发展的某种态势；又如，某一时期某一客家方言岛的出现，可能就意味着客家方言群的人口迁移，等等。正因为如此，不同历史时期客家方言的地域分布，成为我们重建客家方言群发展史的一条重要线索。

然而，历史时期的客家方言资料，往往是残缺而又零星的。根据这些残缺而又零星的资料所勾勒出的客家方言地理，总给人以模糊或混沌之感。好在对我们而言，赣闽粤边的现代客家方言地理，是清晰而又明确的。以赣闽粤边的现代客家方言地理为基础，运用逆向研究的方法，把时间一直往前推，最大限度地复原不同历史时期的客家方言边界，或者至少复原相关历史阶段客家方言与周边其他方言的某段边界，还是有可能的。我们相信，从不同历史时期客家方言边界的盈缩中，一定会捕捉到客家方言群形成与发展的诸多历史信息。

## 一、赣闽粤边的现代客家方言地理

被我们称之为“赣闽粤边”的赣南、闽西和粤东北地区，是一块在地缘上相互毗邻的区域。沿南岭山脉一线自西向东看去，经大庾岭逶迤而去，直达漳州平原和潮汕平原的西侧，便是其地理位置所在。现代客家方言地理的核心区域，就集中在这里。

现代客家方言在赣南的分布几乎遍及整个赣州地区。据新修《赣州地区志·方言》记载：

在本区的范围内，有三种汉语方言，即客家话、西南官话及闽南话。客家话为本区的主要方言，使用人口约占全区总人口的98%……西南官话，在本区俗称赣州官话。只有赣州市城区和信丰嘉定镇两个方言岛，使用人口约100000……闽南话只有少数方言点，主要散布在兴国县社富乡和赣县江口、吉埠、茅店三乡的一些村落。①

由此看来，今天的整个赣州地区，除赣州市区之外，都属于客家方言区。对应于具体的行政区域，则包括赣县、南康、上犹、崇义、大余、信丰、龙南、全南、定南、安远、寻乌、兴国、于都、宁都、瑞金、会昌和石城共17个县。

具体说来，在赣州地区的17个县中，以赣县为中心的中部各县，瑞金、会昌、安远、寻乌等东部各县以及全南、龙南、定南等南部各县，都是纯粹的客家方言区。

先来看看中部地区，该区包括赣县、于都、南康、上犹和信丰5县。

新编《赣县志·方言》云："全县现有4316个自然村。据《赣县地名志》载：8个村是唐朝以前建立的，其余均为宋朝以后所建。县民大部分由福建、广东及赣中等地迁入。因此，赣县方言保持了客家方言的基本特征。"②

新编《于都县志·方言》云："于都话属于客家方言。由于地理位置和居民来源等诸多因素，境内方言存在着较大的差异，但在一般情况下均可以自由交谈。"③

① 江西省赣州地区志编纂委员会编：《赣州地区志》，第4册，北京：新华出版社，1994年，第2719页。

② 赣县志编纂委员会编：《赣县志》，北京：新华出版社，1991年，第578页。

③ 于都县志编纂委员会编：《于都县志》，北京：新华出版社，1991年，第593页。

新编《南康县志·方言》云："南康县地处江西省的南部，县人讲的都是客家方言，又称客家话。"①

新编《上犹县志·方言》云："上犹方言全是客家话——客家说的是客家话，'本地人'说的也是客家话。"②

新编《信丰县志·方言》云，信丰方言"分城区话和农村土话两种不同的方言。城区话属于北方方言……人口约3万，占全县总人口的5%……农村土话属赣方言和客家方言两种混交方言，分布在全县各个村，人口约50万，占全县人口95%"③。

东部自北而南主要有石城、瑞金、会昌、安远和寻乌5县。

新编《石城县志·方言》云："石城话属赣南客家方言。"④

新编《瑞金县志·方言》云："本县方言属于客家话。"⑤

新编《会昌县志·方言》云："会昌话属汉语客家方言……会昌地处粤东北、赣西和赣南这一客家方言连片地带的中心地段。加上地处偏僻，交通闭塞，与外界接触少。中原居民南迁至此定居后，相承繁衍。此后的人口变迁多局限于邻近一些客家语县份之间的流动。因此会昌话便成了单一的而且较纯的客家话。"⑥

新编《安远县志·方言》云："安远是纯客家县份，县人说汉语客家方言。"⑦

新编《寻乌县志·方言》云："寻乌地处闽粤赣边区，是客家人聚居的地方。据调查，县内人口来源，多是在宋末元代及明、清时期从闽西和粤东及本省的吉安、赣县、于都、会昌等地先后迁入。寻乌人使用的语言是属于汉语客家方言的一种地点方言，一般称为寻乌话。"⑧

南部自西而东，主要包括全南、龙南和定南3县。

---

① 南康县志编纂委员会编：《南康县志》，北京：新华出版社，1993年，第548页。
② 上犹县志编纂委员会编：《上犹县志》，上犹县志编纂委员会1992年油印本，第807页。
③ 信丰县志编纂委员会编：《信丰县志》，南昌：江西人民出版社，1990年，第709页。
④ 石城县志编纂委员会编：《石城县志》，北京：书目文献出版社，1989年，第504页。
⑤ 瑞金县志编纂委员会编：《瑞金县志》，北京：中央文献出版社，1993年版，第807页。
⑥ 会昌县志编纂委员会编：《会昌县志》，北京：新华出版社，1993年，第528页。
⑦ 安远县志编纂委员会编：《安远县志》，北京：新华出版社，1993年，第644页。
⑧ 寻乌县志编纂委员会编：《寻乌县志》，北京：新华出版社，1996年，第423页。

新编《全南县志·方言》云："全南方言，属于客家方言的一种地点方言。"①

新编《龙南县志·方言》云："龙南方言属客家话系统。"②

新编《定南县志·方言》云："定南的方言属于客家方言的一种地点方言。"③

但是，在赣州西部的大余、崇义2县，其方言已明显具有客家方言与周边其他方言混杂的特点。

新编《大余县志·方言》云："大余方言与赣南、粤北邻县方言虽然较为接近。彼此可以自由交谈，基本上属于客家语系，但与纯客家语不一样。"④

新编《崇义县志·方言》云，该县方言可分成东南和西北两大片，其中东南片方言为"本地腔"，而西北片方言则"保留了广东梅县一带客家方言的基本特色"⑤。

地处赣州地区北部的兴国至宁都一线，由于在地缘上接近赣方言区，所以这里的方言也明显地具有由客家方言向赣方言过渡的特点。

新编《宁都县志·方言》云："宁都地处赣州地区东北隅。东晋、唐末、南宋几次中原人民大量南迁后，县境成为客家人定居在赣南的中心县之一……在方言地理分布图上，处于赣语和客家话的交界线上，虽然基本上属于客家方言，但情况比较复杂，从语音到词汇，与纯客家方言不一样。"⑥

赣南地区的现代客家方言地理，还从西北方向沿吉安市的遂川—万安—泰和一线，向西一直延伸到今井冈山市境内。

新编《遂川县志·方言》云："遂川方言主要为本地话和客家话两大语系……说客家话的先民主要是明末清初从广东、福建迁入本县定居的。"⑦

---

① 全南县志编纂委员会编：《全南县志》，南昌：江西人民出版社，1995年，第653页。
② 龙南县志编纂委员会编：《龙南县志》，北京：中共中央党校出版社，1994年，第761页。
③ 定南县志编纂委员会编：《定南县志》，定南县志编纂委员会1990年油印本，第722页。
④ 大余县志编纂委员会编：《大余县志》，海南：三环出版社，1990年，第621页。
⑤ 崇义县志编纂委员会编：《崇义县志》，海南：海南人民出版社，1989年，第568页。
⑥ 宁都县志编纂委员会编：《宁都县志》，宁都县志编纂委员会1986年油印本，第546页。
⑦ 遂川县志编纂委员会编：《遂川县志》，南昌：江西人民出版社，1996年，第881页。

新编《万安县志·方言》云："万安县的汉语方言主要有两种：赣语和客家话……说赣语的人口约占全县人口的70%……说客家话的人口约占全县人口的30%，多分布在本县的东南部以及其他地方的山区。"①

新编《泰和县志·方言》云："泰和县境内使用的语言除普通话外，还有两类语言：一类是本地话（赣方言），另一类是非本地话。非本地话主要有两种，一种是客家话，另一种是广东话。客家话主要散布在碧溪、桥头、老云盘、上圯、水槎、中龙、小龙等乡镇的一些边沿山区（该县的南部一带——引者），使用客家话的总人口约有两三万人，占全县总人口的6%左右。"②

新编《井冈山志·方言》云："世居井冈山的居民，由于定居年代不同，一向有土籍、客籍之分。土籍居民和客籍居民除了风俗习惯上的不同之外，语言更存在着显著的差异。土籍方言属永新方音系统（赣方言的一支——引者），客籍方言则属于客家话"，"客籍居民比较集中在下七、黄坳、长坪等地（该市的南部地带——引者），其祖先是后来间接从广东、福建等省迁至此地的。"③

在赣南的东北部，由于雩山山脉的阻隔，使得客家方言无法向赣中的腹地延伸，但是沿着雩山山脉的东侧，客家方言还是顽强地延伸至广昌县境内，并对当地的方言产生了深刻的影响。

新编《广昌县志·方言》云："广昌话有赣客方言成分，广昌话为半客家方言和半赣方言。"④

由此可见，东北起自广昌，中经宁都—兴国一线，西北经由万安—遂川—泰和一线，并向西延伸到井冈山一带，大致构成赣南地区客家方言分布的北界。

现代客家方言在闽西的分布，涉及三明、龙岩和漳州3个地级行政区域。新编《福建省志·方言志》对客家方言在福建的分布情况，有这样的描述：

---

① 万安县志编纂委员会编：《万安县志》，合肥：黄山书社，1996年，第855页。
② 泰和县志编纂委员会编：《泰和县志》，北京：中共中央党校出版社，1993年，第136页。
③ 井冈山志编纂委员会编：《井冈山志》，北京：新华出版社，1997年，第744页。
④ 广昌县志编纂委员会编：《广昌县志》，上海：上海社会科学出版社，1994年，第919页。

闽西客话是汉语客家方言的一支，主要分布在福建的西部，包括长汀、上杭、连城、武平、永定、宁化、清流等县和明溪县的部分乡镇及龙岩市部分地区。闽南地区的南靖、平和、诏安县的部分乡镇也有说客家话的，它是闽西客话区的边沿延伸。①

具体说来，三明地区的宁化、清流和明溪3县，构成闽西客家方言分布的北线，龙岩市所属的长汀、上杭、武平、永定和连城5县，是闽西客家方言的中心区域，而漳州市所属的南靖、平和、云霄和诏安4县，则构成闽西客家方言地理的东线。

地处赣州以东和龙岩市以北的三明地区，是闽西客家方言地理的北线。宁化、清流、明溪3县自西向东，构成了闽西客家方言的重要地理边界。

新修《宁化县志·方言》云："宁化通行的方言是客家话，属闽西客话的一种土语。"② 新修《清流县志·方言》亦谓："清流县说的主要方言是汉语的客家方言，属于以长汀话为代表的闽西客家方言的一方土语。"③ 由此看来，宁化和清流2县全境，都是客家方言的分布区域。

然而，到了明溪，由于接近闽北，客家方言在这里已是强弩之末。新编《明溪县志·方言》对该地的方言构成有这样的分析：

明溪建县时是由宁化、清流、将乐和沙县的部分地域而建成的，后再由泰宁县割部分地域归明溪。由于地域和历史的原因，故明溪方言比较复杂……有闽方言、赣方言和闽西客家方言的特色。④

客家方言与赣方言、闽方言的并立，说明这里已是闽西客家方言向东北延伸的最终点。

三明地区以南的龙岩市，是闽西客家方言的中心区域。据新编《龙岩地区志·方言》记载：

（该区的方言）分属三片，汀江流域的包括长汀、武平、上杭、永定4县，与（广东）梅县客话较为一致；闽江流域，主要是连城县东北部，与闽

① 福建省地方志编纂委员会编：《福建省志·方言志》，北京：方志出版社，1998年，第277页。
② 宁化县志编纂委员会编：《宁化县志》，福州：福建人民出版社，1992年，第809页。
③ 清流县地方志编纂委员会编：《清流县志》，北京：中华书局，1994年，第699页。
④ 明溪县地方志编纂委员会编：《明溪县志》，北京：方志出版社，1997年，第921页。

北客话有渊源关系；九龙江流域，包括龙岩、漳平2县，属闽南话区。①

在今天龙岩市所辖的7县中，长汀、连城、武平、上杭和永定5县，完全属于客家方言区。

新编《长汀县志·方言》云："长汀县为客家人聚居地之一，境内方言属于汉语七大方言之一的客家方言，是闽西客话（汀州客话）的一个分支。"②

新编《连城县志·方言》云："连城县内的方言属客家语系，它和宁化、清流、长汀、上杭、武平、永定、明溪等县的客话大同小异，同属闽西客家话。"③

新编《武平县志·方言》云："武平境内主要通行客家方言，属闽西客话的一个土语——武平话。"④

新编《上杭县志·方言》云："上杭全县41.3万人均操客家方言。"⑤

新编《永定县志·方言》云："永定话属于客家方言，靠近龙溪、平和县边境的人民，兼会讲闽南话和'金字学'（或叫'鸡屡学'，属于闽南语系）。"⑥

除上述5县之外，地处九龙江流域的龙岩县（现已改为市）和漳平县（现已改为市），虽然以闽南方言为主，但客家方言在某些区域也依然存在。

新编《龙岩市志·方言》云："龙岩市境内通用的方言以龙岩话为主……使用人数占总人口的92%。万安、白沙、适中、东肖、红纺、湖邦、大池、江山等乡镇偏僻山村，杂居着迁入的客家人，约占总人口的8%。"⑦

新编《漳平县志·方言》亦谓："漳平话属于闽语闽方言系统，但受到客家方言的一些影响，具有闽南方言向客家方言过渡的特点。"⑧

闽西客家方言区还向东南方向延伸至漳州市所属的南靖、平和、云霄和

---

① 龙岩地区志编纂委员会编：《龙岩地区志》，下册，上海：上海人民出版社，1992年，第1461页。
② 长汀县志编纂委员会编：《长汀县志》，北京：三联书店，1993年，第865页。
③ 连城县志编纂委员会编：《连城县志》，北京：群众出版社，1993年，第851页。
④ 武平县志编纂委员会编：《武平县志》，北京：中国大百科全书出版社，1993年，第754页。
⑤ 上杭县志编纂委员会编：《上杭县志》，福州：福建人民出版社，1993年，第844页。
⑥ 永定县志编纂委员会编：《永定县志》，北京：中国科学技术出版社，1994年，第933页。
⑦ 龙岩市地方志编纂委员会编：《龙岩市志》，北京：中国科学技术出版社，1993年，第801页。
⑧ 漳平县地方言编纂委员会编：《漳平县志》，北京：三联书店，1995年，第789页。

诏安4县的部分区域。

新编《南靖县志·方言》云："南靖县主要通行闽南方言，讲闽南方言的人占全县人口的95%左右，全县有4%的人讲客家话，主要分布在梅林乡和书洋乡。这些讲客家话的人，是从邻县永定古竹乡等地迁来的，所以跟古竹乡的腔调比较接近。"①

新编《平和县志》云："平和县的方言可分为闽南方言和闽南客家话两种。大多数人讲闽南话，少数与永定、饶平、大埔毗邻的乡村，如长乐、九峰等地，才讲客家话。"②

新编《云霄县志·方言》云："云霄属闽南语系地区，90%以上人口讲闽南话，只有西部乌山水晶坪、白竹、三星和常山华侨农场部分归侨讲客家话。"③

新编《诏安县志》云："诏安县境内流行的汉语是闽南方言，但有一些地区也有的说客家方言"，"诏安县境内也有说客家方言的，简称诏安客话，它是闽西客家方言的一个分支……主要集中在诏安县的西北部古二都山区……讲诏安客话的人口约占诏安县人口的四分之一。"④

由此可见，以漳平—龙岩一线为北段，以南靖—平和—云霄—诏安一线为南段，大致构成了闽西客家方言的东部边界。

客家方言在粤东北的分布，涉及的范围最广，地理格局也最为复杂。从行政区划来看，梅州和河源两市所辖各县（市、区），都属于客家方言区；惠州和韶关两市所辖的大部分县（市、区），也属于客家方言区。此外，广州、惠州、潮州、汕头、揭西和汕尾等市的部分地区，也有客家方言的分布。

梅州市是粤东北客家方言地理的核心区域，其所辖的7个县，基本上都是客家方言区。新编《梅州市志·方言》云："梅州市辖的梅县、兴宁、蕉岭、平远、大埔、五华、丰顺等县，说的都是客家话。"⑤ 具体说来，梅县、兴宁、蕉岭、平远、大埔和五华6县，是纯粹的客家方言区，而丰顺县境内

---

① 南靖县志编纂委员会编：《南靖县志》，北京：方志出版社，1997年，第1166页。

② 平和县志编纂委员会编：《平和县志》，北京：群众出版社，1994年，第849页。

③ 云霄县志编纂委员会编：《云霄县志》，下册，北京：方志出版社，1999年，第1200页。

④ 诏安县志编纂委员会编：《诏安县志》，北京：方志出版社，1999年，第1061～1062页。

⑤ 梅州市志编纂委员会编：《梅州市志》，下册，广州：广东人民出版社，1999年，第1700页。

的方言则具有从客家方言向潮汕方言（闽南方言）过渡的特点。

新编《梅县志·方言》云："梅县话属于客家方言。"①

新编《大埔县志·方言》云："县境语言属于客家次方言。"②

新编《兴宁县志·方言》亦谓，兴宁县全境通行客家方言。③

新编《五华县志·方言》云："五华县的居民多为客家人，使用语言为客家方言。"④

新编《蕉岭县志·方言》云："蕉岭话属于客家方言，是以梅县音为代表的语音范畴。"⑤

新编《平远县志》未设《方言》专章，但其《社会风土》篇云："平远系嘉应五属之一，境内居民大多数为客家人。"⑥ 由此可知，平远县境内的方言也属于客家方言。

至于丰顺县，新编《丰顺县志·方志》则谓："丰顺县地处客家方言与闽南方言的交界地带，县境内通行客家话和潮州话两种汉语方言……全县使用客家话的人约占居民总数的 80%，讲潮州话和漳州'福佬话'的占不到 20%。"⑦

毗邻梅州市的河源市，也是粤东北客家方言地理的核心区域。境内的龙川、和平、紫金、连平等县，都属于客家方言区。

新编《龙川县志·方言》云："龙川是客家人聚居的地方，龙川人使用的语言是属于汉语客家方言的地区方言。"⑧

新编《紫金县志·方言》云："紫金客家方言属于梅县客家方言体系。"⑨

新编《和平县志·方言》云："和平话是客家方言的一个分支。"⑩

---

① 梅县志编纂委员会编：《梅县志》，广州：广东人民出版社，1994 年，第 1053 页。
② 大埔县志编纂委员会编：《大埔县志》，广州：广东人民出版社，1992 年，第 599 页。
③ 兴宁县志编纂委员会编：《兴宁县志》，广州：广东人民出版社，1992 年，第 821 页。
④ 五华县志编纂委员会编：《五华县志》，广州：广东人民出版社，1991 年，第 623 页。
⑤ 蕉岭县志编纂委员会编：《蕉岭县志》，广州：广东人民出版社，1992 年，第 642 页。
⑥ 平远县志编纂委员会编：《平远县志》，广州：广东人民出版社，1993 年，第 657 页。
⑦ 丰顺县志编纂委员会编：《丰顺县志》，广州：广东人民出版社，1995 年，第 916 页。
⑧ 龙川县志编纂委员会编：《龙川县志》，广州：广东人民出版社，1994 年，第 506 页。
⑨ 紫金县志编纂委员会编：《紫金县志》，广州：广东人民出版社，1994 年，第 837 页。
⑩ 和平县志编纂委员会编：《和平县志》，广州：广东人民出版社，1999 年，第 678 页。

新编《连平县志·方言》云："连平居民主要是在唐、宋、元、明、清时期先后迁自江西、福建两省……操的全是客家话，故连平（方言）是客家话的一个分支。"①

粤东北客家方言的核心区域，还向西一直延伸到今韶关市所辖的翁源和新丰等县。

新编《翁源县志·方言》云，"翁源各姓大都是宋末明清从赣南、闽西再转迁而来的，而多数是从闽西上杭直迁翁源"，其方言是客家话。②

新编《新丰县志·方言》云："新丰县方言有客家话与水源话二种，后者又称蛇声。1990 年，本县使用客家话的人口 14 万多，约占全县总人口的 70%……使用水源话的人口 6 万多，约占全县总人口的 30%。"③

不过，由新丰县往南，进入惠州市所辖的龙门县境内，客家方言已呈现出疲弱之态。新编《龙门县志·方言》云："龙门县内聚居汉、瑶两个民族，流行几种不同系属的汉语方言……（其中）西部边境南昆山、北部边境密溪流行清一色的客家话。"④ 可见，从龙门县境内开始，已处于客家方言与其他方言的混杂地带。

粤东北客家方言的东部边界，沿东北西南走向，大约在潮州、汕头和揭阳 3 市境内的饶平—揭阳—揭西一线。新编《汕头市志·方言》对粤东沿海一带的方言格局有着详细的描述：

汕头市的方言，主要有两种：一种是属于闽南方言的潮汕话，一种是客家方言。

汕头市的客家方言，主要流行于饶平的……揭阳的……揭西的……普宁的……（部分地区），惠来、潮阳也有个别乡村讲客家话。

潮汕各县除澄海、南澳外都有客家人聚落，通称"浅山客"。揭西的客家话人口……几乎是全汕头客家话人口的 40%。⑤

---

① 连平县志编纂委员会编：《连平县志》，北京：中华书局，2001 年，第 569 页。
② 翁源县志编纂委员会编：《翁源县志》，广州：广东人民出版社，1997 年，第 863 页。
③ 新丰县志编纂委员会编：《新丰县志》，广州：广东人民出版社，1998 年，第 582 页。
④ 龙门县志编纂委员会编：《龙门县志》，广州：广东人民出版社，1995 年，第 743 页。
⑤ 广东省汕头市地方志编纂委员会编：《汕头市志》，第 4 册，北京：新华出版社，1999 年，第 691 页。

显而易见，这条方言边界的最北端，始于和闽东南接壤的饶平（属潮州市）。据新编《饶平县志·方言》记载："饶平地处客家方言和闽方言交界地带，全县通行两类不同的方言，中部、南部……均说闽方言系统的饶平潮汕话，使用人口60多万，约占全县人口的80%；北部靠近大埔（属梅州）、平和县（属漳州）……（的居民）均说客家方言系统的饶平客家话，使用人口17万多，约占全县人口的19%。"① 由饶平往南，至揭阳市的揭西县，是这一边界的中段。新编《揭西县志·方言》云："揭西县流行客家话和潮州话……本县上砂、下砂、五云、西田、良田……（的居民）操客家话，约37万人，大溪……（的居民）操客家话，约28.8万人。"② 由揭西再往南，到普宁县（现已改为普宁市）境内，则是这一边界的最南端。据新编《普宁县志·方言》记载："普宁县境内通行汕头话（称潮汕方言）和客家话两种方言。多数地区通行汕头话，使用人口约110万，占全县总人口的84.9%；南阳山区等乡镇（集中在该县的西侧——引者）通行客家话，使用人口约19.5万，占全县总人口的15.1%。"③ 越过这条方言边界，再向东南沿海不断逼近，客家方言便越来越弱（如潮阳和惠来等县，只有零星的客家方言点），并最终完全缺失。

客家方言在粤东北的西北部界线在今韶关市境内。大致说来，乐昌—仁化—始兴—南雄一线，是其北部界线。

新编《乐昌县志·方言》云："本县方言复杂，有客家话、白话……客家话分布在九峰、五山、两江、大源、梅花、秀水、沙坪等乡镇……（全县）讲客家话的人最多。"④

新编《仁化县志·地方语言》云："仁化县境内多为客家人定居，本地人绝大多数讲的是客家话。由于地理上与赣方言区、湘方言区和粤方言区接壤……语言上自然受到各种不同程度的渗透和影响，从而使仁化的客家话产生了多种互有区别的方言变体。"⑤

① 饶平县志编纂委员会编：《饶平县志》，广州：广东人民出版社，1994年，第1004页。
② 揭西县志编纂委员会编：《揭西县志》，广州：广东人民出版社，1994年，第643页。
③ 普宁县志编纂委员会编：《普宁县志》，广州：广东人民出版社，1995年，第634页。
④ 乐昌县志编纂委员会编：《乐昌县志》，广州：广东人民出版社，1994年，第555页。
⑤ 仁化县志编纂委员会编：《仁化县志》，仁化县志编纂委员会1992年内部发行本，第664页。

新编《始兴县志·方言》云："始兴话是客家方言的一个次方言，它与梅县话有许多共同点。"①

新编《南雄县志·方言》云："南雄境内的方言极为复杂，大体可分为四大片：城关话、上方话、下方话和北山话……（后）三片地方的乡民大多自称祖上从江西或福建迁来，与客家关系密切……其人口约占该县人口的80%。"②

乳源—曲江—英德一线，自北而南构成广东客家方言区的西部界线。

新编《乳源县志·方言》云："乳源县境内居住着汉族……瑶族……（等居民）。汉民有70%多的人使用汉语客家方言，其余则使用涟滩话（属闽南方言）、白话、湖南话、船话……客家方言在乳源县通行范围约达95%，是主要的公共交际语言。"③

新编《曲江县志·方言》云：曲江县境内的方言以客家话为主，"1987年底，曲江县约有262000左右的客家方言人口，约占全县总人数的75.6%"④。

广东客家方言地理的南部界线，大致在广州市所辖的从化—增城—惠州市所辖的博罗一线。

新编《从化县志·方言》云："从化方言有两个语种：本地话和客家话……从化客家人居住较分散，多数与本地人杂居。以县东部和北部山区为多。根据客家人的源流，从化客家话主要有昌田客家话（属长宁话）和江浦客家话（属梅县话）两种。"⑤

新编《增城县志·方言》云："增城境内的主要方言有粤语（本地话）和客家话。据1990年人口普查资料统计，操粤语的人口占全县总人口的60%左右，操客家话的人口占40%左右。""客家方言的分布是北密南疏，主要聚居点是在县内北部和东北、西北部的丘陵地带。"⑥

---

① 始兴县志编纂委员会编：《始兴县志》，广州：广东人民出版社，1997年，第919页。
② 南雄县志编纂委员会编：《南雄县志》，广州：广东人民出版社，1991年，第770页。
③ 乳源县志编纂委员会编：《乳源县志》，广州：广东人民出版社，1997年，第740页。
④ 曲江县志编纂委员会编：《曲江县志》，北京：中华书局，1999年，第1056页。
⑤ 从化县志编纂委员会编：《从化县志》，广州：广东人民出版社，1994年，第996页。
⑥ 增城县志编纂委员会编：《增城县志》，广州：广东人民出版社，1995年，第870～871页。

新编《博罗县志·方言》云："博罗方言较多，语音也较复杂。县内除有客家话、白话（粤语系）、本地话和福佬话（闽语系）外，还有少数人讲畲语。"①

显然，从化—增城—博罗一线，已处在由客家方言向粤方言的过渡地带。在这条边界的北侧，客家方言相对较强；而在它的南侧，只有一些客家方言点星散其间。由它的南侧再往南推进，则完全是粤方言的天下。

综上所述，赣闽粤边客家方言的现代地理格局，其四至如下：

东部界线：自闽西南境内的漳平—龙岩—南靖—平和—云霄—诏安一线，延伸到粤东的饶平—揭阳—揭西—普宁一线。

西部界线：自赣中井冈山市开始，向南沿赣州地区的西侧，延伸至广东北部地区的南雄—仁化—始兴—韶关—曲江—英德一线。

北部界线：由赣中的遂川—万安—泰和一线，蜿蜒经过赣州地区的兴国—宁都一线，向北延伸至赣中的广昌县后，再向东延伸至福建的宁化—清流—明溪一线。

南部界线：从地处广东中部腹地的从化市开始，向东延伸至增城—博罗一线。

## 二、赣闽粤边的地貌特征与客家方言格局

赣闽粤边的现代客家方言地理，是在漫长的历史时期内形成和发展起来的。在这期间，除了历史行政区划、区域经济和文化中心的转移等诸多历史文化因素之外，赣闽粤边的地形地貌特征、河流走向等自然地理的因素，也对客家方言的地理格局产生了持久而且深刻的影响。《礼记·王制》云："高山大川异制，民生其间者异俗。"《汉书·地理志》的作者也认为："凡民函五常之性，而其刚柔缓急，声音不同，系水土之风气。"把不同区域内带有标志性地貌特征的"高山大川"或"水土之风气"与风俗习惯、语音的刚柔缓急联系起来，说明古人已经看到了在地理环境与语言文化之间，具有某种内

① 博罗县志编纂委员会编：《博罗县志》，北京：中华书局，2001年，第720页。

在的关联。当然，对于地理环境与语言文化之间到底存在着何种关联，古人并未予以深究。只是到了近代，人们才逐渐明白，地理环境对语言文化的影响，主要是通过环境对人类活动的制约而实现的。正因为如此，要理解赣闽粤边的客家方言地理，我们还得从这个区域的山形水势谈起。

这里我们先从地形地貌的角度，来看看赣闽粤边的地貌特征如何具体而微地影响着客家方言地理的总体格局。

打开任何一幅中国地形图，我们便会发现，从总体上来看，赣闽粤边处在中国陆地第三阶梯的东南边缘，① 在地形地貌上以山地和丘陵为主，是中国“东南地洼区”的一个重要组成部分。

从板块构造的观点来看，赣闽粤边处在“扬子板块”中的“东南褶皱区”。在远古的地质构造时期，由于“太平洋板块”以高速度先是向北北西方向（晚中生代），从琉球岛弧附近，再则向北西西方向（晚第三纪），从中国东南沿海一带，对亚洲板块进行俯冲，致使地处东南的“扬子板块”受到强烈的挤压，从而形成了一系列以北东或北西走向为主的山脉。地处“扬子板块”内“东南褶皱区”的赣闽粤边，其总体的地形地貌特征，就是在这样的背景下形成的。

具体说来，赣南的地形地貌特征，明显地呈现出四周高而中间低、南面高而北面低的态势。东面的武夷山山脉，自北而南蜿蜒于宁都、石城、瑞金、于都、会昌和寻乌等县的东侧，并把赣南与闽西天然地分割成两个独立的地理单元；南部的大庾岭和九连山，自西向东盘踞在大余、信丰、全南、龙南、定南、安远和寻乌等县，并由此而形成赣粤两省的天然屏障；西侧的罗霄山余脉—诸广山山脉，自北而南，逶迤于上犹、崇义和大余等县的西陲，再将江西与湖南隔开；东北部的雩山山脉，起于宁都，迄于赣县，成为赣南地区的北部地理界线。

群山环抱于外的赣南地区，其内部大大小小的低山、丘陵和盆地更是星

① 中国的地势以青藏高原为基点，呈阶梯状向太平洋倾斜。由两列山脉组成的地貌界线，明显地把中国的陆地分成三个阶梯。西列是昆仑山、祁连山、岷山和大雪山；东列是大兴安岭、太行山、巫山和雪峰山一线。西列山脉以西以南的青藏高原，属第一阶梯，平均海拔在4000～5000米，其地貌主要由大山、盆地和谷地组成；东西两列山脉之间，属第二阶梯，平均海拔在1000～2000米，其地貌主要由高原和盆地组成。东列山脉以东，属第三阶梯，平均海拔降到500米以下，主要由丘陵和平原组成。

罗棋布。全区的平均海拔在300～500米之间，最高点为西侧的齐云山鼎锅寨（海拔2061米），最低处在赣县境内（海拔82米）。其中，山地的总面积达8600多平方公里，约占全区土地总面积的22%；丘陵的总面积有24000多平方公里，占全区总面积的61%以上；包括谷地、岗地和平原在内的盆地，面积大约6700平方公里，占全区总面积的17%。[①]

与赣南一山之隔的闽西，地处武夷山南段的东翼，其整体的地势呈东高西低、北高南低的特点。其中，武夷山南段、松毛岭、玳瑁山、彩眉岭和博平岭等山脉，沿东北西南走向或南北走向，大体呈平行状分布，从而控制着全区的地势。全区的最高点在东面的玳瑁山狗子脑主峰，海拔1800多米，最低点在南部的永定县境内，海拔不到70米。以上述5大山脉为骨架，整个闽西被切割得支离破碎，导致岭谷相间，丘陵和平地交错分布。全区平均海拔652米，千米以上的山峰500余座，低山和中山的面积达15000平方公里，几乎占全区总面积的79%；丘陵面积3100平方公里，约占全区总面积的16%；平原或盆地只有不到1000平方公里，约占全区总面积的5%。[②]

粤东北地处南岭山脉以南，西面与粤北山区毗邻，东面和潮汕平原接壤。新编《广东省志·地理志》，将该区的地形地貌特征称之为“粤东平行岭谷州”，以区别于西侧的“粤北山地州”和东南侧的“粤东沿海平原丘陵州”。[③] 在该区的东侧，由闽西境内的博平岭延伸而来的阴那山—莲花山山系（东北一段称阴那山，西南一段称八乡山），自东北向西南蜿蜒，沿梅州市所辖的大埔、梅县、丰顺、兴宁和五华等县，在穿越揭阳市的揭西县境内之后，继续向西南方向延伸，经过惠州市的惠来县和汕尾市的海丰县之交界处，一直延伸到深圳市的大鹏湾。该山系全长400多公里，10余座千米以上的高峰成一字排列，其中，位于丰顺县境内的铜鼓嶂，海拔1460米，成为粤东的第一高峰。阴那山—莲花山山系，是粤东北的一条天然的地理界线。在它的东

---

① 江西省赣州地区志编纂委员会编：《赣州地区志》，第1册，北京：新华出版社，1994年，第201页。

② 龙岩地区地方志编纂委员会编：《龙岩地区志》，上册，上海：上海人民出版社，1992年，第101～103页。

③ 广东省地方史志编纂委员会编：《方东省志·地理志》，广州：广东人民出版社，1999年，第94页。

南侧，是潮汕平原；在它的西北侧，则是粤东北的山地和岭谷地带。在阴那山—莲花山山系以西，有一道素有“岭南第一山”之称的罗浮山山系。罗浮山的主体部分虽然在广东的中部腹地，但是，武夷山余脉在经过闽西的西侧之后，又向粤东北境内延伸，并最终与罗浮山连成一气，从而构成罗浮山山系。该山系沿东北西南走向，经过梅州市境内的平远、兴县 2 县，向西进入河源市的龙川、河源等县，一直延伸至惠州市博罗县境内的罗浮山地区。由罗浮山山系再往西，则是九连山山脉。该山脉起于北部的连平县境内，向西南蜿蜒而去，沿新丰—从化一线，直到广州市的北郊，从而成为该区与“粤北山地州”的自然分界线。这 3 组山系总体上都呈东北西南走向，几乎与东南面的海岸线平行。这种山川走势，使得粤东北的地形地貌恰似海面被风激起的波浪一般，此起彼伏，错落有致。以上述 3 组山脉为骨架，整个粤东北地区被切割成较有规则的地理空间。山脉之间，有东北西南走向的狭长谷地和盆地，也有呈东西走向的低山和丘陵。岭谷相间，秩序井然。在该区域的内部，根据其地形地貌特征，从西向东依次可分为龙门—灯塔盆地丘陵区、罗浮山—项山甑中山区、东江中游谷地区、紫金—蕉岭山地丘陵区和梅江—西枝江谷地。其中，山地面积达 16000 多平方公里，几乎占全区总面积的 40%，丘陵和台地面积达 20000 多平方公里，约占全区总面积的 50%，平原和盆地面积约 4000 平方公里，占全区总面积的不到 5%。①

综合来看，以低山和丘陵为整体骨架，是赣闽粤边的共同地貌特征。正是由于这一整体的地貌特征，使得赣闽粤边在自然形态上俨然有别于同处东南丘陵地区的周边其他区域，如东南部的漳州—潮汕平原区域，南部的珠江三角洲区域，以及江西北部的鄱阳湖区域。在赣闽粤边的周边地区，只有粤北山区具有类似的地貌特征。或许正是由于地貌特征上的这种类似性，粤北地区后来才成为赣闽粤边之外客家方言群的又一个重要的聚居地。

显而易见，作为形态区域的赣闽粤边，其内部的同一性或均质性主要体现在不同地域单元之间地形地貌特征方面的相似性之中。这种地形地貌特征

① 广东省地方史志编纂委员会编：《广东省志·地理志》，广州：广东人民出版社，1999 年，第 100～101页；刘琦、魏清泉编著：《广东省地理》，广州：广东人民出版社，1988 年，第 23 页。

上的相似性，又决定了自然景观与文化景观的相似性。如大地切割破碎，低山、丘陵、狭长谷地和平台纵横交错，成为赣闽粤边的主要自然景观。相应地，以小盆地和梯田开垦为主的耕作模式，则成为这个区域的主要文化景观，等等。

赣闽粤边的这种地形地貌特征，对于我们理解客家方言的地理格局，具有极其重要的指标性意义。

众所周知，在古代的交通和资讯条件下，地形地貌对人类活动的制约作用是十分巨大的。就赣闽粤边的情况而论，其周边的山脉走势及其内部的岭谷布局，就对客家方言的整体格局及发展态势产生了多方面的影响。以赣南地区而言，其境内的最高点位于西部的诸广山山脉。这道山脉不仅成为江西与湖南的地理界线，而且也是客家方言在赣南的西部边界。在赣南的西北部，由于没有高山大川的阻隔，使赣南的西北部和赣中的西南部得以连成一气，故而客家方言地理得以延伸到赣中西部的遂川、万安、泰和以及井冈山一带。在赣南的东北部，雩山山脉自东北向西南蜿蜒，起于宁都，经兴国、于都，止于赣县。这道山脉不仅是赣南东北部与赣中东南部的地理界线，而且也成为客家方言在赣南的东北部界线。在雩山山脉的东南侧，赣南的客家方言顽强地延伸到赣中东侧的广昌一带，并对当地的方言格局产生重要的影响。但是，在这道山脉东北侧的赣中腹地，则是赣方言一统天下的格局。

闽西客家方言的地理格局，也很能说明问题。该区东面有一道自东北向西南蜿蜒的彩眉岭，再向东则有一道与彩眉岭大体平行的博平岭，这两组山脉不仅成为闽西山区与闽西南平原的地理界线，而且也是闽西客家方言与闽南方言区的地理边界。彩眉岭以西、以北的宁化、长汀、连城、武平、上杭和永定等县，都是客家方言的集中分布区域，而博平岭以西、彩眉岭以东的漳平和龙岩，则成为客家方言向闽南方言的过渡地带。再越过博平岭，向东进入漳州地区，则完全是闽南方言的天下。

粤东北境内的地形地貌特征，对客家方言在广东的地理分布，也起着十分重要的作用。该区东面的阴那山—莲花山山脉，不仅是“粤东平行岭谷州”和“粤东沿海平原丘陵州”（即潮汕平原地区）的天然地理界线，而且也是粤东北客家方言区与潮汕闽南方言区的分界线。阴那山—莲花山山脉以东的潮州—汕头—汕尾一线，是粤东闽南方言的集中分布区域；而该线以西的大埔、丰顺、梅县、兴宁、五华、紫金等地，则是客家方言的集中分布区域。

位于阴那山—莲花山以西、并由东北向西南延伸的罗浮山山系，虽然将整个“粤东平行岭谷州”划分为东西两翼（大体上就是今梅州市与河源市的地理界线），但是，该山系的主体部分却集中在龙门—增城—博罗这个三角形的地带，并在这里形成了以罗浮山为核心的中山区。而在龙门以北的粤东北腹部地区，该山系的整体部分并不高峻，尤其是东江以北的那一段，地势很低，只有一系列自西向东的地垒状低山。正因为如此，位于罗浮山山系以西的和平、龙川至河源一线，也都成为客家方言的集中分布区域。

位于“粤东平行岭谷州”西侧的九连山山脉，是该区与“粤北山地州”的自然地理界线。大致而言，九连山山脉以新丰为界，可以分成南北两段，北段以中山为主，山高在 1000 米以上，而南段则逐步下降到 800 米以下。不过，与东侧的阴那山—莲花山自北而南一气呵成不同，九连山山脉在自东北向西南的蜿蜒过程中，并没有连成一气，而是留下了一道又一道低矮的垭口或谷地。尤其是横贯新丰县境内的新丰江，更是将九连山拦腰切成两段。这样，生活在阴那山—莲花山山系以西至九连山山脉以东的客家方言群，就很容易通过新丰江河谷地带，进入粤北山地。而与新丰江河谷地带西侧毗邻的又是滃江谷地。正因为如此，位于滃江谷地周围的连平、新丰和翁源等地，也都成为纯粹的客家方言区。

至于粤东北南侧的罗浮山，对客家方言地理格局的影响也十分明显。如前所述，罗浮山的主体部分集中在龙门—增城—博罗的这一三角形地带。而粤东北客家方言地理的南部界线也恰好就在增城—博罗一线。两者之间的重叠，当然不是巧合。

如果把赣闽粤边的整体地形地貌特征联系起来加以考察，我们就会发现，现代客家方言的整个空间格局，明显地受到东西两个地理屏障的双重作用。闽西境内的博平岭和粤东境内的阴那山—莲花山，不仅在走势上连成一气，而且还构成了客家方言与闽南方言的分界线；而赣南西侧的诸广山以及粤东北西侧的九连山，则大致构成了客家方言的西部界线。这个区域的北侧，则是赣南东北部的雩山山脉和闽西境内的松毛岭、玳瑁山北段，其南侧则是位于粤中腹地的罗浮山。这两组山脉则分别构成了客家方言地理格局的北界和南界。

## 三、赣闽粤边的河流走向与客家方言格局

如果说赣闽粤边周围的山脉是客家方言在地理格局上的限制性因素，那么，其内部的众多河流则成为客家方言在地理格局上重要促进因素。因为，在以路面交通为主体的现代交通体系建立以前，“河流在更多的情况下起着交通路线的作用，而不是交通的障碍”。[①] 研究语言的学者已经注意到，“语言形式随着河谷、要道这样的交通路线传播的距离最远，速度最快”，“并且沿着交通线向两侧传播”。[②] 正因为如此，赣闽粤边的河流走向，成为我们分析客家方言地理格局的又一条重要线索。

在赣闽粤边，由于境内山峦重叠，丘陵起伏，加之地处中国的东南部，气候湿润，降雨充沛，故而溪水密布，很容易形成河流纵横的水上交通网络。在赣南境内，由于整个地势四周高而中间低，南面高而北面低，故而，其水系在总体上呈辐辏状向中心——赣州市汇集。全区 1000 多条河流，经过东回西转或南折北曲之后，最终汇成上犹江、章水、梅江、琴江、绵江、湘江、濂江、平江和桃江 9 条较大的支流。其中，上犹江和章水再汇成章水，其余 7 条较大的支流又汇成贡水。章水和贡水再汇成赣江，然后向北流入鄱阳湖，经鄱阳湖口而注入长江。赣江主河道与章水、贡水一起，形成一个“人”字形的水系，把整个赣南地区联成一体。章水发源于赣南西侧的崇义县聂都山，先后流经崇义、大余、上犹、南康和赣县，在赣州市的八镜台注入赣江，属于赣江的一级支流。章水主河长达 200 公里，流域面积大于 100 平方公里的沿途支流有 25 条。整个章水的流域面积近 8000 平方公里。贡水发源于赣南东侧的石城县境内，流经石城、瑞金、会昌、于都、宁都、兴国、全南、龙

---

① L. R. 帕默尔著，李荣等译：《语言学概论》，北京：商务印书馆，1983 年，第 111 页。
② L. R. 帕默尔著，李荣等译：《语言学概论》，北京：商务印书馆，1983 年，第 110 页。

南、信丰、安远和赣县，在赣州市八镜台流入赣江，也是赣江的一级支流。贡水主河长达 280 公里，沿途支流数十条，整个流域面积达 26000 多平方公里。①

在闽西境内，大小河流也有数百条之多。据统计，全区集水面积达到或超过 50 平方公里的溪河，共有 110 条。其中，集水面积 50～100 平方公里的有 51 条，100～200 平方公里的有 13 条，500～1000 平方公里的有 5 条，1000～2000 平方公里的有 7 条，5000～10000 平方公里的有 2 条（汀江和九龙江）。② 从水流的归属情况来看，闽西境内的河流分别属于闽江、汀江、梅江和九龙江等水系。

具体说来，闽西西北境的宁化、清流和明溪等县的河流，基本上都属于闽江水系。其中，宁化、清流境内的九龙溪，明溪境内的角溪等，分别汇入闽江上游的沙溪和富屯溪两大支流。

龙岩市境内的河流，主要分属于汀江和龙九江两大水系。其中，汀江发源于武夷山东南侧的宁化县境内，先后流经长汀、武平、上杭和永定四县，在永定县峰市乡出境进入广东省，至粤东北大埔县三河坝与梅江汇合后，称韩江，经汕头市出海。汀江在闽西境内有数十条支流，其中集水面积达 500 平方公里的支流有濯田河、桃澜溪、旧县河、黄潭河和永定河。其中，濯田河在长汀县境内，位于汀江的左侧，河长 63 公里，集水面积 860 多平方公里。桃澜河在武平县境内，位于汀江的右侧，河长 57 公里，集水面积近 700 平方公里。旧县河位于汀江的左侧，发源于连城县，流经连城和上杭县的部分区域，全长 110 多公里，集水面积近 1700 平方公里。黄潭河位于汀江左侧，发源于上杭县境内，流经上杭、龙岩和永定等地，河长近 140 公里，集水面积达 1200 多平方公里。永定河位于汀江左侧，在永定县境内，全长近 90 公里，集水面积超过 1000 平方公里。③

---

① 赣州地区志编纂委员会编：《赣州地区志》，第 1 册，北京：新华出版社，1994 年，第 226～233 页。

② 龙岩地区地方志编纂委员会编：《龙岩地区志》，上册，上海：上海人民出版社，1992 年，第 110 页。

③ 龙岩地区地方志编纂委员会编：《龙岩地区志》，上册，上海：上海人民出版社，1992 年，第 110～111页。

九龙江发源于彩眉岭和博平岭两道山脉之间，由于其发源地及整个流域都不属于客家方言区，故而不作详细的介绍。

龙岩市境内的河流，除了分属于汀江和九龙江两大水系外，尚有少数河流属于闽江的沙溪水系。如长汀、连城境内的北团溪，连城境内的文川溪和姑田溪等，分别流入三明地区的清流或永安境内，成为闽江沙溪水系的重要支流。

粤东北境内的河流，依水系划分主要属珠江和韩江两大水系。属于珠江水系的有东江，它发源于赣南的寻乌县，向西南流经粤东北境内的龙川、河源、紫金、惠阳、博罗，至东莞的石龙镇进入珠江三角洲。集水面积35000多平方公里，约占广东境内珠江流域总面积的四分之一。河长560多公里。沿途之地，支流纵横，其中上游段主要有贝岭水（亦称安远水，发源于赣南的安远县，向南流入龙川县，并在龙川县境内汇入东江干流），贝岭水的主要支流有定南水。中游支流有浰江（发源于和平县）、新丰江（发源于新丰县）、秋香江（发源于紫金县）。[①] 汇入韩江水系的河流主要有梅江（属韩江主流，居韩江上游，发源于紫金县武顿山，至大浦三河坝汇汀江后称韩江）、琴江（韩江一级支流，发源于紫金县武顿山，经五华后流向东北，汇入梅江）、程江（发源于赣南寻乌县，向南流入平远，经梅县后汇入梅江）、五华河（发源于龙川，经五华后入梅江）、宁江（发源于赣南的寻乌，向南流入兴宁后汇入梅江）、石窟河（发源于闽西的武平，向南流经蕉岭和平远，经梅县而汇入梅江）、松源河（发源于闽西上杭县，向南流经蕉岭和梅县境内，在梅县汇入梅江）和梅潭河（古名清远河，源于闽西南的平和与南靖两县，向南流入大埔后汇入韩江）。[②]

如果把客家方言地理纳入赣闽粤边的整个水网体系之中来加以考察，我们就会发现，现代的客家方言地理格局基本上是围绕着四大水系展开的：其一，由章水和贡水联络而成的赣江水系，整个赣南地区的客家方言地理，都

① 广东省地方史志编纂委员会编：《广东省志·地理志》，广州：广东人民出版社，1999年，第188～189页，第198～199页。

② 梅州市志编纂委员会编：《梅州市志》，上册，广州：广东人民出版社，1999年，第289～290页。

是围绕着这个水系而构筑起来的；其二，闽西西北部的闽江上游水系，三明境内的宁化、清流和明溪以及龙岩市所辖的连城等客家方言区，基本上是围绕着这个水系而构筑起来的；其三，由纵贯闽西的汀江和横穿粤东境内的梅江联络而成的韩江水系，龙岩市所辖的长汀、武平、上杭和永定以及梅州所辖各县的客家方言区，都是围绕着这个水系而构筑起来的；其四，东江水系，粤东北地区除梅州市所辖各县以外的主要客家方言区，基本上是围绕着这个水系而构筑起来的。

仔细地研究一下赣闽粤边的水网体系与客家方言地理格局之间的关系，我们还会发现，由于河流的发源地、具体流向以及流域开发次第和交通形势的差异，客家方言地理在不同流域的强弱态势，也是不尽相同的。大致说来，在赣南的西侧，由赣州溯章水而上，越往西，客家方言就越弱。其中的原因主要在于：其一，章水起源于赣南西部的崇义县聂都山，在其总共7696平方公里的流域面积中，有599平方公里的面积来自湘东南与粤北山区的结合部，约占流域总面积的7.8%。整个流域的地势西南高而东北低，因此，邻近的方言群很容易顺流而下，从而影响着这里的方言格局。其二，从交通形势来看，章水上游地处大庾岭的北侧，自从唐代中叶大庾岭新道修成之后，这里一直是南来北往的交通枢纽，因此，其方言很容易受到外来语言的影响。正因为如此，在现代的方言格局上，处于章水中下游的上犹、南康等县，都属于纯粹的客家方言区，但是地处章水及其支流上游的崇义和大余，则属于客家方言与周边其他方言混杂的地区。

在赣南的东部和南部地区，也就是在贡水（及其支流）流域，客家方言的地理分布则呈现出十分均衡的态势。不论是东侧的石城—瑞金—会昌—安远—寻乌一线，还是南部的全南—龙南—定南一线，都是纯粹的客家方言区。这一方言格局的形成，与其所依托的贡水水网体系具有内在的关联。贡水及其主要支流均发源于赣南东侧的武夷山南段和南侧的南岭山系，在其全部26589平方公里的流域面积中，来自闽西或粤东北的流域面积只有282平方公里，约占总流域面积的1%。更为重要的是，武夷山南段的东侧（闽西）和南岭山系的南侧（粤东北），都是客家方言区。正因为如此，这一带的方言地理不会因为受到外来方言的影响而产生重大的格局上的变化。

在闽西的西北一侧，也就是闽江水系的上游地区，客家方言的整体格局呈现出西南强而东北弱的态势。具体说来，宁化、清流和连城一带，都是纯粹的客家方言区，但是，到了明溪以后，就表现为客家方言与闽方言、赣方言的混杂。从河流走向的角度来看，闽江上游的沙溪和富屯溪均发源于武夷山及其支脉。但是，沙溪源于武夷山的南段，而富屯溪则源于武夷山的北段。南段的东西两侧，都是客家方言区，而北段的东西两侧则分别是闽方言区和赣方言区。正是因为如此，地处沙溪流域的宁化、清流和连城一带，都成了客家方言区。但是，到了明溪，由于其境内的河流分属于沙溪和富屯溪两大支流，故而这里的方言呈现出客家方言与周围相邻方言混杂的态势。

纵贯闽西境内的汀江，其主流和支流均发源于武夷山南段及其支脉。它不仅自北而南把长汀、上杭、武平、永定等县连成一气，而且还使得整个流域与自西向东的九龙江流域形成一种泾渭分明的关系。这种河流走向使得整个汀江流域都处在武夷山南段东侧的腹地之中，与位于西侧腹地的石城—瑞金—会昌—安远一线相对应。而让整个汀江流域与赣南东部自成东西的武夷山南段，在自北而南的蜿蜒曲折之中，越往南，其山势便越低。在今天长汀县的古城和武平县的东留一带，其海拔已分别降至600米和560米。正因为如此，在一些相对比较平缓的地段，往往会形成隘口。据康熙《宁化县志·山川志》记载：“宁化于会城为正西……山由西而北，水自西流东南。溯其源，远自庾岭度峡而至火星岽，则左会昌，右武平，是为江、闽之界。至桃源岽，则左瑞金，右出黄竹岭为长汀，亦江、闽界也……由罗山至池家岽，西趋而状列如屏者曰马龙寨，是为南条之山之干，中出而作邑者也。由马龙而右出者曰狐栖岭。自此腾涌而南，则皆邑之宾位矣。由马龙左趋迢递而突竖者曰三峰寨……由寨逶迤中出而转大江头，是有站岭隘，则石城之分界也。”① 由此可见，在整个武夷山的南段，自北而南，在宁化与石城之间有“站岭隘”，在长汀与瑞金之间有“桃源岽”，在武平与会昌之间则有“火星岽”。这一系列隘口的存在，极大地方便了东西两侧的交通，使得整个汀江流域得以与赣南联系起来，并成为同一个方言区。

① （清）康熙《宁化县志》卷1《山川志》上，福州：福建人民出版社，1989年，第14页。

横贯粤东的梅江，虽然发源于粤东的西侧腹地，但是其支流却多源于北部的南岭山系及武夷山南段的支脉。其中，五华河、宁江和程江等北侧支流，均发源于南岭山系，而东端的石窟河和松源河，均源于武夷山南段的支脉（闽西境内）。更为重要的是，梅江在自西向东的蜿蜒曲折之中，又与自北而南的汀江交遇，并形成一个“丁”字形的水网体系。故而，整个梅江流域不仅与北部的赣南地区连成一气，而且通过汀江又与闽西连成一个整体。正所谓“山不转水转”，武夷山和南岭山系在使得赣南、闽西和粤东北东西相阻和南北相坼的同时，又通过发源于山脉两侧的河流，而使得三者之间相互联络，此呼彼应，并最终成为同一个方言区。

与赣南的东侧、南侧以及汀江和梅江两大流域内客家方言的均衡分布相比，东江流域的客家方言地理，明显地呈现出北强南弱的态势。其主要原因在于，自北而南的东江，其主流及上游的主要支流均发源于南岭山系。东江的源头俗称寻乌水，发源于会昌、寻乌和安远三县交界的丫髻钵，经寻乌向南流入龙川县，再流入东江一级支流。在赣南境内长 126 平方公里，流域面积近 2000 平方公里，流途支流数十条。再如九曲河，发源于寻乌与安远交界的基隆嶂，流经安远、寻乌、定南，进入广东，流入贝岭水，再经龙川流入东江，属珠江流域东江二级支流、贝岭水一级支流。该河在赣南境内全长 90 多公里，自东北流向西南，流域面积达 1500 多平方公里，大小支流数十条。由于东江主流及其上游的主要支流均发源于赣南南部的南岭山系，而且不少河流都是在赣南境内北折南回之后，才流向粤东北地区，故而，在东江流域的北部，如平和、连平、龙川等县，也与赣南一样，同属于客家方言区。但是，在紫金以南，由于接近珠江流域的粤方言区，故而客家方言开始呈疲弱之势，再往南，越过博罗、惠州一线，客家方言则完全消失。

粤北客家方言区的形成，也与其境内的水网体系密切相关。如前所述，在“粤北山地州”和“粤东平行岭谷州”之间，有一道自东北向西南蜿蜒的九连山山脉。生活在“粤东平行岭谷州”境内的客家方言群，在越过新丰江谷地进入粤北境内的滃江谷地之后，就可以沿滃江而进入北江（滃江为北江的支流之一）。沿北江溯流而上，经韶关向东北，就是浈水；由韶关向西北，则是武水。正因为如此，从浈水流域的南雄、始兴、仁化到武水流域的乐昌，再到韶关以南北江主干流的曲江、英德等地，后来也都成为粤东北客家方言的延伸区域。

## 四、三点结论

根据赣闽粤边的现代客家方言地理以及制约这一方言地理格局的山形水势，我们可以得出以下三点结论：

其一，就空间结构而言，赣闽粤边现代客家方言的地理格局，恰似一个“田”字形的构造。其中，“田”字中间的一竖，由赣南与闽西之间的武夷山南段以及粤东北境内的罗浮山山系构成；其东西两边则分别由闽西境内的博平岭和粤东境内的阴那山—莲花山以及赣南境内的诸广山和粤东北境内的九连山构成；至于上下两横，则分别由赣南东北部的雩山山脉和闽西境内的松毛岭、玳瑁山北段以及广东中部腹地的罗浮山所围合。

其二，从文化的“核心与边缘”理论来看，在客家方言地理的这一“田”字形构造中，其中间的“十”字形交叉地带（即武夷山南段—罗浮山山系与大庾岭以东的南岭山系交汇之处），显然处于这一方言地理格局的极核心区域。一般说来，一个语言（方言）文化区的极核心区域，往往就是该语言（方言）的原发区域。据此推论，武夷山南段—罗浮山山系这一纵轴线的东西两侧以及南岭山系这一横轴线的南北两侧，应该（至少是最有可能）是客家方言的原发区域。至于处在这一核心区域边缘的其他客家方言区，从理论上来讲，都应该是由这一核心区域的人口迁移和语言传播而形成的，如粤北客家方言区、闽西南客家方言区以及赣中西南部的客家方言区等，显然都属于这一范畴。

其三，根据方言与方言群的相互对应关系，既然武夷山南段—罗浮山山系的东西两侧和南岭山系的南北两侧是客家方言的原发区域，那么，客家方言群的原发区域也就应该在这里。

# 第二章　赣闽粤边的民族源流与早期区域开发

地理环境对语言（方言）的影响，主要是通过环境对人类活动的促进或限制来实现的。故而，环境因素可以用来解释语言（方言）的空间形态和地理分布，但是却无法揭示语言（方言）的发生学机缘。就我们的议题而言，赣闽粤边的山形水势固然可以解释客家方言在这一区域的地理格局，但是却无法从发生学的角度来解释客家方言一定会产生于这一区域的种种缘由。

那么，就发生学的角度而言，到底是哪些因素决定或影响着客家方言的生成呢?

众所周知，人是语言（方言）这一文化事物的创造者。因此，人的历史性活动——生产、生活、交往和迁移等，才是我们理解语言（方言）这一文化现象的关键因素。客家方言作为汉语的一个地域性变体，其生成的内在机理，也应该从生活在赣闽粤边的人的活动之中求之。

以罗香林为代表的半个多世纪以来的客家研究传统，正是在这种内在理论的指导下开展其有关客家源流研究的。在《客家研究导论》一书中，罗氏写道：

客家先民其南徙虽肇自东晋，然而形成特殊之系统，则在赵宋以后。宋、明人著作，颇言汀（即汀州——引者）、虔（即今赣南——原注）、南（即南雄——引者）、韶（即韶州——引者）居民语言之近于汉音者，而与南方其他华族及土人不相符合……可知是时华南诸汉族，各自演化，而客家方言，亦已渐成独立之系统。自元入主中国，华北汉语，变化尤巨，四声之入，以及合口之韵，即于是时消失，而闽北、闽东、赣北、赣西、粤南（指广、肇诸属——原注）、粤东（指潮属福佬居地——原注）诸地汉族，亦以自唐、宋、元以来与土著发生混化作用，既渐渐改变其语言，虽其韵部或声纽与唐音尚无绝大隔异，然其语句气息，已不能与唐声同日而语矣。客家一系，因僻处山地，外缘较少，虽其间亦曾稍受土著之影响，然其语言变化，尚不若华北诸汉族剧烈。故近日中外言隋唐古音之研究者，多于潮语、广语、福州语、浙东语外，而更注意于客家语言。①

这便是罗香林“就客家方言的形成与分布以建立的客家界说”②。根据这一界说，客家的源头始于永嘉之乱以后的北方汉人南迁。在这次南迁过程中，“中原第二支逃难的汉族，向南播迁，远者已达赣省中部，其近者则仍淹迹颍、淮、汝三水之间”③，唐代后期，在黄巢农民战争的冲击下，又形成“客家先民第二次的迁移运动”，“这次迁移其远者已达循、惠、韶等地，其近者则达福建宁化、汀州上杭、永定等地，其更近者，则在赣东、赣南各地”。④经过唐末五代的发展，客家“民系”正式形成。

就学术史的角度而言，罗香林这一理论的最大贡献就在于：它把客家方言的生成与北方移民的南迁紧紧地联系在一起，突显了人的历史性活动（迁移）与语言（方言）文化承传、发展和变化之间的内在关系，在一定程度上揭示了客家方言的发生学原理。

然而，不容回避的是，这一理论的局限性也是十分明显的。从学术源流的角度来看，这一理论的形成显然是20世纪二三十年代传统汉语方言学的产物。根据这种传统的汉语方言学理论，所有的汉语南方方言都是由北方汉人南迁而带来的，南方方言的区域性差异及其文化特质，可以从北方汉人南迁的时代性差异中找到合理的解释。换句话说，在同一部北方汉人南迁史的大背景下，之所以会产生众多的汉语南方方言分支，原因就在于这些北方移民是在不同的历史时期内迁移到南方不同区域的，故而他们所带来的是处在不同发展阶段中的北方汉语。这些处在不同发展阶段中的北方汉语，在传入南方的不同区域之后，便形成了千姿百态的汉语各南方方言分支。在这种历史主义的汉语方言演化理论的观照下，南方各方言分支都被视作为北方汉语的

---

① 罗香林：《客家研究导论》，台北：南天书局，1992年，第17～18页。
② 罗香林：《客家研究导论》，台北：南天书局，1992年，第19页。
③ 罗香林：《客家研究导论》，台北：南天书局，1992年，第45页。
④ 罗香林：《客家研究导论》，台北：南天书局，1992年，第50页。

单向移植，至于南方各地的区域文化传统和文化底层，在其方言的形成与发展过程中有没有起过作用、起着何等作用等问题，则完全被漠视。这种汉语方言的单线演化理论，投射在罗香林的具体研究过程中，就是把以“并司豫流人”为主体的北方移民，视作为客家方言生成的唯一因素，相应地，所谓“并司豫流人”也就当然地变成了客家人的直接源头。

《客家研究导论》问世以后，罗氏这种“就客家方言的形成与分布以建立的客家界说”，遂成为经典性的结论。久而久之，一谈到客家的源流，便是所谓的“并司豫流人”；一谈到客家方言，便是所谓的盛唐音韵。于是，就像我们一再看到的那样，一部客家方言群的形成与发展史，便成了“并司豫流人”在不同的历史时期由北而南作波浪式推进的历史。在这一理论的观照下，作为客家人主要活动舞台的赣闽粤边，一直只是个“配景”，充其量也就是一个抽象的地理空间，一个接纳“并司豫流人”南迁的“容器”，一个承接中原文化事物、文化观念和文化意识的“集装箱”。尽管在这一地理空间内，曾生活着众多的非汉族居民，他们在长期的历史岁月里积累了悠久而独具区域特色的文化传统和深厚的文化底层，但是，在客家方言和客家文化的形成过程中，都可以一概忽略不计。

当代的汉语方言研究成果告诉我们，汉语方言的形成与发展，是一个极其复杂的历史文化现象，北方人口的南迁只能解释南方方言形成的部分原因。除此之外，南方各地的土著民族成分、区域开发次第、交通网络、行政建置、区域文化传统和文化底层等，都是形成各南方方言文化特质的不可忽视的因素。[①] 客家方言的形成，当然也不会例外。

正因为如此，我们继前章讨论了作为地理场景的赣闽边之后，从本章开始将重点讨论作为历史场景的赣闽粤边。我们相信，只有真正进入赣闽粤边这个“现场”，通过梳理赣闽粤边的民族源流，研究赣闽粤边的区域开发过程，才有可能全面地揭示客家方言的形成之由，进而更加真切地把握客家方言群的来龙去脉。

---

① 详请参阅周振鹤、游汝杰：《方言与中国文化》，上海：上海人民出版社，1986 年，第 15 ～ 89 页。

## 一、赣闽粤边的早期居民蠡测

这里所说的“赣闽粤边的早期居民”，是指在北方华夏——汉民族人口大规模迁入之前就已经生活在赣南、闽西和粤东北这一毗邻区域内的居民。根据有关文献的记载，早在商、周时期，就有被称为“越”的古民族生活在中国的东南及南部地区。考古学界认为，广泛分布于中国南方各地的以几何印纹陶为主要特征的文化遗存，便是由古越族人创造的。最近数十年来的考古发掘表明，这种以几何印纹陶为主要特征的文化遗存，在时间上从4000多年前的新石器晚期开始，一直延续到商周秦汉时期，在空间上则遍布于中国东南地区及岭南一带。① 有学者在比较了南方各地的几何印纹陶文化遗存之后，认为这一文化可分成7个小区：即宁镇区（以南京、镇江为中心，包括皖南地区）、太湖区（包括杭州湾地区）、赣鄱区（以赣江、鄱阳湖为中心）、湖南区（洞庭湖周围及以南地区）、岭南区（包括广东以及广西的东部）、闽台区（包括福建、台湾以及浙江的南部）和粤东闽南区（包括福建九龙江以南和广东东江流域以东的滨海地区）。② 从以上的地理格局来看，如果考古学上的几何印纹陶文化果真是古越族的文化遗存，那么，赣闽粤边的最早居民应该是古越族人。

古越族在经过漫长的历史演变之后，到了战国时代，已分化成众多的支系。故而，从这个时候开始，文献中便出现了“百越”这一新的称谓。《吕氏春秋·恃君览》云：“扬汉之南，百越之际。”汉人高诱在注释《吕氏春秋》的这段话时，将“扬汉之南”释为“扬州汉水南”。今人蒙文通在高诱注释的基础上，再作这样的发挥：“称扬州汉水者，盖以别于荆州汉水也。此扬州之汉水，当即《汉书·地理志》豫章郡之湖汉水。豫章古属扬州，故湖汉又得名扬汉。湖汉水上源颇多，故有湖汉九水之称，即今江西省赣江水系

---

① 吴绵吉：《江南几何印纹陶文化应是古越族人的文化》，百越民族史研究会编：《百越民族史论集》，北京：中国社会科学出版社，1982年，第47～63页。

② 李伯谦：《我国南方几何印纹陶遗存的分区、分期及其有关问题》，载《北京大学学报》1981年第1期。

诸水也。则‘扬汉之南’即今赣江水系之南。赣江水系东以武夷山与福建分水，南以南岭与广东分水，是今福建、广东即《吕氏春秋》所谓‘扬汉之南，百越之际也’。”① 根据蒙文通的这一解释，百越民族的地理分布便仅仅局限在今福建和广东一带。然而，据《汉书·地理志》颜师古注引臣赞曰：“自交趾至会稽，七八千里，百粤杂处，各有种姓。”臣赞所谓的“百粤”，也就是“百越”。显而易见，“自交趾至会稽”比“赣江水系之南”这一范围要大得多。因此，以上两种解释是相互歧义的。

那么，如何来化解两说之间的歧义之处呢？我们认为，关键还在于如何理解《吕氏春秋》中“扬汉”一词所代表的地理范围。高诱把“扬汉”解读为“扬州汉水”，而蒙文通则进一步把“扬州汉水”等同于湖汉水，这便是问题所在。其实，“扬汉”之“扬”并非“扬州”之“扬”，而应作“扬水”之“扬”解。据新近的古地理研究，“扬水在江汉平原中部，连接汉水与长江”②。因此，所谓“扬汉”，实指扬水和汉水，“扬汉之南”实即扬水和汉水以南这一区域。换句话说，《吕氏春秋》所谓的“扬汉之南”，是就百越民族地理分布的西部界线而论，而臣赞的“自交趾至会稽”，则是就百越民族地理分布的东南部界线而论。两者合起来，便构成一幅完整的百越民族地理分布图。

如果以上的推论大致不误的话，那么，战国以降的百越民族，其地理分布的北界应该在西起扬水、汉水流域，东至会稽一线，其南界则直达交趾。我们所要讨论的赣闽粤边，显然也被包括在这一区域之内。

如前所述，高诱在注释《吕氏春秋》中的“百越”一词时，还有“越有百种”之说。所谓“越有百种”，也就是说越人的支系十分复杂，种姓繁多，因此才被称为“百越”。《史记·高帝纪下》颜师古注引服虔曰：“非一种，若今言百蛮也。”《文选·过秦论》李善注引《音义》亦谓：“百越非一种，若今言百蛮也。”由此可见，战国以降的“百越”，并不是对某一个单一民族的专称，而是对生活在南方和东南地区的众多土著民族的泛称。

---

① 蒙文通：《越史丛考》，北京：人民出版社，1983 年，第 2 页。

② 张正明：《楚文化史》，上海：上海人民出版社，1987 年，第 24 页。

既然“百越”一词是泛称而非专称，那么，对我们而言，在讨论赣闽粤边早期居民的族源族属时，就不能简单地以“百越”一词来统而概之，而应该尽可能地厘清其族属源流，梳理其相关活动和文化脉络。只有这样，我们才有可能准确地把握赣闽粤边的早期文化面貌和文化特征。

先来看看赣南境内的情况。据古代地理志书的记载，赣南在春秋时期属于吴国，越灭吴后，属越国，楚灭越以后，再属楚国。《太平御览》卷170引《十道志》云：“虔州南康郡，春秋时吴地，秦属九江郡，汉为赣县地，属豫章郡。”《太平寰宇记》卷108《江南西道六·虔州》云：“虔州，《禹贡》扬州之域，春秋时为吴、越地，战国时属楚，秦属九江郡。”《舆地纪胜》卷32《江南东路·赣州》云：“赣州，春秋时属吴、越，战国时期楚南平百越，于是属楚。”嘉靖《赣州府志》卷1《地理》亦云：“赣，古扬州域，春秋属吴、越（始隶吴，吴灭，隶越——原注），战国属楚，秦隶九江郡。”不过，古代地理志书中关于赣南早期隶属关系的上述记载，并不能视为信史。据历史地理学家谭其骧考证，“史籍记载里先秦地名在今江西境内的，只有见于《史记·吴世家》阖闾十一年的番，和见于《左传》哀公十二年的艾。番在今鄱阳县东。艾一说在今永修县境，一说在今修水县西。此外见于《左传》哀公十九年的冥，前人也推定在今省境的东北部。以一省之大，见于数百年记载的地名只有三个，可见这一地区在先秦是如何地远远落后于其西邻的湖南和东邻的浙江了”。他还进一步指出，“从春秋直到汉初有关越国和越族的历史记载来看，越的西界最远似不可能超越今鄱阳东岸。因此，自鄱阳湖迤西迤北之地，在（楚）怀王初年若不在楚国版图之内，便当系楚、越两国间的瓯脱之地”。① 鄱阳湖以西以北的情况尚且如此，说赣南春秋时属吴、吴亡后属越，显然是很成问题的。

赣南所在的今江西境内，在先秦时一直被视为“吴头楚尾”之地。据可靠的文献记载，春秋时期的吴国，即使在其势力最盛之时，也只是占有以今天余干县为中心的赣东北一带。越灭吴后，虽然势力范围有所扩大，但是

① 谭其骧：《鄂君启节铭文释地》，《长水集》，下册，北京：人民出版社，1987年，第210～211页。

“越的西界最远似不可能超越今鄱阳湖东岸”。既然吴、越的势力都未曾进入赣南一带，那么，赣南境内的早期居民就不可能是吴越族人。

就现有的文献资料来看，赣南境内的早期居民，可能是百越里的扬越。据《史记·楚世家》记载，楚王熊渠时，“甚得江汉间民和，乃兴兵伐庸、杨粤，至于鄂”。这里所谓的“杨粤”，也就是后来的“扬越”（显然因扬水而得名）。文中所说的庸在今湖北竹山县境，而鄂则在今鄂城县境。从《楚世家》的行文秩序来看，扬越当在庸与鄂两地之间。由此看来，在西周末年以前（熊渠约当周夷王时），扬越的分布范围大致在今江汉一带。

在这以后，随着楚国势力的不断增强，扬越便由江汉地区向南发展，从而将分布范围逐渐扩展至洞庭湖一带。据《战国策·秦策三》记载，楚悼王时，吴起再次率兵“南攻扬越”①。这一事实表明，最迟从楚悼王时开始，扬越的分布范围已从早先的江汉一带南移至今湖南境内。

楚灭越之后，今江西一带尽归于楚。从那以后，直到秦末汉初，今湖南境内以及江西的部分地区，均为扬越的活动之地。② 秦朝时，吴芮任番阳（今江西波阳县东北）令，“甚得江湖间民心，号曰番君。”秦末，吴芮“率越人举兵以应诸侯”，项羽封之为衡山王，汉初迁为长沙王。③ 刘邦在加封吴芮的诏书中说道：“故衡山王吴芮与子二人，兄弟一人，从百粤之兵，以佐诸侯，诛暴秦，有大功……其以长沙、豫章、象郡、桂林、南海立番君为长沙王。”④ 从出生在江西的吴芮被称为“番君”以及“率越人举兵”或“从百粤之兵”等情况来看，当时江西境内的居民应该以百越民族为主体，而且，其中也应该包括扬越。

在吴芮被封长沙国以后的很长一段时间里，越人依然是其境内的主要居民。汉文帝时，割据岭南的赵佗就曾指出：“西北有长沙，其半蛮夷。”⑤ 联系到前文所说的扬越族很久以来就一直活动在今湖南境内的种种情况，赵佗

---

① （汉）《史记·吴起列传》把这次军事行动称之为“南平百越”，所谓“百越”当作“扬越”解。

② 详请参阅吴永章：《楚与扬越、夷越、于越的关系》，原载《中原民族学院学报》1986年增刊，后收入《民族研究论文集》，北京：民族出版社，2002年，第159～178页。

③ （东汉）《汉书》卷34《吴芮传》。

④ （东汉）《汉书》卷1下《高祖纪》。

⑤ （东汉）《汉书》卷95《南粤传》。

所说的长沙国境内的“蛮夷”，其主体应该是扬越。汉初的长沙国，远比《汉书·地理志》中的长沙国为大，其南境基本上辖有《汉书·地理志》中的桂阳和零陵二郡。① 由于赣南与长沙国的东南部地区紧相毗连，由此推想赣南境内生活着一定数量的扬越族人，大概是不成问题的。

闽西境内的早期居民，应该是百越民族中的闽越一支。闽越是活动在东南沿海地区的一个古代民族。《山海经·海内南经》云：“闽在海中。”《周礼·夏官司马·职方氏》曰：“职方氏掌天下之图，以掌天下之地，辨其邦国、都鄙、四夷、八蛮、七闽、九貉、五戎、六狄之人民。”许慎《说文解字》释“闽”曰：“闽，东南越，蛇种。”今人蒙文通亦认为：“‘越’本国名，其族为‘闽’。”② 据此，则上述文献中所说的“闽”或“七闽”，就是后来的闽越。换句话说，所谓“闽”或“闽越”，只是不同时代对同一个民族的不同称谓罢了。

据古代地理志书记载，最晚从春秋时代开始，闽西境内就有着闽或闽越人的活动足迹。据宋人欧阳忞《舆地广记》卷34《福建路·汀州》记载，以汀州为中心的闽西地区，“春秋时为七闽地，战国为越人所居，秦属闽中郡，汉初属闽越国”。这里所说的“越人”，应该就是指闽越人。南宋人王象之《舆地纪胜》卷132《福建路·汀州》云：“汀州，《禹贡》扬州域，自晋以前，并同泉州。”考同书卷130《泉州》条：“古闽越地，周职方为七闽地，秦属闽中郡，汉初属南越国。”汀州在晋以前既然“并同泉州”，其境内的早期居民当然也只能是闽越人了。

与闽西毗邻的粤东沿海地区，自春秋以来也一直是闽越人的活动范围。《太平寰宇记》卷158《岭南道二·潮州》和《舆地纪胜》卷100《广南东路·潮州》皆曰：“潮州，古闽越地。”《舆地广记》卷35《广南东路·潮州》记载则更为详细：“潮州，春秋为七闽地，战国为越人所居。”这里的“越人”，同样也是指闽越。此外，与潮州接壤的梅州一带，也是闽越人的活动范围。《舆地广记》卷35《广南东路·梅州》云：“梅州，春秋为七闽所

---

① 谭其骧：《马王堆汉墓出土地图所说明的几个历史地理问题》，《长水集》，下册，北京：人民出版社，1987年，第248页。

② 蒙文通：《越史丛考》，北京：人民出版社，1983年，第1页。

居，战国时属闽越。”《舆地纪胜》卷102《梅州》亦云：“梅州，古闽越地。”据此可知，粤东的沿海一带，其早期居民也应该是闽越族人。

除粤东沿海一带之外，在粤东北的其他地区，其境内的早期居民应该是南越族人。南越族是生活在岭南地区的一个古代民族。根据文献记载及相关的考古发掘，从很早的时代开始，南越族人民便生活在今广东境内，其主要活动地域集中在珠江三角洲一带，中心在古代的番禺（今广州市）。[①] 从南越族的活动范围来看，粤东北的东江中上游地区，也应该是他们的足迹所至之地。《太平寰宇记》卷159《岭南道三·循州》云：“循州，春秋时为百越之地。”《舆地广记》卷35《广南东路·循州》亦云：“循州，古百越之地。”这里所谓的“百越”，当是指南越。《舆地纪胜》卷99《广南东路·惠州》也记载说：“惠州，古南粤（越）地。”由此可见，在整个粤东北地区，除东部沿海一带的早期居民为闽越人之外，其他各地的早期居民都应该是南越人。

需要指出的是，就百越民族的行踪聚散来看，赣南、闽西和粤东北三地虽然都是他们的足迹所至之区，但是，就总体情况而言，这三个地区却都不在他们活动的中心范围之内。如前所述，被视为与百越民族（包括其前身古越族）有关的以几何印纹陶为主要特征的文化遗存，从类型上来讲，可分成7个小区。其中，除粤东北的东部沿海一带位于粤东闽南这个小区之外，赣闽粤边的其他区域，基本上都处在边缘地带。这种民族文化地理上的边缘性表明，赣闽粤边并不是百越民族活动的中心区域。其次，百越民族活动的几个中心区域，后来分别形成汉语南方方言的几个重要分支。如，吴越族活动的中心区域，大致相当于今江苏省的南部和浙江省的中北部（浙江的南部原为瓯越所居），并向西延伸至今安徽省的南部（古宣州境内），再由西南延伸至今江西省的东北部（今余干一带），而这一区域正好与后来的吴方言地理格局相一致。又如，闽越族主要活动在以今福州为中心的闽东北沿海地区，而这一区域也恰好与早期闽方言的地理格局大体重叠。再如，南越族的活动区域，大致相当于秦代南海郡的范围，但是其活动中心却集中在以番禺为中

① 详请参阅徐恒彬：《南越族先秦史初探》，百越民族史研究会编：《百越民族史论集》，北京：中国社会科学出版社，1982年，第164～182页；陈国强、蒋炳钊等：《百越民族史》，北京：中国社会科学出版社，1988年，第212～220页。

心的珠江三角洲地区，而这一区也正是后来粤方言的发源地。这一方言格局也反过来证明，赣闽粤边并不是百越民族活动的中心所在。

赣闽粤边之所以没有成为百越民族活动的中心区域，主要的原因恐怕还是与这里的地理环境有关。根据有关文献的记载，百越民族在其活动的历史时空中，尽管支系繁多，分布辽阔，但总的说来，基本上都生活在东南沿海地区或靠近江河湖海的水网区域。这样的地理生态环境，在长期的历史发展中，给他们的生产和生活都带来了极为深刻的影响。在古代生产力低下的情况下，这种影响更是无所不在。这种生态环境与人们现实生活的交互作用，便具体地表现为百越民族的各个支系（如吴越、闽越和南越等）在生产和生活上都和水具有密切而且特殊的关系：善种水稻、多吃水产、习水便舟、居住干栏、文身断发、龙蛇崇拜等。[①] 与这一切形成鲜明对照的是，赣闽粤边乃典型的山区。山区的地形地貌、物产植被等，都与百越民族长期以来所形成的生产和生活习惯背道而驰。正因为如此，非到万不得已，他们是不会大规模地进入赣闽粤边的。正因为如此，以几何印纹陶为主要特征的越文化遗存，虽然广泛地分布于中国的东南地区及岭南一带，但是，在赣闽粤边，至今还没有一处典型的这类文化遗存被发现。这也从一个侧面证明：先秦时期的赣闽粤边可能生活着少数的百越族人民，但是，这里并没有成为百越民族活动的中心区域。

正因为如此，我们在探讨客家方言群的源流时，就不能把客家方言群的源头追溯到百越民族那里，甚至武断地认为百越民族的后裔构成了客家方言群的“主体”。[②]

由于赣闽粤边不是百越民族活动的中心区域，所以百越民族的语言文化对后来客家方言群的影响也是微乎其微的。民族史学界一般都认为，古代的百越民族尽管支系众多，各有种姓，但是，他们的语言却大致接近。汉代刘向在《说苑》卷11《善说》中著录了《越人拥舟歌》（简称《越人歌》），这是保留下来的唯一一份古越语文献。语言学者在仔细地研究了《越人歌》之

---

① 详请参阅吴绵吉：《越人文化特征及其形成的条件》，百越民族史研究会编：《百越民族史论丛》，南宁：广西人民出版社，1985年，第212～228页。

② 详请参阅房学嘉：《客家源流探奥》，广州：广东高等教育出版社，1994年，第7～36页。

后，认为古越语属于汉藏语系中的侗台语族，许多基本词汇与现代的泰、傣、壮、侗语相同，也有一些与京语相同，即动宾词序等同于汉语，但定语后置于名词，语音发展阶段接近泰语及汉语上古晚期，并具有多音节的特点。[①]只要把百越民族语言的这些特征与客家方言两相对照，我们就会发现，两者虽属同一个语系，但却分属于不同的语族，前者属于汉藏语系中的侗台语族，而后者则是汉藏语系中汉白语族的汉语方言。两者在语法、构词和发音等方面，都是大相径庭的。那种认为“客家话的母语是闽粤赣三角地区的古越族语”[②] 的观点，既不符合历史的实际，也有悖于语言学常识。

总之，赣闽粤边尽管在地缘上与古代百越民族中的扬越、闽越和南越等支系的生活区域犬牙交错，但是，由于这一区域特殊的地理环境因素，使得这里并没有真正成为百越民族的聚居地。先秦时期，在赣闽粤边的河谷平台地带，可能星散地生活着少数百越民族的居民，但是，其人口规模极为有限。正因为如此，与周边的其他区域相比，百越民族的文化遗产并没有在这里形成深厚的积淀。在这一区域的东北部、东部和南部，后来分别形成了吴、闽、粤三个汉语的南方方言分支，而这三大方言的地理格局与百越民族中的吴越、闽越和南越的活动范围完全吻合。处在这三大方言区边缘的赣闽粤边，后来却成为一个全新的汉语方言区。这种方言地理格局与民族地理格局的重叠，当然不是历史的巧合。它一方面暗示了百越民族语言文化在吴、闽、粤三大方言形成过程中的底层作用，另一方面又意味着这一语言文化底层在赣闽粤边的“缺失”或“不在场”。

## 二、帝国拓边与早期区域开发

赣闽粤边是一个地域非常辽阔的地理空间。由于材料的缺乏，要详细地讨论其区域开发尤其是早期开发的具体过程，几乎是不可能的。好在前辈学

① 详请参阅韦庆稳：《试论百越民族的语言》，百越民族史研究会编：《百越民族史论集》，北京：中国社会科学出版社，1982 年，第 289 ～ 305 页；董楚平、金永平：《中华文化通志 · 吴越文化志》，上海：上海人民出版社，1998 年，第 253 ～ 282 页。

② 房学嘉：《客家源流探奥》，广州：广东高等教育出版社，1994 年，第 51 页。

者在区域开发史的研究方面，已有了一些成功的范例。借鉴他们的理论和方法，我们至少可以对其早期开发的过程以及开发动力，有一个大体上的了解。

早在1947年，历史地理学家谭其骧教授在《浙江省历代行政区域——兼论浙江各地区的开发过程》一文中，就曾从地方行政建置的角度，成功地解决了浙江全境区域开发的次第问题。他认为，“县乃历代地方行政区划之基本单位。州郡置罢，分并无常，境界盈缩不恒，县则大致与时俱增，置后少有罢并，比较稳定……一地方至于创建县治，大致即可以表示该地开发已臻成熟；而其设县以前所隶属之县，又大致即为开发此县动力所自来。故研求各县之设治时期及其析置所自，骤视之似为一琐碎乏味的工作，但就全国或某一区域内各县作一综合视察，则不啻为一部简要的地方开发史”。[①] 无独有偶，美国学者毕汉思在研究福建的区域开发时，也是从这一思路入手的：“那就是考察福建各县的设置年代，这些年代提供了该县附近地区开发的标志时间。如果把每个新县城的位置标在连贯的、按年代分档的地图上，将出现一幅表明福建开发过程的连续画面。”他认为：“只有当中原移民在某地已经聚居了相当数量的人口，并且土地已经垦殖以后，当局才会以建立一个新县的方式，认可这一地区的开发，并选择某一村庄作为县治，以表示该行政区的地理位置。”[②]

谭其骧和毕汉思两人关于浙江和福建区域开发过程的研究，给我们以这样的启示：地方行政建置、尤其是县的建置，是某一区域开发的重要标志。正因为如此，下文将从行政建置的角度，来讨论赣闽粤边的早期区域开发过程。

由于地理位置、战略形势等诸多的差异，赣南、闽西和粤东北的区域开发次第和发展节律是不尽相同的。大致说来，在赣闽粤边，赣南的开发最早，在秦汉至六朝时期，其发展的程度也最高。秦统一六国之后，在全国各地推行郡县制，今赣南地区的南部就建置了南野县，隶属于九江郡。秦代的南野

---

① 谭其骧：《浙江省历代行政区域——兼论浙江各地区的开发过程》，原载杭州《东南日报》1947年10月4日《云涛》副刊第5期。后收入《长水集》，上册，北京：人民出版社，1987年，第398～416页。

② 毕汉思著，周振鹤译：《唐末以前福建的开发》，载《历史地理》第5辑，上海：上海人民出版社，1987年，第238～291页。

县，其地理范围大约包括今天江西省南康县以南直到广东北部的南雄、始兴和仁化等县的广大区域。这是整个赣闽粤边最早设置的一个县。尽管史书中对于南野县的设置过程并没有详细的记载，但是，从种种迹象来看，该县的设置与秦帝国的军事拓边有关。公元前223年，秦国的50万大军驻守在今天的湘、桂、粤、赣一带，“因南征百越之君”①。据《淮南子·人间训》记载，这50万大军兵分五路，其中一军就驻守在“南野之界”。由于是重兵屯集之地，需要大量的粮食等军需物资，故而中央政府在这里设置一县，以资调集。从这个意义上来讲，南野县的设置，只是秦帝国在拓边过程中的军事性考虑，而并非赣南区域开发的必然结果。

秦始皇在平定南越之后，又“适治狱不直者”，筑“南越地”，② 开始修筑“秦所通越道”③，后世称之为“新道”。④ 据张荣芳和黄淼章所著《南越国史》一书的考证，在秦代所辟的多条通往岭南的新道中，至今尚可考知者共有4条，其中，地处“南野之界”的新道，被列为第一条：

第一条，从江西南安（今江西南康），经过大庾岭，出横浦关（今广东南雄县小梅关），复沿浈水西行，取北江顺江可抵番禺。这条道经过横浦关。横浦关故址在今广东南雄县西北的庾岭上，以后赵佗划岭而治时，即绝了包括横浦关在内的秦关及通过的新道，这从侧面反映出经过横浦关的新道十分重要。⑤

“南野之界”不仅是大庾岭新道的必经之地，而且绾结“新道”的横浦、阳山和湟溪关隘也都在其境内，故而交通形势十分重要。正因为如此，在“新道”修成之后，除了派重兵把守之外，秦王朝还极有可能从中原地区迁来部分人口，以从事生产，保障军需。果真如此，这批来自中原的移民，应该就是开发赣南的第一波人口动力。

西汉高帝六年（前201），赣南地区又增设了赣和雩都（即今于都县）2

---

① （汉）《史记》卷73《白起王翦列传》。

② （汉）《史记》卷6《秦始皇本纪》。

③ （汉）《史记》卷113《南越列传》。

④ 关于“秦所通越道”的详细情况，请参阅陈乃良：《潇贺沟通，跨越五岭》，载《历史地理》第16辑，上海：上海人民出版社，2000年。

⑤ 章荣芳、黄淼章：《南越国史》，广州：广东人民出版社，1995年，第36页。

县，连同先前的南野县，赣南地区一共设置了 3 个县，统属于豫章郡。从种种迹象来看，汉初在赣南设置赣和雩都两县，主要也是出于军事方面的考虑。据《太平寰宇记》卷 108《江南西道六 · 虔州》记载：

汉高祖六年，使灌婴略定江南，始为赣县，立城以防赵佗。今州西南溢浆溪故城是也。

雩都县……即汉高祖六年使灌婴防赵佗所立也。

考《史记 · 樊郦滕灌列传》，灌婴乃汉高祖刘邦的悍将，楚汉战争后期，他曾亲率车骑败项羽于垓下。稍后，他又率兵东征西讨，“渡江，破吴郡长吴下，得吴守，遂定吴、豫章、会稽郡。还定淮北，凡五十二县”。由此可见，《太平寰宇记》谓灌婴“略定江南”而置赣和雩都两县，是可信的。

灌婴在平定豫章之后，之所以要在赣南一带设县，原因还得从秦末汉初南岭南北的军事形势之中来求之。原来，早在刘邦与项羽为争夺帝位而逐鹿中原之时，原先代任嚣担任南海郡尉的赵佗，便于公元前 204 年在岭南称帝，建立南越国。两年之后，楚汉战争结束。然而，当刘邦在关中称帝，建立西汉王朝之时，地跨岭南三郡（南海、桂林、象郡）的南越国，屹立于南疆已有 3 年之久。西汉初年，由于秦末以来连年的战争耗省，中原地区早已残破不堪。在这种情况下，面对南疆的赵佗，刘邦显然是心有余而力不足。《史记 · 南越列传》载：“高帝已定天下，为中国劳苦，故释佗弗诛。”在这种两难境地下，刘邦只得以两手加以应对：一方面派遣陆贾使越，“立佗为南越王，与剖符通使，和辑百越，毋为南边患害”①；另一方面，又在南越的北界设立长沙国，封原衡山王吴芮为长沙王，建都临湘（今长沙），以便对南越加以牵制。赣和雩都两县的设置，显然也是这种牵制策略的一个组成部分。所谓“立城以防赵佗”或“防赵佗所立（县）”，说的就是这个意思。

由此可见，赣和雩都两县的设置，也完全是出于汉初军事形势的需要，而不是区域开发的必然结果。而且，在这以后的很长时间里，赣南境内的行政建置，也一直没有任何变动。直到西汉中叶的武帝时期，由于出兵南越和闽越，赣南地区因其地理位置和交通形势才再次出现在史籍之中。据《史

① （汉）《史记》卷 113《南越列传》。

记·南越列传》记载：

元鼎五年（前112）秋，卫尉路博德为伏波将军，出桂阳，下汇水；主爵都尉杨仆为楼船将军，出豫章，下横浦；故归义越侯二人为戈船、下厉将军，出零陵，或下漓水，或抵苍梧；使驰义侯因巴蜀罪人，发夜郎兵，下牂柯江，咸会番禺。

显然，在西汉王朝对南越的这次用兵过程中，楼船将军杨仆所率的军队，最初就屯集在赣南地区。所谓“出豫章，下横浦”，就是指通过豫章直下赣南，越过大庾岭，经横浦关而进入岭南地区。

在平定南越之后，汉武帝又于元鼎六年分兵四路，攻打闽越。据《史记·东越列传》记载：

（闽越王）余善刻“武帝”玺自立，诈其民，为妄言。天子遣横海将军韩说出句章，浮海从东方往；楼船将军杨朴出武林；中尉王温舒出梅岭；越侯为戈船、下濑将军，出若邪、白沙。元封元年（前110）冬，咸入东越。

在这四路大军中，中尉王温舒“出梅岭”的一路，就屯驻在今天的赣南宁都县境内。《太平寰宇记》卷108《江南西道六·虔州》云：

梅岭在（虔化）县北一百二十里，汉时闽越反，汉使诸校屯兵梅岭，即今邑界。

可见，这里的“梅岭”是指宁都（原称虔化）北部的梅岭。

汉武帝时期对南越和闽越的用兵，在赣南的区域开发史上，并没有产生任何直接的影响。不过，从一些地名的沿革之中，赣南的战略位置和交通形势在这两场战争中所起的作用，依然斑斑可考。唐人李吉甫在《元和郡县志》中介绍赣南境内的信丰县时就有这样一段文字：“信丰县，上。《南康记》云：‘前汉南越不宾，遣监军庾姓者讨之，筑城于此，因之为名。’”① 再如大庾岭，秦时本名“塞上”。《史记·南越列传》司马贞《索引》曰：“南野县大庾岭三十里至横浦，有秦时关，其下谓为‘塞上’。”但是，自西汉以来，大庾岭的称谓取代了原先的“塞上”。据《元和郡县志》卷34《岭南道四》记载：“大庾岭……本名塞上，汉伐南越，有监军姓庾城于此，众军皆

---

① （唐）李吉甫：《元和郡县志》卷28《江南道四》。

受庾节度，故名大庾。”清人屈大均对此考订更详：“其曰大庾岭者，汉元鼎五年（前112），楼船将军杨仆出豫章击南越。裨将庾胜城而戍之，故名大庾。其东四十里，胜弟所守，名小庾。”① 从这些地名的变迁沿革中，赣南的战略位置和交通优势依然清晰可见。

如果说秦汉时代中央政府在赣南设县主要是出于军事方面的考虑，而不是赣南区域开发的必然结果的话，那么，从西汉末年开始，随着北方人口的大规模南迁，赣南的区域开发则进入了实质性的阶段。东汉末年，天下大乱，群雄逐鹿。孙坚、孙策父子经过两代人的经营，终于占据了江东的部分地区。建安初年，孙权承父兄余业，开始经营江东。由于江西一带地处江东的西部腹地，保有江西才有可能保住江东。故而孙氏政权十分注重对江西地区的经营。早在兴平二年（195），孙策就分豫章置庐陵郡，推动江西自北而南的开发。建安初年，当孙权占有江南6郡（会稽、吴郡、丹阳、豫章、庐江和庐陵）时，② 其中两个郡就在今江西境内。三国鼎立局面形成后，孙权在开发赣北和赣中的同时，又于嘉禾五年（236）析庐陵郡置南部都尉于雩都，以推进赣南的区域开发。在很短的时间之内，孙吴政权一口气就在赣南新设了4个县：阳都（即今天的宁都）、平阳、南安和揭阳。连同先前的赣、雩都和南野3县，赣南的县级建置一下子增加到了7个。这是赣南行政建置史上的第一个高峰时期。西晋太康元年（280），改南安为南康，改阳都为宁都，改平阳为平固。太康三年，罢南部都尉，置南康郡，同时将南野并入南康。从这以后直到隋代初年，赣南的行政建置基本上保持稳定，县级建置一直保持在7～8个（南朝梁时再置安远）。③

从秦汉以来赣南地区的行政建置来看，其境内的人口格局显然也有一个前后变化的过程。秦汉时期，由于地理位置及战略形势的关系，中原地区的人口开始进入赣南地区。但是，考虑到此时赣南境内的行政建置基本上都带有军事性的目的，故而，这一时期进入赣南境内的北方人，应该是以军人为

---

① （清）屈大均：《广东新语》卷3《山语·梅岭》，北京：中华书局，1985年，第66页。

② （晋）《三国志》卷47《吴书·孙权传》。

③ （明）嘉靖《赣州府志》卷1《沿革》；赣州地区志编纂委员会编：《赣州地区志》，第1册，北京：新华出版社，1994年，第11～12页。

主。据《汉书·地理志上》记载，直至西汉末期，整个豫章郡只有35万人口。如果按该郡所辖18县平均计算，每个县的人口还不到2万。照此推算，赣南地区3个县的人口，最多也就在5万～6万。但是，从东汉时期开始，整个豫章郡的人口开始快速增长。到了东汉中期，该郡的人口一下子增加到了166万，[①] 增加的速度及绝对数在当时全国各郡中均居于领先地位。此时豫章郡辖有21个县，按县平均计算，每个县大约有8万人。照此推算，赣南地区的3个县，总人口已超过20万，比西汉后期差不多增加了4倍。这一事实表明，赣南境内曾接纳了西汉末年以来相当数量的北方移民人口。正因为如此，到了三国时期，才会出现赣南行政建置史上的第一个高峰（由原来的3个县一下子增加到7个县）。

三国以降，今江西境内的人口开始锐减。据《晋书·地理志下》记载，辖境与今江西相当的鄱阳、豫章、临川、庐陵和南康五郡，合计只有63000余户。如果以每户4口计算，江西境内的总人口也不到25万。至于赣南地区的南康郡，更是只有区区的1400户。如果以每户4口计算，总人口还不到6000人。需要指出的是，对于《晋书·地理志》中的相关户口数据，当代学者一般均持怀疑的态度。葛剑雄就认为，由于户口隐漏在晋代是一种十分突出的现象，故而《晋书·地理志》中的户口数，与当时的实际户口数相差甚远，估计只有当时实际户口数字的一半。[②] 即便按照葛剑雄修复后的数字进行推算，赣南境内的户数也不过3000，总人口不过1万多一点，与东汉时期的人口规模相比，依然相差甚远。

南朝刘宋时期，赣南境内的人口较晋代有着明显的增长。据《宋书·州郡二》记载，辖境与今江西相当的鄱阳、豫章、临川、庐陵和南康五郡，总人口26万，与《晋书·地理志下》记载的人口数相差无几，但是，南康郡却由原来的区区1400户，一下子增加到4500户，人口更是增加到34670，户数和口数分别比晋代增加3倍多和5倍多。《宋书·州郡志》中的户口数字，与《晋书·地理志》中的户口数字有着同样的问题（即世家大族对户口的隐

① （南朝·宋）《后汉书》志22《郡国四》。

② 详请参阅葛剑雄：《中国移民史》，第2卷，福州：福建人民出版社，1997年，第298页。

占）。假定这一数字也是当时实际户口数字的一半，那么修复之后的赣南境内户数为9000户，人口数为69340。与修复后的晋代数字相比，户数和口数分别增长了3倍多和5倍以上。增长的态势十分明显。联系到当时周边地区的人口状况，赣南这一时期的人口发展，其主要的动因应该是来自赣中和赣北的移民。

从人口分布的地理格局来看，汉代赣南境内的3个县，2个（赣和雩都）分布在中北部，1个（南野）在南部。这种政区布局，反映出当时赣南境内北密南疏的人口格局。三国时代，赣南进入了行政建置的高峰期。但是，从其地理布局来看，主要集中在东北部（平阳、阳都和揭阳都是从赣县和雩都析地分置的），南部除原来的南野县外，新增的只有南康1县。东晋南朝时期，赣南境内的政区虽时有变化，但北密南疏的地理格局一直得以延续。这一政区格局不仅反映了当时赣南地区的人口格局，而且也折射出赣南内部区域开发的空间差异。

与赣南一样，粤东北的区域开发也是始于秦帝国的军事拓边。秦统一岭南之后，开始在粤东北境内设立行政建置。据《史记·秦始皇本纪》记载：

三十三年（前214），发诸尝逋亡人、赘婿、贾人略取陆梁地，为桂林、南海、象郡，以谪遣戍。

考秦时的南海郡，共设有4个县，即番禺、四会、博罗和龙川。其中，博罗和龙川都在粤东北境内。秦末以降，龙川令赵佗划岭而治，建立南越国。在南越国统治时期，粤东北境内又增设揭阳一县，辖有今广东韩江流域一带，其地理位置相当于今天的潮州、汕头和揭阳三市以及梅州市的东部地区，另外还包括福建东南角的云霄和诏安等县。

汉武帝平定南越之后，将南越地重新划分为南海、苍梧、郁林、合浦、交趾、九真、日南、儋耳、珠崖9郡，粤东北依然由南海郡统领。不过，终两汉之世，粤东北境内的县级建置一直没有增加。

从东晋时期开始，粤东北境内的行政建置首次大规模增加，县级建置一下子增加到8个：博罗、龙川、欣乐（析博罗置）、雷乡（析龙川置）、兴宁、海丰、怀安（析博罗置，后入归善）和义招。到了南齐时期，更是增加到13个：博罗、龙川、新丰（析龙川置）、罗阳（析博罗置）、河源（析龙川置）、海丰、兴宁、怀安、欣乐、齐昌（析兴宁置，即后来的长乐）、陆安（析怀安置，后属龙川）、义招和程乡（即今梅县）。萧梁时期，这里还设置了梁化郡，此乃粤东北郡级行政建置之始。[①]

从人口源流来看，粤东北在先秦时期分属于闽越和南越，据此推断，在北方人口南迁之前，这里可能生活着少数的闽越和南越族人。进入秦代，秦始皇在统一岭南的过程中，曾多次对岭南地区进行军事性的移民。据《汉书·高帝本纪》记载："粤人之俗好攻击，前时秦徙中县之民于南方三郡，使与百粤杂处。"据估计，秦朝时期，在整个岭南地区，来自北方的移民人口应在10万～15万之间。[②] 尽管这些移民可能主要定居在珠江三角洲地区，但也并不能排除有一定数量的移民居住在粤东北一带。例如，地处粤东北的今河源市龙川县，至今尚有一处秦汉时的古迹，名曰"越王井"。"越王"者，乃秦时龙川县县令、汉初的南越国国王赵佗之谓也。据唐人韦昌明《越井记》一文记载："秦徙中县之民于南方三郡，使与百越杂处，而龙（川）有中县之民四家。昌明祖以陕中人来此，已几三十五代矣，实乃越井相始。"[③] 龙川位于粤东北的腹地，唐时尚有秦代迁来的"中县之民四家"，说明在秦末的移民实边过程中，的确有一定数量的北方人口来到粤东北地区。

两汉之际及东汉末年，由于中原地区战乱连年，导致北方人口开始大规模地向南方各地迁移。岭南地区此时也接纳了相当数量的北方移民，故而其人口呈现出快速增长的态势。据《汉书·地理志下》记载，西汉末期，南海郡的总户数为19613，人口94253。此时南海郡辖有6县，其中博罗、龙川和揭阳3县位于粤东北地区。如果以6县平均计算，粤东北境内的人口当在4万~5万之间。但是，到了东汉中期，南海郡的总户数已增加到71477，人口更是增加到25万以上。[④] 此时南海郡共有7县（增设了增城），如果平均计算，每县的人口均在3万以上。照此推算，这时粤东北境内的人口当不下10万之众。

---

① （唐）《晋书》卷15《地理下》；（唐）李吉甫：《元和郡县志》卷34《岭南道一》；（明）嘉靖《惠州府志》卷2《沿革表》。

② 葛剑雄：《中国移民史》，第2卷，福州：福建人民出版社，1997年，第73页。

③ （唐）韦昌明：《越井记》，《全唐文》卷816，上海：上海古籍出版社，1990年，第3809页。

④ （南朝·宋）《后汉书》志23《郡国五》。

与赣南的情况不尽相同的是，粤东北境内县级行政建置的第一个高峰出现在东晋南朝时期。南齐时期，这里的县级行政建置更是增加到 13 个。县级建置的骤然增加，一方面说明人口绝对数量的增长和人口密度的提高，另一方面也意味着区域开发规模的扩大和开发速度的加快。联系到当时周边地区的人口和经济发展状况，粤东北地区这一时期人口的骤然增长，只能从以下两个方面来加以解释：其一，原先生活在这一地区的土著居民，经过长期的汉化之后，陆续地成为国家的“编户齐民”；其二，在永嘉之乱以后北方人口的第一次南迁高潮中，有一定数量的北方移民进入粤东北地区。然而，由于南朝的几代正史中大多数都没有户口统计资料，而唯一保存户口资料的《宋书·州郡志》，所记录的户口数大致也只是大明八年（464）的户籍，加之当时世家大族和豪强地主荫庇和隐匿户口的现象十分严重，因此《宋书·州郡志》的户口数大大低于当时的实际人口数。正因为如此，我们无法根据确切的人口统计材料来坐实以上的推论。不过，从这一时期粤东北地区一些新建县的命名中，我们依然可以看出北方移民迁入该地的蛛丝马迹。如“义招县”（今大埔县境），南宋人王象之《舆地纪胜》卷 100 引《南越志》云：“义安郡有义昭（同招）县，昔流人营也。义熙元年（405）立为县。”显然，“义招”就是“招徕流人”之意。再如“怀安”，亦有“安抚怀远”之意。

南朝时期粤东北境内人口的激增，从隋代粤东北地区的政区沿革中也可以窥见一斑。隋炀帝大业三年（607），大举并省州县，同时又改州为郡，实行郡县二级制。经过大幅度的并省之后，全国仅存 190 郡，1255 县。然而，在粤东北地区，经过并省之后，却由原来的 1 个郡（义安郡），增加到 2 个郡（新增龙川郡），一共领有 10 县。① 如果粤东北地区的人口此前没有大幅度的增加，这样的一种政区格局显然是令人费解的。

从行政建置的布局来看，秦汉至南北朝时期，粤东北境内的人口格局明显地经过一个由中部腹地向东部沿海地区不断推进的发展过程。秦朝初置南海郡时，粤东北境内北部有龙川县，中部有博罗县，分别位于东江的上中游。尤其是北部的龙川县，所辖的范围在当时的南海 4 县中是最为辽阔的。大体

---

① （唐）《隋书》卷 31《地理下》。

说来，今广东龙川、兴宁、海丰、陆丰、河源、五华、和平、连平等县市以及新丰、平远、紫金和蕉岭4县的部分地区，都属于龙川县的范围。《元和郡县志》卷34《岭南道一》云："龙川故城，在县东北，水路一百七十五里，秦龙川县地也。秦南海尉任嚣病，召龙川令赵佗，授之以政，即此处也。"《太平寰宇记》卷159《循州》载："古赵佗城西接鳌山，南临浰水。鳌山在县西北五里，龙川江旧名浰溪，自虔州安远县流至县界。"《读史方舆纪要》卷103《惠州府·河源县》记载："龙川故城，在县东北七十五里。秦县治此。赵佗为龙川令筑此城。"据此，则今龙川县西南二十里的佗城，应该就是秦代龙川的古城。作为一县的政治、经济和文化中心，自然也是人口最为密集之地。据此推知，秦代的粤东北地区，其人口的地理布局主要集中在东江流域的中上游地区。

南越国建立之后，在龙川县的东北部又设置了揭阳县（其范围已如上述）。这一事实表明，最迟在南越国时期，粤东北境内的人口格局已开始由东江流域向韩江流域不断推进。西晋时期，揭阳县被废，其地又并入龙川县。但是，从东晋开始，在龙川县的东北和东南地区，又不断析出新县，如海阳、潮阳、海丰、欣乐、兴宁等。关于海阳县，《元和郡县志》卷34《岭南道一》云："本汉揭阳县地，晋于此立海阳县，属义安郡"，"晋安帝义熙九年(413)，于此立义安郡及海阳县。"关于潮阳县，《元和郡县志》卷34《岭南道一》云："本汉揭阳县地，晋安帝分东莞置义安郡，仍立潮阳县属焉。以在大海之北，故曰潮阳。"关于海丰县，《元和郡县志》卷34《岭南道一》云："本汉龙川县地，东晋于此置海丰县，属东莞郡。"关于欣乐县，《宋书·州郡四》引裴氏《广州记》云："晋成帝咸和六年（331），分南海立，领县6"，其中之一即为欣乐县。关于兴宁县，《元和郡县志》卷34《岭南道一》云："本汉龙川县之地也，晋于今县西三百里置兴宁县，属东莞郡。"南齐时期，在东晋的基础上，这里又新建了河源、程乡等县。关于河源县，《元和郡县志》卷34《岭南道一》云："本汉龙川县地，齐于此置河源县，以县以北三百里有三河之源，故名也。"关于程乡县，《元和郡县志》卷34《岭南道一》云："本汉揭阳县地，齐于此置程乡县，盖分海阳县立焉，属义安郡。"从这些新建县的地理位置来看，绝大多数都集中在韩江流域或东南沿海地区。[1] 这一事实表明，从东晋南朝开始，粤东北的人口密集区，已从原来的东江中上游地区转移到了韩江流域和东南沿海一带。

从地理位置的角度来看，闽西既无赣南“江湖枢键，岭峤咽喉”的交通地理优势，亦无粤东北在秦汉这一特殊历史时期所具有的战略地位。闽西的区域开发之所以较为滞后，其正式的行政建置之所以要比赣南和粤东北晚上数百年的时间，其关键的原因正在于此。

闽西原属闽越，秦统一六国后，把闽越各部落的首领“皆废为君长，以其地为闽中郡”[2]，闽西当属于闽中郡的一个部分。汉武帝元鼎七年（前110），西汉王朝灭闽越，“将其民徙处江淮间，东越地遂虚”[3]。为了加强对闽越地区的统治，西汉政府又在闽越的故地设立冶县（今福州市），属会稽郡东部都尉管辖。在这以后，直到东汉的建安（196—219）以前，福建境内始终只有一个县。这一事实说明，当时整个闽中地区人口还十分稀少。建安以后，闽中的行政建置不断增加，中央政府对这里的控制也越发深入。但是，直到三国时期，闽西一带依然未见有任何行政建置。西晋太康三年（282），析建安郡立晋安郡，原建安郡统领闽北各地，而晋安郡则统领闽西及沿海地区。时晋安郡领 8 县，其中之一为新罗县。新罗县的县治在今长汀县境内，其所辖的范围，大致与后来的汀州相当。正因为如此，宋人胡太初在《临汀志》一书中就认为，唐代的汀州就肇基于新罗。[4] 王象之《舆地纪胜》卷132《福建路·汀州》亦云：“晋武平吴，分建安置晋安郡，又立新罗县，而汀州始于此。”然而，晋代的新罗县，旋建旋废。从此以后，直到唐代中叶，闽西的行政建置又长期处于空白状态。

总之，从行政建置与人口格局来看，赣闽粤边的早期区域开发是极不平衡的。大体说来，秦汉至六朝时期，赣南和粤东北的开发，都已达到了一定的规模，而闽西还处在开发的初期阶段。就赣南和粤东北的比较而言，尽管两地的初期开发都与秦汉时期的军事形势有关，但在后来的发展过程中，其

---

① 谭其骧主编：《中国历史地图集·“东晋十六国·南北朝时期”》，北京：地图出版社，1982 年，第 42 ～ 45 页。

② （汉）《史记》卷 114《东越列传》。

③ （汉）《史记》卷 114《东越列传》。

④ （宋）胡太初：《临汀志·建置沿革》，福州：福建人民出版社，1990 年，第 2 页。

人口动力和区域开发节奏还是不尽相同的。赣南境内的开发，其人口动力主要来源于东汉时期的北方移民，三国时代开始进入第一个开发高潮。而粤东北境内的开发，其人口动力一方面来源于永嘉之乱以后的北方人口南迁，另一方面则来源于早期土著居民的汉化。从开发的节律来看，直到南朝后期，粤东北才开始迎来第一个开发高潮。这种区域开发不平衡的状况表明，赣闽粤边距离形成一个具有内在一致性的社会或文化单元，尚有很长的一段路程要走。

## 三、民族融合与分化

在秦汉至南朝的几百年时间里，伴随着帝国拓边以及赣南和粤东北区域开发过程的不断推进，一方面是南下拓殖的北方汉族人口越来越多，另一方面则是汉民族与赣闽粤边土著民族之间的接触和交流日益频繁。正是在这种接触和交流之中，民族间的融合和分化不断加剧，赣闽粤边的民族格局也因此而呈现出新的面貌与特点。

如前所述，赣闽粤边的早期居民是百越民族。秦汉之际，随着帝国军事拓边的展开，北方人口开始陆续南下，来到南岭南北。但是，在相当长的一段时间内，南迁而来的“中县之民”，不论是在人口数量，还是在文化方面，都没有占据优势地位。赵佗在汉初曾宣称：“老夫身定百邑之地，东西南北数千万里，带甲百万有余。”① 如果说汉初的南越国有百余万规模的军队，恐怕与事实不符，但说其境内的人口在百万以上，应该离事实不远。在这百余万的人口中，除了极少部分是“中县之人”外，其余应该都是百越之人。正因为如此，本为“中县之人”的赵佗（原籍河北真定），在“处粤四十九年”之后，言谈举止，都明显地受到越人文化的影响。例如，他在接见汉朝的使者陆贾时，居然“魋结、箕倨见陆生”，并称自己“居蛮夷之中，殊失礼义”。再如，文帝元年（前179），赵佗在上书文帝时也以“蛮夷大长老夫”

① （汉）《史记》卷113《南粤列传》。

自称。① 凡此种种均表明，在南越国时期，汉人虽居统治地位，但由于人数有限，因此就连赵佗本人也不得不接受越人的习俗。

然而，汉越民族间的杂居、接触与交流，必然会导致彼此之间的同化与融合。在赵佗治理南越国时期，尽管越人在人口数量和文化方面均占据着绝对的优势，但是，随着汉文化影响的不断加深，越人的风俗和习惯等也都经历着一系列深刻的变化。西汉初年，刘邦在评价赵佗的时候，就曾有这样的断语："会天下诛秦，南海尉它（同佗——引者）居南方长治之，甚有文理，中县人以故不耗减，粤（同越——引者）人相攻击之俗益止，俱赖其力。"② 把越人"相攻击之俗益止"的功劳算到赵佗一人的头上，恐怕并不符合实际，但是，在华夏——汉文化的影响之下，越人开始改变其原先剽悍、好斗的习俗，倒也是历史的事实。

汉武帝平定南越之后，进一步推动了汉越血缘与文化之间的交流与融合。清人屈大均在评论秦汉用兵岭南时曾说："任嚣（率兵平定岭南的秦军将领之一，秦末任南海尉——引者）、尉佗所将率楼船士十余万人，其后皆家于越，生长子孙……今粤人大抵皆中国（中原——引者）种。自秦汉以来，日滋月盛，不失中州青淑之气……夫以中国（中原——引者）之人实外方，变其蛮俗，此始皇之大功也。"在他看来，"盖越至始皇而一变，至汉武而再变，中国（中原——引者）之人得蒙寓教于兹土，以至今日"③。的确，经过秦汉时期的民族融合之后，整个岭南的民族格局和文化面貌均为之一变。到了西汉后期，连偏处南荒的交趾一带，也被视为"华风"渐被之区。大约就是从这个时候开始，自战国以来一直被沿用的"百越"一词，慢慢地从典籍之中消失。这一事实说明，活跃在岭南各地的越族，大多数已与南迁的汉人融为一体。

在汉越民族同化与融合的同时，越族内部的分化也在进行之中。一些没有与汉人融合的越人，在经过长期的迁移之后，不断地聚居到人迹罕至的高山岭谷地带，从而演变成新的民族。正因为如此，从汉代开始，典籍中涉及

① （汉）《史记》卷113《南粤列传》。
② （汉）《史记》卷113《南粤列传》。
③ （清）屈大均：《广东新语》卷7《人语·真粤人》，北京：中华书局，1985年，第232页。

赣闽粤边民族志的内容不断地丰富起来。

在赣南，一个被称之为“山都木客”① 的民族，从晋代开始出现在相关的记载之中。晋人郭璞在注释《山海经·海内南经》中的“枭阳国”时，就曾说道：

《周书》成王时，州靡国献之。《海内经》谓之赣巨人。今交州南康郡深山中皆有此物也。长丈许，脚跟反向，健走，披发，好笑。雌者能作汁，洒中人即病，土俗谓之山都。南康今有赣水，以有此人，因以名水，犹太荒说地有蜮人，人因号其山为蜮山，亦此类也。

根据郭璞的这段记载，山都的活动地域主要集中在赣南一带。稍后，到了南朝时期，邓德明在其《南康记》一书中，又将山都与“木客”联系起来。据宋人乐史《太平寰宇记》卷108《江南西道·虔州》云：

君山在（南康郡雩都——引者）县东南三百八十五里。《南康记》云：其山奇丽鲜明，远若台榭，名曰娲宫，亦曰女娃。石山去盘固山北五十里，上有玉台，方广数十丈，又有自然石室如屋形。风雨之后，景气明净，颇闻山上鼓吹之声，山都木客为其舞唱之节。

南宋人王象之在《舆地纪胜》卷32《江南西路·赣州》中亦载：

女娃山亦名君山，在雩都。《南康记》云，其山奇丽鲜明，远若台榭，名曰女娲宫，亦曰女娲石，上有玉台，方广数十丈，自然石室如屋。风雨之后，颇闻山中有鼓吹之声，山都木客为之唱舞之节。

上述两书中所引的《南康记》，当指邓德明所著的《南康记》。邓氏为南康郡人，所著《南康记》一书，详记南康山川、物产和民情风俗，实乃赣南地区最早的地方史志类著作。书中关于山都木客的记载，当本于邓氏自己的所见所闻，因此距离事实应该不会太远。

与雩都毗邻的赣县境内，则有木客活动的记载。据《太平寰宇记》卷108《江南西路·虔州》云：

---

① 关于山都木客的研究，目前主要的成果有两项，一是陈国强《福建的古民族——“木客”试探》，载《厦门大学学报》1963年第2期；一为蒋炳钊《古民族“山都木客”历史初探》，载《厦门大学学报》1983年第3期，后又收入作者论文集《东南民族研究》，厦门：厦门大学出版社，2002年，第109～123页。

上洛山（在赣县——引者），陆路九十里。中有石墨，可书。又按《舆地志》云：虔州上洛山多木客，乃鬼类也，形似人，语亦如人。（遥见）分明，近则藏隐。能砍杉枋，聚于高陵之上。与人交市，以木易人刀斧。交关者前置物枋下，却走避之。木客寻来取物下枋，与人随物，多少甚信，直而不欺。

除赣南地区之外，当时的赣中一带也有山都的活动。据乐史《太平寰宇记》卷109《江南西道·吉州》记载：

《异物志》云：（太和县，今江西泰和县——引者）大山穷谷之间有山都人，不知其源绪所出，发长五寸而不能结，裸身，见人便走避之。种类甚疏少，旷时一见。然自有男女。

庐陵大山之间有山都，似人，常裸身，见人便走，自有男女，可长四五尺，能啸能呼，常在幽昧之间，亦鬼类也。

太和与庐陵都在赣州的西北部，故而，说山都木客主要生活在赣南地区的高山岭谷之中，大约是没有问题的。

研究古代东南民族史的专家蒋炳钊教授认为，山都与木客是同一个民族，[①] 本人也同意这一看法。在笔者看来，之所以要用山都和木客两个称谓来指称同一个民族，是因为山都乃就其生活区域的地理特征而言，而木客则就其生产方式而论。所谓生活区域的地理特征，是指他们都生活在“大山穷谷之间”，是一个典型的山居民族；所谓生产方式，是指他们主要以伐木为业。考“木客”一词，首见于汉人袁康所著的《越绝书》。据该书卷8记载：“木客大冢者，勾践父允常冢也。初徙琅玡，使楼船率二千八百人，伐松柏以为桴，故曰木客。”《水经注·浙水》亦云：“浙水又迳越王允常冢地，冢在木客村。耆谚云：勾践使工人伐荣楯，欲以献吴，久不得归，工人忧思，作木客吟，后人因以名地。”显而易见，“木客”一词的原意就是指伐木者。山都木客之人由于聚居在人迹罕至的高山崇岭之中，只能以伐木为生。久而久之，当周边的人们发现这个耕山伐木的群体之后，便顺理成章地用“木客”来指称他们了。

---

① 蒋炳钊：《古民族“山都木客”历史初探》，载《厦门大学学报》1983年第3期。

由于文献中关于山都木客的记载往往语焉不详，故而，我们很难厘清其渊源流变。不过，从保存下来的片断材料之中，我们还是可以看到他们与古代越族之间有着某种内在的联系。如前所述，两晋至南朝时期，山都木客的主要活动区域，基本上都集中在赣南和赣中地区。按赣中和赣南一带，先秦时期基本上还处在原始洪荒阶段，森林密布，人迹罕至。当时，吴国和越国为了建造舟艚，时常派人来这里伐木取材。邓德明的《南康记》一书中就有这方面的记载。《太平寰宇记》卷108《江南西路·虔州》云："梓潭山在（雩都——引者）东南六十九里。《南康记》云，其山有大梓树，吴王令都尉萧武伐为龙舟艚，斫成而牵不动。占云：须童男童女数十人为歌舞。当下乃以童男牵拽。艚没于潭中，男女皆溺。其后大晴朗净，仿佛若见人船焉。夜静或闻潭中歌唱之声，因号梓潭焉。"直到汉代，这里依然是舟艚用木的重要供应地。据同书记载："漳潭山在（雩都——引者）县东一百八十里。《南康记》云，汉有阿堤树于此潭边伐大樟树为龙舟艚，砍而出血，伐人并皆溺死，因号曰樟树潭。"根据《越绝书》的记载，"木客"一词原先正是用来指称越国的伐木者。据此推想，两晋以降赣南和赣中一带的山都木客，可能就是先秦时期来此伐木不归的吴、越人（属吴越族）的后裔。再从其体质特征与生活习性来看，据宋人李昉《太平御览》卷884《鬼神部四》云："邓德明《南康记》曰：山都形如昆仑人，通身生毛，见人辄闭眼，张口如笑，好在深涧中翻石觅虾蟹啖之。"同书又引《述异记》曰："南康有神名曰山都，形如人，长二尺余，黑身，赤目，发黄……于深山树中作窠，窠形如坚鸟卵，高三尺许，内甚泽，五色显明，二枚沓于中央相连。土人云：上者雄舍，下者雌室，旁悉开口如规，体质虚轻，颇似木简，中以鸟毛为褥。"唐人牛肃《纪闻》亦云："山都所居，其高者曰人都，在其中出入者曰猪都，处其下者曰鸟都。人都即如人形而卑小，男子妇人自为配偶。猪都身如猪，鸟都尽能人言，闻其声而不见其形，亦鬼之流也。三都皆在树窟宅，人都所居最华。"① 剔除这类记载中的荒诞成分，分明可以看出这是一个身材矮小、皮肤较黑、喜食水产、具有干栏式居住形式的民族。所有这些，都证明他们是由

① （宋）乐史：《太平寰宇记》卷102《东南东道十四·汀州》引。

古越族人分化而来的。①

南朝以后，有关赣南地区山都木客的记载，开始不见于典籍。导致赣南地区山都木客“消失”的原因，可能有两个方面。一是由于他们“种类疏少”，很快便被不断迁入的北方汉人所同化。另一个原因可能是在北方汉人不断迁入赣南的情况下，他们纷纷迁出赣南，来到同样山高岭险的闽西地区。故而，到了唐代，闽西境内开始有了山都木客的活动。据《太平寰宇记》卷102《江南东道十四·汀州》引牛肃《纪闻》云：汀州初建时，今长汀境内，“地多瘴疠，山都木客丛萃其中。”唐代汀州境内的山都木客或许正是由赣南地区迁来，但是，由于文献的失载，其详细情况我们就不得而知了。

粤东北境内的民族分化，在这一时期也是如火如荼。如前所述，在过去很长的时间内，南越族的活动范围主要集中在珠江三角洲地区。据有关方面的研究，战国末期，在岭南的百余万越族人口中，估计有70%～80%居住在珠江三角洲的平原及其周围地区。② 秦汉以来，随着北方汉人的南迁，他们中的大部分与汉人同化、融合，而少数一部分则逐渐聚居到今广东的西部、广西的东南部以及越南的东北部。这批分化出来的越人中，有一部分遂成为后来海南黎族的祖先。从东汉时期开始，他们被称之为“俚人”。南朝时期，相关文献有时称他们为“俚人”，有时又“俚僚”联称。到了唐代，才开始出现“黎人”的专称。

早在东汉初年，有关俚人的活动就开始见诸史籍。据《后汉书·南蛮传》记载：“建武十二年（36），九真徼外蛮里张游，率种人慕化内属，封为归汉里君。”唐人李贤注曰：“里，蛮之别种也，今呼为俚人。”这是俚人见于文献记载之始。建武十六年，交趾女子征侧、征贰反，“九真、交趾、日南、合浦蛮里皆应之。”所谓“蛮里”，也就是指俚人。以上4郡，东汉时皆属交州。为了平息俚人的反叛，东汉王朝派马援率兵征讨。马援平二征之后，又“徙其渠帅三百余口于零陵”，于是俚人开始北入湘境。魏晋以降，“里”

① 关于山都木客由古越人分化而来的种种证据，蒋炳钊在《古民族“山都木客”历史初探》一文中考证甚详，详请参阅该文。

② 赵善德：《关于番禺起源的讨论》，原载《文博》2002年第1期，后收入王颋主编《历史地理论集》，广州：暨南大学出版社，2002年，第15～33页。

通作“俚”。西晋张华《博物志》云：“交州夷名里子。”谭其骧认为，《博物志》中的这段记载，对理解“俚”人的身份至关重要：“不曰有俚子而曰名俚子者，可知俚为岭南之主族。”① 换句话说，俚人并不是从他处迁入岭南的新民族，而是世代生活在这里的土著民族。晋人万震在《南州异物志》一书记载道：“广州南有贼曰俚。此贼在广州之南，苍梧、郁林、合浦、宁浦、高凉五郡中央，地方数千里，往往别村，各有长帅，无君长。恃在山险，不用王法。自古及今，弥历年纪。”②

东晋南朝时期，俚人进一步向周围地区扩散，西入桂林、始安，东达东江流域，并北上始兴、临贺，甚至越过南岭北上，进入湘、衡一带。据研究，俚人最盛时人口有十余万之多。③ 终南朝之世，俚人的主要聚居地依然是在广州一带。《宋书·夷传》载，“广州诸山并俚僚，种类繁炽”；《宋书·州郡志》也说，广州“虽民户不多，而俚僚猥杂”；《南齐书·州郡志》则说：越州之建，旨在“威服俚僚”。上述文献中的“俚僚”都是泛称，实则指称俚人。至中唐以后，“俚”讹为“黎”。赵宋以后，黎族才以海南岛为聚居地，一至于今。

值得注意的是，南朝时期，除广州周围地区之外，俚人在粤东北一带也形成了较大规模的聚居地。由于文献中关于俚人活动的记载主要集中在广州一带，故而我们无法了解粤东北境内俚人的具体情况。但是，可以肯定的是，最迟从南朝后期开始，粤东北境内的东江上游和韩江流域一带，就聚居着大量的俚人。隋文帝仁寿元年（601），“潮、成五州僚反，高州酋长冯盎驰应诣京师，请讨之。”④ 这里所说的“僚”，也就是指俚人。隋炀帝大业十三年（617），粤东北境内的俚人，在“俚帅”杨世略的统帅下，起兵反隋，并一度占据潮、循二州（详见下章）。其人数之众、兵力之盛，由此可以想见。

两晋南北朝时期活动在赣南境内的山都木客，由于“种类稀少”，故而对后来生活在这一区域的客家方言群的语言和文化，并没有产生任何影响。

① 谭其骧：《粤东初民考》，原载《禹贡半月刊》第7卷第1、2、3期合刊，后收入《长水集》，上册，北京：人民出版社，1987年，第258～260页。

② （宋）《太平御览》卷785，《四夷部六》引《南州异物志》。

③ 朱大渭：《南朝少数民族概况及其与汉族的融合》，载《中国史研究》1980年第1期。

④ （宋）《资治通鉴》卷179《隋纪》三，仁寿元年。

但是，六朝时期迁徙到东江中上游一带的俚人，由于聚落相对集中，加之人口较众，故而对后来粤东北一带客家方言群的文化产生了明显而且深远的影响。如前所述，汉末至六朝时期的俚人，是由原先生活在岭南的南越族演化而来的。俚人在播迁到东江的中上游一带之后，遂把原先南越族的宗教信仰和民俗习惯带到粤东北地区。例如，生活在岭南的南越族人，长期以来一直都有着“俗鬼”和“鸡卜”的民俗传统。据《史记·封禅书》记载：汉武帝平定南越和东越之后，“越人勇之乃言：‘越人俗鬼，而其祠皆见鬼，数有效。昔东瓯王敬鬼，寿百六十岁，后世怠慢，故衰耗。’（汉武帝）乃令越巫立越祝祠，安台无坛，亦祠天神上帝百鬼，而以鸡卜。上信之，越祠鸡卜始用。”《汉书·郊祀志下》的记载，内容与《封禅书》完全一样，只是将“越人”、“越巫”、“越祝”和“越祠”分别改为“粤人”、“粤巫”、“粤祝”和“粤祠”。换句话说，《史记》所记载的“俗鬼”、“鸡卜”等习俗，都是南越族人的民俗传统。有学者指出，“南越人祠鬼和鸡卜皆由越巫掌管，巫师在南越社会中占有相当重要的地位。鸡卜沿用的传统相当长”。① 南越人的俗鬼、鸡卜之俗，在经过播迁到东江中上游地区的俚人的承传之后，对后来粤东北地区客家人的信仰和民俗活动，遂产生极其深刻的影响。嘉靖《惠州府志》引天顺旧志云：直到明代中期，惠州府属各县，“习俗多信鬼神，好淫祀。凡有疾病，却医而用巫”，“常以鸡骨卜年”。② 粤东北客家地区长期以来流行的“鸡卜”之俗，应该是由越人的后裔俚人留下的。据文献记载，俚人不仅从其先民（南越族）那里继承了“鸡卜”的传统，而且还将其发展成“鸡骨卜”和“鸡卵卜”两种方式。唐人张守节在《史记正义》中就曾说：“鸡卜法，用鸡一，狗一，生，祝愿讫，既杀鸡狗煮熟。又祭，独取鸡两眼，骨上自有孔裂，似人形则吉，不足则凶。今岭南犹（存）此法也。”③ 所谓“岭南犹存此法”，正是指唐代岭南的俚人习俗而言。至于俚人的“鸡卵卜”，宋人周去非在《岭外代答》中记载道：“亦有用鸡卵卜者，焚香祷祝，书墨于卵，

---

① 徐恒彬：《南越族先秦史初探》，百越民族史研究会编：《百越民族史论集》，北京：中国社会科学出版社，1982年，第164～182页。

② （明）嘉靖《惠州府志》卷5《地理·土俗》。

③ （汉）《史记》卷12《孝武本纪》，张守节《正义》注。

记其四维而煮之。熟乃横截，视当黑之处，辨其白之厚薄，而定侬人吉凶焉。”[①] 除“鸡骨卜”之外，俚人的“鸡卵卜”习俗，在后来的粤东北客家人中，亦十分盛行。清人黄钊在《石窟一徵》中记载说，在清代粤东北的客家人中，“俗以鸡卵占病，间有村妇以术行医，皆用此法”[②]。直到清代的咸丰年间，兴宁县境内的客家人依然保留着“鸡骨卜”和“鸡卵卜”的习俗。[③] 又如，粤东北客家地区历史上曾一直流行的“买水”浴尸之俗，显然也是古代越人的丧葬习俗孑遗。清人温仲和在光绪《嘉应州志》中引旧志云：“始死，子往河浒，焚纸钱，取水浴尸，谓之买水。”其方法是：“即用侍者一人，竹筐挂灯，盛香烛，告于河神。主人以下跣立哭从。投钱三枚，以新瓦罐汲水而归，曰买水。”[④] 吴震方在《岭南杂记》中写道：“惠州人死未敛，亲人至江浒望水号哭，投钱于水，汲而归浴以敛，此亦蛮风也。”[⑤] 吴氏所说的“蛮风”，细究起来应该属于“越风”。尽管古代的文献中并没有越人“买水”浴尸的记述，但是，有关“僮人”（壮族）类似的习俗，古代的文献中却多有记载。温仲和在光绪《嘉应州志》中就记载说，直到清代，僮人依然保持着“亲死恸哭，水滨投钱于河，汲水而归，用之浴尸，否则以为不孝”的习俗。[⑥] 僮人的先民为古代的“獠人”，而獠人也像俚人一样，是由生活在岭南的越人分化而来的。因此，追本溯源，粤东北客家人中盛行的“买水”浴尸之俗，应该也是由俚人从其祖先——南越族人那里承传下来的。

---

① （宋）周去非：《岭外代答》卷10《鸡卜》。
② （清）黄钊：《石窟一徵》卷4《礼俗》。
③ （清）咸丰《兴宁县志》卷10《风俗志》。
④ （清）光绪《嘉应州志》卷8《礼俗》。
⑤ （清）吴震方：《岭南杂记》卷上。
⑥ （清）光绪《嘉应州志》卷8《礼俗》。

# 第三章　隋唐时期的赣闽粤边

也许有人会说，尽管隋唐以前赣闽粤边的民族成分依然十分复杂；但是，由于赣南和粤东北在汉魏六朝时期的区域开发都已达到相当的程度，行政建置与人口也已形成一定的规模，因此，客家方言群的源头就应该在六朝时期的赣南或粤东北境内求之。对此，我们的答案是否定的。因为，所谓客家方言群的源头，应该是指在语言和文化方面与后来的客家方言群具有清晰可辨的承传关系的那个群体，而不应该是指与后来的客家方言群同处一个区域的那个群体。换句话说，在追溯客家方言群的源头时，语言与文化的继承性才是首要的考量，至于地域的一致性，却并非至关重要。

任何一个区域的地理位置都是固定不变的；但是，生活在某一个区域内的居民，正像戏剧舞台上的演员一般，你方唱罢我登场。正所谓“八百年江山轮流坐，千年地换八百主”，六朝时期在赣南和粤东北的区域开发过程中扮演着重要角色的那部分人，无论是在血缘上还是在语言与文化上，都与后来的客家方言群没有太多的关联。

先来看看赣南的情况。如前所述，位于赣南中北部的赣县和雩都两县，都是在西汉初年设置的。后来赣南境内的许多县，都是由这两个县析地新置的。如早期的虔化和后来的兴国，均析自赣县，而宁都、石城、瑞金、会昌和安远则析自雩都。然而，据新编《赣县志》记载：

全县现有4316个自然村。据《赣县地名志》载：8个村是唐以前建立的，其余均为宋朝以后所建。县民大部分由福建、广东及赣中等地迁入。①

新编《于都县志》亦云：

① 赣县志编纂委员会编：《赣县志》，北京：新华出版社，1991年，第578页。

据今存的族谱记载和县地名普查资料，居住在县境内各姓的祖先，大都是自唐以来北方南迁的客籍人。南迁的先民中，极少数直接迁居于都，多当数是几经周折后，定居于都。①

由此可见，唐以前赣南境内的居民，与今天赣和于都两县的居民并不存在清晰可辨的渊源关系。

其实，除赣县和于都两县之外，今赣南境内其他各县的居民，与唐以前赣南境内的居民，也不存在清晰可辨的渊源关系。据新编《赣州地区志》记载：

目前赣南居民之主体，其先民大都是从北方迁入的客籍人。迁入时间大致可分为以下四个时期。

一、南北朝至宋末：这一时期迁入赣南东北部的居民较多，中南部较少。外地迁入居民建立的村，赣县仅有83个，占全县总村数的2%；南康仅有23个。而在宁都则有880个村，占全县各时期外地迁入建村总数的20%。其中40多个姓氏后来不断繁衍发展，分布到全县80%的村庄，成为宁都县的基本居民。在石城县，这一时期迁入56姓，超过元、明、清三代迁入53姓的总和。其后代也分布全县各地，成为全县的主要姓氏。此期迁入的居民，其祖籍大都在中原一带，也有少数在江东或西蜀。其迁徙路线一般均较曲折：在迁入赣南以前，有的先在赣北、赣中停留过；有的在福建邵武、宁化停留过；有的则先迁江浙，再转赣东、赣中，最后定居赣南……

二、元至明代中期：这一时期迁入赣南中部地区的居民较多。迁入赣县建村781个，占全县总村数的18%，迁入南康县建村121个，占外地迁入建村总数的20%。这些居民与宋末以前迁入的居民繁衍散布到全县各地，成为县内的基本居民。这些移民主要来自赣中。

三、明末至清代中期：这一时期的移民，主要来自闽粤赣交界区……移民密集于赣南边际的山区，特别是龙南、定南、全南、寻乌以及上犹、崇义两县的西北；其次为兴国、瑞金、会昌、安远诸县；东北部的宁都、石城和中心地区的各县，以及上犹、崇义两县的东南部则较少。

---

① 于都县志编纂会员会编：《于都县志》，北京：新华出版社，1991年，第118页。

四、清后期至民国时期：这一时期迁入的居民来源广，居住得较分散，总人数不太多。①

显然，在今天的赣南地区，其人口源流是极其复杂的。从以上的资料来看，今赣南东北部的宁都、石城两县境内的居民，似乎与唐以前赣南境内的居民具有渊源关系。但是，《赣州地区志》中的相关统计，是建立在把南北朝至宋末划为一个阶段的基础之上的。考虑到唐代中期以后尤其是两宋时期赣南境内曾接纳了大量的外来人口，因此，即使是宁都和石城两县境内的居民，其绝大多数也只能是唐代中期以后外来移民的后裔，而不太可能都是南北朝时期赣南境内居民的后裔。因此，今天赣南境内居民的主体，与唐以前赣南境内的居民之间，并不存在渊源关系。

再来看看粤东北的情况。如前所述，粤东北境内的人口，早期主要集中在东江流域的中上游一带。联系到当地的地貌特征，这一时期的人口应该主要分布在东江上游及其支流的河谷平台地区。从南越国设立揭阳县开始，粤东境内的韩江流域，不断地集结了大量的人口。经过魏晋南北朝数百年间的发展，到了南朝的后期，韩江流域以及粤东的沿海一带，已取代了早期的东江中上游地区，开始成为粤东北地区的人口密集区。南朝齐、梁时期，韩江流域和粤东沿海一带之所以县级行政建置不断增加，而东江中上游地区只增新丰一县，原因正在于此。

如前所述，粤东北地区以韩江为界，后来发展为东西两个方言区域。大致说来，韩江以东属闽南方言区，韩江以西是客家方言区。种种迹象表明，唐以前韩江流域日益扩大的人口规模，与后来粤东北境内的客家方言群之间也不存在清晰可辨的渊源关系。

以兴宁县为例，该县是在东晋咸和六年（331）析龙川县地设置的，实乃粤东北客家方言区较早建置的一个县。但是，据新编《兴宁县志》云："现在居住在兴宁的绝大部分（居民）则是宋元时期中原移民的后裔。"② 再如大埔县，该县的正式建置虽晚至明嘉靖五年（1526），但东晋的义招县以

① 赣州地区志编纂委员会编：《赣州地区志》，第1册，北京：新华出版社，1994年，第365～366页。

② 兴宁县志编纂委员会编：《兴宁县志》，广州：广东人民出版社，1992年，第781页。

及隋代的万川县，其辖境都与后来的大埔县相当。由此可见，今大埔县辖地，也是粤东北较早开发的地区之一。但是，新编《大埔县志》在介绍当地的人口源流时却指出："大埔汉族各姓氏居民，自肇始祖一般已传二十几代，多者三十余代。由此推知，多是南宋或宋亡前后迁来。"① 由兴宁和大埔两县的情况可以推知，今粤东北境内客家方言区的主体居民，与唐以前生活在其境内的居民之间也不存在渊源关系。

问题在于，隋唐以前就已生活在赣南和粤东北境内的居民，后来去了哪里？如果他们不是客家方言群的源头，那么，客家方言群的源头又该在哪里呢？

要回答这些问题，还得从隋唐时期赣闽粤边的社会变迁与人口重建谈起。

## 一、隋末唐初的赣闽粤边

隋朝末年，天下大乱，群雄逐鹿。远离中原的赣闽粤边，此时也经历了持续多年的社会动乱。隋炀帝大业十二年（616），鄱阳（今江西鄱阳县）人操天成（又名操师乞）率众反隋，攻陷豫章郡，自号"元兴王"，建元始兴。操氏死后，其部下林士弘拥"众十余万，据虔州，自号南越王"，"临川、庐陵、南康、宜春豪杰皆杀隋守令以附，北尽九江，南番禺，悉有之"。② 次年，罗县（一名罗川，今湖南湘阴东北）令萧铣亦起兵反隋，自称"梁王"（萧氏为南朝梁宣帝的曾孙），定都江陵。一时间，两湖及岭南诸县纷纷归附，致使萧氏势力大增，"西至三峡，南交趾，北距汉水"，都在其势力范围，最盛时"胜兵四十万"。③ 隋末唐初，这两股势力之间曾展开激烈的火并。起初，萧氏一方因兵强马壮，很快占得上风，使得林士弘一方只能退踞"南昌、虔、循、潮之地"。④ 就在这时，林士弘的部将张善安又举兵反叛。不久，张善安部"袭破士弘，焚其郛郭而去，士弘徙居南康。萧铣遣其将苏

① 大埔县志编纂委员会编：《大埔县志》，广州：广东人民出版社，1992年，第96页。
② （宋）《新唐书》卷87《林士弘传》。
③ （宋）《新唐书》卷87《萧铣传》。
④ （宋）《新唐书》卷87《林士弘传》。

胡儿袭豫章，克之，士弘退保余干”①。胡三省注云：“林士弘为张善安所败，兵势自此衰。”② 后来，随着唐兵的南下，萧氏势力首先成为唐军打击的重点。武德四年（621），唐军攻克江陵，萧氏被杀。萧氏败亡之后，其余部为林士弘所有。据《资治通鉴》记载：“萧铣既败，散兵多归林士弘，军势复振。”③ 不久，林士弘病死，其余部很快为唐兵剿杀。武德五年，占据虔、吉等州的张善安降附李唐王朝，赣南重新归入中央政府的版图。

林士弘、萧铣、张善安三部的长期角逐，对赣南的区域开发和人口格局都有着很大的影响。隋开皇三年（583），曾大举省并州县。经过这次省并，赣南境内的南康郡，只领有赣、虔化、雩都和南康4县。据《隋书·地理下》记载，大业五年（609），赣南境内的户口数为11168。以平均每户5口计算，总人口还不到60000。经过隋末唐初多种势力经年不息的争夺与摧残之后，唐初赣南境内的户数已下降至8994，口数减至39901。④ 与隋朝末期相比，户数减少了五分之一，而口数更是减少了三分之一。

和赣南一样，粤东北在隋末也曾经是林士弘的势力范围。但是，就在林士弘占据粤东北的时候，原先聚居在东江上游和韩江流域的俚人，在“俚帅”杨世略的率领下，举兵反隋。林士弘部占据潮、循两州之后不久，杨世略便率领俚人与其展开激烈的争夺。“武德五年，士弘弟鄱阳王药师以兵二万围循州，总管杨世略破斩之，士弘请降。”⑤ 经此一役，林士弘部在岭南的势力被彻底击退，粤东北的潮、循两州，尽归杨世略掌控。不久，杨世略以潮、循两州归唐，粤东北重新归入中央政府的版图。

谭其骧认为：“汉人之移殖粤东，唐宋以后始盛。自唐以前，俚为粤东之主人。”⑥ 从潮、循两州在隋末唐初的种种情况来看，这一推断是有一定道理的。据《隋书·地理志下》记载，大业五年，粤东北境内的龙川郡和义安郡

---

① （宋）《资治通鉴》卷184《隋纪八》，义宁元年条。

② （宋）《资治通鉴》卷190《唐纪六》，武德五年条胡注。

③ （宋）《资治通鉴》卷190《唐纪六》，武德五年条。

④ （五代）《旧唐书》卷40《地理三》。

⑤ （宋）《新唐书》卷87《林士弘传》。

⑥ 谭其骧：《粤东初民考》，原载《禹贡半月刊》第7卷第1、2、3期合刊，后收入《长水集》，上册，北京：人民出版社，1987，第258～260页。

一共统领10县，总户数为8486（其中龙川郡为6420，义安郡为2066），平均每县不足900户。以每户平均5口计，总人口也不足45000。经过隋末的动荡之后，唐初粤东北境内的户数下降至6891，口数减至36346。①

综合赣南和粤东北的情况，经过秦汉至六朝时期的开发，到隋代后期，赣南和粤东北境内共有县级行政建置14个，总人口10万左右。考虑到赣南和粤东北两地广袤的幅员，再考虑到隋末唐初一连串的社会动乱所造成的大量人口耗减（两地唐初的人口总数约80000），这样的人口规模，几乎就可以忽略不计了。赣闽粤边的客家方言群，之所以在人口的源流上无法与唐以前赣南和粤东北境内的居民对接起来，原因就在这里。

## 二、唐中期以降赣闽粤边的人口重建

汉语方言学的研究成果表明，在今天汉语的各南方方言分支中，客家方言与赣方言的关系最为接近。罗常培在《临川音系》一书中就认为：

当我把这个（赣方言）音系的概略整理出来以后，我觉得它有几点颇和客家话的系统相近……所以我颇怀疑他们是同系异派的方言，并且从客家迁徙的历史上也可以找出一些线索来。②

罗氏的《临川音系》一书，初版于20世纪的30年代。从那以后，随着研究的不断深入，方言学界开始在客赣方言之中同中求异，于是便有了将客赣方言分成两个大区的主张。然而，正像李如龙和张双庆在《客赣方言调查报告》一书中所说的那样：

继罗香林的《客家研究导论》提出客家四次迁移说和罗常培发表的《临川音系》之后，五十年来也发表了一些赣方言的材料，关于客赣（方言）之间的关系大体从认为是共同点较多的一个大方言区到主张把客、赣分立两个大区。然而对于赣方言的特征至今尚难作出深入缜密的概括，如果客赣分立，两个方言区的分界及其依据也还不很明确。③

---

① （五代）《旧唐书》卷41《地理四。》

② 罗常培：《临川音系》，北京：科学出版社，1958年，第2页。

③ 李如龙、张双庆：《客赣方言调查报告》，厦门：厦门大学出版社，1992年，第1页。

的确，由于客、赣方言之间存在着错综复杂的关系，如果像罗常培那样，把它们合为一区，这样虽然照顾到了两者之间的“同”，但却忽视了彼此之间的“异”；如果两者分立，这样虽然顾及到了彼此之间的“异”，但却又忽视了相互之间的“同”。这种两难境地，着实让方言学者颇费周折。

基于客赣方言之间的这种错综复杂的关系，近年来，周振鹤又提出了一种全新的见解。他认为，尽管客、赣可以分立为两个方言区，但两者在渊源上却难分难舍。在与游汝杰合著的《方言与中国文化》一书中，他写道：

赣、客语的形成最晚。今江西地区古称吴头楚尾，应当是古吴语和古楚语的交汇处。汉代扬雄（《方言》一书）于此独留下空白。东晋南朝时期，有部分北方移民进入赣北、赣中地区，他们带来的北方话成了赣、客语的前身。①

中唐以后大量的北方人民进入江西，使赣客语基本形成，而且随着北方移民逐步向赣南推进，赣客语这个楔子也越打越深，不但把吴语和湘语永远分隔开来，而且把闽语限制在东南的一隅……两宋之际发生的由北而南的第三次移民高潮，使客家话最终形成，并且扩散到闽西南和粤东北。②

在后来的《客家源流异说》和《中国历史文化区域研究》等论著中，他又进一步发挥了自己的观点：

客（家）方言的源头是中唐安史之乱以后来到江西地区的北方移民带来的……如果把安史之乱以后北方人民来到赣北与赣中的迁徙过程作为客方言形成的第一步的话，那么，从江西北、中部进入赣闽粤山区的短距离移民运动则是重要的、有决定意义的第二步，如果没有这一迁移过程，则中唐以后来到江西北、中部的移民方言，充其量只会演变为北方方言的一支次方言，或与北方方言差别不太大的南方方言，如赣方言。赣方言与客方言的差异，极有可能就是有无短距离再移民的差异。也就是说，中唐以后留在江西北、中部的北方移民，他们的方言经过与当地原住民方言的交融，以及千年以上的变迁，就逐步发展成为今日的赣方言。③

---

① 周振鹤、游汝杰：《方言与中国文化》，上海：上海人民出版社，1986年，第49页。
② 周振鹤、游汝杰：《方言与中国文化》，上海：上海人民出版社，1986年，第52页。
③ 周振鹤：《客家源流异说》，载《学术月刊》1996年第3期。

（安史之乱以后）在江西北、中部，北方移民带来的语言形成了今日赣语的主要基础，并为日后客家话的形成准备了条件。①

由于两宋之际和宋末金人与蒙古人的两次南犯，引起中唐以后迁到江西的大批移民后裔及唐末迁到闽西、赣南的人民再次迁移到闽、粤、赣交界的山区，这一带地理环境的封闭，使移民方言终于与北方方言完全隔开，形成了独特的客家方言，而且使梅县成为客家方言的核心地区。②

显然，在周振鹤看来，客家方言和赣方言一样，均渊源于中唐以后形成的“原始赣语”，其直接源头则是由安史之乱以后迁入江西北部和中部的北方移民所带来的北方语言。

对于周振鹤的上述观点，我们还可以拿今天的汉语方言人口百分比来加以佐证。在今天的汉语各南方方言中，赣方言的人口最少，只占汉族总人口的2%强。江西的区域开发早于福建和广东，加上全境由赣江贯穿，与长江和黄河两大流域的联系，远比福建和广东便捷。因此，从理论上讲，赣方言的人口数，应该高于闽方言和粤方言的人口数（前者占汉族总人口的4%，后者占汉族总人口的5%），至少也应该大致相似，而不应该相差如此之多。如果用周氏的上述观点来看问题，赣方言这一有悖于常理的人口格局，便会得到合理的解决。因为，根据他的看法，客家方言与赣方言同源而异流，它们在较早时期都属于同一个方言地理区域，只是后来由于种种原因而使得赣方言的发展被拦腰截断：一直居住在赣北和赣中的居民，维系了赣方言的已有格局，而生活在赣南或播迁到闽西和粤东北的居民，则因种种原因而使得自己的语言步入了独立发展的里程（即后来的客家话）。今天客家方言的人口占汉族总人口的4%，与赣方言人口合起来是6%强。也就是说，如果赣方言未曾发生后来的分化，它的总人口数应该略高于闽方言和粤方言的人口数，而略低于吴方言的人口数（占汉族总人口的8%）。

客家方言与赣方言共同渊源于“原始赣语”，这一事实表明：客家方言群与赣方言群在历史上具有很深的渊源关系，前者应该由后者分化而来。因

① 周振鹤：《中国历史文化区域研究》，上海：复旦大学出版社，1997年，第33页。
② 周振鹤：《中国历史文化区域研究》，上海：复旦大学出版社，1997年，第36页。

此，从人口源流的角度来讲，历史上赣方言区的移民，才是客家方言群的直接源头。

众所周知，唐代中叶的“安史之乱”，曾引发了中国历史上的第二次北方人口南迁高潮。[①] 正像大诗人李白所描绘的那样，战火蔓延之际，“三川北虏乱如麻，四海奔腾似永嘉”。尽管这次移民波及南方的广大地区，但是对江西境内的影响却尤为巨大。“安史之乱”爆发后，江西境内几乎没有受到战争的影响，大体保持着安定的局面；加之地处长江中游，交通便捷，故而，很快便成为北方移民的首迁之地。正像唐人于邵所说的那样：“洪州之为连率也，旧矣。自幽蓟外奸，加之以师旅，十年之间为巨防焉。当闽越奥区，既完且富，行者如归。”[②] 其实，除洪州之外，其他如饶、信、吉、江等州，此时也都接纳了大量的北方移民。吴松弟在《中国移民史》第3卷中，曾根据新、旧《唐书》、《全唐文》和《唐代墓志资料汇编》等文献资料，对“安史之乱”期间北方移民迁入南方的个案，进行过较为全面的统计。根据这一统计结果，“安史之乱”期间，有文献可征的北方移民迁入南方者，共133例，其中有25例分布在江西，占全部移民个案的19%，仅次于江南地区(35%)。[③] 这一事实表明，江西是这一时期北方移民的重要迁入区。周振鹤在比较了《元和郡县志》中天宝与元和年间饶州、洪州和吉州的户口数据之后，也得出如下的结论：

饶州在中唐以后户口的增加是出于一般人的想象之外的。该州位于赣东北鄱江和信江流域。自安史之乱第四年即乾元元年（758）起至永泰元年（765）间，这里接连分置了上饶、永丰、贵溪三县。这三县合以衢州玉山县建立一个新州——信州。天宝年间饶州有户40000挂零，到元和时期，饶、信二州合计有户近75000，以天宝间饶州的地域范围计，元和时户数净增长83%之多，幅度之大，为历来治史者所忽略。

---

① 周振鹤：《唐代安史之乱与北方人民的南迁》，载《中华文史论丛》1987年第2、3期合刊，上海：上海古籍出版社，1987年；吴松弟：《中国移民史》，第3卷，福州：福建人民出版社，1997年，第232～246页。

② （唐）于邵：《送王司仪季友赴洪州序》，《全唐文》卷427，上海：上海古籍出版社，1990年，第1927页。

③ 吴松弟：《中国移民史》，第3卷，福州：福建人民出版社，1997年，第291页。

比饶州户口增长幅度稍小的是洪州。天宝时有户 55000 余，元和时增加到 91000 多，净增数亦达到 64%……

洪州之后是位于赣江中游的吉州，元和户数比天宝增加近 10%，数量也颇可观。①

"安史之乱"结束后，唐王朝又延续了 100 多年。在这 100 多年的时间里，进入江西境内的北方移民，基本上都已经完成了本土化的过程。他们所带来的语言，在经过与土著居民语言的互动之后，已成为江西境内的统一语言——原始赣语。然而，就在原始赣语自江西北部、中部向南部不断扩张之时，以王仙芝和黄巢为首的农民战争爆发了。正是在这次农民战争的巨大冲击下，原先居住在赣北和赣中的居民，开始大规模地涌向赣南，并陆续由赣南再分迁到闽西和粤东北地区。由于赣闽粤边的地理环境与赣中和赣北有着很大的差异，故而，原始赣语在进入这里之后，很快便产生了变异。久而久之，一个与赣方言十分近似、但是又并不完全相同的方言——客家方言，便因此而产生了。

罗香林认为，唐末农民战争导致了北方人口的第二次大规模南迁，并由此而形成了客家先民的"第二次迁移运动"。② 其实，这只是罗氏的误解。就像有学者所指出的那样："黄巢起义军的最大特点是流动作战，方向飘忽不定，两年南下北上数十州，不可能引起北方人民大规模南迁，至多只可能迫使人们就近分散避乱而已。但是这一特点却对客家方言的形成有着重要的作用，因为它引起部分江西北、中部移民进入闽西和赣南山区，使这部分人的语言与北方方言区隔离，走上独立发展的道路，因此今天他们后裔保留了较多的中唐以前北方方言的特征。"③ 从方言地理的角度来讲，伴随着这次迁移，一方面将早期赣语推进到赣南和闽西山区，另一方面又由于地缘的关系，使得这些移民及其后裔，不得不割断与北方方言区的联系，并最终形成一个新的方言群。换句话说，赣南在"安史之乱"时期虽然没有接纳大量的北方

① 周振鹤：《唐代安史之乱与北方人民的南迁》，载《中华文史论丛》1987 年 2、3 期合刊，上海：上海古籍出版社 1987 年版，第 122～123 页。

② 罗香林：《客家源流考》，北京：中国华侨出版公司，1989 年，第 15 页。

③ 周振鹤：《中国历史文化区域研究》，上海：复旦大学出版社，1997 年，第 33 页。

移民人口，但是在随后黄巢农民战争的影响之下，却经历了一次规模相当大的人口重建式的移民。一方面，来自赣中和赣北的南下移民，彻底地改变了唐中期以前赣南境内的人口格局；另一方面，部分原先居住在赣南的居民，也随同北方南下的移民一起，向闽西山区迁移。经过这次人口重建之后，来自赣北和赣中的移民及其后裔，开始成为赣南人口格局中的主体部分。相应地，由移民所带来的早期赣语，也慢慢地发展成为赣南地区的通行语言。

由唐末农民战争所引起的赣北和赣中部分人口向赣南以及再进一步向闽西的迁移，一直延续到五代十国时期。这期间，有几件大事须引起特别的重视。

其一，王仙芝和黄巢的军队曾多次出入江西地区。最初，地处江西北部的抚州、江州和饶州等地，首当其冲。如抚州，“洎乾符初，寰海沸腾，兵寇焚爇，略无遗堵，靡认余甚”①，“当州刺史宅自唐乾符中因诸道乱离，有巨寇黄巢（阙）、柳彦璋（王仙芝部将）等奔突焚烧，略无遗堵”②。再如江州，乾符四年（877），“江西贼柳彦璋陷江州，执其刺史陶祥”③。再如饶州和洪州，乾符五年，“王仙芝伏诛，其将王重隐陷饶州，刺史颜标死之。江西贼徐唐莒陷洪州”④。稍后，王仙芝的余部又在黄巢的率领下，多次出入江西，并由赣北、赣中深入到赣南地区。《新唐书·僖宗纪》云：乾符五年二月，“尚君长弟尚让为黄巢党，以兄遇害，乃大驱河南、山南之民，其众十万，大掠淮南，其锋甚锐……三月，黄巢之众再攻江西，陷虔、吉、饶、信等州”。类似的记载也出现在《新唐书·黄巢传》中：“巢度藩镇不一，不足制已，即叛去，转寇浙东……贼收众逾江西，破虔、吉、饶、信等州。”这种多次的往返出入，必然会引起沿途居民的外逃，而地处万山之中的赣南和闽西，无疑是赣北、赣中居民避难逃生的理想之地。

其二，唐末王绪、王潮等人率众由赣入闽，对江西境内也产生了极大的影响。据《资治通鉴》记载，王绪在率部南迁之始，“悉举光、寿兵五千人，

---

① （唐）危全讽：《重修抚州公署记》，《全唐文》卷868，上海：上海古籍出版社，1990年，第4031页。

② （唐）危全讽：《州衙宅堂记》，《全唐文》卷868，上海：上海古籍出版社，1990年，第4031页。

③ （宋）《新唐书》卷9《僖宗纪》。

④ （宋）《新唐书》卷9《僖宗纪》。

驱吏民渡江”，渡江之后，“转掠江、洪、虔州”。[①]《新五代史》则记载道：该部“自南康入临汀，陷漳浦，有众数万”[②]。由于这次行军的路线贯穿江西全境，加之沿途之中，“所至剽掠”，因此必然会引起沿途居民的恐慌，从而迁徙他乡。

其三，唐末五代时期卢光稠在赣南的经营。卢光稠乃虔州（即后来的赣州）虔化县（今江西宁都县）人。他于唐僖宗光启元年（885），在南康县的石溪都（今属崇义县）举兵，很快便占领了虔州和韶州，并一度将势力扩展到粤东的潮州境内。卢光稠部前后在赣南和粤北经营了20多年。《旧五代史·卢光稠传》对此有这样的记载：“虔本支郡也，兵甚锐，自得韶州，益强大，升为百胜军使。”《新五代史·卢光稠传》也记载道：卢光稠死后，其旧部谭全播“治虔七年，有善政”。卢光稠部在经营赣南和粤北期间，一方面可能吸引了一定数量的赣北和赣中境内的移民进入赣南，另一方面也有可能将赣南的部分人口迁入粤北地区。

由于地理位置和交通形势的差异，唐末五代时期，在赣闽粤边的不同区域内，对赣北和赣中移民的接纳情况也是不尽相同的。大致而言，赣南地区由于在地缘上与赣中毗邻，赣北的移民也可以溯赣江直达赣南，故而，这里接纳的赣北和赣中移民，一定占有相当的比重。在新编的赣南各县地方志文献中，涉及赣中和赣北移民在唐末五代进入赣南的记述就有很多。例如：

新编《于都县志》云：“据今存的族谱记载和县地名普查资料，居住在县境内的各姓的祖先，大都是自唐以来北方南迁的客籍人。南迁的先民中，极少直接迁居于都，多数是几经周折后，定居于都。”[③]

新编《南康县志》亦云：“1981年县地名普查资料表明，今南康县内居民的先祖，一部分是东晋（应为西晋——引者注）永嘉之乱以后至隋唐从中原南迁的汉人……一部分是唐末……黄巢等农民起义的战乱时，中原汉人及已于第一次南迁赣北、赣中的移民，南迁而至南康的……如凤岗下雨塘村陈姓，唐末从泰和（赣中）柳溪迁入；横市田心吴姓，唐末从遂川（赣中）迁

---

① （宋）《资治通鉴》卷256，光启三年正月条。

② （宋）《新五代史》卷68《闽世家》。

③ 于都县志编纂委员会编：《于都县志》，北京：新华出版社，1991年，第118页。

入……一部分是宋末蒙古元人挥戈南下时，中原汉人和已迁赣北、赣中等地的移民，随抗元义军南迁至南康的。”①

新编《石城县志》对石城县境内的早期聚落形成以及人口源流讲得更加清楚。据该书《人口篇》云：“从晋到五代十国末年石城建县时为止，石城境内已建有54个居民点，其中大多为外来户所建。”② 这54个居民点中，绝大多数又是隋唐至五代十国时期所建。据该书《姓氏·谱牒篇》统计：“隋唐至五代十国石城建县前后凡600余年，先后有余、傅、胡、温、许、赖20余姓迁入（石城境内）居住。”③ 而在隋唐至五代十国时期所迁来的姓氏中，又以唐末五代时期由赣中、赣北一带迁入者为多。如李姓于后梁时由广昌迁来，王姓于后唐时由洪都（南昌）迁来，熊姓于后周时由广昌迁来，毕姓于南唐保大十三年（955）由抚州迁来，④ 等等。

户口数字和行政建置更能说明问题。元和年间（806—820），赣南境内的户口曾一度大幅下降，户数降到26260。⑤ 与《旧唐书》的天宝十一年（752）数字相比，户数下降了43.7%。与开元年间的数字相比，户数也下降了25%。⑥ 这一事实说明，赣南在“安史之乱”以后，人口流失曾一度比较严重。但是，从唐末开始，随着赣中和赣北移民人口的不断南下，赣南地区的人口在总体上开始呈大幅度增长之势。据《太平寰宇记》记载，北宋太平兴国年间（976—983），赣南境内主客户合计85146，⑦ 差不多是元和年间户数的3倍。如果以每户5口计算，总人口已超过420000，比唐代天宝年间的最高峰值尚多出150000人。北宋太平兴国年间上距五代不远，因此，这一户口数字应该能够说明唐末五代时期赣南境内的人口增长情况。联系到前文的种种分析，赣南境内的人口增长态势，应该与赣南、赣北移民人口的大量迁入有关。再从县级行政建置来看，五代时期，赣南境内先后设置了上犹、瑞

① 南康县志编纂委员会编：《南康县志》，北京：新华出版社，1993年，第548页。
② 石城县志编纂委员会编：《石城县志》，北京：书目文献出版社，1989年，第484页。
③ 石城县志编纂委员会编：《石城县志》，北京：书目文献出版社，1989年，第496页。
④ 石城县志编纂委员会编：《石城县志》，北京：书目文献出版社，1989年，第498～499页。
⑤ （唐）李吉甫：《元和郡县志》卷28《江南西道》。
⑥ 开元数字据《元和郡县志》卷28《江南西道四》。
⑦ （宋）乐史：《太平寰宇记》卷108《江南西道六·虔州》。

金、龙南和石城4县。县级建置的骤然增加，既是人口增长的结果，也是区域开发规模扩大的反映。从这4个县的地理位置来看，都处在边远的山岭地带，其中，瑞金、石城地处赣南东部的武夷山麓，龙南地处南侧的南岭山区，上犹则靠近西部的诸广山山脉。由此可见，这4个县的设置，一方面是赣南境内唐末以来人口增长的结果，另一方面也是赣南区域开发由原先的中部平原、河谷地带向四周山区扩展的体现。

闽西地区在唐代中期正式设立行政建置。开元十三年（725），原建州府属的黄连镇，被升格为黄连县（即后来的宁化县）。开元二十一年，[①] 闽西出现了州级行政建置——汀州。《元和郡县志》卷20《江南道五》对此有详细的记载：

开元二十一年，福州长史唐循忠于潮州北、广州东、福建西光龙洞，检得诸州避役百姓共三千余户奏置汀州，因长汀溪以为名。管县三：长汀、沙、宁化。

从汀州建置之初仅有“诸州避役百姓三千余户”的情况来看，此时的闽西，尚处在开发的初期阶段。但是，随着周边地区移民的迁入，这里的人口在很短的时间内，便有着明显的增长。天宝初年，汀州的户数已从建置之初的3000余户上升到5330，口数已达15995。[②] 从开元二十一年到天宝初年，前后不过十年时间，汀州境内的户数便净增长78%。增长幅度之大，让人难以置信。

然而，应该看到的是，此时的汀州毕竟处在开发的初期。由于整个区域都为原始森林所覆盖，加之瘴气肆虐，短时间内根本无法容纳大量的人口。故而，经过设置之初的短暂增长之后，汀州的人口发展态势，很快就慢了下来。天宝十一年（752），汀州境内的户、口数分别是4680和13702。[③] 与十年前相比，户、口数都有着不同程度的下降。宋人乐史在《太平寰宇记》中

---

① 关于汀州建置的时间，史书记载不一。《元和郡县志》记为开元二十一年，《旧唐书·地理志》则记为开元二十四年，而《通典·州郡》和《太平御览·州郡部》又记为开元二十六年。南宋人王象之在《舆地纪胜》卷132《汀州部》中认为，开元二十一年始议建州，二十四年正式建州，二十六年再分他郡之地以益州，故而“三者所书虽有不同，大率不过置郡之一节耳”。

② （唐）杜佑：《通典》卷182《州郡十二》。

③ （五代）《旧唐书》卷40《地理三》。

引牛肃《纪闻》云：唐时初置汀州，“州境五百里，山深，林木秀茂……地多瘴疠”。又曰，州初移长汀时，“长汀大树千余株……其树皆枫松，大径二三丈，高者三百尺”。[①] 如此原始的生态环境，显然很难适合外来移民的居住。据旧志记载，汀州建置之初，治所在新罗（今龙岩市）。不久，便迁往长汀村（今上杭县北），旋又移往东坊口（今长汀县北）。直到大历四年（769），才在白石村（今长汀县城）安顿下来。[②] 治所之所以要一迁再迁，原因当然与原始森林覆盖和烟瘴弥漫的生存环境有关。大历初，陈剑出任汀州刺史，当时治所在东坊口。据说，陈氏刚到治所，“闻鼓角声堙郁不畅”。不久，便有吏民向陈剑陈情：“年谷不登，民多疾疫，由于郡治非所也。”[③] 于是，陈氏乃“疏其利病，请之朝廷”，在得到朝廷的准许后，终于将郡治迁往卧龙山之阳的白石村。陈氏也因为此举而得到汀州百姓的称颂，“民皆怀之，颂其德者谓迁郡之良守云”[④]。偌大的汀州，连一个适合居住的治所都很难找到，其早期开发的艰难，由此可以想见。

除地理环境的险恶之外，当地的原住民势力也是一个不容忽视的因素。据有关史籍记载，自南朝后期开始，九龙江以南的闽西南地区，就生活着相当数量的苗瑶语族先民（详见本书第四章）。清人杨澜在《临汀汇考》中指出：“长汀为光龙峒，宁化为黄龙峒。峒者，苗人散处之乡。”[⑤] 所谓“苗人散处之乡”，也就是说，在汀州建置之初，其境内的居民，绝大多数都是“苗人”——苗瑶语族先民。唐总章年间，陈政、陈元光父子在率兵平定闽西南的“蛮僚啸乱”过程中，曾对聚居在九龙江以南的所谓“蛮僚”，进行过一次又一次的强制性迁徙。但是，由于“蛮僚”的人口过于庞大，所以就连陈元光自己也承认：“诛之则不可胜诛，徙之则难以屡徙。”[⑥] 由于闽南和闽西相互毗邻，而闽西境内则高山连绵，岭谷纵横，所以，那些被强制性迁

① （宋）乐史：《太平寰宇记》卷102《江南东道十四·汀州》。

② （明）嘉靖《汀州府志》卷1《建置沿革》。

③ （明）嘉靖《汀州府志》卷1《地理沿革》。

④ （明）嘉靖《汀州府志》卷13《名宦》。

⑤ （清）杨澜：《临汀汇考》卷1《方域考》。

⑥ 《颍川开漳族谱》，附陈元光：《龙湖集》，转引自陈支平：《福建六大民系》，福州：福建人民出版社，2000年，第31页。

出的“蛮僚”，极有可能就集中在闽西的高山岭谷地带。

正因为如此，从隋末唐初开始，直到唐代中叶，在整个闽西境内，以苗瑶语族先民为主体的“蛮僚”势力，一直十分强大。如宁化县，“初称黄连峒，隋陈以前，名不见于史”①。隋末唐初，群雄并起，“东海李子通率众渡淮，据江都，称吴帝，改元明政，遣使略闽地”②。考新、旧《唐书》，均有《李子通传》。其势力最盛时，“东举会稽，南距岭，西抵宣城，北太湖，悉有之”③。从李子通部的活动范围来看，“遣使略闽地”是完全有可能的。在李子通部进入闽西之后，当地“土寇峰起”④，陷于混乱。于是，黄连人巫罗俊“就洞筑堡卫众，寇不敢犯，远近争附之。罗俊因开山伐木，泛筏于吴，居奇获赢，因以观占时变，益鸠众辟土”。贞观三年（629），巫氏以“土旷齿繁，宜可授田定税”为由，请求朝廷设立行政建置。朝廷一方面虽“嘉之”，但另一方面却“令归翦荒以自救”。直到乾封年间，黄连峒才被改为黄连镇。开元十三年（725），再升为县⑤。谢重光认为：“从黄连峒的地理位置和巫罗俊的活动时代来看，特别是黄连峒以峒为名的特点来看，当时当地的居民只可能是属于蛮僚系统的土著居民。巫罗俊‘就峒筑堡卫众’，所卫之众必是蛮僚土著无疑。‘远近争附之’的民众，也应是蛮僚土著为多。”⑥ 这样的推论，应该说是有道理的。

除苗瑶语族的先民之外，当时闽西境内的“蛮僚”系统中，还生活着一支被称作“山都”的土著民族。据唐人牛肃在《纪闻》一书中记载，汀州初建时，长汀境内为“山都所居”，“其高者曰人都，在其中出入者曰猪都，处其下者曰鸟都。人都即如人形而卑小，男子妇人自为配偶。猪都身如猪，鸟都尽能人言，闻其声而不见其形，亦鬼之流也。三都皆在树窟宅，人都所居最华”。⑦ 剔除这些记载中的神异成分之后，我们分明可以看出，所谓“山

① （清）康熙《宁化县志》卷1《土地部上·建邑志》，福州：福建人民出版社，1989年，第8页。
② （清）康熙《宁化县志》卷1《土地部上·建邑志》，福州：福建人民出版社，1989年，第9页。
③ （宋）《新唐书》卷87《李子通传》。
④ （清）康熙《宁化县志》卷1《土地部上·建邑志》，福州：福建人民出版社，1989年，第9页。
⑤ （清）康熙《宁化县志》卷1《土地部上·建邑志》，福州：福建人民出版社，1989年，第9页。
⑥ 谢重光：《客家源流新探》，福州：福建人民出版社，1995年，第128页。
⑦ （宋）乐史：《太平寰宇记》卷102《东南东道十四·汀州》引。

都”，事实上就是当地的蛮僚土著。从“三都皆在树窟宅”这一重要文化特征看，他们应该是“干栏”式建筑的发明者——百越民族的后裔。

在汀州建置后的相当一段时间里，相关史籍中依然不乏有关当地土著蛮僚活动的记载。据《资治通鉴》记载，乾宁元年（894），“黄连洞蛮二万围汀州，福建观察使王潮遣其将李承勋将万人击之。蛮解去，承勋追击之，至浆水口，破之。闽地略定”①。此时上距汀州建置已160余年。“黄连洞蛮”在一次事变中，就能出动20000的兵力，其势力之大，人口之众，由此可以想见。

然而，不论环境多么险恶，也不管蛮僚土著的势力如何强大，在唐末五代这样一个特殊的历史时期，江西中北部的逃难人口进入汀州，已成为必然的选择。首先，从交通形势来看，赣北和赣中的难民，溯赣江而上，在到达赣南境内后，再通过贡江及其支流，就可以顺利地到达武夷山西麓。在北端，越过石城与宁化之间的站岭隘，就可以直达宁化境内。在中端和南端，越过桃源岽和水星岽，就可以从赣南境内的瑞金或会昌，进入长汀。除了上述3个大的通道之外，在整个武夷山的南段，还存在着其他一些低矮的垭口，如武平县（唐时属长汀）境内的黄田隘，“通江西羊角水”，牛牯岽隘，“通江西”。② 越过这些低矮的垭口，也可以到达汀州境内。其次，汀州与赣南一样，地处万山之中，崇冈复岭，深溪窈谷，这种地理环境对于避难逃生而言，无疑是一个理想的去处。诚如清人杨澜所说，“天宝之乱，列郡望风而靡，汀，七闽穷处也，蕞尔一城，孑然于蛮风蜒雨中”③，对于避难者而言，“隐然东南一乐土矣”④。再次，从当时的政治形势来看，与赣中北毗邻的湖南地区，进入五代之后，就一直为马氏割据（楚）。而福建尽管前期也为王氏所据（闽），但是从南唐保大四年（946）开始，却与江西同在南唐的统治之下。在这样的一种政治形势之下，江西的移民进入福建（汀州），显然要比进入湖南更加方便。

---

① （宋）《资治通鉴》卷259《唐纪七十五》，乾宁元年条。（清）吴任臣：《十国春秋》卷90《闽司空世家》，文字与《资治通鉴》大同小异。

② （清）康熙《武平县志》卷5《关隘》。

③ （清）杨澜：《临汀汇考》卷1《方域考》。

④ （清）杨澜：《临汀汇考》卷1《山川考》。

正因为如此，从唐末开始，江西中北部的难民，便如潮水一般，纷纷涌入汀州境内。伴随着大量移民的到来，闽西境内也开始了人口重建的过程。诚然，在唐末五代闽西的人口重建过程中，不可能所有的移民都来自赣北和赣中地区；但是，来自赣北和赣中的移民，无疑占有相当的比重。新编《长汀县志》云，“唐开元二十一年（733），汀州居民主要是各州避役百姓3000多户，其中有钟姓居民是从江西经宁化石壁村迁来（长汀）白石村。唐末……大量人民避乱迁来长汀，逐渐形成村落”，“他们大部分是从江西的北部，少部分从浙江西部迁来”。[①] 据新编《宁化县志》统计，唐末五代时期，迁入宁化境内的移民个案有文献可征者共24例，其中，来自江西地区的移民共有7例（其中除赣南1例外，其余均来自赣北和赣中地区），[②] 占总数的29%以上。如果按宁化境内的情况进行推算，那么，在这次人口重建过程中，来自赣北和赣中的移民，几乎占了全部移民总数的30%。

伴随着大量移民的到来，闽西境内的人口从五代开始便呈现出大规模增长的态势。后唐同光年间，汀州曾发生了一次大规模的民变，“汀州民陈本，聚众三万围汀州”[③]。参加民变的人数就有30000之众，其总体的人口规模由此可以想见。到了北宋初的太平兴国年间，汀州已有24000余户居民，[④] 是唐代元和年间的9倍。如果以每户5口计算，总人口已达120000之众。唐末以降闽西人口的快速增长，除了接纳一定数量的北方移民人口外，来自江西境内的移民应该说是主要的因素。

唐末五代时期，赣北和赣中的移民，最远者甚至已迁至粤东北一带。不过，从总体上来看，粤东北即使在唐末五代时期接纳了江西境内的部分移民人口，其数量也是极其有限的。历史上的户口资料表明，粤东北在唐代的人口高峰出现在天宝初年，在这以后就开始呈现出不断下降的趋势。据杜佑《通典》记载，天宝元年（742），循、潮两州的总户数为19844（潮州户数为10324，口数为51674，循州户数为9520，无口数）。[⑤] 但是，到了天宝十一

---

① 长汀县志编纂委员会编：《长汀县志》，北京：三联书店，1993年，第105、95页。

② 宁化县志编纂委员会编：《宁化县志》，福州：福建人民出版社，1992年，第138～142页。

③（清）吴任臣：《十国春秋》卷91《闽嗣王世家》。

④（宋）乐史：《太平寰宇记》卷102《江南东道十四·汀州》。

⑤（唐）杜佑：《通典》卷182《州郡十二》、卷184《州郡十四》。

年，循、潮两州的户数已降到12945（潮州户数为4420，口数为26745，循州的户数为9525，无口数）。① 短短十年间，净减了6899户，降幅近35%。如果把潮、循两州分开来看，循州基本上保持稳定，户口的下降主要发生在潮州境内。十年间，潮州境内净减5904户，降幅达57%；口数净减24929，降幅达48%以上。再到元和年间，潮、循两州的总户数已下降至3688（其中潮州1599户，循州为2089户），② 只有天宝元年总户数的18.5%。如果分开来看，潮州的户数只有天宝元年的15.4%，而循州的户数也不足天宝元年的22%。接下来的五代时期，粤东北为南汉的刘氏所占据。乾亨元年（917），南汉析循州置湞州，其中循州领龙川与兴宁2县，湞州领归善、博罗、海丰和河源4县。乾和三年（945），再分潮州置敬州（即后来的梅州），其中潮州领海阳、潮阳两县，敬州领程乡1县。从粤东北在这一时期的建置沿革中我们可以看出，尽管州级建置由原来的2个一下子增加到4个，但县级建置却1个也没有增加。这一事实说明，粤东北的人口尽管在这一时期可能有所增长，但幅度也不会很大。宋初的户口资料表明，粤东北各州在太平兴国年间的总户数为15756，③ 与元和年间的户口低谷相比，增长的幅度应该不小。但是，考虑到160多年间的人口自然增长因素，再考虑到土著人口不断成为“编氓”的因素，④ 外来移民（包括来自赣中和赣北的移民）在人口增长中的比重应该不会很大。

## 三、结论

综上所述，在唐末五代时期，由于江西中北部避乱人口的大量涌入，赣南和闽西都经历了一个人口结构的重大调整过程。经过这次人口结构的调整，

① （宋）《新唐书》卷43《地理七》。

② （唐）李吉甫：《元和郡县志》卷34《岭南道一》。

③ （宋）乐史：《太平寰宇记》卷158《岭南道二·潮州》、卷159《岭南道三·循州》、卷160《岭南道四·梅州》。

④ 从唐代开始，粤东北境内的蛮僚土著就陆续地成为国家的编户，但是直到宋代，境内的蛮僚依然很多。据乐史《太平寰宇记》卷159《岭南道三·循州》记载：宋代的循州境内，依然是“织竹为布，人多蛮僚，妇人为市，男子坐家”。由此可见，粤东北境内的人口格局经历了一个蛮僚土著长期汉化的过程。

赣南境内的语言已逐渐地为赣北和赣中移民带来的早期赣语所取代。更为重要的是，在赣北、赣中移民人口不断南下的推动下，赣南人口的地理格局也发生了重大的变化。原先主要分布在赣南中北部平原、盆地和河谷地带的人口，开始向东部的武夷山麓、南面的九连山以及西部的诸广山山区迁移。这种人口格局的变化，不仅进一步扩大了早期赣语在赣南地区的分布范围，而且还为早期赣语向周边地区的渗透创造了条件。就闽西而言，经过这次人口结构的调整，以江西中北部移民为主体的汉族人口，开始成为当地人口格局中的主导因素，相应地，早期赣语也逐渐地成为这里的通行语言。武夷山南段东西两侧早期赣语这一地理格局的形成，对客家方言群的形成而言，具有极其重要的标志性意义。稍后，原始赣语将沿着武夷山，与东面的闽南方言一起，分头南下，向粤东北境内渗透，并最终把粤东北分成两大方言区。至于其中的本末原委，我们将在以后的章节中再作详细的讨论。

# 第四章　苗瑶语族的迁入与赣闽粤边的民族新格局

在赣闽粤边的区域开发与社会变迁过程中，除了西中北部一带人口的南迁及其与当地土著民族的融合这一中心线索之外，六朝至唐宋之际苗瑶语族的迁入，也是一个十分重要的因素。本章将结合新近民族史研究的有关成果，[①] 就苗瑶语族的源流、向赣闽粤边的迁移及其影响等问题加以讨论。

## 一、苗瑶语族溯源

所谓苗瑶语族，是用来指在语言的系谱中属于苗瑶语的苗族、瑶族和畲族这三个民族的一种泛称。从现代的民族属别来看，今天的苗族、瑶族和畲族都是独立的民族；但是，从历史的角度来看，这三个民族却都有着共同的渊源。民族史学界一般都认为，这三个民族都是由汉、晋时期的“长沙、五溪蛮”分化而来的，而其更早的源流则可以追溯到古代的三苗部落。

据有关文献记载，从很早的时代开始，在长江中游一带，就生活着一支被称作为“三苗”的群体。“三苗”之“三”，恰如“七闽”之“七”、“九黎”之“九”或“百越”之“百”，意味着他们族类纷繁、部落众多。《战

① 以下的讨论主要参考如下研究成果。瑶族简史编写组编：《瑶族简史》，南宁：广西人民出版社，1983 年；黄朝中、刘耀基主编：《广东瑶族历史资料》，上、下册，南宁：广西民族出版社，1984 年；施联朱、蒋炳钊编：《畲族社会历史调查》，福州：福建人民出版社，1984 年；施联朱主编：《畲族研究论文集》，北京：民族出版社，1987 年；张永祥、曹翠云、盘承乾等：《中华文化通志·苗、瑶、畲文化志》，上海：上海人民出版社，1998 年；吴永章：《瑶族史》，成都：四川民族出版社，1993 年；吴永章：《民族研究论文集》，北京：民族出版社，2002 年；宫哲兵：《千家峒运动与瑶族发祥地》，武汉：武汉出版社，2001 年；蒋炳钊：《东南民族研究》，厦门：厦门大学出版社，2002 年，等。

国策·魏策》记吴起之言曰："三苗之居，左有彭蠡之波，右有洞庭之水。文山在其南，而衡山在其北。"吴起乃战国初期人，那时的彭蠡就是今天的鄱阳湖，那时的洞庭也就是今天的洞庭湖。按照吴起的说法，江汉一带正是三苗部落的腹地。

其实，战国初期生活在彭蠡、洞庭一带的三苗部落，其历史还可以追溯到更为久远的时期。有学者在研究了近年来长江流域的考古材料之后认为，"考古学的最新成就一再揭示出：长江流域同黄河流域一样，也是中国远古文化的发源地之一……到原始社会晚期，沿长江流域大体分别形成古巴人、古苗蛮人和古吴越人的先驱者的文化群体……苗蛮部落集团及其文化是中国原始社会晚期地处南方江汉地区的一个庞大的氏族部落群或人们共同体"①。著名的屈家岭文化（在湖北京山）的创造者，就是古三苗部落的先民。

在远古的传说时代，三苗是一个比较先进的部落集团。尧舜禹时期，三苗部落为了扩张地盘和发展势力，曾多次北上中原，与诸夏势力展开长期的较量与争夺。经过长期的较量之后，"苗师大乱，后乃遂几"②。在这以后，三苗在整体上被一分为三：一部分被放逐到西北的敦煌一带，这就是文献中所谓的"窜三苗于三危"③；另一部分不断地融入华夏民族之中；还有一部分则留居在长江中游的彭蠡、洞庭一带，从而成为商、周时期"荆蛮"部落的一个组成部分。

春秋战国时期，在三苗腹地的江汉地区，崛起了当时南方幅员最广、并与最富的齐国和最强的秦国作长期抗衡的楚国。从当时北方人总是称楚人为"荆蛮"、"楚蛮"和"蛮夷"等情况来看，楚人应该是由不同于中原华夏人的南方土著民族所构成，而且其中一定包括三苗的成分。研究语言的学者已经注意到，从屈原等人的文学作品中，分明可以看出楚语与后世湘西苗语的某些类似之处。④ 有学者在研究了楚文化的多元性之后也认为："楚国在我国统一的多民族国家的形成发展过程中起了重要的作用，并曾创造出光辉灿烂、

① 周星：《史前史与考古学》，西安：陕西人民出版社，1992年，第181页。

② （战国）《墨子·非攻下》。

③ （战国）《尚书·舜典》。

④ 张永祥、曹翠云：《中华文化通志·苗族文化志》，上海：上海人民出版社，1998年，第12～14页。

独具一格的楚文化。楚文化则是包括苗瑶语族先民在内的境内各民族共同创造的。需要指出的是，苗瑶语族先民并非楚民族，楚族统治集团是由屈、景、昭三氏组成的，而苗瑶语族先民仅是楚族统治下众多族属中的一支。”①

秦统一六国之后，原先散居在彭蠡与洞庭之间的苗瑶语族先民，开始向湘江、资江和沅江一带聚居。从汉代开始，湘江、资江和沅江流域一带，统属于长沙、武陵两郡，故而，相关文献就把生活在这一区域的苗瑶语族先民称之为“长沙、武陵蛮”。由于流经武陵的沅江有五条较大的支流（雄溪、樠溪、潕溪、酉溪和辰溪），文献中又把武陵郡的部分地区统称为“五溪”。相应地，居住在五溪地区的“蛮人”，就被称作“五溪蛮”。

两汉之际，“五溪蛮”的势力骤然扩张，并引起最高统治者的高度重视。据《后汉书·南蛮西南夷列传》记载：“光武中兴，武陵蛮夷特盛。建武二十三年（47），精夫相单程等据其险隘，大寇郡县。遣武威将军刘尚发南郡、长沙、武陵兵万余人，乘船溯沅水入武溪击之……尚军大败，悉为所没。”次年，光武帝再派马援率重兵进入武陵。这次征蛮行动，虽然取得了军事上的阶段性胜利，但蛮人的反抗活动并没有就此平息。在这以后，“五溪蛮”的反抗活动，依然频频见诸史籍。如，“肃帝建初元年（76），武陵澧中蛮陈从等反叛，入零陵界”，“三年冬，溇中蛮覃儿健等复反，攻烧零阳、作唐、孱陵界中”；又如，“和帝永元四年（92）冬，溇中、澧中蛮潭戎等反，燔烧邮亭，杀略吏民”；又如，“安帝元初二年（115），澧中蛮以郡中徭税失平，怀怨恨，遂结充中诸种二千余人，攻城杀长吏”，“明年秋，溇中、澧中蛮四千人并为盗贼。又零陵蛮羊孙、陈汤等千余人，著赤帻，称将军，烧官寺，抄掠百姓”；再如，顺帝永和元年（136）冬，“溇中蛮……举种反叛。明年三月，蛮二万人围充城，八千人寇夷道”。在此后的桓帝元嘉元年（151）、永寿三年（157）、延熹三年（160）、灵帝中平三年（186），也都有“五溪蛮”反抗活动的记载。②

在这种长期的反抗—镇压—再反抗—再镇压的循环过程中，原先基本上

---

① 吴永章：《民族研究文集》，北京：民族出版社，2002年，第431页。

② 以上均见《后汉书》卷86《南蛮西南夷列传》。

不为人们所知的“五溪蛮”，开始渐渐地被人们所了解。有关其族属源流、生活习性和宗教信仰的记述，也开始出现在汉人士大夫的有关文字之中。东汉应劭关于“五溪蛮”盘瓠信仰的记述，便是其中的代表。

应劭关于盘瓠的记述，被《后汉书》的作者范晔录入《南蛮西南夷列传》之首。其内容如下：

昔高辛氏有犬戎之寇，帝患其侵暴，而征伐不克。乃访募天下，有能得犬戎之将吴将军头者，购黄金千镒，邑万家，又妻以少女。时帝有畜狗，其毛五彩，名曰槃瓠。下令之后，槃瓠遂衔人头造阙下，群臣怪而诊之，乃吴将军首也。帝大喜，而计槃瓠不可妻之以女，又无封爵之道，议欲有报而未知所宜。女闻之，以为帝皇下令，不可违信，因请行。帝不得已，乃以女配槃瓠。槃瓠得女，负而走，入南山，止石室中。所处险绝，人迹不至。于是女解去衣裳，为仆鉴之结，著独力之衣。帝悲思之，遣使寻求，辄遇风雨震晦，使者不得进。经三年，生子一十二人，六男六女。槃瓠死后，因自相夫妻。织绩木皮，染以草实，好五色衣服，制裁皆有尾形。其母后归，以状白帝，于是使迎致诸子。衣裳班兰，语言侏离，好入山壑，不乐平旷。帝顺其意，赐以名山广泽。其后滋蔓，号曰蛮夷。外痴内黠，安土重旧。以先父有功，母帝之女，田作贾贩，无关梁符传、租税之赋。有邑君长，皆赐印绶，冠用獭皮。名渠帅曰精夫，相呼为姎徒。

唐人李贤在注释《后汉书》的这段文字时，有“此已上并见《风俗通》”一句。也就是说，《后汉书》中的这段记载，录自应劭所著的《风俗通》。宋人罗泌在《路史》一书中亦称，“应劭书遂以高辛氏之犬名曰槃瓠”[①]。所谓“应劭书”，当是指应氏所著的《风俗通》一书。不过，今本《风俗通》，并无有关盘瓠的记载，想来原书有关这方面的内容可能是在流传的过程中佚失了。

在应劭之后，有关盘瓠的记载，不时见诸文献。晋人郭璞在为《山海经·海内北经》中的“犬封国”作注时称：“昔盘瓠杀戎王，高辛以美女妻之，不可以训，乃浮之会稽东海中，得三百里地封之，生男为狗，生女为美

① （宋）罗泌：《路史》，《发挥》卷2。

女，是为狗封之国也。”郭氏在其《玄中记》一书中亦云：“昔高辛氏有美女未嫁，而犬戎为患，帝喾乃言曰：‘有讨之者，妻以美女，封三百户。’……盘护，亡三月而杀犬戎，以其头来。帝……乃妻以女，而流之会稽东南二万一千里。”①

差不多与郭璞同时的干宝，对于盘瓠的记述则更加详细。他在《晋纪》中写道：“武陵、长沙、庐江郡夷，盘瓠之后也。杂处五溪之内。盘瓠凭山险阻，每每常为害。糅杂鱼肉，叩槽而号，以祭盘瓠。俗称‘赤髀横裙’，即其子孙。”在《搜神记》卷14中，干宝还记述了盘瓠传说的另一个版本：

高辛氏有老妇人居于王宫，得耳疾，历时。医为挑治，出顶虫，大如茧。妇人去后，置以瓠篱，复之以盘……其文五色，因名“盘瓠”……时戎吴强盛，数侵边境。遣将征讨，不能擒胜。乃募天下有能得戎吴将军首者，购金千斤，封邑万户，又赐以少女。后盘瓠衔得一头，将造王阙。王诊视之，即是吴戎……令少女从盘瓠。盘瓠将女上南山，草木茂盛，无人行迹……盖经三年，产六男六女。盘瓠死后，自相配偶，因为夫妇……今即梁、汉、巴、蜀、武陵、长沙、庐江郡夷是也。

从干宝的上述文字中，我们可以看到，汉、晋时期五溪蛮的分布格局，前后有着很大的变化。如前所述，五溪蛮因沅江的五条支流而得名。这就从一个侧面证明，汉代的五溪蛮，主要聚居在武陵郡的五溪地区，也就是在今天湖南的东北部一带。三国时期，武溪地区先后属于南方的蜀、吴两国。蜀章武元年（221），刘备率蜀军伐吴，进军秭归（今湖北秭归县），武陵蛮曾起兵响应，反抗孙吴的统治。黄龙三年（231），“武陵蛮”再次起兵反吴。吴国派遣潘浚等率兵镇压，战争持续4年之久，结果，吴军“斩首获生，盖以数万，自是群蛮衰弱，一方宁静”②。在经历多次的镇压之后，五溪蛮的势力被严重削弱。正是在这种情况下，他们中的一部分开始陆续外迁。故而，到了干宝生活的晋代，梁、汉、巴、蜀、武陵、长沙和庐江诸郡，都已经有了他们的足迹。

---

① 转引自《艺文类聚》卷94。

② （晋）《三国志》卷61《吴书·潘浚传》。

南北朝时期，中原大乱，五溪蛮势力乘机北上。据《魏书·蛮传》记载："蛮之种类，盖盘瓠之后，其来自久。习俗叛服，前史俱之。在江淮之间，依托阻险，部落滋蔓，布于数州。东连寿春（今安徽寿县——引者），西通上洛（今陕西商州——引者），北接汝、颍，往往有焉。其于魏氏之时，不甚为患。至晋之末，稍以繁昌，渐为寇暴矣。自刘、石乱后，诸蛮忌惮，渐得北迁，陆浑（今河南嵩县东北——引者）以南，满于山谷，宛洛萧条，略为丘墟矣。"需要指出的是，《魏书》所说的"蛮"，除了原先的五溪蛮之外，还包括豫州蛮（又称西阳蛮，其先出于武落钟离山，以白虎为图腾，相传为廪君之后）。经过这次"北迁"之后，五溪蛮的活动中心已由原先的五溪地区北移到荆州（治所在今江陵）、雍州（治所在今襄阳）一带，故而史书中又以荆、雍蛮称之。①

伴随着武溪蛮势力的不断扩张，中央政府对其统治与控制也越发深入。早在东晋时期，在蛮人集中的地区就曾设置了宁蛮府，予以统辖与控制。南朝时期，由于五溪蛮活动的中心区域即荆州和雍州一带，已成为南北对峙的要冲之地，具有举足轻重的战略地位，故而，南朝各代无不注重对这一地区的经营。刘宋时期，分别在荆州和雍州设置南蛮校尉或宁蛮校尉以领之，"蛮民顺附者，一户输谷数斛，其余无杂调，而宋民赋役严苦，贫者不复堪命，多逃亡入蛮"②。"齐、梁两代，宁蛮府单独划领郡县，比于州级政区。其长官为宁蛮校尉，地位一般高于州刺史，而相当于'刺史领兵者'。"③ 除了设置南蛮校尉或宁蛮校尉以加强对蛮人的统治外，南朝各代有时还任命蛮人的豪酋、渠帅担任州刺史、郡守或县令，企图通过封官晋爵的办法，来消弭蛮人的反抗。对于那些不肯归附的蛮人，南朝政府则采取引出平地的政策，以便控制。据《宋书·刘道产传》记载，元嘉八年（431）出任宁蛮校尉、雍州刺史的刘道产，"善于临民，在雍部政绩尤著。蛮夷前后叛戾不受化者，并皆顺服，悉出缘沔为居……道产惠泽被于西土，及丧还，诸蛮皆被衰绖，至

---

① 《宋书》卷97《夷蛮列传》首次将南蛮分为两类，一类是"荆、雍州蛮"，被视为"盘瓠之后"，另一类为"豫州蛮"，被视为"廪君后也"。此后，杜佑在《通典》卷197《边防三》中，又将南蛮分为"盘瓠种"、"廪君种"、"板楯蛮"和"南平蛮"等多种。

② （南朝）《宋书》卷97《夷蛮传》。

③ 周振鹤：《中国文化通志·地方行政制度志》，上海：上海人民出版社，1998年，第365页。

于沔口”。《宋书·蛮夷传》也说：“雍州刺史刘道产善抚诸蛮，前后不附者，皆引出平土，多缘沔为居。”可见，将分踞山险的蛮人，引入平地，就是刘氏“化”蛮的主要手段。

## 二、苗瑶语族向赣闽粤边的迁移

“长沙、武陵蛮”或“盘瓠蛮”是苗瑶语族的先民，这已经是民族史学界的主流意见。但是，对于“盘瓠蛮”如何分化而成苗族、瑶族和畲族，学术界尚有不同的意见。研究南方民族史的吴永章教授认为，“早在战国时期，随着楚势南扩的压迫，苗族先民已开始西行。但是，大规模的迁徙应从汉光武帝派重兵征讨‘武陵蛮’才开始的。其后，他们不断西迁，进入黔北与黔西、川南、滇东、桂西”，从而形成后世的苗族；而“长沙蛮”及其南的“零陵蛮”和“桂阳蛮”，“则与瑶、畲先人关系更为密切”。他还进一步指出，在“盘瓠蛮”的分化过程，最早是“苗族与畲、瑶二族分流”，其时间当“不晚于汉晋时期”；至于“瑶、畲之分流，其源可溯至唐、宋以前，但却是在此之后，才加快步伐而形成今日的瑶、畲两族”。①

在“长沙、五溪蛮”的分化过程中，由长沙、五溪一带向西迁移从而形成后世苗族的那一支，与我们所要讨论的赣闽粤边基本无涉。但是，由湘中、湘南而进入岭南和岭东的那一支（瑶、畲），却与赣闽粤边的历史和文化有着诸多的关联。正因为如此，以下的讨论将围绕着由湘中、湘南而迁入岭南和岭东的那一支而展开。

从现有的文献资料来看，最迟从南朝的梁代开始，原先聚居在“五溪”一带的“长沙、武陵蛮”，已有一部分陆续播迁到今湖南的中南部地区，并被有关文献称之为“莫徭”。据《梁书》卷34《张缵传》记载：“（湘）州界零陵、衡阳等郡，有莫徭蛮者，依山险为居，历政不宾服。”文中提到的零陵（治今湖南零陵）和衡阳（治今湖南衡阳东北）二郡，都在今天的湖南中南部地区。由此可见，最迟从梁代开始，由“五溪蛮”分化而来的“莫徭”，

① 吴永章：《民族研究文集》，北京：民族出版社，2002年，第432页。

已播迁到湖南的中南部一带。后世的“徭人”之称,[①] 当由南朝时期的“莫徭”一词演化而来。

有关南朝时期莫徭的分布情况，唐初编修的《隋书·地理志》，有着更为详细的记载：

长沙郡又杂有夷蜒，名曰莫徭，自云其先祖有功，常免徭役，故以为名。其男子但著白布裈衫，更无巾裤；其女子青布衫、班布裙，通无鞋屐。婚嫁用铁钴䥈为聘财。武陵、巴陵、桂阳、澧阳、衡山、熙平皆同焉。

需要指出的是,《隋书·地理志》与该书中的其他书志一起，原名《五代史志》，它的相关记载并不专指隋代，而是泛指南朝以来的总体情况。以往的研究者虽然注意到了这段记载中的“长沙郡又杂有夷蜒，名曰莫徭”一句，但是对后面的“武陵、巴陵、桂阳、澧阳、衡山、熙平皆同焉”一句，却一直未予重视。其实，只要粗读一下这段记载，我们就会发现，这段文字一共讲了三个方面的问题：其一，介绍长沙郡境内的莫徭分布情况及其得名之由；其二，介绍莫徭的衣着及其婚俗；其三，以“武陵、巴陵、桂阳、澧阳、衡山、熙平皆同焉”一句，点明以上各郡也都有莫徭的分布。显然，后面这一句，对于我们理解南朝以来莫徭的分布情况极为重要。文中提到的武陵、巴陵和澧阳三郡，都集中在洞庭湖周围，位于今湖南北境；衡山一郡，地处湘中；桂阳一郡，已处于湖南的极南部；至于熙平郡，则在今两广的交界地带,[②] 其所领有的桂阳、阳山、连山、宣乐、游安、熙平、武化、桂岭和开建 9 县，都集中在今广西的东北部和广东的西北部一带。因此，这段记载可以被视为莫徭早在南朝时期就已经越过南岭并进入今两广地区的铁证。

大约从南朝末期开始，原先聚居在湘中、湘南地区的莫徭，开始陆续地向外迁移。吴永章认为，莫徭向外播迁的路径主要有两条：一条即由湘南越五岭南迁，“其途有二：一是西粤。宋代湘南瑶人首先进入静江府（今桂林）、贺州等地区。其后，桂北基地的瑶人，以及由广东进入桂东的瑶人，不

---

① 瑶族之“徭”，最初均作徭役之“徭”。从元代开始，随着瑶人反抗的不断加剧，有关史书开始用带有侮辱性的“猺”字来名之，直到明清时期，依然如此。至于用“瑶”字来名之，则始于 20 世纪中期。

② 熙平郡虽为隋朝大业初年新置，但《隋书·地理志》中所记载的该郡境内的莫徭活动情况，依然可视作为南朝以来的总体情况。

断向南、向西扩展，以致逐步形成今日瑶人遍布广西六十余县的格局。一是东粤。首先进入连、英、韶三州。其后，逐步南迁，形成今日广东瑶族分布的格局”。另一条则“不循越岭进入两粤路线，他们由衡、郴诸州向东发展，首入赣南”，再经赣南进入闽西南和粤东北地区，从而形成后世的畲族。宋代以后，聚居在赣闽粤边的畲族，又“扩展到闽东、浙南。这就构成了今日畲族分布的基本格局”。[①] 吴氏所说的这两条迁移路线，大体是符合实际的。不过，需要指出的是，播迁到赣闽粤边并最终形成畲族的那一支，并非皆由赣南向东迁徙而来。在由湘南向南播迁到岭南的那一支瑶人中，也有一部分沿南岭山脉向东迁移，并最终播迁到粤东的潮州地区（详后），从而构成赣闽粤边畲族的另一个重要源头。

有关徭人由湖南境内向南播迁到岭南各地的情况，从唐代开始，就不时见诸文献。宋代以降，有关的正史之中几乎都有岭南各地徭人活动情况的记载。如《宋史》卷493《蛮夷传一》，对于两广境内徭人分布的情况，就有详细的记录：“蛮猺者，居山谷间。其山自衡州常宁县属于桂阳、郴、连、贺、韶四州，环纡千余里，蛮居其中，不事赋役，谓之猺人。”然而，由湖南境内播迁至赣闽粤边并最终发展成为畲族的那一支，正史典籍对其播迁的详细情况则语焉不详。正因为如此，直到今天，依然有学者认为，早期生活在赣闽粤边的畲族，并非由湖南境内的徭人播迁、分化而来，而是由闽粤地区的土著民族——古越族分化而来的。[②]

其实，古代文献中有关莫徭迁往赣闽粤边的情况尽管语焉不详；但是，如果对其片言只语细加分析，我们依然能够发现莫徭向东迁移的蛛丝马迹。据《新唐书》卷68《方镇表五》记载：乾元元年（758），“置洪、吉都防御团练观察处置使，兼莫徭军使，领洪、吉、虔、抚、袁五州，治洪州”。唐代的洪州、吉州、虔州、抚州和袁州，都在今天的江西境内。这则史料表明，最迟从中唐时期开始，今江西境内从北到南，都有莫徭的分布。正像有学者

---

① 吴永章：《民族研究文集》，北京：民族出版社，2002年，第432～433页。

② 详请参阅蒋炳钊：《畲族族源初探》、《关于畲族来源问题》、《闽粤赣交界地是畲族历史上的聚居区》，均收入施联朱主编：《畲族研究论文集》，北京：民族出版社，1987年，第95～109页、第110～122页、第137～160页。

所指出的那样，莫徭在唐代江西境内的分布范围如此之广，“可见莫徭迁往江西的时间早在南北朝和隋代就已经开始了”①。

与江西一山之隔的福建，自六朝以来，也有莫徭的迁入。据宋人乐史《太平寰宇记》记载：“建宁县，（建州）西三百四十里，元六里，本将乐县地，晋绥城县，莫徭之民居焉。唐武德中并入邵武，垂拱中割入将乐。”② 乐史的《太平寰宇记》虽然成书于宋初，但从这段记载的文义来看，显然是在讲述晋代以降至唐代的建置沿革情况。建宁县在今天福建省的西北部，位于武夷山的东麓。这则史料表明，靠近武夷山的福建西侧，自六朝以来，也有莫徭的分布。

有材料表明，六朝时期陆续由湖南向东播迁到福建境内的苗瑶语族先民，至隋唐之际已开始聚居在闽西南一带。唐高宗总章二年（669），在地处赣闽粤边东部的泉州至潮州一带，曾爆发了一场大规模的“蛮僚啸乱”事件，并引起了唐中央政府的高度重视。为了控制局面，唐王朝命玉钤卫翼府左郎将、归德将军陈政为岭南行军总管，率兵进驻泉、潮之间的绥安故县（今福建云霄县境内）。仪凤二年（677），陈政卒于军中。其子陈元光代领其众，经过多年征战，终于平息了这场“啸乱”。康熙《漳浦县志》在记述陈政、陈元光父子率兵进驻闽南时，曾有这样一段文字：“先是戍闽者，屯兵于龙溪，阻江为界，插柳为营。”③ 龙溪就是今天的九龙江。所谓“阻江为界”，也就是说在陈政、陈元光父子之前，唐王朝在福建境内的驻军一直以九龙江为界。至于九龙江以南和以西的广大区域，当是“蛮僚”出没之区。嘉庆《云霄厅志》在记载陈元光幕僚丁儒的事迹时也说：“先是泉潮之间，蛮僚出没无常，戍卒阻九龙江之险，插柳为营。江当溪海之交，两山夹峙，波涛激涌，与贼相持。”④ 由此可见，九龙江以南、以西直到潮州一带，均为“蛮僚”的势力范围。光绪《漳州府志》在记载漳州境内的区域开发过程时，更是将闽西南境内的“蛮僚”追溯到六朝时期。据该书记载：“（陈）元光平蛮开郡，先是

① 宫哲兵：《千家峒运动与瑶族发祥地》，武汉：武汉出版社，2001 年，第 285 页。
② （宋）乐史：《太平寰宇记》卷 101《江南东道十三 · 建州》。
③ （清）康熙《漳浦县志》卷 19《杂谈》。
④ （清）嘉庆《云霄厅志》卷 11《宦迹》。

六朝以来戍闽者，屯兵于泉州之龙溪，阻江为界，插柳为营。江当溪海之交，两山夹峙，波涛激涌，隔绝东西。”① 由此可见，唐代九龙江以南、以西的“蛮僚”势力，并不是一朝一夕形成的，而是自“六朝以来”不断发展的结果。

问题在于，六朝以来陆续聚居到九龙江以南和以西一带的“蛮僚”，是否就是后来被称为畲族的苗瑶语族的先民呢？

仔细地分析有关文献资料，我们就会发现，在参与和发动这场“啸乱”的“蛮僚”或“洞蛮”中，有相当一部分与后来被称为畲民的苗瑶语族先民有关。其证据如下：

其一，率兵平息这场“啸乱”的陈元光，在《请建州县表》中，对当时泉、潮之间的居民格局，曾有过详细的记述。文中写道：“兹镇（指陈氏驻军的故绥安县）地极七闽，境连百粤。左衽居椎髻之半，可耕乃火田之余。”② 所谓“左衽”、“椎髻”之人，都是指非汉族居民。“左衽居椎髻之半”，意味着当地的居民中至少有一半是非汉族居民。而“可耕乃火田之余”一句，则透露出这些“左衽”、“椎髻”之人，与苗瑶语族先民以及后世生活在赣闽粤边的畲族之间存在着难以割舍的关系。大量的民族志材料表明，刀耕火种乃早期的莫徭以及后世的瑶族和畲族长期以来最为典型的耕作方式。因此，陈元光所说的“左衽”、“椎髻”之民，应该就是苗瑶语族的先民。

其二，据有关地方志记载，在这场长达多年的“啸乱”中，率“蛮僚”或“洞蛮”与陈政、陈元光父子周旋的，主要有苗自成、雷万兴父子和蓝奉高等人。嘉庆《云霄厅志》云：“总章二年（669），（陈元光）随父（陈政）领兵入闽。父卒，代领其众。会广寇陈谦连洞蛮苗自成、雷万兴等进攻潮阳。陷之，府帅不能制，元光以轻骑讨平之……已而蛮寇雷万兴、苗自成之子纠党复起于潮，猝抵岳山。元光闻报，遽率轻骑御之，援兵后至，为贼将蓝奉高刀伤而卒。时景云二年（711）十一月也。”③ 据该书引证的《平和县志》记载，云霄县境内有五通庙，“查此庙石柱镌有槊、蓝、雷氏字样，槊、蓝、

---

① （清）光绪《漳州府志》卷40《古迹》。
② （清）嘉庆《云霄厅志》卷17《艺文》。
③ （清）嘉庆《云霄厅志》卷11《宦迹》。

雷氏系陈玉钤所征蛮僚”[①]。文中提到的槃、蓝、雷姓，都是后世瑶族和畲族的主要姓氏。因此，雷万兴、苗自成父子以及蓝奉高等人，当属苗瑶语族的先人无疑。

从陈政、陈元光父子在泉潮一带一波三折的用兵过程来看，以苗瑶语族先民为主体的“蛮僚”，早在唐初就已在闽西南至粤东一带形成了较大的势力范围。据文献记载，陈政领旨南下时，“率府兵三千六百将士”。然而，在经过与“蛮僚”的几次遭遇战后，陈政“自以众寡不敌，退保九龙山，奏请益兵”。于时，朝廷“命以政兄敏暨敷领军校五十八姓来援。敏、敷道卒。母魏氏多智，代领其众入闽，乃进师屯御梁山之云霄镇”。[②] 手握3600名精锐的府兵，陈政尚且认为“众寡不敌”，不得不请求增援，“蛮僚”势力之大，当可以想见。陈政病故，其子陈元光子承父业。在经过反复的拉锯战之后，唐军于仪凤二年（677）收复了为“潮寇”和“土蛮”攻陷的潮阳。永隆二年（681），唐兵潜入潮州，突袭“蛮僚”的营垒，“俘获万计”。不久，又在盘陀岭打败“蛮僚主力”，泉、潮间的“啸乱”才日趋平定。[③]

需要指出的是，唐代早期活跃在赣闽粤边的这些“蛮僚”，并不都是由湖南播迁而来的以莫徭为主体的苗瑶语族先民。至少，在泉、潮一带的“蛮僚”中，就不乏前文提到的俚人（南越族的后人、黎族的先民）。如前所述，从六朝时期开始，原先聚居在广东南部一带的俚人，开始陆续外迁。最迟在南朝末年，已有一部分俚人溯东江迁入粤东北地区。隋末唐初，在众多势力角逐粤东北之际，杨世略麾下的俚人部落，已开始成为当地的一支重要力量。从杨世略在唐初被封为潮、循二州“总管”等情况来看，当时潮州和循州境内的俚人，已有相当大的人口规模。由于粤东北与闽南之间并无天然的地理屏障，故而，生活在粤东北境内的俚人，很快便蔓延到闽西南地区。到陈政、陈元光父子率军进驻闽南之时，在当地的居民格局中，除了以莫徭为主体的苗瑶语族先民之外，俚人也是一支极其重要的力量。据光绪《漳州府志》记载，陈元光在平定“蛮僚”的过程中，曾听从其幕僚丁儒的建议，“阴遣人

① （清）嘉庆《云霄厅志》卷16《名迹》。
② （清）嘉庆《云霄厅志》卷11《宦迹》。
③ （清）光绪《漳州府志》卷22《兵纪上》。

沿（九龙）溪而北，就上流缓处结筏连渡，从间道袭之（蛮僚），遂建营柳江之西，以为进取。恩威并济，土黎归附，豁其地为唐化里，而龙溪以东之民陆续渡江田之。且战且招……永隆元年（680），请于朝，移镇漳浦，以拒潮贼，阻盘陀山为寨。西北山洞之黎，率依险阻，林木阴翳，不相通，乃开山伐道，翦除荆棘，遣土民诱而化之，渐成村落，拓地千里"①。文中所说的"土黎"和"西北山洞之黎"，都是指俚人。

由于赣南、闽西南和粤东北境内原先居民成分的不同，故而以莫徭为主体的苗瑶语族先民迁入赣闽粤边之后所引起的民族格局的调整，在不同的区域也有不同的表现形式。就赣南的情况来看，由于其境内的民族成分比较单一，汉族自东汉以来就已成为当地的主体民族，故而，以莫徭为主体的苗瑶语族先民在迁入赣南之后，很快便融入到汉民族的大家庭之中，从而成为政府的编户齐民。中唐以前赣南境内人口规模和行政建置的变化，就在很大的程度上说明了这一点。唐初，赣南的县级建置依然是 4 个。但是，从唐高宗永淳年间开始，赣南的县级建置便开始迅速增加。永淳元年（682），析南康地置南安县（天宝元年改为信丰县）。神龙元年（705），又在大庾岭之北置大庾县（今大余县）。② 在短短的二十余年时间里，赣南的县级建置一下子由原来的 4 个增加到 6 个。唐玄宗天宝年间，赣南境内的户数已增加到 37647，口数更是增加到破天荒的 275410。③ 与初唐相比，户数增长 318.6%，而口数更是激增了 590.2%。从初唐至天宝年间，前后不过一百余年的时间。在百余年的时间里，几近 600% 的人口增长率，显然并不是人口自然增长的结果，而应该是有外来人口迁入的因素。从初唐至中唐的百余年间，全国都处在人口的恢复与发展阶段，并不存在北方人口南迁的可能。因此，比较合理的解释就是，这一时期赣南境内超出人口自然增长的部分，应该是由来自湖南境内的苗瑶语族先民转化而来的。考唐永淳和神龙年间在赣南新置的南安（即今信丰）和大庾两县，均位于今赣州地区的南部，在地缘上恰好与湖南的东

① （清）光绪《漳州府志》卷 40《古迹》。

② （唐）李吉甫：《元和郡县志》卷 28《江南道四》；（宋）乐史：《太平寰宇记》卷 108《江南西道六》。

③ （五代）《旧唐书》卷 40《地理三》。

南部地区毗邻。唐代前期的宋之问（656—713）在《早发大庾岭》一诗中叹道：“嵥起华夷界，信为造化力。春暖阴梅花，瘴回阳鸟翼。适蛮悲疾首，恐怀泪沾臆。”[①] 在《题大庾岭北驿》一诗中，宋氏又叹道：“江静潮初落，林昏瘴不开。”[②] 由宋氏的诗文可见，在唐代早期，赣南南部的大庾岭北侧一带，基本上还处在森林茂密、烟瘴弥漫的荒蛮状态。既然被视为“华夷界”，其境内的主体居民，就不可能是汉人，而只能是六朝以来不断由湖南境内迁徙而来的被宋氏称为“蛮”的苗瑶语族先民。直到唐末，贾岛在《送南康姚明府》一诗中还咏道，当时的南康一带，依然是“版籍多迁客，封疆接洞田”[③]。所谓“洞田”，当是指苗瑶语族先民用刀耕火种方式而耕作的“畲田”。赣南南部的这种荒蛮状况，一直延续到北宋时期。宋代中期的方勺，曾官至虔州的管勾常平，亲自到过信丰以南的龙南和安远等县。据他在《泊宅编》中记载：“虔州龙南、安远两县有瘴，朝廷为立赏增俸，而邑官常阙不补。它官以职事至者，率不敢留，甚则至界上移文索案牍行遣而已。大抵此地唯水最毒，尝以铜盆贮水，须臾铜色微黑，或大锡瓶挈佳泉以自随。处瘴者有诗云：‘避色如避难，冷暖随时换。少饮卯前酒，莫吃申后饭。’”[④] 宋代中期的情况尚且如此，唐中期以前的情况当可以想见。因此，唐代初建南安和大庾两县时，其境内的主体居民，只能是长期居住在山区的苗瑶语族的先民，而不可能是汉族居民。

至于粤东北，则是另外一番情景。六朝以来陆续由湖南向东播迁的苗瑶语族先民，可能已由闽西南蔓延至粤东北地区；但是，其人口规模显然十分有限。粤东北自武德五年（622）重新归入中央政府的版图之后，唐王朝在这里设置了循州总管府，掌管循、潮两州。唐初，循州的县级建置有 5 个（博罗、归善、河源、海丰和兴宁）。不过，潮州的县级建置却多有省并，只保留了海阳、潮阳和程乡 3 县。武则天天授二年（691），循州增设雷乡县（原龙川县境）。[⑤] 至此，粤东北境内总共设有 9 县。开元年间，潮、循两州

① （唐）宋之问：《早发大庾岭》，《全唐诗》卷 51，北京：中华书局，1999 年，第 626 页。
② （唐）宋之问：《题大庾岭北驿》，《全唐诗》卷 52，北京：中华书局，1999 年，第 642 页。
③ （唐）贾岛：《送南康姚明府》，《全唐诗》卷 572，北京：中华书局，1999 年，第 6699 页。
④ （宋）方勺：《泊宅编》卷 3，北京：中华书局，1983 年，第 16 ～ 17 页。
⑤ （唐）李吉甫：《元和郡县志》卷 34《岭南道一》；（宋）《新唐书》卷 43《地理七》。

的户数合计为18862。[①] 如果以每户5口计算，总人口约95000人。户数和口数分别是唐初的2.7倍和2.6倍。增长的速度虽然不及赣南地区，但考虑到唐初至开元不过百年时间，这样的增长速度依然是十分惊人的。尤其是潮州，这百年间的人口增长速度更是惊人。开元年间，潮州的户数为9337，以每户5口计，人口约46000多。户数和口数都是唐初的4.5倍。仔细分析粤东北中唐以前的人口增长情况，我们认为，俚人的身份性转变应该是一个重要的因素。如前所述，最迟从南朝开始，俚人已活跃于粤东北的东江上游和韩江流域。隋末唐初，粤东北境内的循、潮两州，均为俚人所据。武德五年（622），俚帅杨世略率部归唐。据《新唐书·林士弘传》记载，杨世略在归唐时被封为“循州总管”。考《新唐书·李孝恭传》，唐初平定萧铣势力后，“时岭表未平，乃分遣使者，绥辑安慰，其款附者四十有九州，朝廷号令畅南海矣。”由此看来，杨世略以俚帅身份而担任循州“总管”，极有可能是李孝恭在“分遣使者，绥辑安慰”时的加封。杨世略归唐后的情况，史书中没有记载，我们也无法妄加推断。不过，可以肯定的是，生活在潮、循两州内的俚人，也像岭南各地的俚人一样，加快了汉化的过程。据《古今图书集成》卷1375《职方典·高州府部汇考三》记载：生活在岭南的俚人，“自隋唐以后，渐袭华风，休明之化，沦洽于兹。椎跣变为冠裳，侏离化为弦诵。才贤辈出，科甲蝉联。彬彬然埒于中土。”随着汉化程度的不断加深，越来越多的俚人开始成为国家的编户齐民。岭南的西江流域和高凉地区，是俚人聚居的两大中心。从唐初开始，这两个地区的人口都有着大幅度的增长。据《隋书·地理志》记载，大业五年（609），高凉郡的户数为9917。但是，到了唐代的贞观十四年（640），据《旧唐书·地理志》统计，由凉州析出的高、潘、辩、罗、恩、春6州，总户数已达53662。短短的30年间，户数猛增4.5倍。“这些新增户口，除部分为自然增长和由外地迁入者外，多与俚汉融合、大量俚人列入国家编户有关。”[②] 既然岭南的俚人都开始成为国家的编户，生活在循、潮两州境内的俚人，当然也不会例外。

① （唐）李吉甫：《元和郡县志》卷34《岭南道一》。

② 广东省地方志编纂委员会编：《广东省志·少数民族志》，广州：广东人民出版社，2000年，第57页。

与俚人成为国家的“编户齐民”不同，南朝以来陆续播迁到粤东北地区的苗瑶语族先民，在中唐以前，基本上还置身化外。换句话说，在初唐至中唐时期粤东北地区的人口增长过程中，苗瑶语族的先民并没有成为其人口增长的动力来源之一。其中的原因有三：第一，与赣南相比，粤东北境内的民族成分十分复杂，长期以来，汉族并没有成为粤东北境内的主体民族，相应地，汉文化对该地苗瑶语族先民的吸引与同化作用并不明显。第二，粤东境内的俚人，自唐初以来之所以陆续地成为国家的“编户齐民”，与杨世略在隋末唐初的经营尤其与他在唐初被封为循州总管的境遇大有关系，相比较而言，苗瑶语族先民在播迁到粤东北地区之后，并不具备俚人所拥有的这种政治优势。第三，如前所述，苗瑶语族的先民，长期以来一直以刀耕火种作为其主要的生产方式，而与这种生产方式相联系的则是山居和徙迁不定的生活方式。早在秦汉时期，史书就说苗瑶语族的先民“好入壑，不乐平旷”①。可见，苗瑶语族的先民很早以来就是一个山居的民族。此后，关于苗瑶语族山居的记载，更是史不绝书。《宋史·蛮夷传》就说：“蛮猺者，居山谷间，其山自卫州常宁县属于桂阳，郴、连、贺、韶四州，环纡千余里，蛮居其中，不事赋役，谓之猺人。”宋人范成大在《桂海虞衡志》中说：“傜本槃瓠之后，其地山溪高深，介于巴蜀湖广间，绵亘数千里。”② 与范氏同时代的周去非在《岭外代答》一书中也说：“傜人聚落不一……地皆高山”，“耕山为生，以粟、豆、芋魁充粮，其稻无几。”③ 在这以后，人们甚至把山居看作为苗瑶语族的一个显著特征。如宋人陈师道在《后山丛谈》中就认为：“二广居山谷间，不隶州县，谓之傜人；舟居谓之蜑人，岛上谓之黎人。”④ 据此可以推知，自南朝以来陆续播迁到粤东北一带的苗瑶语族先民，应该主要聚居在粤东的阴那山—莲花山一线以西至东江中上游之间的高山岭谷之间。在唐中期以前粤东的潮汕平原和东江中上游、梅江流域大量盆地及河谷平台地带尚未被完全开发的情况下，聚居在高山岭谷之间的苗瑶语族先民，基本上还游离

① （南朝）《后汉书》卷86《南蛮西南夷列传》。
② 今本《衡海虞衡志》并无这段文字，此据《文献通考》卷328引该书原文。
③ （宋）周去非：《岭外代答》卷3《瑶人》。
④ 转引自瑶族简史编写组编：《瑶族简史》，南宁：广西民族出版社，1983年，第1页。

在官方的政治控制之外，因此，自然不会成为国家的“编户齐民”。

闽西南的情况，与粤东北大致相同。如前所述，由于粤东北和闽西南之间并不存在难以逾越的天然地理障碍，故而，南朝后期播迁到东江中下游地区的俚人，很快便蔓延到闽西南地区。同样，由湖南境内经江西播迁到闽西南一带的苗瑶语族先民，也很快就能够进入粤东北地区。在唐代总章年间泉、潮一带发生的“蛮僚啸乱”事件中，苗瑶语族先民和俚人正是其中两支最重要的力量。陈元光在平定“蛮僚啸乱”之后，为了有效地开发和统治闽西南地区，曾上书朝廷，请求在泉、潮之间新置一州。武则天垂拱二年（686），朝廷准陈氏之请，在泉州以南至潮州以北之间，新置漳州，并以原先的漳浦和怀恩（今云霄一带）两县属之，以陈氏为刺史。漳州建立后，为了进一步稳定局势，陈元光对于漳州境内的“蛮僚”，基本上是采取武力镇压与安抚招徕兼用的两手策略。用陈氏自己的话来说，就是“宣威雄鼓剑，导化动琴樽”①。如居住在盘陀山诸山洞的“山僚”（俚人），因山高路险，互不相通，陈元光“乃开山取道，翦除荆棘，遣土人诱而化之”②。于是，“山僚”纷纷归附。此外，陈氏还十分重视在土人归化的地方逐步推行中原地区先进的制度及生产方式，“建寨柳江之西，土黎（俚）归附，因辖其地为唐化里”③。久而久之，原先荒芜之地，“渐成村落，拓地千里”，广大“蛮僚”化为“编氓”。④ 天宝元年（742），漳州境内“户 2632，口 6536”⑤。但是，到了天宝十一年，漳州境内“户 5346，口 17940”⑥。短短十年间，户、口分别增长了 103.1% 和 174.5%。其中除少数外来移民外，“蛮僚”化为“编氓”应该是户口增长的最主要的动力。

---

① 《颍川开漳族谱》附陈元光《龙湖集》，转引自陈支平：《福建六大民系》，福州：福建人民出版社，2000 年，第 31～32 页。

② （清）康熙《漳浦县志》卷 19《杂志·丛谈》。

③ （清）道光《重纂福建通志》卷 85《关隘》。

④ 详请参阅陈支平：《福建六大民系》，福州：福建人民出版社，2000 年，第 27～33 页。

⑤ （唐）杜佑：《通典》卷 182《州郡十二》。据最新的中国人口史研究成果，《通典》的户口数，为唐天宝元年的数据，详见冻国栋：《中国人口史》，第 2 卷，上海：复旦大学出版社，2002 年，第 9 页。

⑥ （五代）《旧唐书》卷 40《地理三》。据最新的中国人口史研究成果，《旧唐书·地理志》的户口数据为唐天宝十一年的数据，详见冻国栋：《中国人口史》，第 2 卷，上海：复旦大学出版社，2002 年，第 13～15 页。

从上述文献中把成为“编氓”的“蛮僚”或称作“山僚”、或名曰“土黎”的情况来看，在唐中期闽西南境内的“蛮僚”化为“编氓”的过程中，被“唐化”的主体应该是俚人，至于南朝后期以来陆续播迁而来的苗瑶语族先民，也应该像粤东北境内的苗瑶语族先民一样，基本上是置身化外的。漳州建立之后，陈元光为了进一步稳定局势，曾“奏立行台于四境，四时亲自巡逻，命将分戍”，并把属下军队分成四支驻守于四境：“一在泉之游仙乡松州堡，上游至苦草镇；一在漳之安仁乡南诏堡，下游至潮之揭阳县；一在常乐里佛潭桥，直至沙澳里太武山而止；一在新安里大峰山回入清宁里芦溪堡，上游至太平镇而止。”① 从这一兵力布置的格局来看，闽西地区的深山岭谷地带，显然不在陈氏的控制范围之内。据此推知，原先播迁到闽西南山区的苗瑶语族先民，除一小部分成为国家的“编氓”之外，其余绝大多数已聚居到以后来的汀州为中心的闽西地区。据清人杨澜在《临汀汇考》一书中记载：“唐时初置汀州，徙内地之民居之，而本土之苗仍杂居其间，今汀人呼为畲客。”② 同书又谓：“长汀为光龙峒，宁化为黄连峒，峒者苗人散处之乡，大历后始郡县其巢窟，招集流亡，辟土植谷，而纳贡赋。”③ 联系前后文，这里所说的“苗人”，也就是“畲客”。由此可见，在唐代中期正式设置汀州之前，苗瑶语族的先民，应该是汀州境内的主体居民。

从以上的讨论中我们不难发现，南朝后期以来由湖南境内陆续播迁到赣闽粤边的以莫徭为主体的苗瑶语族先民，对迁入地民族格局的影响，基本上可以分成两种情况：其一，在赣南境内，由于汉族自两汉之际开始就一直是当地的主体民族，加之赣南与粤北之交的大庾岭长期以来一直是中原进入岭南的重要门户，中原王朝对这里的控制持久而且深入；故而，自南朝后期开始陆续播迁到赣南境内的苗瑶语族先民，在唐初中央政府的权威重建之后，便很快开始了定居落籍的过程，从而陆续地成为国家的“编户齐民”。正因为如此，苗瑶语族的先民在迁入赣南之后，并没有引起当地民族格局的重大调整，只是在与汉民族的融合过程中不断地壮大当地的汉族人口规模。其二，

① （清）光绪《漳州府志》卷22《兵纪》。
② （清）杨澜：《临汀汇考》卷3《风俗考·畲民附》。
③ （清）杨澜：《临汀汇考》卷1《方域考》。

在闽西南和粤东北境内，由于汉族人口长期以来一直只聚居在平原和河谷平台地带，中央政府对这里的控制相对薄弱，加之原有的居民成分十分复杂，所以，苗瑶语族的先民在辗转播迁到这里之后，在很长的时间内一直游离于官方的人身控制之外。这种游离状态一方面使得他们不会成为国家的“编户齐民”（即南宋刘克庄所说的“畲田不税”），另一方面也使得他们与当地汉族人口之间的交往相对较少。久而久之，聚居在闽西南和粤东北境内的苗瑶语族先民，渐渐地形成一个新民族。这便是宋人所谓的“畲民”或“輋民”。

## 三、北宋开梅山与畲族的形成

苗瑶语族先民虽经六朝到隋唐时期的多次对外迁移，但是，直到唐末五代时期，其在湖南境内的人口规模依然很大。当时，武陵、辰阳、澧阳、青湘和邵阳五州，都在其势力范围之内。五代后期，秦再雄曾称霸五州。北宋初年，为了加强对湖南地区的控制，宋太祖曾封秦再雄为辰州刺史。

五代至北宋初年，留居在今湖南境内的苗瑶语族先民，势力依然很大。据宋人魏泰《东轩笔录》记载：

武陵、辰阳、澧阳、青湘、邵阳五州，各有蛮徭啸聚，依山阻江，迨十余万。在马希范、周行逢时，数出寇边。以致围逼辰、永二州，杀掠民畜，岁岁不宁。太祖既下荆湖，思得通蛮惯、习险扼而能智可任者，以镇抚之。有辰州徭人秦再雄者，长七尺，武健多谋，在周行逢时，屡以战斗立功，蛮党服之。太祖召至阙下，察知可用，面以一路之事付之。起蛮酋，除辰州刺史，官其一子为殿直，赐予甚厚，仍使自辟吏属，尽予一州租赋。再秦感戴异恩，誓死报效，至州日，训练士兵，得三千人，皆能被甲渡水，历山飞堑，捷如猿猱。又亲选校二十人，分使诸蛮，以传朝廷怀徕之美意，莫不从风而靡，各得降表以闻。太祖大喜，再召至阙，面加奖激。再雄伏地流涕，呜咽不胜。改辰州团练使。久之，以其门客王允成为本州推官。再雄尽瘁边圉，故终太祖之世，无蛮陌之患。五州延袤千里，不增一兵，不费帑庾，而边境妥安，由神机驾驭一再雄而已。①

元初编修的《宋史》，在《蛮夷传一》中几乎原文照录了这段记载：

太祖既下荆、湖，思得通蛮情、习险扼、勇智可任者以镇抚之。有辰州猺人秦再雄者，长七尺，武健多谋，在（周）行逢时，屡以战斗立功，蛮党伏之。太祖召至阙下，察其可用，擢辰州刺史，官其子为殿直，赐予甚厚，仍使自辟吏属，予一州租赋。再雄感恩，誓死报效。至州日训练士兵，得三千人，皆能被甲渡水，历山飞堑，捷为猿猱。又选亲校二十人分使诸蛮，以传朝廷怀来之意，莫不从风而靡，各得降表以闻。太祖大喜，复召至阙，面加奖激，改辰州团练使，又以其门客王允成为辰州推官。再雄尽瘁边圉，五州连袤数千里，不增一兵，不费帑庾，终太祖世，边境无患。

然而，在这以后，随着北宋王朝对湖南地区的经略，苗瑶语族先民的反抗活动开始日甚一日。庆历三年（1043）开始，湖南境内的潭州、衡州、道州、永州、郴州和桂阳监等地，都曾爆发了大规模的徭民起义，宋廷派提点刑狱杨畋率兵镇压。② 杨畋求功心切，下令“杀一人头，赏钱十千”，致使“官军见利，见平人尽杀。平人惊惶，尽起为盗”③。杨畋的滥杀，激起徭人更大规模的反抗。一时间，“山民莫徭之类，亦皆自起而为盗”④。这场大规模的反抗斗争，持续了多年，直至庆历七年才最终平息。

在平息了“山民莫徭”的反抗斗争之后，北宋王朝加快了对湖南中南部一带的经营。熙宁年间，宋廷在“山民莫徭”最为集中的梅山一带，设县经略，史称“开梅山”。开梅山推动了苗瑶语族先民又一次大规模的迁移，从而彻底地改变了苗瑶语族先民的人口格局，赣闽粤边畲族的最终形成，就与这一事件息息相关。

梅山在今湖南资水流域的安化至新化一带，是北宋时期徭人的集中分布区域之一。关于熙宁年间的开梅山之举，《宋史》卷15《神宗纪二》有如下记载：

---

① （宋）魏泰：《东轩笔录》卷1，北京：中华书局，1983年，第1～2页。

② （元）《宋史》卷493《蛮夷传》；（宋）司马光：《涑水记闻》卷12。

③ （宋）欧阳修：《文忠集》卷105《论湖南蛮贼可招不可杀札子》。

④ （宋）欧阳修：《文忠集》卷105《再论湖南蛮贼宜早招札子》。

（熙宁）五年（1072）十一月癸丑……章惇开梅山，置安化县。

同书卷471《章惇传》对此记载更详：

熙宁初，（章惇）经制南、北江群蛮，命为湖南、北察访使。提点刑狱赵鼎言，峡州群蛮苦其酋剥刻，谋内附，辰州亦言南、北群蛮归化朝廷，遂以事属惇。惇募流人李资、张竑等往招之，资、竑淫于夷妇，为酋所杀，遂致攻讨，由是两江扇动……惇竟以三路兵平懿、洽、鼎州。以蛮方据潭之梅山，遂乘势而南。

同书卷494《蛮夷二》也有如下记载：

梅山峒蛮，旧不与中国通，其地东接潭，南接邵，其西则辰，其北则鼎、澧，而梅山居其中。开宝八年（975），尝寇邵之武冈、潭之长沙。太平兴国二年（977），左甲首领苞汉阳、右甲首领顿汉凌寇掠边界，朝廷累遣使招谕，不听，命客省使翟守素调潭州兵讨平之。自是，禁不得与汉民交通，其地不得耕牧……嘉祐末（1063），知益阳县张颉收捕其桀黠符三等，遂经营开拓……熙宁五年，乃诏之潭州潘夙、湖南转运副使蔡烨、判官乔执中同经制章惇招纳之……于是遂檄谕开梅山，蛮猺争辟道路……籍其民，得主、客万四千八百九户，万九千八十九丁……诏以山地置新化县，并二城隶邵州。

宋代的开梅山，导致了湖南境内徭人的再一次大规模迁移。伴随着这次迁移，“瑶族的人口分布和中心区域发生了转移。湘北、湘西的瑶族始终都有，但人口大大减少。粤北、桂东北唐已有瑶族，但到宋代人口大增，成为新的瑶族中心区域”①。由湖南迁出的徭人中，一支向东，进入江西的中南部一带。南宋嘉定年间，迁入江西中南部一带的徭人，与湖南郴州的徭人一起，在李元砺和罗世传的带领下，掀起大规模的反抗斗争。据《宋史》卷39《宁宗纪》记载：

［嘉定二年（1209）十一月］郴州黑风峒寇李元砺作乱，众数万，连破吉、郴诸县，诏遣荆、鄂、江、池四州军讨之……（三年）夏四月癸亥，李元砺犯南雄州，官军大败……（六月）池州副都统许俊、江州副都统刘元鼎与李元砺战于江西，皆不利；知潭州曹彦约又与贼战，亦为所败，贼势愈

① 宫哲兵：《千家峒运动与瑶族发祥地》，武汉：武汉出版社，2001年，第288页。

炽……（十一月）李元砺迫赣州、南安军，诏以重赏募人讨之……（十二月）湖南贼罗世传缚李元砺以降，峒寇悉平……（四年二月）罗世传补官，寻复叛……（九月）罗世传为其党所杀。

这次反抗斗争，前后持续两年多，波及的范围广及数州之地。而且，这些地区都是傜人相对集中的地区。其势力最盛时，兵锋已远达闽西一带。据《宋史》卷413《赵希錧传》记载："峒寇李元砺方起，汀人震惧，郡会僚佐议守城，希錧（时任汀州司户）无一语。守异之曰：'不言得无所见乎?'希錧曰：'守城非策也，距城三十里有关曰古城，若悉精锐以扼其冲，贼不足虑矣。'守以付希錧，人为危之。希錧至关，审形明间，申令谨候，分画粗定，贼已遣牒窥关。"魏了翁在《赵希錧墓志铭》中也记载说："（赵氏）至临汀仅二月，而峒寇李元砺出没汀、赣、庐陵间。"[①]《临汀汇考》亦云："嘉定元年（1208），邓非熊知汀州。三年……值江西峒寇李元砺窃发，非熊修罗坑隘守备，又修城浚濠，申朝廷自左翼军外再乞添拨五百人屯戍，分处五僧寺。"[②] 由此可见，以汀州为中心的闽西地区，也在李元砺部的攻击范围之内。有学者认为，"这次郴州'峒寇'进攻赣南、闽西，应带有峒蛮向赣南、闽西移民的性质，至少乱事被镇压后留在赣、闽的'峒寇'余部，就成了入居地的移民"[③]。这批移入闽西的傜人，与此前陆续播迁到这里的苗瑶语族先人一起，成为闽西南地区畲族的重要源头之一。

与傜人的东迁相比，开梅山所引发的傜人南下，规模则要庞大得多。[④] 据饶宗颐《畲瑶关系新证》一文考证，粤东北地区的畲族，就与开梅山后湖南境内的傜人南下密切相关。[⑤] 据该文引证的粤东惠东县陈湖村《黎氏族谱》记载，该族的迁移路线是：一支由湖南潭州永康县鹅塘都迁至粤北的连州（宋淳熙二年，即1175年）；另一支则由鹅塘东乡迁至广东的高要，再由高要

---

① （宋）魏了翁：《鹤山集》卷73《赵希錧墓志铭》。

② （清）杨澜：《临汀汇考》卷3《兵寇考》。

③ 谢重光：《闽台客家社会与文化》，福州：福建人民出版社，2003年，第61页。

④ 详见宫哲兵：《千家峒运动与瑶族发祥地》，武汉：武汉出版社，2001年，第288～290页；吴永章：《民族研究文集》，北京：民族出版社，2002年，第395～396页。

⑤ 饶宗颐：《畲瑶关系新证》，施联朱主编：《畲族研究论文集》，北京：民族出版社，1987年，第25～33页。

迁至粤东的罗浮，以后再分迁至博罗、归善（海丰）等地。该文引证的增城《雷蓝盘氏族谱》则记载道：居住在增城境内的雷、蓝、盘三姓畲民，其远祖原居住在湖南的潭州，后来的六祖公和七祖公都居住在连州（今广东连县），此后再由连州迁往增城及粤东各地。该文引证的泰国瑶族民间文书《游梅山书》，则有着更为详细的记载：

郎在湖南，妹在京州，郎在湖南松柏院，妹在桂州来听声。景定元年（1260）四月八，逢天圣王改换天。改换山源向水口，淹死凡间天底人。重有伏羲两姊妹，结为妻对合双双。先直瑶人直百姓，百姓瑶人自结双……立有梅山学堂院，读书执笔写文章……立有连州行平庙，立有香竹圣王前……改换君王在圣殿，瑶人退下圣王前，流落广东南海岸……十二姓瑶人无记内，飘飘过海向东京……盘古圣王开金口……船行到岸马乡行，流落广东潮州府，乐昌安扎直田塘。

该文书以《游梅山》为题，说明它应该是一份追忆宋代开梅山事件的瑶族民间文献。文中不仅提到了“梅山”，而且还对瑶人由湖南迁至粤北的连州，再由连州迁至粤东的潮州这一段经历，有着详细的记述。故而，这段记载正好可以和惠东陈湖村的《黎氏族谱》的有关内容相互印证。

由开梅山所引发的湖南境内傜人的大迁徙，经历了很长的一段时间。经过这次迁移，经由不同的路线而聚居到闽西南和粤东北地区的苗瑶语族，已有着相当大的人口规模。最迟在南宋时期，生活在闽西南和粤东北地区的苗瑶语族开始汇集在一起，从而形成畲族。① 南宋人刘克庄在《漳州谕畲》一文中，首次透露了畲族形成的若干历史讯息：

自国家定鼎吴会，而闽号近里。漳尤闽之近里，民淳而事简，乐土也。然炎绍以来，常驻军于是，岂非以其壤接溪峒，茀苇极目，林菁深阻，省民、山越往往错居。先朝思患预防之意远矣。凡溪峒种类不一：曰蛮、曰猺、曰黎、曰蜑，在漳者曰畲。西畲隶龙溪，犹是龙溪人也。南畲隶漳浦，其地西通潮、梅，北通汀、赣，奸人亡命之所窟穴。畲长技止于机毒矣，汀、赣贼人（疑当为“入”——引者）畲者教以短兵接战，故南畲之祸尤烈。二畲皆

① 吴永章：《瑶族史》，成都，四川民族出版社，1993 年，第 99 页。

刀耕火耘，崖栖谷汲，如猱升鼠伏，有国者以不治治之。畲民不悦（役），畲田不税，其来久矣。①

在《回刘汀州书》中，刘氏又写道：

临汀虽闽支郡，而接瑶蛋。君相择文武有威风者，以抚镇之。弄印甚久，举以属公。自开府祃牙以来，畲人之固附者，逃卒横民之喜乱者，扫口灭迹。②

比刘克庄稍晚的文天祥，在《知潮州寺丞东岩先生洪公行状》一文中也说：

潮与漳、汀接壤，盐寇、輋（畲）民剽劫，累政。③

仔细分析以上这些材料，可以得出如下几点结论：

其一，畲族在其形成之初，主要聚居在闽西南的漳州、汀州以及粤东的潮州和梅州一带，赣南地区并无畲族。

其二，当时的畲族主要分为两支，一支是所谓的“西畲”，另一支则是所谓的“南畲”。从“西畲隶龙溪，犹是龙溪人也”的陈述来看，漳州龙溪以西直至汀州一带，都应该是“西畲”的活动范围。至于“南畲”，其活动范围则主要集中在漳州的漳浦以南直至粤东的潮、梅等地。

其三，“西畲”和“南畲”的分异，或许正反映了这两支畲人迁移历史的差异。由湖南迁入江西，再由江西迁入闽西南一带的那一支，应该是“西畲”的主要源头；而由湖南进入粤北，再由粤北辗转迁入粤东潮、梅一带的那一支，则是“南畲”的主要源头。

其四，用“畲”或“輋”这两个不同的称谓来指代畲族，在南宋时已有之。“畲”是用来指代闽西南境内的畲族（如刘克庄所谓），而“輋”则用来指代粤东北境内的畲族（如文天祥所谓）。后世福建境内有“畲”而无“輋”，而广东境内有“輋”而无“畲”，均由此而来。

① （宋）刘克庄：《后村先生大全集》卷93《漳州谕畲》。
② （宋）刘克庄：《后村先生大全集》卷133《回刘汀州书》。
③ （宋）文天祥：《文山先生全集》卷11《知潮州寺丞东岩先生洪公行状》。

## 四、余论

长期以来，民族史学界在对畲族的族源认识上，一直存在着“武陵蛮”（又称“五溪蛮”或“盘瓠蛮”）说和“古越族”（闽越）说的分歧。① 从以上的讨论中，我们不难发现，就血缘与文化的渊源来看，畲族与汉晋之际的“五陵蛮”、南朝至隋唐时期的“莫徭”以及宋代的“蛮徭”之间，有着千丝万缕的联系。因此，在畲族的形成过程中，由“五陵蛮”发展而来的苗瑶语族先民（早先的莫徭和以后的蛮徭），应该是其中的主体。从这个意义上来讲，畲族与分布在五岭南北的瑶族，并没有什么不同。

正是由于畲、瑶两族有着共同的历史渊源，故而两者在语言、生产生活方式、祖先传说、宗教信仰等许多方面，均有着十分相似甚至相同的方面。② 明清以来，许多民族志材料往往不是“畲徭”连称，就是以徭代畲。明人邝露在《赤雅》中就认为：“徭名輋客。”③ 显然，在邝露那里，徭人也就是畲人。阮元《广东通志》云：“潮州府畲徭民……其种有二，曰平鬃，曰奇鬃。其姓有三，曰盘，曰蓝，曰雷。依山而居，采猎而食。”④ 民国《龙岩县志》亦云：“畲徭即畲人，岩属俱呼为畲客。”⑤ 这些都是畲徭连称的典型例证。除畲徭连称外，明清以来的地方志文献还往往以徭代畲。如嘉靖《惠州府志》谓：“徭本槃瓠种，地界湖、蜀溪洞间，即长沙、黔中、五溪蛮是也。其后滋蔓，绵亘数千里，南粤在在有之。至宋始称蛮徭。其在惠者，俱来自别境。椎结跣足，随山散处，刀耕火种，采实猎笔，食尽一山则他徙。粤人以山林中结竹木障覆居息焉为輋，故称徭所止曰輋。”⑥ 这里所谓的“徭”，显然就是指畲。此外，如乾隆《海丰县志》卷下《杂志·徭蜑》、咸丰《兴

① 施联朱：《解放以来畲族研究综述》，施联朱主编《畲族研究论文集》，北京：民族出版社，1987年，第6～19页。

② 关于畲、瑶共性的研究，吴永章在《畲、苗、瑶的比较研究》一文中讨论甚详，详请参阅吴永章：《民族研究文集》，北京：民族出版社，2002年，第429～444页。

③ （明）邝露：《赤雅》卷上。

④ （清）阮元：《广东通志》卷330《列传六十二·岭蛮》。

⑤ （民国）《龙岩县志》卷末《武备》。

⑥ （明）嘉靖《惠州府志》卷15《杂志·徭蜑》

宁县志》卷12《外志·徭蜑》等，也都用“徭”来指代粤东北境内的畲族。闽西南的情况也是如此。清代长汀人范绍质在《徭民纪略》中谓：“汀东南百余里有徭民焉。结庐山谷，诛茅为瓦，编竹为篱，伐荻为户牖。”① 以汀州为中心的闽西南地区，历史上只有畲而无徭，因此范氏所说的“徭”，应该是指畲。比范氏稍晚的杨澜更是认为：“闽之畲与粤之徭种同。”② 其他如康熙《长汀县志》卷30《风俗》、道光《龙岩州志》卷20《杂记》、同治《汀州府志》卷45《丛谈》等，也都毫无例外地用“徭”来指称闽西境内的畲族。无论是畲徭连称，抑或以徭代畲，都说明这样一个事实：形成于闽西南和粤东北地区的畲族，与分布在五岭南北的瑶族之间，有着极其密切的历史与文化关联。

以上的结论不但解决了畲、瑶的分野问题，而且还有助于说明畲族为什么形成于闽西南和粤东北这个重大的理论问题。如前所述，自六朝以来，至于宋代，苗瑶语族先民曾播迁到整个赣闽粤边。但是，只有播迁到闽西南和粤东北地区的苗瑶语族先民，后来才发展成为畲族，赣南却并不是畲族的发祥地。其中的主要原因就在于：赣南区域开发的历史极为悠久，早在两汉时期，汉族就已成为赣南境内的主体民族，加之地当中原进入岭南的要冲之地，中央政府对这里的控制十分严密。在这种情况之下，苗瑶语族的先民在迁入赣南之后，要么在强大的汉文化影响之下，成为国家的“编户齐民”；要么继续向东，辗转迁往闽西南地区。正因为如此，同样作为苗瑶语族先民迁入地的赣南，后来并没有成为畲族的发祥地。明清时期生活在赣南境内的畲族，全部都是由闽西或粤东北地区播迁而来的，而并非赣南境内苗瑶语族先民自然演变的结果。

苗瑶语族先民的迁入，是赣闽粤边区域开发和社会变迁过程中的一件大事。他们的到来，不仅壮大了赣闽粤边的人口规模，推动了当地的区域开发进程，而且还导致了当地民族格局的重新调整。迁入赣南的苗瑶语族先民，在国家行政力量和强大的汉文化的影响之下，很快便像生活在境内的汉族居

① （民国）《长汀县志》卷35《杂录·畲客》引《徭民纪略》。

② （清）杨澜：《临汀汇考》卷3《风俗考·畲民附》。

民那样，成为国家的编户齐民，从而进一步壮大了赣南境内的人口规模，使得赣南的区域开发由早期的中部平原地带开始向周边的低山岭谷地带推进。迁入闽西南和粤东北境内的苗瑶语族先民，在不断地融合了当地土著民族的血缘与文化成分之后，最终演变为畲族。在此后赣闽粤边的区域开发过程中，畲族人民凭借着他们在长期的历史岁月里所形成的对大山的深厚感情和对大山习性的了解，在赣闽粤边的十万大山之中，始则刀耕火种，种植山货，继则试种旱稻，培植畲禾，再则修陂引水，垒筑梯田。可以毫不夸张地说，在赣闽粤边的区域开发由小盆地和河谷平台向高山岭谷的推进过程中，以“耕山”而著称的畲族，在其中所起的作用是独一无二的。

# 第五章　宋代赣闽粤边的地域社会与文化

自六朝以来持续不断的苗瑶语族的迁入，以及唐中期以降赣中、赣北地区的人口南迁，虽然在很大的程度上改变了赣南、闽西和粤东北这三个地区长期以来相互悬隔的状况，但是却并没有从根本上把赣闽粤边变成为一个具有内在一致性或同质性的社会文化单元。从历史的角度来看，赣南、闽西和粤东北从三个独立的地理空间，最终演变成为一个具有内在一致性或同质性的社会文化单元，需要具备三个条件。首先，区域内部相当的人口规模；其次，与人口规模相适应的区域开发程度；再次，随人口增长和区域开发加快而来的区域间的内在联系。在这三个条件中，人口的要素是最基本也是最重要的条件。本章的重点即在于通过对两宋时期赣南、闽西和粤东北地区人口增长、区域开发等问题的讨论，来揭示赣闽粤边地域社会与文化的发展过程。

## 一、北宋时期的赣闽粤边

五代十国时期，赣南、闽西和粤东北分属于不同的政治势力。北宋建立后，赣闽粤边成为宋帝国属下的地方行政区域。北宋初年，赣南全境分 1 州（虔州）11 县（赣、虔化、信丰、雩都、瑞金、石城、安远、大庾、上犹、南康、龙南）。太平兴国年间（976—983），赣南境内主客户合计 85146，[1] 如果以每户 5 口计，[2] 总人口已超过 42 万，比唐代天宝年间的最高峰值尚多出

---

① （宋）乐史：《太平寰宇记》卷 108《江南西道六·虔州》。嘉靖《赣州府志》卷 4《户口》引旧图经的统计，太平兴国年间赣南主客户合计 85148 户，比《太平寰宇记》的数据多出 2 户。

② 最新的中国人口史研究成果表明："宋代的平均家庭规模，最保守的估计也应该在 5 口以上，或许 5.4 口比较合理一些。"详请参阅吴松弟：《中国人口史》，第 3 卷，上海：复旦大学出版社，2000 年，第 162 页。

15万人。随着人口的增长，赣南境内的县级行政建置也在不断增加。太平兴国七年（982），以原赣县潋江镇的7个乡为基础，再益以庐陵、太和两县的部分地区，设兴国县。同年，又将雩都县的九洲镇析出，立会昌县。赣南境内的县级建置也由此增加到13个。淳化元年（990），以大庾、南康、上犹3县另置南安军（治今大余县）。至此，赣南境内形成了一北一南两个州（军）级行政中心。元丰年间（1078—1085），赣南境内的虔州和南安军主客户合计133929户。[①] 以每户5口计，总人口已接近67万，与北宋初年相比，户数和口数分别增长157.3%和159.5%。从太平兴国至元丰年间，已有近百年的时差。这样的增长速度，大体上属于自然增长的范围。

赣南人口的快速增长，发生在北宋中叶以后。据《宋史·地理四》记载，北宋崇宁年间（1102—1106），赣南境内赣州和南安军的总户数为310153，以每户5口计，[②] 总人口已超过155万。与元丰年间相比，户数和口数的增长率均为231.5%。从元丰至崇宁，前后不过20年时间，如此之高的增长率，显然已大大超出自然增长的范围。至于赣南境内这一时期人口暴增的原因，我们一时还很难给出令人信服的答案。

闽西在北宋初年分1州（汀州）2县（长汀、宁化）。太平兴国年间，汀州境内主客户合计24000余户。[③] 以每户5口计，总人口约120000。淳化五年（994），升上杭、武平两场为县。至此，闽西境内的县级建置一下子由原来的两个增加到4个。元丰年间，汀州境内主客户合计81454户。[④] 以每户5口计，总人口已接近41万，与太平兴国年间相比，户数和口数分别增长339.3%和341.7%。这样的增长速度，显然已超出了自然增长的范围。从北宋初年至元丰年间，在汀州附近并未产生过大规模的移民运动。因此，汀州境内超出自然增长率之外的户口规模，只能以苗瑶语族先民转变为编户齐民这个因素来加以解释。元符元年（1098），析长汀二团里和宁化六团里置清

① （宋）王存：《元丰九域志》卷6《江南西路》。

② “《宋史·地理志》的各府州军的口数，是全体男子的数量，而不是其他”，详请参阅吴松弟：《中国人口史》，第3卷，上海：复旦大学出版社，2000年，第87页。

③ （宋）乐史：《太平寰宇记》卷102《江南东道十四·汀州》。

④ （宋）王存：《元丰九域志》卷9《福建路》。

流县。[①] 至此，闽西境内的县级行政建置已增加到5个。崇宁年间，汀州境内的户数与元丰年间大体相仿。[②] 这一事实表明，从元丰到崇宁的20多年间，闽西境内的人口规模并未发生过太大的波动。

粤东北在北宋初年的行政建置基本上沿袭南汉。循州领有龙川、兴宁两县，梅州（南汉时的敬州）领有程乡1县，潮州领有海阳和潮阳2县，惠州（南汉时的湞州）领有归善、博罗、海丰、河源4县。考虑到潮州后来属于闽南方言区，而惠州属下的大部分地区后来则成为广府方言区，因此，这里只重点讨论循州和梅州。北宋太平兴国年间，循州境内主客户合计8339。[③] 以每户5口计，总人口约42000。熙宁四年（1071），析兴宁地置长乐县（今五华县）。至此，循州境内的县级建置增加到3个。元丰年间，循州境内主客户合计47192。[④] 以每户5口计，总人口约24万，与太平兴国年间相比，户数和口数分别增长565.9%和571%。梅州在太平兴国年间的主客户合计为1568。[⑤] 以每户5口计，总人口约8000。元丰年间，梅州境内主客户合计12372。[⑥] 以每户5口计，总人口约62000。与太平兴国年间相比，户数和口数分别增长789%和775%。循、梅两州这种异乎寻常的人口增长率，也应该像闽西境内的情况一样，只能以当地非汉族居民的身份性转变来加以解释。

总之，经过北宋百余年间的发展，赣闽粤边的州（军）级行政建置共5个（其中赣南2个、闽西1个、粤东北2个），县级行政建置共22个（其中赣南13个、闽西5个、粤东北4个），总户数约450000，总人口约2250000。与盛唐时期的开元年间相比，无论是行政建置还是人口规模，都已跃上了一个全新的台阶。

行政建置的增加和人口的发展，意味着区域开发程度的加深。而行政建置的地理分布，则意味着人口的空间格局和区域开发的方向。从北宋时期赣

---

① （宋）胡太初：《临汀志·建置沿革》，福州：福建人民出版社，1990年，第3页。

② 《宋史》卷89《地理五》载崇宁年间汀州的户数为81454，与《元丰九域志》所载元丰年间汀州境内主客户总数完全一致。

③ （宋）乐史：《大平寰宇记》卷159《岭南道三·循州》。

④ （宋）王存：《元丰九域志》卷9《广南路》。

⑤ （宋）乐史：《太平寰宇记》卷160《岭南道四·梅州》。

⑥ （宋）王存：《元丰九域志》卷9《广南路》。

南境内的行政建置来看，新增的兴国和会昌2县，都位于贡江流域。这一地理格局，进一步强化了赣南的区域开发由中部的平原河谷地区向东部武夷山麓不断推进的趋势（五代时期赣南境内新增4县，除上犹位于西侧的章江流域之外，其余的石城、瑞金和龙南3县，均位于贡江流域，其中的石城和瑞金2县，就在武夷山麓）。至于划南康、上犹、大庾3县另立南安军，只是适应了唐开元年间大庾新道开通后南赣在中原与岭南交通中的地位不断提高的需要，而并不是章江流域区域开发的结果。

北宋时期闽西境内的行政建置和人口发展，大体沿汀江流域自北向南展开。淳化年间新增的上杭和武平两县，均位于汀江的中游地区，而且都是由原来的长汀划地而置。这一行政建置的格局表明，宋代闽西境内的区域开发，是自北向南沿武夷山东麓与汀江之间展开的。

如果把赣南和闽西的情况结合起来看，我们就会发现，就区域开发的角度而言，最迟在北宋中后期，随着县级行政建置的增加，位于武夷山东西两侧的闽西和赣南，已基本上连成一片。在武夷山西侧的赣南境内，沿贡江大小支流，自北而南，分布着兴国、赣县、虔化（今宁都）、信丰、雩都（今于都）、瑞金、石城、安远、龙南、会昌10县；在武夷山东侧的闽西境内，沿汀江流域，自北而南依次分布着宁化、清流、长汀、武平和上杭5县。这15个县随武夷山南段不断平缓的地势而东西呼应，从而将赣南和闽西这两个地理单元联络成一个有机的整体。

粤东北的户口虽然在北宋时期有着异乎寻常的增长，但与赣南和闽西相比，其总体的人口规模依然十分有限，故而，终北宋之世，其境内的县级行政建置只增加了1个（循州境内的长乐）。从粤东北境内县级行政建置的地理格局来看，大体呈东西平行状分布（龙川、兴宁、长乐和程乡4县，自西向东呈一字排列），而且多集中在境内中部的河谷平台地带。至于和赣南、闽西接壤的北部山区，依然是县级行政建置的空白地带。这一格局表明，北宋时期粤东北境内的人口分布和区域开发，主要集中在韩江以西和东江以东的河谷平台地区，至于北部山区，既是人口稀疏之地，也是区域开发的空白之地。

如果把北宋时期赣闽粤边的人口发展和区域开发水平与周边其他地区进行一番比较，我们就会发现，尽管赣闽粤边在这一时期的人口规模和区域开发程度均已跃上了一个全新的台阶；但是，就其总体状况而言，依然称得上是“地广人稀”之区。就赣南的情况来看，这里从太平兴国至元丰年间的人口增长率接近160%，高于江西境内其他各州同一时期的人口增长率。但是，就人口的密度而言，赣南境内依然有“地广人稀”之谓。元丰年间，位于赣南北部的吉州主客户合计273397，① 比同一时期赣南境内虔州和南安军的总户数尚多出14万户。以每户5口计，多出的人口约70万。而吉州同一时期只辖有8县，远远少于赣南境内的13个县。所以，就人口的密度而言，赣中地区远远高于赣南。北宋中期的王安石就说：“虔于江南地最旷，大山长谷，荒翳险阻，交、广、闽、越铜盐之贩，道所出入，椎埋、盗夺、鼓铸之奸，视天下为多。”② 在赣南内部，人口又主要集中在中北部的平原河谷地区，至于周边的山区，则人口密度更低。以地处赣南南部山区的安远和龙南2县为例，比王安石稍晚的方勺（生于北宋治平三年，即1066年，元祐间任虔州管勾常平）在笔记中就记载道：“虔州龙南、安远二县有瘴，朝廷为立赏增俸，而邑官常阙不补。它官以职事至者，率不敢留，甚则至界上移文索牍行遣而已。大抵此地唯水最毒，尝以铜盆贮水，须臾铜色微黑，或大锡瓶挈挂泉以自随。处瘴乡者有诗云：‘避色如避难，冷暖随时换。少饮卯前酒，莫吃申后饭。’”③ 绍兴八年（1138），陈刚中因忤逆奸相秦桧，被贬为安远知县，“安远滨岭，地恶瘴深，谚曰：‘龙南、安远，一去不转’，言必死也。（陈）刚中果死”④。南宋的曾敏行在笔记中也记载道：“赣之龙南、安远，岚瘴甚于岭外。龙南之北境有地曰‘安宁头’，言自县而北达此，则瘴解而人向安矣。”⑤ 由此可以推知，直至北宋后期，龙南和安远一带的人口规模，依然十分有限。方氏所说的安远，建于唐代，龙南则建于五代。据此，则建于五代的石城、瑞金、上犹以及建于宋代的会昌等县，在北宋后期也都不可能有很大的人口规模。

再来看看闽西的情况。据《宋史·地理五》记载，有宋一代，闽西所在

---

① （宋）王存：《元丰九域志》卷6《江南西路》。

② （宋）王安石：《王文公文集》卷34《虔州学记》，上海：上海人民出版社，1974年，第401页。

③ （宋）方勺：《泊宅编》卷3，北京：中华书局，1983年，第16～17页。

④ （元）《宋史》卷473《秦桧传》。

⑤ （宋）曾敏行：《独醒杂志》卷10。

的福建路，“民安土乐业，川原浸灌，田畴膏沃，无凶年之忧。而土地狭迫，生籍繁夥；虽硗确之地，耕耨殆尽”。然而，与福建路这一整体的发展态势相比，北宋时期的闽西地区还是较为落后的。据《宋史·地理五》记载，北宋崇宁年间，福建路的总户数为1390565。其中，汀州的户数只占全路总户数的17%，在当时福建所辖的6州2军中，排在第七位，仅略高于兴化军。如果以每县的平均户数而论，闽西地区则排在福建路6州2军的最后一位。就区域开发的角度而言，北宋时期，由于人口的增长，闽北、闽中的平原、河谷地带已开辟殆尽。故而，通过垒筑梯田而向周边山区开发，遂成为当地扩大耕地的主要方式。据《古今图书集成·艺术典》卷5《农部》记载，北宋时期，闽北一带已是“田尽而地，地尽而山。虽土浅水寒，山岚蔽日，而人力所致，雨露所养，无不少获”。北宋中后期的方勺也记载道：“七闽地狭瘠，而水源浅远，其人虽至勤俭，而所以为生之具，比他处终无有富者。垦山陇为田，层起如阶级，然每引溪谷水以灌溉……朱行中知泉州，有‘水无涓滴不为用，山到崔嵬犹力耕’之诗，盖纪实也。”① 然而，与闽北、闽中一带相比，闽西的区域开发此时还停留在汀江沿岸的谷河平台地带。汀州境内的北部、西部和东部，均属山区。北宋时期，这里的人口密度一直很低。以淳化年间建县的上杭为例，该县自建置之后，县治曾一迁再迁。据《宋史·地理五》记载：“上杭有钟寮金场，天圣二年（1024）徙治于钟寮场东，乾道四年（1168）徙治郭下。”县治之所以一迁再迁，很重要的一个原因就是这里僻处山区，岚瘴肆虐，生存环境极其恶劣。据雍正《江西通志》记载：“萧律，字调元，新喻人，景德二年（1005），赐明法及第……官汀州，以属邑上杭多岚瘴，奏迁县治于平旷之地，仕者免客死。”② 在如此恶劣的环境之下，其人口规模自然不可能很大。即使是开发较早的宁化和长汀两县，其周边山区的人口也极为稀疏。据文献记载，直到北宋后期的元符年间（1098—1100），宁化和长汀两县的交界山区，依然是“壤地广袤，官民暌隔”③。南宋后期，在担任汀州太守的胡太初笔下，汀州境内依然是“境旷山辽，聚落

---

① （宋）方勺：《泊宅编》卷3，北京：中华书局，1983年，第15页。
② （清）雍正《江西通志》卷72《人物八》。
③ （宋）胡太初：《临汀志·建置沿革》，福州：福建人民出版社，1990年，第3页。

星散"[1] 和"农罕以耕稼自力，未免有旷土游民"[2]。南宋后期的情况尚且如此，北宋时期也就可以想见了。

最后再来看看粤东北的情况。北宋时期，粤东北一带区域开发程度最高、人口规模最大的是沿海的潮州地区。早在北宋初年，潮州就曾以"煮海为盐，稻得再熟，蚕亦五收"而让人侧目。[3] 元丰年间，潮州的总户数为74682，比循、梅两州的总和还要多出15000余户[4]。如果以每户5口计，仅仅领有2县之地的潮州，比辖有4县之地的循、梅两州，还要多出75000余人。在北宋广南东路所辖的15个州、府中，潮州的户口仅次于广州，位居第二。宋仁宗时期担任大理寺少卿的彭延年曾知潮州，卸任后落籍揭阳浦口村，其诗作中有云："浦口村居好，凭高望远赊。稻田千万顷，农舍三两家。樵路通云磴，溪船簇蓼花。太平无事日，处处尽桑麻。"[5] 北宋晚期的王安中在《潮阳道中》一诗中也咏道："万灶晨中熬白雪，一川秋穗割黄云。岭茅已远无深瘴，溪鳄方逃畏旧文。"[6] 与潮州地区"稻田千万顷"、"一川秋穗割黄云"的开发盛况相比，此时的循、梅两州，依然还处在较为落后的状态。北宋初年，循州境内依然是"织竹为布，人多蛮僚。妇人为市，男子坐家"[7]。而同一时期的梅州，绝大部分地区依然为原始森林所覆盖。据北宋初年的乐史记载，"恶水，即州前大江（今梅江），东流至潮州出海。其水险恶，多损舟船。水中鳄鱼随江水泛涨之时，随水至州前。《岭表异录》云能食鹿者即此。"[8]《宋史·地理六》亦谓，当时的梅州一带，"炎疠颇甚，许土人领任"。生态环境的原始性，表明此时的梅州尚处在开发的早期阶段。从北宋中期开始，随着人口的增长，循、梅一带的开发程度已有所提高。庆历六年（1046），出任循州判官的林谘在《大厅记》中写道："循（州）户四万，出租米仅十万硕，

① （宋）胡太初：《临汀志·坊里墟市》，福州：福建人民出版社，1990年，第13页。
② （宋）胡太初：《临汀志·风俗形势》，福州：福建人民出版社，1990年，第20页。
③ （宋）乐史：《太平寰宇记》卷158《岭南道二·潮州》。
④ （宋）王存：《元丰九域志》卷9《广南东路》；《宋史》卷90《地理六》。
⑤ 《永乐大典》卷5343"潮"部。
⑥ 《永乐大典》卷5343"潮"部。
⑦ （宋）乐史：《太平寰宇记》卷159《岭南道三·循州》。
⑧ （宋）乐史：《太平寰宇记》卷160《岭南道四·梅州》。

于番禺都会中为最饶富。”① 然而，在当时的岭北之人看来，循州一带依然是荒蛮僻远之乡。北宋中期的苏轼、苏辙兄弟，曾在惠、循一带生活过多年。不过，在他们留下的有关诗文中，循州一带并没有潮州地区那种“农田千万顷”、“处处尽桑麻”的开发盛况，有的只是“民居其间，衣食之奉，终岁一律，寡求而晚安”② 和“人物衰少，无可晤者”③ 等荒蛮之态。在他们的笔下，当时的东江中上游一带，往来的是“蜒子船”④；即使是开发最早的龙川，也依然是人物凋敝、“毒瘴”肆虐。⑤ 循、梅一带的这种荒蛮、僻远之象，一直延续到南宋时期。南宋抗金名将李纲，曾多次路经循梅古道，其《循州道中》一诗云：“岭海经行涉两年，篮舆触热道龙川。只愁青草黄茅瘴，敢意好风佳月天。”⑥ 在题为《绝句二首》的诗中，他又写道，“深入循梅瘴疠乡，烟云浮动日苍凉”，“治心养气无多术，一点能销瘴毒深”。⑦ 诗中所谓的“黄茅瘴”、“瘴疠乡”和“瘴毒”等词句，都从一个侧面反映出，循、梅两州的区域开发，与沿海的潮州相比，已落下了很长的一段距离。

## 二、靖康之乱后赣闽粤边的人口新格局

“发生在北宋末靖康之乱以后的北方人口的大规模南迁，是对我国南方地区开发和经济发展产生重大影响的三次北方人口大规模南迁浪潮之一。与西晋永嘉之乱以后和唐后期五代这两次移民浪潮相比，本次移民潮迁移规模最大，距今最近，对近现代经济文化的影响最为深远。”⑧ 就赣闽粤边的区域开发和客家方言群的形成与发展而言，这次移民浪潮所产生的深远影响，也是此前任何一次移民运动所无法比拟的。

正因为如此，清代中期的徐旭曾在讨论客家的渊源流变时，就曾注意到

① （宋）王象之：《舆地纪胜》卷91《广南东路·循州》。
② （宋）苏轼：《东坡全集》卷84《与周文之二首》。
③ （宋）苏辙：《龙川略志》卷首《龙川志略引》，北京：中华书局，1983年，第3页。
④ （宋）苏轼：《东坡全集》卷23《连雨江涨二首》。
⑤ （宋）苏辙：《栾城后集》卷19《龙川二首》。
⑥ （宋）李纲：《梁溪集》卷26《循州道中作》。
⑦ （宋）李纲：《梁溪集》卷26《绝句二首》。
⑧ 吴松弟：《中国移民史》，第4卷，福州：福建人民出版社，1997年，第246页。

这场移民大潮与客家人之间的诸多关联。在《丰湖杂记》中，徐氏写道：

今日之客人，其先乃宋之中原衣冠旧族，忠义之后也。自徽、钦北狩，高宗南渡，故家世胄，先后由中州山左，越淮渡江而从之，寄居各地。迨元兵大举南下，宋帝辗转播迁，南来岭表，不但故家世胄，即百姓亦多举族相随。有由浙而闽，沿海至粤者，有由湘逾岭至粤者……天不祚宋，国运终遂，其随帝南来历万死而一生之遗民，固犹到处皆是也……西起大庾，东至闽汀，纵横蜿蜒，山之南，山之北，皆属之……所居既定，各就其地，各治其事，披荆斩棘，筑室垦田，种之植之，耕之获之，兴利除害，休养生息。曾几何时，遂别成一种风气矣。粤之土人，称该地之人为客，该地之人亦自称为客人。①

显然，在徐氏的意识中，由靖康之乱所引发的中原人口大规模南迁，才是客家人的直接源头。

近代以来，举凡研究客家源流的学者，也都毫无例外地注意到靖康之乱后北方的移民大潮与客家的形成和发展之间的种种关联。例如，《崇正同人系谱》的编纂者赖际熙，虽然没有像徐旭曾那样把客家的源流与靖康之乱后北方人口的南迁直接等同起来（他认为客家的源头可以上溯到更为久远的历史时期）；但是，他也认为，靖康之乱后北方人口的南迁浪潮，对于客家在赣闽粤边的播迁，依然具有十分重要的意义。他说：

考梅州即松江一带地域，北与汀江接壤，稍西亦与贡江毗连。大抵此间客族所祖，皆由宋南渡再从赣汀转徙而陆续来者。史称宋末文丞相天祥率师勤王，曾由虔（即今赣州，贡江在焉——原注）复梅，招集义兵，客户从之，遭元屠戮，仅余杨、古、卜三姓，是为梅州先客之孑遗者（州人相传，未有梅州，先有杨、古、卜，即本此——原注）。②

赖氏的这一观点，直接影响到后来的罗香林。在《客家研究导论》中，罗氏在简单地分析了五代宋初“客家民系”在赣闽粤边的播迁情况之后，继而笔锋一转：“然而，不久又遇着宋高（宗）的南渡、元人的南侵，客家先

① （清）徐旭曾：《丰湖杂记》。此处转引自刘佐泉：《客家史料撷英》，载“台湾中央大学”客家研究中心编：《客家文化研究通讯》第4期（2001年），第126页。

② 赖际熙：《崇正同人系谱》卷1《源流》，香港：香港崇正总会1995年影印本。

民，迫于外患，不得不又从事第三次的迁移……而其结果，则成为客家第三次的迁移运动。”① 在赖、罗两氏看来，由靖康之乱所引发的北方人口大规模南迁浪潮，虽然未曾直接波及赣闽粤边；但是，其余波所及，对于推动赣南、闽西人口向粤东北地区的迁移，却具有十分重要的意义。

问题在于，由靖康之乱所引发的中国历史上的第三次北方人口南迁浪潮，在多大的程度上波及我们所要讨论的赣闽粤边？赣闽粤边在靖康之乱以后异乎寻常的人口增长，是否就是北方移民迁入的结果？以往的研究，对以上这两个问题，都未能够从根本上来加以解决。

最新的中国移民史研究成果显示，“靖康之乱以后北方人口的南迁断断续续持续了一个半世纪，若以移民不同的背景作为划分时期的标准的话，约可分为靖康之乱、南宋金对峙、南宋蒙元对峙三个时期”②。在这场持续百余年的北方人口大规模南迁过程中，江南（相当于今天江苏、安徽两省的长江以南地区和上海、浙江一带）、江西和福建成为接纳北方移民人口最多的地区。根据吴松弟的统计，在这次北方人口的南迁大潮中，江南各地接纳有确切文献可考的北方移民共808例，江西各地接纳有确切文献可考的北方移民共215例，福建各地接纳有确切文献可考的北方移民共144例。③ 显而易见，江西和福建成为江南之外接纳北方人口最多的两个区域。

但是，进入福建和江西的北方移民，又有多少来到赣闽粤边呢？根据吴松弟提供的统计数据，在江西各地接纳的215个北方移民实例中，发生在赣南的赣州和南安军境内的共3例，④ 约占全部移民实例的1.4%；在福建各地接纳的144个北方移民实例中，发生在汀州境内的共6例，⑤ 约占全部移民实例的4.1%。显而易见，尽管江西和福建两地在靖康之乱以后曾接纳了大量的北方移民人口，但是，真正进入赣南和闽西境内的北方移民，却并不多。

也许有人会说，有确切文献可考的移民，一般都来自社会上层，而下层民众的移民则很少被文献提及；故而，在有确切文献可考的移民实例与真实

① 罗香林：《客家研究导论》，台北：南天书局，1992年，第50～51页。
② 吴松弟：《中国移民史》，第4卷，福州：福建人民出版社，1997年，第247页。
③ 吴松弟：《中国移民史》，第4卷，福州：福建人民出版社，1997年，第277、329、343页。
④ 吴松弟：《中国移民史》，第4卷，福州：福建人民出版社，1997年，第329页。
⑤ 吴松弟：《中国移民史》，第4卷，福州：福建人民出版社，1997年，第343页。

的移民规模之间，应该存在着很大的差距。从这个角度来看，尽管发生在赣南和闽西的移民实例分别只有3例和6例；但是，实际进入赣南和闽西的北方移民人数，却要多得多。这一推论，我大体上也是同意的。但是，以下两个方面的因素，也是需要我们认真考虑的。其一，赣南相对于赣北、赣中而言，闽西相对于闽北、闽中而言，不仅距离北方较远，而且交通更为不便。其次，相对于社会上层而言，下层民众在遭遇战争等突发性事件时，一般都会因客观条件的制约而选择就近避难的途径；相反，上层社会则可以凭借其人力和物力的优势，进行长距离的举族迁移，并最终定居到他们心目中的安全之区。从这个意义上来讲，因靖康之乱、金人南侵、蒙元南下等突发性事件影响而向南迁移的北方下层民众，迁入赣北、赣中和闽北、闽中的可能性，比迁入赣南和闽西的可能性要大得多。正因为如此，我们认为，尽管发生在赣南和闽西境内的有确切文献可考的9个移民实例，远不足以反映进入赣南和闽西的北方移民规模；但是，可以肯定的是，与江西和福建的其他地区相比，赣南和闽西所接纳的北方移民，在人口的规模上要小得多。

既然真正进入赣闽粤边的北方移民只是少数，那么，又该如何解释赣南和闽西在靖康之乱以后异乎寻常的人口增长情况呢？

这里，我们先来看看赣南境内的人口增长情况。如前所述，北宋时期赣南境内的人口最高峰值出现在崇宁年间，当时，赣州的总户数为272432。① 两宋交替之际，赣州境内的户数有着大幅度的减少。绍兴年间（1131—1162），赣州境内主客户合计120985。② 数十年间，户数减少一半以上。但是，在绍兴以后，赣州境内的户口则开始急剧增长。淳熙年间（1174—1189），赣州境内主客户合计293344，宝庆年间（1225—1227），赣州境内主客户合计已达321356。③ 从绍兴到淳熙，前后不过30～40年的时间，赣州境内净增长172359户，增长率超过242%。如此之高的增长率，没有外来移民的迁入，是很难想象的。

再来看看闽西的情况。南宋编修的《临汀志》在《户口》一栏中有这样

---

① （元）《宋史》卷88《地理四》。
② （明）嘉靖《赣州府志》卷4《食货·户口》引旧图经。
③ （明）嘉靖《赣州府志》卷4《食货·户口》引旧图经。

的记载："迨宋承平日久，生聚日滋。《元丰九域志》已载主户66157，客户15229，视唐既数倍。庆元旧志载主客户218570，主客丁453237，视元丰又数倍。"① 据《宋史·地理五》记载，崇宁年间，汀州境内的主客户合计为81454。从崇宁到庆元（1102—1196），前后不过数十年的时间，汀州境内的户数净增长137184，增长率为268.3%，年均增长率超过9‰，也远远高于全国同期的平均水平。如果没有外来移民的因素，这样的增长速度，也是难以想象的。

透过闽西各地的地方志材料可以发现，南宋时期，闽西境内曾接纳了大量的外来移民人口。如上杭县，据民国《上杭县志》记载，民国时期生活在上杭县境内的居民中，有41个姓氏可考知其祖先的迁入时间，其中宋元时期迁入的姓氏有30个，占70%。在宋元时期迁入的30个姓氏中，绝大多数都迁自南宋或元代。② 新编《上杭县志》亦云："宋室南渡以后，大批汉人避难南迁……迁徙到上杭定居。"③ 又如武平县，据民国《武平县志》记载，民国时期生活在武平县境内的居民中，有57个姓氏可考知其祖先的迁入时间，其中宋元时期迁入的有25姓，占44%。宋元时期迁入的25个姓氏，全部都迁自南宋和元代，而"北宋旧族，无一存者"④。新编《武平县志》亦云："（各姓氏）迁入武平的时间多在（南）宋至明代，以元代为最多。"⑤ 再如长汀县，据新编《长汀县志》记载："1987年统计，全县有265姓，其中南宋以前迁来的有王、包……34姓，南宋及以后迁来的有丁、刁等231姓。"⑥ 从闽西地区的总体情况来看，据新编《龙岩地区志》记载，在今天的闽西地区，共有姓氏324个，其中唐代汀州建置前迁入者2姓，南宋以前迁入者36姓，南宋及其以后迁入者286姓。⑦ 显而易见，南宋时期迁入的移民姓氏，在后来闽西的姓氏结构中占有相当大的比重。

---

① （宋）胡太初：《临汀志·户口》，福州：福建人民出版社，1990年，第21页。
② （民国）《上杭县志》卷8《氏族》。
③ 上杭县志编纂委员会编：《上杭县志》，福州：福建人民出版社，1993年，第117页。
④ （民国）《武平县志》卷7《氏族志》。
⑤ 武平县志编纂委员会编：《武平县志》，北京：中国大百科全书出版社，1993年，第119页。
⑥ 长汀县志编纂委员会编：《长汀县志》，北京：三联书店，1993年，第105页。
⑦ 龙岩地区志编纂委员会编：《龙岩地区志》，上册，上海：上海人民出版社，1992年，第143页。

既然靖康乱后进入赣南、闽西一带的北方汉人或“中原衣冠”只是少数，那么，推动赣南和闽西在南宋时期人口急剧增长的外来移民，又是来自何方？

通过近年来的悉心研究，我认为有越来越多的证据可以证明，在南宋时期赣南和闽西的人口增长过程中，来自赣北和赣中的移民在其中起了关键性的作用。靖康之乱以后，江西的中北部一带由于地当要冲，屡经战火，故而造成大批的人口流亡。建炎三年（1129），南宋朝廷和皇室被迫分成两支，一支由隆祐太后率领进入江西，另一支由赵构率领，向浙东转移。这年 7 月，隆祐太后率六宫迁往江西，不久即到达洪州（今南昌）。金人闻讯后，随即派兵渡江，攻打洪州。年底，金兵攻破洪州，“杀城中老小七万余人”①。隆祐一行急忙溯赣江而逃，进入虔州。金军尾随追击，直至太和县（今泰和县）境而止。直至次年 8 月，隆祐才返回两浙。金兵的这次追击，波及赣北和赣中的广大区域。兵火波及之地，百姓闻风而逃。南宋时期的杨万里就曾说：“豫章自建炎兵余，民多死徙。”② 曾丰也曾指出，洪州经建炎兵火，人口损失极为严重，直到绍兴末年，“始复太平之旧”③。经过一连串的兵火，洪州辖境的“分宁、奉新等县，人户所存，才有十之三四，其余县份号为多处，不过十之六七”④。再如江西北部的江州（治今九江市），为长江中游的重要港口，也是南宋江防的要塞之一。南宋初年，金兵曾多次出入江州一带，大肆掠杀。与此同时，以李成为首的北方流民武装集团，也在这里横行多年。兵匪交结之下，江州百姓只能四散逃生。据记载，直到绍兴五年（1135），江州境内的户口仍然“十损七八”⑤。崇宁年间，江州全境的户数为 84569，⑥以每户 5 口计，总人口超过 42 万。按“十损七八”的比例折算，耗损的人口在 30 万左右。在这些耗减的人口中，除少数死于战火或被金兵掳到北方之外，其余绝大多数应该流亡他乡。地处赣中西侧的袁州和筠州，在两宋交替

① （宋）赵鼎：《忠正德文集》卷 7《建炎笔录》。
② （宋）杨万里：《诚斋集》卷 119《张奭行状》。
③ （宋）曾丰：《缘督集》卷 17《隆兴府纂修图经序》。
④ （宋）李纲：《梁溪集》卷 96《准省札催诸州军起发大军米奏状》。
⑤ （宋）李心传：《建炎以来系年要录》卷 87，绍兴五年三月丁丑。
⑥ （元）《宋史》卷 88《地理四》。

之时，也是兵连祸结，户口损失严重。时人李弥逊记载说："筠、袁之间，盗贼连壤，户口耗于剽掠，郡县为之绎骚。"① 地处赣中东侧的抚州，绍兴初年，更是战乱频仍。李纲在一份奏折中曾指出："据抚州等处申，有虔州虔化贼赖花十九……纠合一千余人，先侵建昌军南丰县界，已次侵入抚州宜黄、临川、崇仁县，冲散官兵，杀人放火，劫掠作过。"② 时人孙觌也报告说："宜黄县，抚州为大邑，比屋万余家。绍兴初，残于盗，民之死于兵者大半。"③ 与赣南毗邻的吉州，南宋初年的人口耗减也十分严重。李纲在出任江西安抚置制使之后，经过调查发现，仅吉州的庐陵、吉水、永丰、太和4县，就有8378户人家因为逃亡外迁而无法征得两税。④ 以上这些材料都一再表明，南宋初年的江西中北部一带，曾产生了相当规模的逃亡人口。

正是鉴于南宋初年江西中北部一带人口严重耗减的情况，时人张守曾有这样的议论：江西一路"自军兴之后，编户死于兵火，田庐变为丘墟。复业之余民无几，赋税之旧籍散亡"⑤。李纲在经过实地调查后曾估计说："通一路（即整个江西路）计之，多寡相补，才及承平之半。"⑥ 北宋崇宁年间，江西6州4军有171万余户，⑦ 扣除赣南境内虔州和南安军的31万户，尚有140万户。以每户5口计，中北部的人口规模超过700万。按耗减一半计算，损失的人口在350万以上。假定在耗减的350多万人口中，有一半死于兵荒马乱或被金人掳去，其余的170多万人口，应该逃亡到周边地区。地处十万大山之中的赣南和闽西，距离赣中北一带不远，因此应该是他们逃生的理想之地。假定在这170多万的逃亡人口中，有三分之一迁入赣南和闽西，其总体规模就已超过50万。对于赣南和闽西原有的人口规模而言，这50多万移民的进入意味着什么，也就可想而知了。

需要指出的是，以上的推断并非只是数字游戏。因为，有资料显示，在

---

① （宋）李弥逊：《筠溪集》卷4《李擢袁州李正民筠州》。
② （宋）李纲：《梁溪集》卷96《同诸司乞兵应副本路急阙使唤奏状》。
③ （宋）孙觌：《鸿庆居士集》卷21《抚州宜黄县学记》。
④ （宋）李纲：《梁溪集》卷96《准省札催诸州军起发大军米奏状》。
⑤ （宋）张守：《毗陵集》卷7《措置江西善后札子》。
⑥ （宋）李纲：《梁溪集》卷96《准省札催诸州军起发大军米奏状》。
⑦ （元）《宋史》卷88《地理四》。

赣中北一带的人口耗减与赣南、闽西两地的人口激增之间，的确存在着某种内在的关联。这里，先来看看赣南的情况。两宋交替之际，赣南也曾像赣中北地区那样，人口也一度大幅度下降。绍兴中，赣州（绍兴二十三年，即1153年，改虔州为赣州）境内的主客户合计约12万户，与北宋的崇宁年间相比，户数减少一半以上。赣南在南宋初年的人口耗减，与当地曾发生过较大规模的社会动乱有关。南宋初年，赣州一带的反宋武装力量十分强大。建炎三年（1129），当隆祐太后因金兵追击而逃至吉州太和时，负责护送的将领中就有多人叛去，投附当地的反宋武装，并最终导致全军万人皆溃的局面。① 这次兵变事件发生后，赣州陷入了连年的乱动之中。时人赵鼎曾报告说："臣访闻虔州自从卫军民交变来，凡十县之间，失业之民，率聚为寇。"② 可见，在"失业之民，相率为寇"与"从卫军民交变"之间，存在着明显的因果关系。连年的社会动乱，必然造成人口的大量逃亡。正像南宋初年的李纲所说的那样："又如虔州，累年为盗贼猖獗，赋税往往催科不得。"③ 政府的赋税之所以难以催征，显然是人口流失的结果。绍兴末年，随着南宋朝廷对赣南一带控制的加强，当地的局面也有所好转。据《宋史》卷31《高宗纪八》记载：绍兴二十三年，"二月庚午，脔虔州军贼黄明等八人于都市……癸未，赏平赣盗功"。随着局势的稳定，赣州境内的户口很快便得以恢复，并开始进入快速的增长期。从绍兴中到淳熙中的30余年间，赣州的户数净增长17万多，年均增长率超过25‰，高于全国同期年均增长率的几十倍。在这期间，与赣南毗连的湖南、福建和广东等地均无大量人口外迁的可能。因此，合理的解释只能是，赣南境内人口的这种异乎寻常的增长，其主要动力应该是来自赣中和赣北地区的移民。

同样，闽西这一时期的人口增长，其主要动力也是来自赣中和赣北的移民。江西与福建在地缘上互为毗邻，虽有武夷山的阻隔，但相邻的隘口甚多。赣东北及赣东一带的移民，沿武夷山南下，在抚州一带向东越过甘家岭（今江西南丰县和福建建宁县之间），就可以进入福建邵武军境内的建宁和泰宁等

---

① （宋）李心传：《建炎以来系年要录》卷29，建炎三年十一月丁卯。

② （宋）越鼎：《忠正德文集》卷2《乞曲赦虔寇》。

③ （宋）李纲：《梁溪集》卷98《条具利害奏状》。

县，并向东深入到南剑州境内的将乐和沙县一带。如果在石城境内向东越过站岭隘，则可以进入闽西的宁化、清流和长汀一带。赣中一带的移民沿赣江南下进入赣南之后，再溯贡江而上，向北可进入宁化、长汀一带，向南则可以进入武平、上杭一带。正因为如此，赣中、赣北的移民在进入闽西之后，主要分布在武夷山南段东侧的宁化、清流、长汀、武平和上杭一线，至于地处闽西腹地的明溪和连城（南宋绍兴三年置）等地，江西的移民则相对较少。据民国《上杭县志》的调查，该县的丁氏、包氏、周氏、姜氏和温氏等大姓，都是在南宋时期由江西迁入的。① 如温氏，“远祖四七郎南宋时由江西石城迁杭”。又如姜氏，“始祖宋季由江西来杭”。再如周氏，“始祖宗贵宋末由石城入汀”。新编《宁化县志》的统计结果表明，南宋时期迁入宁化县境内有确切文献可考的姓氏共25姓，其中有10姓来自江西，占总数的40%。② 新编《长汀县志》亦云：“唐末及北宋末两次大量移民来汀，他们大部分是从江西北部，小部分从浙江西部迁来。”③ 新编《武平县志》的姓氏调查结果也表明，今天居住在该县的主要姓氏，“迁入武平的时间多在宋至明代……除方姓直接由江宁（今南京）迁来外，多数来自江西……李、刘、朱三姓从瑞金迁来，赖、熊、萧、王、周、陈诸姓，分别从（江西）丰城、豫章（今南昌）、吉安、石城、新淦迁来”④。正因为此，我们才有理由认为，江西中北部一带的移民，是推动这一时期闽西人口快速发展的主要因素。

南宋初年江西中北部一带移民向赣南和闽西的集中迁移，虽然不像唐中期以降的人口迁移那样，在很短的时间内便彻底地改变了赣南和闽西的人口格局，导致了赣南和闽西的人口重建；但是，对客家方言群的形成而言，这次移民依然具有非同寻常的意义。大量移民的进入，不仅壮大了赣南和闽西境内的人口规模，而且保证了赣语人口对苗瑶语族人口的绝对优势，从而巩固了早期赣语作为赣南和闽西境内通用语言的地位。到了南宋中期，赣南和闽西的总户数已超过50万，以每户5口计，总人口已超过250万。无论是就

① （民国）《上杭县志》卷8《氏族》。
② 宁化县志编纂委员会编：《宁化县志》，福州：福建人民出版社，1992年，第137～144页。
③ 长汀县志编纂委员会编：《长汀县志》，北京：三联书店，1993年，第95页。
④ 武平县志编纂委员会编：《武平县志》，北京：中国大百科全书出版社，1993年，第119页。

总体的人口规模，还是就人口分布的密度来看，赣南和闽西都已彻底地改变了北宋时期“地广人稀”的局面。人口的快速发展不仅促进了赣南和闽西山区的进一步开发，而且还有力地推动了区域间的经济联系。稍后，迫于内部日益膨胀的人口压力，赣南和闽西遂开始了向粤东北地区转移人口的过程。伴随着人口转移而来的，则是早期赣语在梅州和循州一带的流行。最晚在南宋后期，循、梅一带的赣语区，已与潮州境内的“广南福建之语”形成犄角之势。粤东北地区的语言文化景观，也由此开始了全新的构造过程。

## 三、私盐贸易与区域联系网络的形成

食盐是百姓日常生活的必需品，但是，“宋自削平诸国，天下盐利皆归县官。官鬻、通商，随州郡所宜”①。根据建隆二年（961）颁布的《官盐阑入法》：“禁地贸易至十斤，鬻碱盐至三斤者乃坐死，民所受蚕盐以入城市三十斤以上者，上请。”② 赣南和闽西皆非产盐区，正因为如此，当地的百姓只能从官府那里购买食盐。宋代的盐法规定，赣南所在的江西路只能食用淮南盐场的食盐，而闽西的汀州与建宁府、邵武军、南剑州（即所谓的“上四州”）一起，只能食用福州盐场的食盐。由于路途遥远，再加上官府的垄断经营，致使盐价不断攀高。一些不法的船户在搬运过程中，还往往将土灰掺入盐内，使得盐质“杂恶而不可食”。与此相反，从与赣南和闽西毗邻的循、梅、潮、漳等地运来的私盐，却由于路途较近，价格便宜，加之盐质洁白，所以百姓都愿意购买。故而，早在北宋初年，私盐贸易在赣南和闽西就已十分盛行。据《宋史》卷181《食货下三》记载：

江、湖运盐既杂恶，官估复高，故百姓利食私盐，而并海民以鱼盐为业，用工省而得利厚。由是不逞无赖盗贩者众，捕之急则起为盗，江、淮间虽衣冠之人，狃于获利，或以贩盐为事。江西则虔州地连广南，而福建之汀亦与赣接，虔盐弗善，汀故不产盐，二州民多盗贩广东盐以射利。每岁秋冬，田

① （元）《宋史》卷181《食货下三》。
② （元）《宋史》卷181《食货下三》。

事才毕，恒数十百为群，持甲兵旗鼓，往来虔、汀、漳、潮、循、梅、惠、广八州之地。所至窃人谷帛，掠人妇女，与巡捕吏卒格斗，至杀伤吏卒，则起为盗，依险阻要，捕不能得，或赦其罪招之。岁月浸淫滋多，而虔州官粜盐才及百万斤。

由于私盐的盛行，致使官府“盐课不登”。熙宁三年（1070），提点刑狱张颉奏称：“虔州官盐卤湿杂恶，轻不及斤，而价至四十七钱。岭南盗贩入虔，以斤半当一斤，纯白不杂，卖钱二十，以故虔人尽食岭南盐。”① 熙宁十年，御史中丞邓润甫又奏称：“闽越山林险阻，连亘数千里，无赖奸民比他路为多，大抵盗贩盐耳。”② 张、邓两人的断语可能都有点言过其实，但私盐贸易在赣南、闽西一带的盛行，则是不争的事实。

正是在这一背景之下，朝廷开始酝酿变更盐法。熙宁十年，福建路转运使蹇周辅奏称：“建、剑、汀州、邵武军官卖盐价苦高，漳、泉、福州、兴化军鬻盐价贱，故盗多贩卖于盐贵之地。异时建州尝计民产赋钱买盐，而民惮求有司，徒出钱或不得盐。今请罢去，颇减建、剑、汀、邵武盐价。”他建议：“募上户为铺户，官给券，定月所卖，从官场买之，如是则民易得盐，盗贩不能规厚利。”③ 蹇氏此举，就是通过官盐商卖，平抑盐价，以达到打击私盐和增加盐课的双重目的。元丰三年（1080），也是在蹇周辅的主持下，赣南罢运淮盐，“通般广盐一千万斤于江西虔州、南安军”④。盐法的变更，虽然在一定的程度上平抑了赣南和闽西的盐价，但是由于其主要目的在于“峻剥于民”，故而，百姓不仅没有从中得到实惠，反而“民被其害”。⑤ 在这种情况之下，赣南和闽西的私盐贸易当然也就不可能被彻底禁绝。

宋室南渡之后，为了增加盐课，政府再次实行官运官卖政策，盐价也因此而一高再高。盐价的一涨再涨，使得私盐贸易更加普遍。在汀、赣一带，私盐的贩运更是呈规模化和公开化的趋势。绍兴二十六年（1156），右朝请

---

① （元）《宋史》卷182《食货下四》。
② （元）《宋史》卷183《食货下五》。
③ （元）《宋史》卷183《食货下五》。
④ （元）《宋史》卷182《食货下四》。
⑤ （元）《宋史》卷182《食货下四》。

大夫董苹奏称："汀、赣二州相去五百里，民轻生喜盗，多于农隙聚众私贩（盐）。"[①] 南宋中期的楼钥也记载说："汀、赣接境，（百姓）岁晚辄百十为群，名曰贩负（盐）。"[②] 比楼钥稍晚的陈淳也说："其来（漳州）贩（盐）皆汀、赣之民，动以千百为群。"[③] 这里的"多"、"辄"和"动"，反映的正是私盐贸易的经常性和公开性，而"聚众"、"百十为群"和"千百为群"则折射出私盐贸易的组织化和规模化趋势。南宋早期，为了打击赣闽粤边的私盐贸易，有人甚至建议在汀赣之间的会昌县（今江西会昌县）置军，企图通过带有军事性的行政建置来扼制私盐贸易的泛滥。后因种种原因，未及实施。[④] 私盐贸易的盛行，严重地影响了官府的财政收入。孝宗乾道六年（1170），户部侍郎叶衡奏称："今日财赋，鬻海之利居其半。年来课入不增，商贾不行，皆私贩害之也。"[⑤]

私盐贸易的直接后果，就是官盐的严重滞销。为了推销官盐，政府便采取按户强行销售的办法。绍兴二十六年（1156）七月，御使中丞汤鹏举就指出："臣近闻福建路州县以盐纲扰民，每岁增添，不知纪极。福建民户素贫，因科敷盐货，家家堆积，而钱谷空虚，日甚一日。"[⑥] 在闽西一带，强行销售尤其严重。淳熙十三年（1186），赵汝愚在一份奏折中就曾指出，"汀州民贫，而官盐抑配，视他州尤甚"[⑦]。由于汀州一带"山多田少，土瘠民贫"[⑧]，官府"所恃者官卖盐耳"。[⑨] 故而，在强行销售之外，往往还人为地抬高盐价。绍兴年间，两浙转运副使王时升就有"福建上四州盐值太重"的议论。他说："顷年不过三五十文，今甚者至有百有余钱矣。官价既高，私贩难戢，

① （宋）李心传：《建炎以来系年要录》卷172，绍兴二十六年三月丁卯。
② （宋）楼钥：《攻愧集》卷104《知梅州张君墓志铭》。
③ （宋）陈淳：《北溪大全集》卷44《上庄大卿论鬻盐》。
④ （宋）李心传：《建炎以来系年要录》卷172，绍兴二十六年三月丁卯。
⑤ （元）《宋史》卷182《食货下四》。
⑥ （宋）李心传：《建炎以来系年要录》卷173，绍兴二十六年七月甲子。
⑦ （元）《宋史》卷183《食货下五》。
⑧ （宋）胡太初：《临汀志·税赋》，福州：福建人民出版社，1990年，第24页。
⑨ （元）《宋史》卷183《食货下五》。

州县货卖不行，始议抑配。”[①] 在闽西的武平县，甚至有过“斤为钱一百六十二文”[②] 的记录。

强行销售并没有杜绝赣南和闽西一带的私盐贸易，相反，由于盐价日高一日，使得民间食用私盐的比例越来越高。加之随着人口的不断增长，食盐市场也较以前更为广阔。这一切都有力地刺激了私盐贸易的发展。在赣南，南宋初年出任江西安抚制置使的李纲曾观察到：“契勘虔贼，旧年止是冬月农隙之时，（百姓）相率持杖往广东贩盐，以图厚利。后来渐次于循、梅等州村落间劫掠，得牛畜、钱帛等归家使用，巡尉不敢谁何。徒党渐众，遂犯州县。”[③] 比李纲稍晚的刘克庄也指出：“赣民遇农隙，率贩盐于闽粤之境，名曰‘盐子’，各挟兵械，所过剽掠。州县单弱，莫敢谁何。”[④] 直至南宋中期，依然有报告说：“赣州僻远诸县如龙南、安远等处，食广东私盐如故。”[⑤] 在闽西，“上杭县旧运漳盐，绍定间，郡守李公华申请改运潮盐。杭与潮（州）接，私贩旁午，艰于发卖”[⑥]。刘克庄在一则记载中说：“汀人每贩私盐，以其自潮、梅来者颇近，且洁白而廉故也。贩者千百为群，皆挟兵械，官不能禁，名曰‘盐子’。”[⑦] 南宋后期的真德秀在一份奏折中也称：“今汀、邵之人，千百成群，执持兵械，般贩（盐）于漳、泉、潮、梅诸处者如故。”[⑧]

私盐贸易的盛行，一方面是官方盐法弊政的必然结果，另一方面也与两宋时期赣南和闽西地区的社会变迁密切关联。由于人口的持续增长，特别是由于外来移民在短期内集中迁入所导致的人口暴长，使得赣南和闽西有限的土地资源无法维持不断膨胀的人口规模。在土地资源与人口规模的平衡被骤然打破之后，没有土地或失去土地的百姓，便只能通过其他途径来获得生存

---

① （宋）李心传：《建炎以来系年要录》卷188，绍兴三十一年二月庚戌。

② （宋）胡太初：《临汀志·盐课》，福州：福建人民出版社，1990年，第29页。据方勺《泊宅编》记载，当时浙江的温州沿海一带，盐每升只卖五钱，与闽西的盐价可谓有霄壤之别。详请参阅方勺《泊宅编》卷3，北京：中华书局，1983年，第14页。

③ （宋）李纲：《梁溪集》卷107《申督府密院相度措置虔州盗贼状》。

④ （宋）刘克庄：《后村先生大全集》卷159《宋经略墓志铭》。

⑤ （宋）彭龟年：《止堂集》卷1《论雷雪之异为阴盛侵阳之证疏》。

⑥ （宋）胡太初：《临汀志·盐课》，福州：福建人民出版社，1990年，第29页。

⑦ （宋）刘克庄：《后村先生大全集》卷168《西山真文公行状》。

⑧ （宋）真德秀：《真西山文集》卷15《论闽中弭寇事宜白札子》。

资源。贩运私盐正是他们获得生存资源的重要途径之一。

从政府的角度来看，私盐的盛行，严重地影响了官盐的销售，减少了盐课的收入，因此必须严厉打击。然而，从“盐子”的角度来讲，贩私是谋生的手段，舍此之外，别无选择。为了逃避打击，“盐子”们一方面千百成群，相互声援，以人数的优势来克制对手；另一方面则“执持兵械”，以壮声威。从某种意义上来讲，两宋时期赣南和闽西境内的私盐贸易，已带有很强的集团性和职业性武装私运色彩。“盐子”不仅人数众多，组织严密，分工明确，而且对沿途的交通线路、山川要塞、官兵哨卡等形势，也都十分熟悉。正因为如此，他们才敢于“持甲兵旗鼓”，明火执仗地从事大规模的私盐贩运活动。

由于文献的失载，我们已无法得知两宋时期赣南和闽西境内“盐子”活动的详细情况，也无法了解私盐贸易对当时社会经济生活的影响程度。但是，可以肯定的是，由于政府的盐政与民间私运之间存在着难以消解的紧张关系，故而，随着双方势力的此消彼长，剧烈的矛盾和冲突也就无法避免。南宋时期，在赣南、闽西及其周边地区，曾发生了一连串的社会动乱，这其中往往就少不了被官府称为“盐贼”的“盐子”们的身影。

早在南宋初年，赣南“盐子”在闽粤一带的活动就已引起有关方面的高度重视。绍兴二年（1132），福州知州张守就曾报告说：“虔之为郡，介于闽广江西三路之间，地形险阻，山林深密。贼知官兵之至，则云散鸟没……官兵一退，则又复聚。故复迁延岁月，而汀、梅诸郡，岁被侵扰。三路备御，未有休息之期。”[①] 张氏所说的虔州“贼”，实际上就是赣南一带从事私盐贩运的“盐子”。李纲在出任江西安抚制置使之后，经过调查发现：“访闻广东盗贼一项，犯南雄、英、韶……循、梅、惠等州，动以万计……皆是虔州诸县平时搬运私盐之人。”[②] 从南宋中期开始，闽西“盐子”的活动也备受时人注目。宋理宗时期担任户部尚书的真德秀就曾在一份奏折中指出：“盐法一事，乃致寇之源。诸司虽尝议论，迄未闻有大更易。今汀、邵之人，千百成

① （宋）张守：《毗陵集》卷7《论措置虔贼札子》。
② （宋）李纲：《梁溪集》卷66《乞措置甫招虔州盐贼奏状》。

群，执持兵械，般贩于漳、泉、潮、梅诸处者如故，而县道以计口敷盐为岁计者，亦不少异于前。祸乱之萌未杜，诚可深虑。”① 南宋末年编修的《临汀志》也有这样的记载：“汀底闽而盱赣，潮、梅环其境，盐子矫虔时作。”②

这一时期，在赣南和闽西所发生的一系列社会动乱中，以绍定二年（1229）发生在闽西境内的晏梦彪（又名晏彪、晏头陀）起事规模最大，影响也最为深远。这年冬，以晏梦彪为首的“盐寇”在汀州宁化县聚众起事。③刚开始时，盐民“仅百计”，次年，便发展至万余人。④ 这支以“盐子”为主力的民间武装力量，首先攻占了汀州的宁化、莲城（今连城）、上杭、清流和武平等县，尔后便北上邵武军，并陆续攻下建宁、泰宁、光泽等县。不久，他们又向东进入漳州，并攻克龙岩、长泰等县。直至绍定四年（1231）春，才被官兵打败。⑤

就赣闽粤边地域社会的结构过程（structuring）而言，两宋时期私盐贸易的盛行，具有极其重要的指标性意义。“盐子”个人及其群体通过他们的贸易活动，编织了一张赣闽粤边区域内部以及该区域与周边其他区域之间的社会经济联系网络。正是在这种社会经济的联系中，赣南、闽西和粤东北这三个原本独立的地理空间，逐渐变成一个具有内在一致性或同质性的社会文化单元。赣闽粤边与周边其他区域在社会经济方面的相关性与依赖性，也在这种联系之中得以凸现和强化。赣闽粤边作为一个人文地理学意义上的“区域”，正是在这种内部的同质性、与周边区域的相关性和依赖性之中不知不觉地形成起来的。⑥

首先，私盐贸易的盛行，推动了赣南、闽西与粤东北之间交通线路的开辟与延伸。赣南和闽西远离沿海，其境内的私盐绝大部分均来自粤东潮州一带的产盐区。赣南和闽西境内的“盐子”要贩运私盐，就必须开辟通往粤东

① （宋）真德秀：《西山文集》卷15《论闽中弭寇事宜白札子》。

② （宋）胡太初：《临汀志·城池》，福州：福建人民出版社，1990年，第11页。

③ （元）《宋史》卷405《王居安传》。

④ （元）《宋史》卷419《陈韡传》。

⑤ 关于晏梦彪起事的详细情况，请参阅朱瑞熙：《南宋福建晏梦彪起义》，宋史研究丛书社编：《宋史论集》，郑州：中州书画社，1983年，第285～312页。

⑥ 人文地理学意义上的区域，一般须具体两个条件：第一，区域内部的同质性或均质性；第二，与周边其他区域的相关性或依赖性。

的交通线路。两宋时期，由赣南、闽西进入粤东的主要通道是“循梅路”。这条通道由闽西向南，经过闽粤交界地的山间小道，即可到达粤东北的循州和梅州，再向东则可以到达粤东的潮州。“循梅路”的开辟，与赣南、闽西一带的私盐贸易关系密切。刘克庄在咏叹“循梅路口”的诗中对此有详细的叙说：

其一

赣客纷纷露刃过，断无徼吏敢讥诃。

身今自是牢盆长，较尔能贤得几何？

其二

导吏仓忙乞调兵，未应机动遣鸥惊。

传闻老子单车至，惭愧偷儿让路行。

其三

钞法如弓未愈张，可堪于此更求详。

只应新执牙筹者，捨得研桑肘后方。

其四

三十年来边宿兵，大农无计饱连营。

元来有个浮盐策，南渡诸贤未讲明。①

在《送王梅州》一诗中，刘氏又咏道：

州境与潮邻，徐行止浃旬。

瘴乡均一气，盐子亦吾民。②

由以上的诗文可见，最晚在刘氏生活的南宋中后期，“赣客”已成为“循梅路”上的主要商旅。联系到“赣客露刀”和“钞法如弓”以及边境宿兵和浮盐之策，这些“赣客”的真实身份当属“盐子”无疑。据此，“循梅路”的开辟，从某种意义上来讲，应该是赣南和闽西地区私盐贸易的产物。

私盐贸易的盛行还刺激了水上航线的开辟。汀江航运的兴起，就与私盐贸易的刺激具有内在的关联。自北而南纵贯汀州境内的汀江，由于上联赣南，

---

① （宋）刘克庄：《后村先生大全集》卷12《循梅路口四首》。

② （宋）刘克庄：《后村先生大全集》卷13《送王梅州二首》。

下通粤东，理应是沟通赣闽粤边的黄金水道。然而，由于有些河段险滩多、落差大、水流急，故而，长期以来一直无法形成一气呵成的水上航线。大姑滩、折滩、穿针滩和棉花滩自上而下，将这条黄金水道拦腰分割成几段。大姑滩在上杭境内，这里的水流落差达 3 米，船只根本无法通行。穿针滩在大姑滩以南，也在上杭县境内。这里河道狭窄（一只船勉强通过），水流湍急，船行其中，有如一线穿针，故名“穿针滩”。折滩位于上杭与永定的交界处，这里河道弯曲，两岸层峦叠嶂，一不留神，就会舟毁人亡。棉花滩在今永定县境内，十里河段全为礁石，船只根本无法通行。正因为如此，这条水道在南宋以前几乎没有发挥什么重大的作用。

南宋前期，汀州的官盐运输分两路进行。一条为北路，即通过闽江将福州盐场的食盐运来，供应汀州北部的长汀、宁化、清流 3 县。这条运输线是通过闽江将福州盐场的食盐水运至南剑州境内的将乐（今福建将乐县），上岸后再雇人肩挑担扛到上述各县分售。这条运输线由于路途遥远，“涉历艰难”，不仅使得盐价居高不下，而且所运食盐“动经年岁不到”。[①] 另一条为东路，即将漳州盐场的食盐运来，供应汀州中南部的连城、上杭、武平 3 县。这条运输线虽然路程不远，但全为山间羊肠小道，加之全靠人力肩挑担扛，故而价格也是水涨船高。从南宋中期开始，随着汀州境内人口的不断膨胀，食盐的供给问题越发严重。由私盐贸易所引发的社会动乱，更是时有发生。为了平抑盐价，抑制私盐，绍定五年（1232），汀州知府李华、长汀县令宋慈奏请允许汀州各县食用潮州盐。获得允许以后，宋慈便组织人力、物力，对汀江进行大规模的疏浚整治。经过疏浚之后，汀江航线自北而南比以前大为畅通，不仅船只的载重量有所提高，而且由汀州到潮州的通航时间也大为缩短。自此以后，潮盐和其他广货溯汀江源源而来，不仅行销汀州各地，而且还销往赣南一带；而闽西和赣南的山货特产也顺汀江直流而下，行销岭南。伴随着航运和商业贸易的发展，到了南宋后期，汀州城已是“阛阓繁阜，不减江浙、中州”[②]，俨然已成为赣闽粤边的商贸重镇。

---

① （宋）胡太初：《临汀志·税赋》，福州：福建人民出版社，1990 年，第 27 页。

② （宋）胡太初：《临汀志·坊里墟市》，福州：福建人民出版社，1990 年，第 13 页。

其次，私盐贸易以及由私盐贸易所引发的一系列社会动乱，改变了赣南和闽西之间原先的隔绝状况，促进了相互间的社会经济联系。在过去很长的时间内，尽管赣南和闽西在地缘上互为毗邻，但基本上却是相互隔绝的。由于缺乏中心城市和统一的市场，加之交通极为不便，双方之间不仅没有经济交往，而且还缺乏基本的社会联系。两宋时期私盐贸易的盛行，在很大的程度上改变了这种状况。如前所述，北宋时期，赣南的“盐子”就已开始大规模地私运广盐。由于闽西是赣南进入粤东的必经之地，因此可以肯定，在赣南盐子所贩运的私盐中，有相当一部分应销往闽西。《临汀志》的作者之所以把“盐子”和“矫虔”并列，原因就在于当时活跃于汀州境内的盐子，绝大部分均来自赣南（虔州）。伴随着私盐贸易的发展，赣南和闽西之间开始起立起初步的经济联系。南宋时期，随着汀江航线的开通，赣南和闽西之间的经济联系进一步加强。①

由私盐贸易所引发的社会动乱，在客观上更是促进了赣南和闽西之间的社会联系。南宋时期，赣南和闽西地区动乱连年。其中，由私盐贸易而引发的社会动乱，就占了相当大的比例。南宋中期的吴泳就曾指出：“江西之寇，捕盐激之也。”② 南宋后期的真德秀在分析闽西一带的社会动乱根源时也指出：“盐法乃致寇之源。缘福建盐溯流而至南剑，又自邵武溯流而上汀州。其搬运甚难，故盐到汀州，不甚其淆杂，不胜其贵，所以汀人只便于食私盐，自循、梅、潮、漳来，颇近，又洁白，价又廉。故汀人每至冬春间，千百为群兴贩，因而行劫。官司一遣人追捕，便至拒悍杀人，此盐贼所从起也。”③ 与一般的“民变”相比，由“捕盐”所引发的暴力事件，往往具有鲜明的特点。由于“盐子”在日常的私盐运输、销售过程中都有自己固定的渠道和网络，成员之间、买卖双方、区域之际都有默契，故而很容易形成气息相通、命运相关的种种联系。正因为如此，一旦发生暴力事件，往往会彼此声援，相互支持。以前文提到的绍定年间晏梦彪事件为例，这一事件发生的中心区

① 详请参阅张鸿祥：《汀江商业航运的调查》，杨彦杰主编：《长汀县的宗族、经济与民俗》，上册，香港：国际客家学会，2002 年，第 22 ～ 79 页。

② （宋）吴泳：《鹤林集》卷 17《论郡县人心疏》。

③ （宋）真德秀：《西山文集》卷 13《得圣语申省状》。

域在汀州，但波及的区域却遍及当时福建路与私盐贸易有关的所有区域，如北部的南剑州、邵武军和南部的漳州等地。以晏梦彪为首的数百名盐民，之所以能够在两年多的时间里南下北上，掠县攻州，其中很重要的一个原因就是他们通过以前的私盐贸易所建立起来的社会联系。正是由于这种联系，成员与成员之间、团体与团体之间、区域与区域之间，才会此呼彼应，相互声援。例如，在晏梦彪等人于宁化起事不久，汀州就有黄绿头、邵武军就有刘安国等人率众响应。据包恢《冯抚属墓志铭》记载："岁在绍定之己丑（1229），邻郡大盗起，汀（州）有黄绿头者，邵（武军）有刘安国者，其焰甚炽，而锋甚锐。"① 在这同时，赣南一带也有人起兵声援，所以有关文献称之为"江、闽寇相挻"②。所谓"相挻"，正说明闽西和赣南境内的暴力事件并非孤立的现象，其间有着彼此呼应、相互声援的内在关联。

## 四、南宋以降粤东北地区的人口重建

私盐贸易的盛行，虽然在一定的程度上缓和了赣南和闽西境内的人地矛盾，但是却无法从根本上解决这个矛盾。宋室南渡之后，随着赣中北一带人口的大量南迁，赣南和闽西人口的持续增长，人地矛盾日趋激化，加之自然灾害频繁，故而，社会动乱连年发生。在赣南，南北宋之交的庄绰就说："（虔）州之四傍皆连山，与庾岭循、梅相接。其人凶悍，喜为盗贼。犯上冒禁，不畏诛杀。建炎初，太母（即隆祐太后）携六宫避兵至彼，而陈大五长者首为狂悖。自后十余年，十县处处盗起。招来捕戮，终莫能禁。"③ 赵鼎也说："臣访闻虔州从卫军民交变以来，凡十县之间，失业之民，率聚为寇。"④ 从南宋中期开始，闽西的社会动乱也日甚一日。正像《临汀志》的作者所说的那样："窃惟汀郡，实底闽陬。工旷而民贫，俗犷而气暴。家乏富饶之蓄，

① （宋）包恢：《敝帚稿略》卷6《冯抚属墓志铭》。

② （宋）李昴英：《文溪集》卷首，李殿苞撰《忠简先公行状》。按：四库全书本《文溪集》无卷首，此处转引自朱瑞熙《南宋晏梦彪起义》一文。

③ （宋）庄绰：《鸡肋编》卷下。

④ （宋）赵鼎：《忠正德文集》卷2《乞曲赦虔寇》。

时多寇掠之虞。”[①] 刘克庄在分析福建路的动乱时也指出：“世言闽盗所从起，必曰汀、邵，非也。盗皆起于汀境，邵与之邻，所渐者然耳。”[②] 绍定间出任汀州推官的李昴英说：“闽寇根汀（州）蔓邵（武军），祸于氓最烈。”[③] 庆元年间知福建的赵汝愚也说：“闽中诸郡，惟汀多盗贼，十年之间，已三弄兵矣。”[④]

连年的社会动乱，引起了有关方面对赣南和闽西的关注。南宋初年，针对赣南“处处盗起”的混乱状况，朝廷一方面派岳飞率兵弹压，另一方面则就赣南的致乱之由及解决之道展开讨论。时福州知州张守在一份奏折中分析说：“赣州诸邑之民，素名凶悍，小有嫌怨，便相仇敌。加以兵火之后，流离失业，民心易摇，其间虽有善良，既被侵迫，无以自存，势不得已，因而从之。遂致阖境之内，鲜有良民。”[⑤] 至于解决之道，李氏认为除武力镇压之外，还得从蠲免赋税、整顿地方吏治入手，务使百姓安于本业。[⑥] 李纲在经过调查之后也认为，赣南境内之所以动乱连年，除“民俗顽犷，好复仇忿”之外，“小民迫于衣食，易为凶徒结集”也是一个重要的原因，因此，当务之急是“使田亩之民，衣食不乏，各有生理”，这样“凶恶之人不得诱为党徒，安能一呼便能千百为群，滋蔓猖獗”。[⑦]

闽西在南宋初年也发生过小规模的社会动乱，据《临汀志》记载：“至建炎、绍兴间，汀、剑盗起，商旅不行。”[⑧] 稍后，随着南宋朝廷对福建路一带控制的加强，这里的局面稍有好转。然而，随着人口的不断增长，这里的人地矛盾开始不断恶化。绍兴初年，福建路的 8 个州（军）中，有 5 个实行过“经界法”（即丈量田地，清理赋税），只有汀、漳、泉 3 州未曾实行。正因为如此，这里的赋税负担极为不均，“贫者无业而有税”、“富者有业而无

---

① （宋）胡太初：《临汀志·丛录》，福州：福建人民出版社，1990 年，第 180 页。
② （宋）刘克庄：《后村先生大全集》卷 89《邵武军新建郡治谯楼记》。
③ （宋）李昴英：《文溪集》卷 3《代李守作汀郡诸寨图序》。
④ （清）道光《福建通志》卷 266《宋外纪》引赵汝愚疏。
⑤ （宋）张守：《毗陵集》卷 7《论措置虔贼札子》。
⑥ （宋）张守：《毗陵集》卷 7《措置江西善后札子》。
⑦ （宋）李纲：《梁溪集》卷 98《条具利害奏状》。
⑧ （宋）胡太初：《临汀志·丛录》，福州：福建人民出版社，1990 年，第 176 页。

税”[①] 的现象十分普遍。正像《临汀志》的作者所说的那样：“临汀山郡，税重业轻。舟楫不通，米不值钱，大抵皆是贫窘。”[②] 淳熙十四年（1187），有官员建议在汀州先行经界之法。他说：“漳、泉从来富庶，（未行经界）未见其病，独临汀凋瘵，受病最深。今若不行经界，臣恐十年之后，官民俱病。”[③] 于是，宋孝宗曾一度派官员到汀州补行经界，但由于遭到当地豪强的反对，遂半途而废。[④] 淳熙十六年（1189），汀州布衣雷衡在《陈经界钞盐利害》一折中，鉴于“六县生灵久困”的现状，再次吁请在汀州实行经界之法。[⑤] 在这以后，知州赵充夫于绍熙二年（1191）、知州胡太初于开庆元年（1259）也先后建议在汀州施行经界之法，[⑥] 然均未果而终。

人地矛盾的持续紧张、赋税的居高不下，使得赣南和闽西境内的民生日益艰难。随着无地可耕的人口不断增长，赣南和闽西一带的社会结构也发生了显著的变化。以一家一户为单位的自耕农社会组织日益萎缩，土地逐渐集中到少数人的手中。李纲在南宋初年就曾观察到，赣南境内之所以动乱连年，“盐子”四出，“虽遇丰年，亦不衰息”，非常重要的一个原因就在于百姓因兵火而“流离失业”。[⑦] 张守在一份奏折中也认为：“虔州诸邑之民，素名凶悍，小有嫌怨，便相仇敌。加以兵火之后，流离失业，民心易摇……遂至阖境之内，鲜有良民。”[⑧] 所谓“流离”，当是指为逃避战火而迁入赣南的移民。他们初来乍到，当然无地可耕，也无业可事。所谓“失业”，当是指因土地兼并而失去土地并因此而失去本业者。在闽西，“农罕以耕稼自力，未免有旷土游民”[⑨]。为了求得生存，赣南和闽西境内的这些“流离”、“失业”者和“游民”，开始陆续外迁，而与之毗邻的粤东北循、梅一带，由于开发相对滞后，人口较为稀少，遂成为他们的主要迁入地。

---

① （宋）朱熹：《晦庵集》卷21《经界申诸司状》。
② （宋）胡太初：《临汀志·丛录》，福州：福建人民出版社，1990年，第176页。
③ （宋）胡太初：《临汀志·丛录》，福州：福建人民出版社，1990年，第176页。
④ （元）《宋史》卷35《孝宗纪三》。
⑤ （宋）胡太初：《临汀志·丛录》，福州：福建人民出版社，1990年，第176页。
⑥ （宋）胡太初：《临汀志·丛录》，福州：福建人民出版社，1990年，第178、180页。
⑦ （宋）李纲：《梁溪集》卷107《申督府密院相度措置虔州盗贼状》。
⑧ （宋）张守：《毗陵集》卷7《论措置虔贼札子》。
⑨ （宋）胡太初：《临汀志·风俗形势》，福州：福建人民出版社，1990年，第20页。

从有关文献来看，早在南宋初年，赣南和闽西就已开始了向外转移人口的过程。李纲在南宋初年就曾报告说："英、韶、循、惠等州，今见有盗贼，头项不一……曹成十数万人，见在连、贺等州作过。"① 经过仔细的调查后，他才发现，"广东盗贼……犯南雄、英、韶等州……犯循、梅、惠等州，动以万计……皆是虔州诸县平时般贩私盐之人。其初千百为群，入广东界，掳掠牛畜、财物之类……今年遂至有万余众。入南雄、英、韶者，围郡城，劫岑水场而去；入循、惠者，破龙川、长乐、兴宁、河源、博罗等县，直抵循、惠城下"②。比李纲稍晚的蔡戡在一份奏折中也报告说："广东郡邑，地广人稀，邻接江西、福建、湖南。其汀、赣之人，每岁春时，动是三二百人为群，以商贩为名，纵横于广东循、梅、惠、新、南恩州及广州外邑之境……掠取牛畜而归。稍失备御，即纵剽夺。"③ 为了堵住汀、赣流民进入广东，李纲甚至建议将广东、江西和福建三路的兵马归"一处节制"，其中，"广东兵屯循、梅州，福建兵屯汀州"，"以禁其出没"。④ 这些被李纲称为"盗贼"的人，动辄"千百成群"，有时甚至达"万余众"，他们的踪迹从广东南路的北部诸州（南雄、英、韶等）一直延伸到粤东北地区（循、惠、梅等州）。从其组织规模之大及活动范围之广来看，这类"盗贼"显然不仅仅只是为了打家劫舍，很有可能还具有集团性武装移民的性质。他们在出入广东北部至东北部的过程中，往往会见缝插针，就地落籍。绍兴四年（1134），殿中侍御史张致远奏称："广东循、惠、韶、连数州，与郴、虔接壤。自邻寇深入，残破无余……而广州之观音、惠州之河源、循州之兴宁，千百为群，绯绿异服，横行肆掠，以众为强。"⑤ 广州、惠州、循州一带的社会动乱，与汀、赣流民的迁入具有内在的关联。张致远在奏折中就曾报告说："广东与虔（州）犬牙错境，今号魁首，多是虔人。"⑥ 由此可见，早在南宋初年，汀、赣的流民就已进入到广东的很多地区。

① （宋）李纲：《梁溪集》卷65《乞差拨诸项人兵奏状》。
② （宋）李纲：《梁溪集》卷66《乞措置招捕虔州盐贼奏状》。
③ （宋）蔡戡：《定斋集》卷1《割属宜章临武两县奏状》。
④ （宋）李纲：《梁溪集》卷82《论盗州盗贼札子》。
⑤ （宋）李心传：《建炎以来系年要录》卷79，绍兴四年八月辛卯。
⑥ （宋）李心传：《建炎以来系年要录》卷79，绍兴四年八月辛卯。

稍后，随着私盐贸易的发展以及“循梅路”的开辟，汀、赣的流民开始由早先分散进入南雄、英、韶、循、惠各地，逐渐地向粤东北的循、梅、惠一带集中。如前所述，南宋以前，循州和梅州一带的区域开发虽较以前有很大的进步，但无论是开发的程度，还是人口的规模，都无法与赣南和闽西相提并论。两宋之际，赣南和闽西都曾接纳了大量的外来人口，而地处粤东北的循州和梅州，则基本上置身事外。正因为如此，当赣南和闽西因人口膨胀而导致人地关系持续紧张之际，粤东北的循州、梅州却基本上还停留在人烟稀少、土旷民惰的阶段。南宋的杨万里曾这样描述过循、梅一带的情况：“潮州之外砦，其地大抵茂林千里，大木百围，在潮、梅之间，人行其中，终日不逢居民，不见天日。”① 杨氏“终日不逢居民，不见天日”的记载或许有点言过其实，但当时循、梅一带地旷人稀，则是不争的事实。绍兴六年（1136），梅州废为程乡县，隶潮州。循州北部的长乐县（今五华县）也废为镇。据史书记载：“时梅州之北四百里地不耕种，人无室庐，而长乐户口不满数百，故用诸司请而废之。”② 直到南宋中期，梅州境内依然是“土旷民惰”③。时人刘克庄在《送王梅州》的诗中，也有“日晏烟岚敛，兵余户口贫”④ 的描述。再如循州，尽管靠近东江中上游的龙川和兴宁一带开发较早，但其北部的长乐（今五华）一带，则是人烟稀少，开发滞后。南宋的杨万里就曾说过：“长乐，两广穷处。”⑤ 刘克庄也有“（长乐）县与汀、赣、潮、海接壤，冈阜深阻，奸宄伏藏”⑥ 的记载。刘氏所谓的“奸宄伏藏”之地，实际上就是指人烟稀少、流移杂处之区。即使是地处粤东北腹地的惠州，南宋时期也是人口无多。据南宋中期的方大琮记载：“窃见惠州诸邑，博罗素号难治。顷经兵火之残，继苦盐寇之出没，户口萧条，财赋失陷，盖难之而又难者。”⑦ 正因为如此，随着赣南和闽西人地矛盾的进一步加剧，其境内的居

---

① （宋）杨万里：《诚斋集》卷69《甲辰以尚左郎官召还上殿第一札子》。
② （宋）李心传：《建炎以来系年要录》卷106，绍兴六年十月壬戌。
③ （宋）祝穆：《方舆胜览》卷36《梅州》。
④ （宋）刘克庄：《后村先生大全集》卷13《送王梅州二首》。
⑤ （宋）杨万里：《诚斋集》卷122《中奉大夫通判洪州杨公墓表》。
⑥ （宋）刘克庄：《后村先生大全集》卷149《巴陵通守方君墓志铭》。
⑦ （宋）方大琮：《铁庵集》卷4《举知博罗县王旦奏状》。

民遂开始集中地向粤东北的循、梅、惠一带迁移。南宋早期，就有人这样描述这一毗邻区域的社会状况：“潮与循、梅、汀、赣壤地相接，弥望千里，蔚为盗区。”① 从“弥望千里，蔚为盗区”的这一描述中，我们可以推断：当时潮州以西的循、梅一带，已成为汀、赣流民集中迁入的典型的移民地区。

随着汀、赣流民的大量迁入，到了南宋中期，在粤东北地区的人口结构中，来自赣南和闽西的移民已占据一定的比重。朱熹在一封书信中就曾指出：“契勘汀州，在闽郡最为穷僻，从来监司巡历，多不曾到，州、县官吏无所忌惮，科敷刻剥，民不聊生，以致逃移，抛荒田土。”据他报告，除邻近的漳、潮二州之外，粤东北的梅州和循州也是汀州百姓逃亡的主要去处。② 宋代属于潮州潮阳县地的大埔一带，由于地当“循梅路”的要冲之地，故而闽西的移民尤其众多。据民国《大埔县志》统计，居住在该县境内的居民，其祖先大多由南宋时播迁而来，“宋代播迁之祖，各族均保有坟墓，而世系亦历历可考，转徙之迹，历世不忘，族谱记载，尤极详确。然则现今埔民，虽断为宋代所迁，未为过也”。该书又称，南宋迁来的各族，“询所自来，十九称宁化，或称长汀、上杭、永定、武平等县。总之，不离乎汀州八属范围，今其坟墓在闽在埔，皆彰彰可考”③。新修《大埔县志》的姓氏调查结果也表明：“大埔汉族各姓氏居民，自肇基祖一般已传20几代，多者30余代。由此推知，多是南宋或宋亡前迁来。”④ 大埔西侧的梅州，南宋时期也有为数众多的“闽赣侨寓者”。王象之《舆地纪胜》引《图经》记载说，当时梅州境内，“土旷民惰，而业农者鲜，悉籍汀、赣侨寓者耕焉。故人不患无田，而田每以工力不给废”⑤。《图经》中所说的“汀、赣侨寓者”，不仅广布于梅州和循州一带，而且还深入到中南部的惠州一带。据南宋中期的方大琮报告：惠州境内“逼近赣之诸邑，山径深阻，盗贼出没”，尤其是靠近赣南的河源一带，

---

① （宋）蔡戡：《定斋集》卷2《中大夫致仕朱公墓志铭》。

② （宋）朱熹：《晦庵集》卷27《与张定叟书》。

③ （民国）《大埔县志》卷12《人群志·氏族》。

④ 大埔县志编纂委员会编：《大埔县志》，广州：广东人民出版社，1992年，第96页。

⑤ （宋）王象之《舆地纪胜》卷102《梅州》；（宋）祝穆：《方舆胜览》卷36《梅州》亦有类似记载。

“蓝口主客相攻，几成大哄”。[①] 方氏所说的“主客相攻”之“客”，应该是来自赣南和闽西境内的移民。

南宋以降赣南和闽西人口向粤东北一带的迁移，至宋末元初而进入高潮。元军灭宋以后，南宋残部退守闽粤一带。赣州和汀州是文天祥部集聚力量抗击元军的最后根据地，前后持续约两年时间。由于战事空前惨烈，加之双方长时间拉锯，故而引发了汀、赣一带人口的大规模逃亡。南宋宝庆年间（1225—1227），赣州的户数是32万多，但是，到了元代初年，[②] 其户数则锐减至7万多。[③] 50年间，净减25万余户。南宋宝祐年间（1253—1258），汀州的户数是22万多，[④] 可是，到了元代初年，竟减至4万余户。[⑤] 40年间，净减18万余户。之所以导致如此严重的人口耗减，除战争过程中的死伤之外，大量的人口逃亡应该是主要的原因。

在宋末元初汀、赣人口的大规模逃亡过程中，粤东北地区尽管并不是唯一的接纳地；但是，与周边的其他地区相比，这里所接纳的逃亡人口却最为集中，移民对当地社会结局和文化承传的影响也最为深远。据光绪《嘉应州志》记载：“元世祖至元十四年（即南宋景炎二年，1277），文信国引兵出江西，沿途招集义兵，所向响应，相传梅民之从者极众（父老相传，松口卓姓有八百人勤王，兵败后只存卓满一人——原注）。至兵败后，所遗余孑只杨、古、卜三姓，地为之墟。闽之邻粤者相率迁移来梅，大约以宁化为最多。所有戚友询其先世，皆宁化石壁乡人。”[⑥] 除汀州的移民之外，“其间亦有由赣州来者”[⑦]。说梅州一带在元军南下之时“地为之墟”，可能言过其实，但这一时期汀、赣人口的迁入导致其境内的人口重建，则是不争的事实。近人赖际熙在通过族谱追溯梅州地区的人口源流时也发现：“梅州民族，当宋末元

---

① （宋）方大琮：《铁庵集》卷4《举知河源县夙子与状》。

② 《元史·地理志》记载的各地户口数，统计年代不一。一般认为，原南宋区域的户口数，为至元二十七年（1290）的户口。详请参阅吴松弟：《中国人口史》，第3卷，上海：复旦大学出版社，2000年，第283～284页。

③ （明）《元史》卷62《地理五》。

④ （明）嘉靖《汀州府志》卷4《户口》。

⑤ （明）《元史》卷62《地理五》。

⑥ （清）光绪《嘉应州志》卷32《丛谈》。

⑦ （清）光绪《嘉应州志》卷7《方言》。

初，曾经一度更嬗，更能为今之繁盛者，殆由元、明以来始再从汀、赣二州源源而至。”① 所谓“一度更嬗”，也就是我们所说的人口重建。移民史学者吴松弟曾对广东 209 个客家氏族的家谱进行过统计分析。其结果是，在这 209 个客家氏族中，称南宋末迁入的有 17 族，称宋元之际迁入的有 7 族，称元代迁入的有 38 族，三者合计共 62 族，占已知迁入时间的 134 族中的 46.3%。在宋末和元代迁入的 62 个氏族中，28 族迁自汀州的宁化，12 族迁自汀州的其他县，两者合计占迁入族总数的65%；3 族迁自赣州，1 族来自北方，另有 18 族迁自南方的其他地区。由此可知，“今（广东）客家人的祖先主要是在宋元之际和元代这八九十年中迁入广东，正是这些氏族对广东客家的形成和发展产生重大影响”②。这些家族在迁入广东以后，主要分布在梅州和循州一带，也就是今天的梅县（17 族）及其周围的兴宁、五华、大埔、蕉岭、平远等县，共42 族，占已知迁入地的55 族中的76.4%。“广东的客家人以这些县为主要生活地区，并不断以后来新从汀、赣等地迁来的客家人为补充，逐步向其他地区发展。”③

南宋以降汀、赣人口向粤东北一带的迁移，是赣闽粤边区域社会形成和发展过程中的一个具有标志性意义的事件。汀、赣人口在短时期内的大规模迁入，从根本上改变了梅州和循州一带的居民格局，同时也改变了当地的语言和文化传统。经过这次人口重建，梅州和循州一带的语言，与赣南和闽西地区的语言越来越近，早期赣语慢慢地“覆盖”并最终替代了原先的土语，开始成为当地的日常用语。至此，赣南、闽西和粤东北终于从三个原本独立的地理空间，转而演变成为一个具有内在一致性或同质性的社会文化单元。客家方言群，就是在这个具有内在一致性或同质性的社会文化单元之中孕育、形成和发展起来的。

---

① 赖际熙：《崇正同人系谱》卷 1《源流》，香港：香港崇正总会 1995 年影印本。
② 吴松弟：《中国移民史》，第 4 卷，福州：福建人民出版社，1997 年，第 188 页。
③ 吴松弟：《中国移民史》，第 4 卷，福州：福建人民出版社，1997 年，第 190 页。

## 五、客家方言群的孕育

从地域社会和文化的角度来看，两宋之际赣中北一带人口向赣南和闽西的迁移，与南宋以降汀、赣人口向粤东北一带的迁移相比，其意义和影响是完全不同的。就两宋之际赣中北一带人口向赣南和闽西的迁移而言，尽管迁入的人口规模相当大，迁移的时间也相当集中，但是，对于赣南和闽西已有的人口规模而言，这次迁移只是“人口补充型”的移民。换句话说，赣中北一带移民的到来，并没有从根本上改变赣南和闽西的人口结构，只是在某种程度上壮大了当地的人口规模。这次“人口补充型”的迁移，距离唐末五代时期赣南和闽西地区的那次“人口重建型”迁移，尽管有200多年的时差；但由于两次移民的迁出地均是赣中北一带，移民的语言和文化传统大体一致，故而，对赣南和闽西而言，它所带来的语言与文化冲击，都不是十分的明显。正因为如此，移民在进入赣南和闽西之后，虽然在很大程度上造成了当地的社会动乱，但这些动乱基本上都是由于生存资源（如土地、职业等）的匮乏所引起的，与彼此间的语言或文化差异无关。从这个意义上来讲，这场“人口补充型”的移民，只是壮大了赣南和闽西境内的人口规模，进一步强化了早期赣语在赣南和闽西的地位，使得赣南和闽西成为继赣中北之后早期赣语的又一个重要分布区域。

然而，南宋以降汀、赣人口向粤东北一带的迁移，则导致了粤东北地区的人口重建，使得当地的居民格局、语言文化均发生了根本性的变化。换句话说，这次迁移，在重建了粤东北境内人口结构的同时，也重建了当地的语言和文化传统。更为重要的是，经过这次人口与语言文化的“重建”之后，粤东北地区的语言文化版图终于被分割成两个单元。韩江以东的潮州成为闽南方言的延伸区域，而韩江以西的梅州和循州则为早期赣语所覆盖。粤东北语言文化版图的“裂变”，是赣闽粤边与周边相关区域社会与文化互动的必然结果。分析这一“裂变”的形成及其发展过程，对于理解客家方言群的形成，或许具有重要的启发性意义。

明人王士性认为：“潮州为闽越地，自秦始皇属南海郡，遂隶广至今。以形胜风俗所宜，则隶闽者为是。南干自九疑来，过大庾岭至龙南、安远，其夹汀与赣，夹建宁与建昌界，度分水而趋南坪者，正干也。至龙南不过安远即南行，接长乐、兴宁趋海丰入海者，分南行一支也。其南支实隔闽于东，广于西。故惠州诸邑皆立于南支万山之中，其水西流入广城以出，则惠真广郡也。潮在南支之外，而与汀、漳平壤相接，又无山川之限，其俗之繁华既与漳（州）同，而其言语又与漳、泉二州通。盖惠作广音而潮作闽音，故曰潮隶闽为是。"[①] 在王士性看来，韩江以东的潮州一带，无论是从自然地理的角度还是从人文地理的角度，划归福建比划入广东都更为合适。因为，从自然地理的角度来看，潮州地区不仅在地缘上与闽南互为毗邻，而且在山形水势诸方面也与闽南地区密切关联。从人文地理的角度来看，上古时期的潮州与闽南一样，都是"闽越地"，后来，潮州境内"俗之繁华既与漳同，而其言语又与漳、泉二州通"。因此，"以形胜风俗所宜，（潮州）则隶闽者为是。"王氏所列举的自然地理的因素，大体可以成立，但是，他所强调的人文方面的原因，则有待于进一步的推敲。如果从历史的角度看，潮州和闽南地区除了在上古时期同属于"闽越地"之外，在此后很长的时间内两者之间并不存在更多的历史文化关联。相反，在南宋之前，两者之间的差异却十分明显。至于王氏所说的"其俗之繁华既与漳同，而其语言又与漳、泉二州通"，应该是在经过长期的历史发展之后才出现的现象。我们不能根据这一现象就想当然地认为潮州和闽南地区自古以来就是一个具有内在一致性或同质性的社会文化单元。

其实，就历史时期潮州的行政归属而言，王氏"自秦始皇属南海郡，遂隶广至今"的断语，也是不能成立的。有唐一代，潮州的行政归属就曾一变再变。贞观初年，分天下为十道，潮州与福建各州一起隶于江南道。景云二年（711）开始，潮州隶属于福建都督府。开元二十一年（733）起，潮州又隶于福建经略使。次年，潮州又与漳州一起，改隶岭南经略使。上元元年（760），福州升为节度使，漳、潮二州又复归福州管辖。大历六年（771），

① （明）王士性：《广志绎》卷4《江南诸省》，周振鹤点校：《王士性地理书三种》，上海：上海古籍出版社，1993年，第363页。

福州罢节度使，改为团练观察处置使，潮州再改隶岭南节度使。① 自此以后，潮州在行政上才彻底地结束了与福建的关系，稳定地隶属于岭南（即后来的广东）的行政大区。因此，王氏所谓“自秦始皇属南海郡，遂隶广至今”的结论，也是站不住脚的。

潮州在行政区划上划归福建还是划归广东更为合适，不在我们的讨论范围。我们所要关心的是，潮州在唐代中后期结束了与福建的行政隶属关系之后，为什么一直稳定地隶属于岭南，而再无改隶福建的可能？这其中一个非常重要的原因就在于，五代时期闽与南汉的长期割据及其对峙。因为，政治上的割据与军事上的对峙，不仅会导致割据区域内文化同质性或均质性程度的提高，而且还会对不同割据区域间文化边界的形成及确定产生深远的影响。纵观历史，某一区域的政治割据版图，往往与某个地域性的语言与文化版图大体一致。先秦时期的吴、越，对应于后来的吴方言文化区，楚对应于后来的湘方言文化区，都是典型的例子。

五代时期，包括漳州在内的闽南地区为王氏的闽所割据，而韩江以东的潮州一带则为刘氏的南汉所割据。由于漳、潮一线既是闽与南汉的版图界线，又是双方军事对峙和武装冲突的前沿阵地，故而，这块在自然地理上连成一片的平原，经过双方的长期争夺与反复较量之后，终于分化成为两个人文区域。北宋初年的乐史曾观察到，当时潮州一带风俗“与南海同”②，而同一时期漳州一带的风俗则“同泉州”③。这一事实表明，最晚从北宋初年开始，漳、潮已分属于两个不同的文化区域。宋人在进行行政区域的划分时，除了考虑山形水势等自然地理的因素之外，往往还十分注重人文的因素。由于漳、潮之间的文化差异从宋初开始已十分明显，故而，在宋代的政区划分中，风俗“同泉州”的漳州，与泉州一起被划入福建路，而风俗“与南海同”的潮州，则与广州一起被划入广南东路。从这个意义上来讲，“与汀、漳平壤相接”的潮州，最终之所以脱离福建而被划入广东，其直接的原因乃在于五代时期闽与南汉的政治割据所造成的区域文化“裂变”。宋代的政区划分，只

---

① （明）黄仲昭：《八闽通志》卷1《地理·建置沿革》；（清）雍正《广东通志》卷5《沿革》。

② （宋）乐史：《太平寰宇记》卷158《岭南道二·潮州》。

③ （宋）乐史：《太平寰宇记》卷102《江南东道十四·漳州》。

是直观地反映了这一“裂变”的事实，而并非相反。

由政治割据而导致的漳、潮之间的区域文化“裂变”，在南宋以后开始被不断地修复。有宋一代，福建人口大增，人地矛盾持续恶化。按《宋史·地理五》的说法，就是“土地迫狭，生籍繁夥……亩值寖贵，故多田讼”。早在北宋中期，福建路的人稠地狭问题就已经引起了朝廷上下的议论。皇祐二年（1050），宋仁宗曾问大臣说：“古有迁民于宽闲之地，今闽、蜀地狭，其民亦可迁乎？”在经过一番讨论之后，仁宗乃诏谕福建路的百姓，“愿徙者听之”。[①] 南宋初年，由于河谷丘陵已开辟殆尽，福建百姓遂向较高的山地寻找新的耕地。据南北宋之交的方勺记载：“七闽地狭瘠，而水源浅远，其人虽至勤俭，而所以为生之具，比他处终无有甚富者。垦山垅为田，层起如阶级……朱行中知泉州，有‘水无涓滴不为用，山到崔嵬犹力耕’之诗，盖纪实也。”[②] 李纲也曾观察到：“今闽中深山穷谷，人迹所不到，往往有民居，田园水竹，鸡犬之音相闻。”[③] 随着人地矛盾的不断加深，向外转移人口已成为必然之势。早在北宋后期，福建的对外移民就已开始呈规模化的趋势。据南宋初年的曾丰记载：“居今之人，自农转而为士、为道、为释、为技艺者，在在有之，而唯闽为多。闽地褊，不足以衣食之也，于是散而之四方，故所在学有闽之士，所在浮屠、老子宫有闽之道、释，所在阛阓有闽之技艺。其散而在四方者固日加多，其聚而在闽者率未尝加少也。”[④] 由于潮州与漳州毗邻，福州、泉州等地的百姓向南越过漳州即可进入潮州境内，故而，这里成为福建移民的首选之地。[⑤] 随着大批福建移民的南下，由漳州进入潮州的“漳潮道”，在南宋时期已成为东南沿海地区进入岭南的重要通衢。南宋的刘克庄就曾不无感叹地写道：“问涂四方者，必有嘉禾清泉可憩濯，传舍行店可依止。南辕则不然，路益荒，人益稀，极目数十里，无寸木滴水，无传舍行店。昔人酌地里之中，各创庵焉……由漳至潮，号畏涂。今深茅丛苇中，轮

① （宋）李焘：《续资治通鉴长编》卷168，皇祐二年六月乙酉。

② （宋）方勺：《泊宅编》卷，北京：中华书局，1983年，第15页。

③ （宋）李纲：《梁溪集》卷12《桃源行并序》。

④ （宋）曾丰：《缘督集》卷17《送缪帐干解任诣铨改秩序》。

⑤ 关于宋代福建移民迁入潮州的详细情况，请参阅吴松弟：《中国移民史》，第4卷，福州：福建人民出版社，1997年，第184～185页。

奂突出，钟鱼相闻，筦簟薪水，不戒而具，与行中州无异。”① “漳潮路”由过去的“畏途”转而成为“轮奂突出，钟鱼相闻”的通衢大道，与大批福建移民南下潮州密切相关。大批福建移民的到来，在改变了潮州地区人口结构的同时，也彻底地改变了当地的语言文化格局。南宋时期编修的潮州《图经志》曰：“潮之分域隶于广，实古闽越地。其言语嗜欲与闽之下四州颇类，广、惠、梅、循操土音以与语，则大半不能译。惟惠之海丰于潮为近，语音不殊。”② 南宋中期的余崇龟说：“初入五岭，首称一潮。土俗熙熙，有广南福建之语……境虽有闽、广之异，而风俗无漳、潮之分。”③ 祝穆在《方舆胜览》中亦引时人诗文云：“土俗熙熙，无福建、广南之异。”④ 所谓“言语嗜欲与闽之下四州颇类”，所谓“广南福建之语”，所谓“风俗无漳、潮之分”和“无广南、福建之异”，都说明了这样一个事实：最迟在南宋中叶，潮州与漳州在语言文化方面的差异已基本消失，原先只流行于福建境内的闽语，⑤现在已成了潮州的通行语言，潮州已名副其实地成为福建文化的一个延伸区域。

像潮州一样，韩江以西的梅州，五代时期也为刘氏的南汉政权所割据。正因为如此，在北宋初年的乐史看来，这里的风俗也像潮州一样，与“南海同”⑥。这一事实告诉我们，至少在北宋初年，粤东北的潮州和梅州在语言文化及民俗事象等方面，大致相似，并无明显的差别。然而，最晚从南宋中期开始，梅州与潮州之间的语言文化分野已十分明显。关于潮州，南宋中期问世的两部地理总志——《舆地纪胜》和《方舆胜览》，都强调了它与漳州在语言、民俗方面的一致性。对此，前文已有多处的引述。然而，在谈到梅州时，《舆地纪胜》的结论是这里的“民俗风气”与汀、赣同。⑦ 所谓“民俗

---

① （宋）刘克庄：《后村先生大全集》卷89《漳州鹤鸣庵记》。

② 《永乐大典》卷5343“潮”部。

③ （宋）王象之：《舆地纪胜》卷100《广南东路·潮州》引余崇龟《贺潮州黄守》。

④ （宋）祝穆：《方舆胜览》卷36《潮州》。

⑤ 《宋史》卷267《刘昌言传》：“刘昌言……泉州南安人……（太宗时）迁右谏议大夫，同知枢密院事。昌言骤用，不为时望所伏，或短其闽语难晓。太宗曰：‘惟朕能晓之。’”这是记录“闽语”这一称谓的最早文献。据此推知，闽语当形成于王氏割据福建时期。

⑥ （宋）乐史：《太平寰宇记》卷160《岭南道四·梅州》。

⑦ （宋）王象之：《舆地纪胜》卷102《广南东路·梅州》。

风气”，当然也包括方言在内。《方舆胜览》虽然没有直接提到这一点，但也强调：“（梅州）介汀、赣之间，颇存犷俗。”① 从两书对潮州和梅州“民俗风气”的不同描述来看，最晚在南宋中期，潮州和梅州的方言已截然不同。潮州流行的是“广南福建之语”，而梅州流行的则是“与汀、赣同”的早期赣语。南宋时期编修的潮州《图经志》，对潮、梅之间的方言边界还有着这样的描述：“至潮、梅之间，其声习俗又与梅阳（州）等。”② 所谓“潮、梅之间”，则相当于今天的大埔至丰顺一带。由此可见，当时潮、梅之间的方言边界，当在潮州西侧的凤凰山一线。

南宋中期潮州和梅州在方言上的分野，是粤东北地区语言文化版图“裂变”过程中的一个标志性事件。经过这次“裂变”，粤东北地区的语言文化版图被一分为二，韩江以东的潮州，成为闽南方言的一个延伸区域，而韩江以西的梅州，则与赣南、闽西一起，成为早期赣语的一个延伸区域。在这以后，潮州移民又与陆续南下的闽南移民一起，沿粤东沿海向南推进，从而将闽南方言进一步推到雷州半岛和海南岛一带，而梅州移民则与陆续南下的汀州移民一起，向惠州、循州一带推进，从而将早期赣语推到广东的中部地区。这两支随移民南下的方言，与以广州为核心的粤方言一起，构成鼎足之势。它们之间在经过长期的互动之后，最终将广东的语言版图一分为三。现代的广东方言地理，就是在这个三足鼎立的基础之上发展起来的。

潮、梅方言的最终分野以及梅州“民俗风气”与汀、赣的趋同，都向我们昭示了这样一个事实：最迟在南宋中期，江南西路（江西）、福建路（福建）和广南东路（广东）的毗邻地区（赣闽粤边），已形成为一个具有内在一致性的方言文化区。关于该方言的特征，南宋人陈一新在《跋赡学田碑》一文中，有这样的记述：“闽有八郡，汀邻五岭，然风声气息颇类中州。”③ 所谓“风声气息”，当然包括方言在内。考乾隆《福建通志》，“陈一新，字又之，永春州人。绍熙元年（1190）进士……为汀州教授”④。从陈氏的经历

① （宋）祝穆：《方舆胜览》卷36《梅州》。
② 《永乐大典》卷5343“潮”部。
③ （宋）王象之：《舆地纪胜》卷132《福建路·汀州》引陈一新《跋赡学田碑》。
④ （清）乾隆《福建通志》卷48《人物》。

来看，该文当在他出任汀州教授时所作，时间应在绍熙元年以后，与前文所说的南宋中期相吻合。从陈氏的这一记述可以看出，当时福建境内其他各州的方言，已与中原地区相去甚远①，只有汀州一带的方言，与中原近似。据此，则赣州和梅州一带的语言，也应该“颇类中州”。

也许有人会说：既然南宋中期赣州、汀州和梅州一带的方言已趋于一致，而且该方言与邻近的闽南和潮州一带方言已划然可分，故而，客家方言（群）最迟在南宋时期已经形成。② 对此，我们的答案是否定的。因为，仅仅从南宋时期赣州、汀州和梅州一带语言的一致性以及汀、梅方言与闽南方言的差异性之中，我们还很难判断此时的赣闽粤边已形成了一个全新的方言——客家方言。如前所述，从人口源流的角度来看，赣闽粤边的居民主要有两个部分构成，一部分是由江西中北部一带迁来的移民的后裔，另一部分则是由湖南境内迁来的苗瑶语族的后裔。其中，由江西中北部一带迁来的移民后裔，又可分为两个层次，一个是唐代后期至五代时期迁来的移民后裔，另一个则是两宋之际迁来的移民后裔。从陈一新“风声气息，颇类中州”的描述中，可以推知当时赣闽粤边的通行语言是“颇类中州”的汉语，而非苗瑶语族的语言。换句话说，在赣闽粤边的居民格局中，由江西中北部一带迁来的移民后裔，是其中的主体，而苗瑶语族的后裔只是一个“补充”。既然由江西中北部一带迁来的移民后裔，成为赣闽粤边居民格局中的主体，因此，这里原先通行的应该是江西中北部一带的语言——早期赣语。如果我们无法证明南宋中期赣闽粤边的语言与早期赣语之间已有着显而易见的差异，那么，也就无法认定此时通行于赣闽粤边的语言就是客家方言。

基于江西中北部一带的移民后裔构成赣闽粤边居民主体的这一事实，我们可以对赣闽粤边境内的语言发展态势作这样的估计：当唐末五代时期赣中北一带的移民进入赣南和闽西之后，早期赣语遂开始在赣南和闽西一带流行

① 与陈一新同时的刘克庄，在一首歌咏漳州风物的诗中写道：“庵远人稀行未休，风烟绝不类中州。”（《后村先生大全集》卷12《木棉铺》），可见当时漳州一带的“风声气息”已与中州相差甚远。

② 持这种观点的学者很多，但论证最为系统和有力的只有谢重光。详请参阅谢重光：《从客家方言的形成看客家民系的形成——再论客家形成于南宋时期》，黄玉钊主编：《客从何来》，广州：广东经济出版社，1998年，第392～397页；《闽台客家社会与文化》，福州：福建人民出版社，2003年，第86～89页。

开来。据乐史《太平寰宇记》一书的记载，北宋初年，赣南地区的风俗“同吉州”①，而同一时期吉州的风俗则“同洪州”②。由此可见，在北宋初年的人看来，江西从北到南，都属于同一个风俗文化区。此时赣南地区的语言，应该是通行于赣中北一带的早期赣语的自然延伸。北宋时期，不论是赣中北一带，还是赣南和闽西，都未曾接受过大规模的外来移民，因此语言的变化不会很大。通行于赣南和闽西一带的语言，自然不会与流行于赣中北地区的早期赣语相差甚远。南北宋之交，赣中北一带的第二波移民进入赣南和闽西。由于移民的迁出地与迁入地属于同一个方言文化区，故而，这批移民的到来，并没有改变赣南和闽西的语言格局。

由于方言资料的匮乏，目前还很难对赣闽粤边由原先的早期赣语转而演化成为客家方言的具体过程得出清晰而且明确的结论。不过，从前文所讨论的粤东北语言文化版图的裂变过程中，依然可以做出这样的估计：既然两宋之际由福建“下四州”迁入潮州一带的移民后裔，在南宋中期依然讲“福建之语”，那么，同一时期由江西中北部迁入赣南、闽西，稍后又由赣南和闽西迁入粤东北梅州一带的移民及其后裔，也应该讲通行于江西中北部一带的早期赣语。换句话说，南宋中期通行于赣闽粤边的语言，尽管在东线区别于闽南方言，在南线也区别于粤方言；但是，其北线却一直延伸到江西的中北部一带。正因为如此，南宋中期通行于赣闽粤边的语言，依然只是早期赣语的自然延伸形态，而并非已演变成为一个全新的方言形态。

从现有的片段资料来看，赣闽粤边与江西中北部一带在语言上的分异，最早出现在宋末元初。南宋末年的文天祥曾有这样的记述：赣州一带“风土习俗，与吉州不同”③。这一记述，与北宋初年乐史的观察形成鲜明的对照。所谓“风土习俗”，应该包括语言在内。文氏为吉州吉水县人，曾知赣州多年，举兵“勤王”失败后，率宋军残部在赣南与元军周旋多年。因此，他的这一记述，应该是可信的。

从文氏的记述中不难推断，最迟在南宋末年，赣南与赣中一带在语言上

---

① （宋）乐史：《太平寰宇记》卷108《江南西道六·虔州》。
② （宋）乐史：《太平寰宇记》卷109《江南西道七·吉州》。
③ （清）雍正《江西通志》卷26《风俗》引文天祥语。

的分异已经开始。不过，由于这则记载过于简略，我们还无法据此就认为此时赣闽粤边的语言已完全摆脱了早期赣语的影响而迈上了独立发展的里程。考虑到语言的稳定性和连续性等因素，我们认为，把赣闽粤边语言与江西中北部一带语言的最终分野划定在元代，可能是比较合适的。也就是说，后来通行于赣闽粤边的语言——客家方言，其正式形成的时间当不会早于元代。根据方言与方言群的对应关系，则客家方言群的正式形成也不会早于元代。

也许有人会问：为什么由福建下四州的移民带到潮州一带的语言，后来一直作为闽南方言的一个次方言形态而存在，而由江西中北部移民带到赣闽粤边的语言，在经历了作为早期赣语的自然延伸形态之后，会演变成为一个全新的方言系统呢？个中的原因，当从以下几个方面求之。

首先，从地理环境的角度来看，如前所述，潮州与闽南不仅“平壤相接”，而且“无山川之限”，正是这种地理环境保证了潮州“俗之繁华既与漳同，而其言语又与漳、泉二州通”。与此形成鲜明对照的是，赣南与赣中北一带尽管山水相连，但彼此却为高山大川所阻隔。在古代的交通和资讯条件下，这种阻隔不仅严重地影响到赣中北一带的语言与文化向赣南的扩散，而且还直接阻碍着两地人民之间的交往。正因为如此，尽管唐宋以来赣南一直稳定地隶属于江南西道（路），但在当时的人看来，赣南与江南西道（路）的联系，远没有它与岭南的联系密切。北宋中期的王安石就认为，“虔于江南地最旷，大山长谷，荒翳险阻，交、广、闽、越铜盐之贩，道所出入”①。南宋的洪迈，更是用“接瓯闽百粤之区，介溪谷万山之间”② 来描述赣南的地理形势。正是由于地理上的阻隔，使得赣中北一带的移民所带来的语言，在经历了与母语的长期隔离之后，或者由于母语自身的变化，或者由于其他的原因，遂开始与母语相分离。伴随着这一分离过程的最终完成，一个完全独立的、与母语差异明显的新方言系统，便应运而生了。

其次，从地缘关系的角度来看，赣语与闽语的发展环境完全不同。福建境内没有纵贯南北的大江大河与江、淮流域相联络，故而，在过去很长的历

① （宋）王安石：《王文公文集》卷34《虔州学记》，上海：上海人民出版社，1974年，第401页。
② （清）雍正《江西通志》卷4《形胜》引洪迈语。

史时期内，福建与中原及北方的联系，都是极其松散的。就方言地理的角度而言，纵贯江、浙两省大部分地域的吴方言区，像一个巨大的楔子，把闽语区与北方方言区完成割开。正是由于这种地缘上的关系，使得闽语很少受到北方汉语的影响。据《宋史》卷267《刘昌言传》记载："刘昌言，字禹谟，泉州南安人……昌言骤用，不为时望所伏，或短其闽语难晓。"由此可见，最晚从北宋初年开始，"闽音"、"闽语"就已与北方汉语相差甚远。在两宋之际北方人口大规模南迁的过程中，福建境内尽管也接纳了相当数量的北方移民人口，但由于闽语在经过长期的发展之后，与北方汉语之间的差异已十分明显，故而，随移民而来的北方汉语，对闽语的影响也就微乎其微。由于北方移民所带来的语言对闽语的影响极其有限，故而，迁入潮州一带的移民及其后裔，在语言上与其原乡并无太大的差别。从南宋时期的有关记述来看，不仅潮州一带的福建移民后裔讲着"与漳、泉二州通"的闽南方言，即使是迁往钦州一带的福建移民，也都讲着与原乡一致的"闽语"或"闽音"。据周去非《岭外代答》记载："钦民有五种，一曰土人……四曰射耕人，本福建人，射地而耕也，子孙尽闽音。"① 由此可见，只要原乡的母语没有太大的变化，移民区域大体也会演变成为与母语关系十分密切的次方言区域（如潮州），而不太会形成全新的方言区域。

反观江西，其北部一带正当长江中游的要塞之地，自赣州直流而下的赣江，又将赣中大地与江、淮流域连成一气。这种地缘关系，按南朝雷次宗的说法，就是"咽扼荆淮，翼蔽吴越"②。初唐的王勃，在《滕王阁序》中，也用"襟三江而带五湖，控蛮荆而引瓯越"来描述这种地缘关系。正因为如此，自唐代中期以来，江西的中北部一直是北方人口南下的重要迁入地或中转站。通行于江西中北部一带的早期赣语，就是在唐代中叶因安史之乱而引发的北方人口大规模南迁而形成的。然而，由于江西的中北部一带在地缘上与江、淮连成一气，故而，其境内的语言很容易受到北方汉语的影响。北宋时期，随着中国文化中心由北而南的转移，江西的中北部一带曾涌现出一大

① （宋）周去非：《岭外代答》卷3《五民》。

② （清）雍正《江西通志》卷4《形胜》引雷次宗《豫章记》。

批经国济世的人才。然而，他们在北宋政坛的出现，却从来没有引起过类似于前文提到刘昌言那样的尴尬——由于方音方言的“难晓”而为北人所“短”。由此可见，晚至北宋时期，在赣语与北方汉语之间，可能存在着一定的差异，但这种差异远没有闽语与北方汉语之间的差异来得大。在由靖康之乱所引发的中国历史上第三次北方人口大规模南迁过程中，江西中北部一带成为继江南之后接纳北方移民人口最多的地区，所以南北宋之交的李纲，才有“东北流移之人，布满江西”① 的感叹。大量的北方移民人口在短时期内的集中迁入，使得通行于江西中北部一带的语言开始发生微妙的变化。由于赣语与北方汉语之间差异较小，故而，两者之间的交汇与融合便很容易展开。② 随着这种交汇与融合的展开，形成于唐代中期的早期赣语，与北方汉语的关系越来越近。现代的赣方言，就是早期赣语在经历了与北宋时期北方汉语的交汇、融合之后才演变而来的。在今天所有的南方方言中，只有赣方言与北方汉语关系最近，相似性最多，其原因也就在此。两宋之际由赣中北迁往赣南和闽西的那部分移民，由于其迁出的时间与北方移民迁入赣中北一带的时间大体相同，故而，他们所带来的语言，是尚未与北方汉语发生交汇和融合的早期赣语。两者之间的分异，恰在于此。直到今天，客家方言不论是在语音还是在词汇方面，都比赣方言更多地保留了古代汉语的某些特征。其深层的原因，也正在此。

当然，赣闽粤边的语言之所以由原先的早期赣语最终演变成为客家方言，除了赣中北一带的母语由于受北方汉语南下的影响而造成两者之间的语言分异之外，赣闽粤边内部的民族语言成分，也是一个至关重要的因素。其中的本末原委，我们将在下一章作详细的讨论。

---

① （宋）李纲：《梁溪集》卷101《条具防冬利害事宜奏状》。

② 我们在现实生活中也经常发现，两个操近似语言的人，往往更容易以各自的语言与对方交流，相反，如果彼此的语言差异很大，则只能用其中一方的语言来进行交流。前一种情况显然更容易导致两种语言的交汇与融合，而后一种情况则导致一种语言对另一种语言的覆盖或替代。

# 第六章 民族融合与客家方言群的形成

以江西中北部移民后裔为主体的赣闽粤边居民共同体，最终之所以没有像潮州地区的居民成为福佬人那样，成为赣方言群的一个组成部分，而是形成一个独立的汉语方言群——客家人，其中一个非常重要的原因就在于：六朝至唐宋时期辗转迁徙而来的苗瑶语族先民，在赣闽粤边的居民格局中也占有相当的比重。陆续播迁而来的苗瑶语族先民，在不断地融合当地土著民族的血缘与文化之后，最晚于南宋时期正式在闽西南和粤东北一带形成畲族。畲族在闽西南和粤东北一带形成之日，正是赣闽粤边的汉族人口持续增长和区域开发节奏不断加快之时。随着人口的持续增长和区域开发节奏的不断加快，原先主要生活在平原河谷地带的汉人与基本上生活在高山岭谷地带的畲族之间的相对隔绝状态终于被打破，相互间的联系与交往遂由此展开。正是在这种联系与交往之中，赣闽粤边的汉族与同样生活在这片土地上的畲族之间，展开了血缘与文化上的融合。客家方言群正是伴随着双方在血缘与文化上的融合进程而形成和发展起来的。

南宋以降赣闽粤边的畲族与汉族之间的血缘与文化融合，是一个漫长而又曲折的历史过程。伴随着这一过程的展开，赣闽粤边的民族格局和语言文化版图均发生了显著的变化。形成并聚居于赣闽粤边的畲族，一部分融进了当地的汉族社会，从而成为客家方言群的另一个重要源头；另一部分则星散四方，播迁到福建省的东北部、浙江省的南部、江西省的北部，甚至远徙到安徽省的中部一带。据 20 世纪 80 年代的调查，“畲族总人口约 368000 余人（1982），其中福建省208000余人，浙江省 147000，江西省 7000 余人，广东省 3000 余人，安徽省1000余人。他们居住分散，大多有自己的聚居村落，交错杂处于汉族村落之中，也有村落是畲、汉两族人民杂居在一起，形成大分散、小聚居的分布格局”①。而作为畲族发祥地的赣闽粤边，后来非但没有大片的畲族聚落，而且连畲族的人口也屈指可数（整个赣闽粤边的畲族人口尚不足5000）。② 对于那些散处各地的畲族而言，尽管由于种种原因，他们没有与赣闽粤边的汉人发生血缘上的融合；但是，客家方言群的文化对他们的影响，依然深刻而且久远。20世纪50和80年代的两次畲族社会历史调查结果表明，由赣闽粤边原聚居地播迁到各地的畲族，不仅被迁入地的汉人称为“客家”，而且有时还自称“客家”。例如，居住在浙江景宁县东衕村山腰间的畲族，“自称SAN HAK，音译‘山客’……汉人叫他们‘客家人’，说他们是以后迁来的客人，有时称‘畲民’，但比较少。这些称呼在很久以前就有，是表示客气的。他们对汉人也自称‘客家人’或‘畲民’”。③ 更为重要的是，后来的畲族尽管星散四方；但是，他们的语言却基本一致。除广东惠阳、海丰、增城和博罗一带约有1000多的畲族人口（占畲族总人口的4‰）讲苗瑶语族苗语支的畲语之外，其他星散各地、占总人口99%以上的畲族，都使用汉语的客家方言。④ 从被称为“客家”，到自称为“客家”，再到99%以上的人口都讲客家方言，所有这些都说明了这样一个事实：尽管他们并没有与赣闽粤边的汉族发生血缘上的融合，但客家方言群在语言和文化方面对他们所产生的深刻影响，却是显而易见的。

对于赣闽粤边的汉族而言，他们与畲族之间血缘与文化上的融合，不仅壮大了自身的人口规模，而且还使得其原有的语言文化特质发生了显著的变化。赣闽粤边的语言之所以由原来的早期赣语转而演变成为一支独立的汉语方言——客家方言，畲族语言（指尚未被客家方言同化的畲语，在语言的谱

---

① 施联朱等：《畲族社会历史调查·编者的话》，福州：福建人民出版社，1986年，第1页。

② 据1982年的人口普查，作为畲族发祥地的赣闽粤边只有零星的畲族人口。其中，赣南的畲族人口为489（主要分布在兴国，人口总数为471）；闽西原汀州地区的畲族人口为2134（宁化县1577，清流县178，明溪县35，长汀县328，永定县12，上杭县2，连城县2）；粤东潮汕地区的畲族人口为1852（潮安县1682，海丰县112，潮州市35，汕头市10，其他各县13）；梅州地区的畲族人口为303（丰顺县296，其他各县7）。详请参阅施联朱等：《畲族社会历史调查》，福州：福建人民出版社，1986年，第374～376页。

③ 施联朱等：《畲族社会历史调查》，福州：福建人民出版社，1986年，第3页。

④ 毛宗武、蒙朝吉：《博罗畲语概述》，施联朱主编：《畲族研究论文集》，北京：民族出版社，1987年，第341～370页；罗美珍：《畲族所说的客家话》，同上书，第314～340页。

系上属苗瑶语族苗语支）的加入，应该是促成这一演变的不可忽视的介质。至于畲族在衣食住行、耕作方式、精神文化等各个层面对客家方言群所产生的深刻影响，更是史迹昭昭，斑斑可考。① 可以毫不夸张地说，在赣闽粤边的社会文化发展进程中，如果没有畲族文化的参与，也就不可能形成具有浓郁地域特征和强烈个性色彩的客家文化。

南宋以降共同生活在赣闽粤边的畲族和汉人之间，是如何展开其血缘与文化融合的？这种融合又是如何具体而微地改变了当地的民族格局和语言文化发展逻辑的？这种改变对于客家方言群的形成与发展而言又产生了哪些深刻的影响？本章将就这些问题展开详细的讨论。

## 一、赣闽粤边民族融合的展开

从严格的意义上来讲，当第一批苗瑶语族的先人首次踏入赣闽粤边的那块土地上的时候，他们与先期而来的汉人之间的融合就已开始。不过，从总体上来看，由于那时赣闽粤边的汉族人口规模不大，尤其是在闽西和粤东北一带，汉族人口极其有限，故而双方之间的接触与交往也不可能十分频繁。从现有的材料来看，双方之间比较频繁的联系与交往，开始于南宋时期。由于靖康之乱后江西中北部一带移民的大规模南下，加之赣闽粤边自身人口的不断增长，故而，从南宋中期开始，赣南和闽西一带的人地矛盾持续紧张。在巨大的人口压力之下，原本习惯于在平原河谷地带从事生产与生活的汉人，开始向丘陵和半山地带拓殖，以开垦新的耕地。在赣南，以地处南岭九连山地区的安远县为例，南宋淳熙年间（1174—1189），该县主客户合计5422，但是，到宝庆年间（1225—1227），已增长到9157，② 增长率几达70%，远远

① 讨论客家文化与畲族文化之间关系的论著很多，其中比较有代表性的论文有蒋炳钊：《试论客家的形成及其与畲族的关系》，台北"中央研究院"民族学研究所编印：《台湾与福建社会文化研究论文集二》，1995年；蒋炳钊：《客家文化是畲汉两族文化互动的产物》，台北"中央研究院"编印：《聚落、宗教与族群关系》，2000年。以上两文又收入作者论文集《东南民族研究》一书，厦门：厦门大学出版社，2002年，第392～434页。吴永章：《客家文化是以汉族为主体的多元文化》，收入作者论文集《民族研究文集》，北京：民族出版社，2002年，第484～499页。

② （明）嘉靖《赣州府志》卷4《食货·户口》。

高于赣州同一时期的平均增长率。① 这一事实说明，最晚从南宋中叶开始，赣南南部山区一带的开发，已具有相当的规模。在闽西，李纲在南宋初年就有“今闽中深山穷谷，人迹所不到，往往有民居。田园水竹，鸡犬之音相闻”② 的描述。随着赣闽粤边的区域开发由平原河谷地区向半山一带推进，汉人和畲族之间的交往开始日益增多，双方的融合也由此展开。南宋人刘克庄的《漳州谕畲》一文，就透露出当时畲汉融合的诸多历史讯息——

自国家定鼎吴会，而闽号近里。漳尤闽之近里，民淳而事简，乐土也。然炎、绍以来，常驻军于是，岂非以其壤接溪峒，茆苇极目，林菁深阻，省民、山越往往错居。先朝思患豫防之意远矣。凡溪峒种类不一，曰蛮，曰傜，曰黎，曰蜒，在漳者曰畲。西畲隶龙溪，犹是龙溪人也。南畲隶漳浦，其地西通潮、梅，北通汀、赣，奸人亡命之所窟穴。畲长技止于机毒矣，汀、赣贼入畲者，教以短兵接战，故南畲之祸尤烈。二畲皆刀耕火耘，崖栖谷汲，如猱升鼠伏，有国者以不治治之。畲民不悦（役），畲田不税，其来久矣。厥后贵家辟产，稍侵其疆；豪干诛货，稍笼其利；官吏又征求土物密蜡、虎革、猿皮之类。畲人不堪，诉于郡，弗省。遂怙众据险，剽掠省地，壬戌（理宗景定三年，即 1262 年）腊也。前牧恩泽侯有以激其始，无以淑其后。明年秋，解去。二倅迭摄郡，寇益深，距城仅二十里，郡岌岌甚矣。帅调诸寨卒及左翼军统领陈鉴、泉州左翼军正将谢和，各以所部兵会合剿捕，仅得二捷。寇暂退，然出没自若，至数百里无行人。事闻朝家，调守，而著作郎兼左曹郎官卓侯首膺妙选……侯榜山前曰：“畲民亦吾民也，前事勿问，许其自新。其中有知书及土人陷畲者，如能挺身来归，当为区处，俾安土著。或畲长能帅众归顺，亦补常资。如或不投，当调大军，尽锄巢穴乃止。”命陈鉴入畲招谕。令下五日，畲长李德纳款。德最反复桀黠者。于是西九畲酋长相继受招。西定，乃并力于南……南畲三十余所酋长，各籍户口三十余家，愿为版籍民。

二畲既定，漳民始知有土之乐。余读诸畲款状，有自称盘护孙者。彼畲

① 据嘉靖《赣州府志》卷4《食货·户口》统计，同一时期赣州户数的平均增长率不到10%。
② （宋）李纲：《梁溪集》卷12《桃源行并序》。

曷尝读范史（指范晔《后汉书·南蛮传》——引者），知其鼻祖之为盘护者？殆受教于华人耳。此亦溪峒禁防懈而然欤！①

从这则记载中，我们可以得出如下结论：

其一，赣闽粤边的畲汉融合进程，是在宋室南渡的大背景之下开展起来的。宋室南渡之后，随着政治中心的南移，原先地处边陲的赣闽粤边，遂成为距离政治中心不远的“近里”。在这种情况之下，中央政府对这一带的控制不断加强，“畲民不役，畲田不税”的历史传统开始不复存在。南宋初年，朝廷在赣南一带曾大规模用兵，以镇压“峒寇”、“山寇”。据《宋史·岳飞传》记载，绍兴三年（1133），“虔、吉盗连兵寇掠循、梅、广、惠、英、韶、南雄、南安、建昌、汀、邵武诸郡，帝乃专命（岳）飞平之。飞至虔州，固石洞贼彭友率众至雩都迎战……皆破降之”。有关这次军事行动，《三朝北盟会编》的记载更为详细：绍兴三年，岳飞“再奏复收虔州山贼……先令人探察其贼首系彭铁大（即彭友——引者）、廖八姑、王胜、李洞天等，约兵十余万，山贼寨百余座……两月间捉大小首领五百余人”②。岳飞自己在《再论虔州平盗赏申省札子》中也说：“契勘今年讨捕虔、吉州界盗贼山寨计数百座，其吉盗如彭铁大、李动天（即李洞天——引者）两寨连接，肆毒，其徒多至数万，犯江西、湖南。”③ 彭友等人之所以被称作“山贼”，正是由于他们具有苗瑶语族的背景。据李纲在此前的调查，“彭铁大约有数千人，见在桂阳县界上作过”④，“贼首彭铁大名友，系在郴州桂阳县宜成乡三单团作过”⑤。郴州桂阳县是宋代苗瑶语族的聚居地之一。据此推测，彭友等人当具有苗瑶语族的背景。清代编修的《江西通志》记载说：“鹅峰，在瑞金县南五里。宋建炎时刘十六郎兄弟从岳武穆破峒贼倡义于此。”⑥ 这里所谓的“峒贼”，显然也是指由湘南迁来的苗瑶语族。

除了在赣南大规模用兵以弹压“峒寇”或“山寇”之外，南宋朝廷在赣

---

① （宋）刘克庄：《后村先生大全集》卷93《漳州谕畲》。
② （宋）徐梦莘：《三朝北盟会编》卷207，炎兴下帙。
③ （宋）岳珂：《金佗粹编》卷17。
④ （宋）李纲：《梁溪集》卷70《开具钱粮车马盗贼人数乞指挥施行奏状》。
⑤ （宋）李纲：《梁溪集》卷75《讨杀本路作过溃兵了当见措置杨么等贼奏状》。
⑥ （清）雍正《江西通志》卷13《山川七》。

闽粤边还屯驻了大量的军队。刘克庄所谓的“炎、绍以来，常驻军于是”，说的就是这个意思。在赣南，举凡“诸峒出入必由要冲之地”，一般均置有军寨，每寨1000人。如南安军的南安县（嘉定四年，即1211年，原上犹县改为南安县），当时就置有大传、石龙和古城三寨。除军寨之外，当时赣州和南安军还驻有禁军，瑞金有“武雄军”，会昌有“强勇军”，雩都有“平头军”，南康有“莲塘军”，再加上各县的“土军”，总兵力当有数万之众。①在这种强大的武力压制之下，不论是赣南的“峒民”，还是闽西南和粤东北一带的畲族，都无法再像以前那样游离于政府的管制之外，而只能输捐纳税，成为“版籍之民”。刘氏所谓“官吏又征求土物密蜡、虎革、猿皮之类，畲人不堪”，就是对这一过程的总结。

其二，赣闽粤边的畲汉融合，是从汉人陆续进入畲族生活的高山岭谷地带开始的。刘氏所说的“汀、赣贼入畲者”或“土人陷畲者”，应该是指赣南和闽西一带无地或失地的农民。南宋以降，赣南和闽西地区的人口急剧增长，人地矛盾不断加剧。大量无地或失地的农民为了养家糊口，只得背井离乡，陆续进入畲族生活的高山岭谷地带。他们在进入高山岭谷地带之后，一方面从畲族那里获得耕山种山的经验，另一方面又将汉人“短兵接战”的军事技术传给畲族。正是在这种联系与交往之中，彼此间的血缘与文化融合陆续展开。

在赣闽粤边的不同区域里，由于人口结构、人地关系、中央政府对不同区域的控制等因素的差异，从而使得畲汉融合的过程、模式及其影响等，也都各不相同。本书的第四章曾指出，赣南境内自汉唐以来汉族人口就一直占据主导地位，加之地处中原进入岭南的要冲之地，中央政府对这里的控制持久而又深入，所以，当苗瑶语族的人口迁入赣南之后，很快便在官方的权威和当地强大的汉文化影响之下而开始其本土化的过程，并进而成为国家的“编户齐民”。也正因为如此，赣南境内的民族融合进程，较闽西南和粤东北为快。以前文提及的彭友一事为例，彭氏刚开始在郴州桂阳县起事时，只有数千人，但是，当他来到赣南的雩都一带之后，很快便发展到十多万人。显

① （宋）陈元晋：《渔墅类稿》卷4《申措置南安山前事宜状》、卷5《赣州清平堂记》。

然，这十多万人中，有相当一部分是赣南当地的汉族，也就是刘克庄所谓的“土人陷畲者”。与彭友一起被列为“贼首”的李洞天，就是赣南当地的汉人。据《金佗续编》记载：“虔州村民李淘者，长大有膂力，乡人畏之。后彭铁大与王彦、廖家姊妹三人倡乱，淘从之，众以为首领，号李洞天。”① 由此可见，以彭友为首的这支武装力量，应该是由赣南本地的汉人和部分由湖南郴州一带迁入赣南境内的苗瑶语族联合而成的。这一事实表明，早在南宋初年，赣南境内的汉人与迁徙而来的苗瑶语族之间，已有着相当程度的融合。再以第四章提到的南宋嘉定年间李元砺发起的郴州黑风峒事件为例。据文献记载，“黑风峒者，在郴、吉之间，而属桂阳县。有罗孟二者名世传，其酋首也……［嘉定元年（1208）二月］世传出掠省地，已而受招，诏补承节郎。世传之犯省地也，郴州举人李元砺尝助官军击贼。元砺，曾口人，以武断乡曲，群盗皆畏之。比世传受招，论功行赏，而元砺不及，遂去为盗，盗推为帅。时江湖方艰食，饥民及汰去之兵多附之，遂至数万”②。显而易见，所谓“黑风峒寇”，也是由苗瑶语族与汉人共同组成的。这次事变被平息以后，曾有一部分苗瑶语族的人口落籍赣南的南部山区一带。据时人陈元晋记载：“南安林峒，自嘉定间罗孟二、李元砺作过，以至年来时作时止，狼子野心，委是难以保信。”陈氏还报告说：“南安林峒，多有随贼出草，有过无归。不齿于乡里之人，与夫单身盐子、被罪逃军、打把、弓手等人，身手可用，无所顾籍，出入林峒，伺机喜乱，诱胁良民，唱乎生事，皆由此曹。”③ 陈氏所说的“不齿于乡里之人”以及“单身盐子、被罪逃军、打把、弓手等人”，都应该是赣南当地的汉人。他们出入林峒，与迁徙而来的苗瑶语族一起“唱乎生事”，说明彼此之间已有着相当程度的融合。

其三，除汉人进入畲区这一途径之外，官方的招抚措施也在一定程度上促进了赣闽粤边的民族融合。刘克庄在《漳州谕畲》一文中提到的卓德庆（即卓侯），就是运用招抚之策而使得“西畲”和“南畲”成为国家的“版

① （宋）岳珂：《金佗续编》卷28。

② （宋）无名氏：《两朝纲目备要》卷11，嘉定元年二月，另一无名氏编撰的《宋史全文》卷30相关记载与此大同小异。

③ （宋）陈元晋：《渔墅类稿》卷4《申措置南安山前事宜状》。

籍之民”的。南宋时期，随着赣闽粤边区域开发节奏的加快，人们对畲族生活习性的了解也越来越多。一些地方官员基于对畲族生活习性的了解，往往在武力威慑的同时，也能够采取一些相对缓和的措施，以招抚畲民。有些地方官员，“以仁政代暴政，不数罟以取渔，视畲民如省民”①。在他们的招抚政策之下，畲民往往也能够“愿附省民，交王租”。例如，嘉定年间出任赣州宁都丞的赵必健，“罢前令创增之赋，厘版籍，覈吏奸”，县邑大治，“罗畲峒首黄应德，久负固，亦请出谒。公（赵必健）延见，亨劳之，感泣辞去。已尔，邵农至其所，应德曰：‘吾父来矣。’率妻子、部曲罗拜，愿附省民，输王租。迄公去溪洞，无反仄者”。②

官方的招抚政策还包括征募赣闽粤边的“峒丁”入伍，以备军需。南宋初年，北方的金兵频频南下，南方的地方动乱也连年发生。为了应对时局，南宋朝廷不时在各地征调“枪手”或“枪杖手”以备军需。赣闽粤边的“峒丁”，也在被征之列。所谓“峒丁”，按宋人周去非的解释，“羁縻州之民谓之峒丁”③，意思就是非汉族居民。据《宋史·高宗纪二》记载：“（建炎三年，1129）诏江西、闽、广、荆湖诸路团教峒丁、枪仗手。”《宋史·兵志六》亦云：“峒丁，建炎三年命江西、福建诸总处领官籍，定枪仗手、峒丁人数，以备调遣。”就赣闽粤边而言，这里的“峒丁”当然是由苗瑶语族或畲族所组成的。他们被征入伍之后，接受汉人的军事训练和调遣，其汉化的程度自然明显加快。

粤东北是畲族人口最为集中的地区，加之汉人稀少，所以这里的畲汉融合进程相对较慢。据史书记载，绍兴六年（1136），“废梅州为程乡县，隶潮州，又废长乐县为镇。时梅州之北四百里地不耕种，人无室庐，而长乐户口不满数百，故用诸司请而废之”④。所谓“地不耕种，人无室庐”，说明当时粤东北的北部山区一带，都是畲族的分布区域。由于畲族人口比较集中，所以政府在这里只能实行以畲治畲的政策。据《宋史·地理六》记载：“春、

① （宋）刘克庄：《后村先生大全集》卷124《卓刑部》。
② （宋）刘克庄：《后村先生大全集》卷160《英德赵使君墓志铭》。
③ （宋）周去非：《岭外代答》卷3《峒丁》。
④ （宋）李心传：《建炎以来系年要录》卷106，绍兴六年十月壬戌。

梅诸州，炎疠颇盛，许土人任领。”梅州一带的“土人”，自然是指畲族。南宋在粤东北地区实行的这一羁縻政策，为此后的历代王朝所因袭。直到明代，朝廷在粤东北畲族人口比较集中的地区，依然设“土官”以治之。据明人姚虞记载：“龙川之徭（实为畲——引者），皆别地来者，听调输租，主之以土官。”① 嘉靖《惠州府志》亦云：“徭本盘瓠种，地界湖蜀溪峒间……其在惠者，俱来自别境。椎结跣足，随山散处，刀耕火种，采食猎毛，食尽一山则他徙。粤人以山林中结竹木障覆居息为輋，故称徭所止曰輋。徭有长有丁，国初设抚徭土官领之，俾略输赋，赋论刀为准，羁縻而已。”② 清代雍正年间编修的《广东通志》亦谓：“輋户居山中，男女皆椎髻跣足而行……旧设官以治之，名曰輋官。”③ 显而易见，与赣南和闽西相比，粤东北地区的畲汉融合进程要缓慢得多。

## 二、赣闽粤边民族融合的新趋势

南宋中后期，赣闽粤的民族融合进程开始出现新的趋势。日趋严重的土地兼并和不堪承受的赋税负担，把生活在赣闽粤边这块土地上的广大汉族和畲族民众推到了水深火热的境地。为了求得生存，汉族和畲族民众此呼彼应，掀起了一波又一波反抗官府的浪潮。在血与火的考验中，他们“相挺而起”，患难与共，从而将畲汉融合的进程推向一个全新的境界。

南宋中后期，土地兼并日趋严重。理宗端平元年（1234），诗人刘克庄在一份奏折中曾这样描述当时的土地兼并情况：

> 吞噬千家之膏腴，连亘数路之阡陌，岁入号百万斛，则自开辟以来，未之有也；亚乎此者，又数家焉。④

据他估计，只要没收这些人家十分之六七的田产，就足以解决当时南宋朝廷的全部财政困难。淳祐六年（1246），谢方叔也发出同样的议论：

---

① （明）姚虞：《岭海舆图·惠州府图说》。
② （明）嘉靖《惠州府志》卷14《外志·徭蛋》。
③ （清）雍正《广东通志》卷57《岭蛮志》。
④ （宋）刘克庄：《后村先生大全集》卷51《备对札子》之三。

豪强兼并之患，至今日而极。非限民名田，有所不可，是亦救世道之微权也。国朝驻跸钱塘，百有二十余年矣。外之境土日荒，内之生齿日繁，权势之家日盛，兼并之习日滋，百姓日贫，经制日坏，上下煎迫，若有不可为之势……夫百万生灵资生养之具，皆本于谷粟，而谷粟之产，皆出于田。今百姓膏腴皆归权势之家，租米有及百万石者。小民百亩之田，频年差充保役，官吏诛求百端，不得已，则献其产于巨室，以规免役。小民田日减而保役不休，大官田日增而保役不及。以此弱之肉，强之食，兼并浸盛，民无以遂其生。于斯时也，可不严立经制以为之防乎?①

赣闽粤边虽然山多田少，但这里的土地兼并情况也十分严重。朱熹在一封书信中就曾说过：

契勘汀州，在闽郡最为穷僻，从来监司巡历，多不曾到，州、县官吏无所忌惮，科敷刻剥，民不聊生，以致逃移，抛荒田土。其良田则为富家侵耕冒占，其瘠土则官司摊配亲邻，是致赋役不均，小民则愈见狼狈，逃亡日众，盗贼日多。每三四年一次发作，杀伤性命，破费财物，不可胜计。②

与汀州毗邻的漳州，情况也差不多。据朱熹报告：

本州田税不均，隐漏官物，动以万计。公私田土，皆为豪宗大姓诡名冒占，而细民产去税存，或更受俵寄之租，困苦狼狈，无所从出。州县既失经常之入，则遂多方擘画，取其所不应取之财，以足岁计，如诸县之科罚、郡州之卖盐是也。③

赣南也有类似的情况，据南宋后期的黄幹报告说：

江西之俗，豪家富室喜于兼并，为之守令者不惟无以抑之，而反纵之，而细民又困矣。民生不见礼义之及，已尔困于衣食之不足，幸灾乐祸，以图逞其不平之愤，则去为盗贼，而焚烧县邑、贼害良民者，势使然也。④

土地兼土的日甚一日，使得赣南和闽西一带原本就已吃紧的人地矛盾，进一步激化。大批失地的农民沦为流民，逃亡他乡。南宋后期编修的《临汀

---

① （元）《宋史》卷173《食货上一》。
② （宋）朱熹：《晦庵文集》卷27《与张定叟书》
③ （宋）朱熹：《晦庵文集》卷28《与留丞相札子》。
④ （宋）黄幹：《勉斋集》卷19《吉州永新县学记》。

志》记载说："汀，山多田少，土瘠民贫。二税视他郡为重……昔故已病之矣。更绍定寇扰，阡陌淆紊，常赋失陷而郡计窘，或业去产存、或业轻产重而民力殚。官版簿不明，民砧其无有，奸豪擅利，贫弱罹殃。"① 至于同一时期的赣南，文献中也多有"土瘠民贫"② 的记录。

土地兼并不仅使得赣南和闽西一带的汉族民众流离失所，而且使得畲族百姓赖以维生的畲山和畲田，也逐渐成为地方豪宗大姓的囊中之物。刘克庄所谓"贵家辟产，稍侵其疆，豪干诛利，稍笼其利"，说的正是这个意思。由于畲山、畲田被不断侵占，畲族百姓无以为生，于是便铤而走险，或起兵反抗官府的统治，或打家劫舍以取衣食。对此，宋元之际的马端临在《文献通考》中有着详细的分析：

（嘉定七年，1214）臣僚言：夫熟户、山徭、峒丁，有田不许擅鬻，顷亩多寡，山畲阔狭，各有至界，任其耕种，但以丁名系籍，每丁纳课米三斗，悉无其他课配。熟户、山徭、峒丁乐其有田之可耕……近年以来，生界徭獠，出没省地而州县无以禁戢者，皆徭不能遵守良法，有以致之。夫溪峒之专条，山徭、峒丁田地，不许与省民交易，盖虑其穷困而无所顾籍，不为我用。今州县谩不加恩，山徭、峒丁有田者，悉听其与省民交易，但利牙契所得。而又省民得田，输赋在服籍常赋之外，可资郡帑泛用，而山徭、峒丁之米挂籍自如。催督严峻，多不聊生，往往奔入生界，受雇以赡口腹，或为向导，或为徒伴，引惹生界，出没省地，骎骎不已，为害甚大。③

由此可见，南宋中期以降赣闽粤边的"山寇"或"峒寇"事件之所以频频发生，与大规模土地兼并之下畲山、畲田的不断被侵占，显然具有内在的因果联系。

随着土地兼并的日趋严重，赣闽粤边的"山寇"或"峒寇"事件，发生频率越来越高，规模也越来越大。淳熙八年（1181），有报道称："汀、赣山寇复动，稍稍及潮。"④ 不久，赣南的南安一带又发生了"峒寇"事件。据刘

---

① （宋）胡太初：《临汀志》，福州：福建人民出版社，1990 年，第 21 页。
② （宋）魏了翁：《鹤山集》卷 75《知南安军宗丞都官邵公墓志铭》。
③ （元）马端临：《文献通考》卷 328《四裔考五・盘瓠种》。
④ （宋）叶适：《水心集》卷 14《徐德藻墓志铭》。

克庄《宋经略墓志铭》记载：

南安境内三峒首祸，毁两县二寨，环（南）雄、赣（州）、南安三郡数百里，皆为盗区……公率义丁力战，破高平寨，擒谢宝崇，降大胜峒曾志，皆渠魁也。三峒平。①

南安三峒的这次事变，刘克庄并没有明确地指出发生的时间。不过，从下文“闽盗起，陈公韡为招捕使。陈公用真公（真德秀）言，檄公与李君华同议军事”的记述来看，这一事件应该发生在第五章提到的闽西晏梦彪事变（绍定元年，1228）之前。

差不多在此同时，与赣南紧相毗连的湘南一带，也发生了“诸峒反侧”的事件。据刘克庄《余尚书（嵘）墓志铭》记载：

绍定己丑年，除知潭州、荆湖南路安抚使。时诸峒反侧，事变方棘，公不敢辞。九月开阃，衡之酃县沙浦峒、郴之桂东县高垓峒相挺而起，已破酃县，犯茶陵。公察致寇之由，首罢黜贪虐吏，檄谕祸福，且奏调鄂兵以张威声……时鄂兵未至，寇张甚，公截留飞虎戍兵数百守茶陵……以死争险。鄂兵适至，诸将连捷，沙浦酋领诣行司，束身归罪。惟高垓负固，公遣鄂兵抵耒阳扼其前，檄王友苹、留子迈以飞虎军泊安仁掩其后。明年春，高垓寇相率赴军前首降。②

在闽西、赣南和湘南之外，这期间在江西的吉州、建昌一带，也都发生了“蛮獠窃发”事件。正因为如此，才有绍定三年“诏汀、赣、吉、建昌蛮獠窃发，经扰郡县复赋税一年”③ 的举措。

继一连串小规模的“山寇”或“峒寇”事件之后，绍定五、六年间，赣闽粤边又再次暴发大规模的“民变”事件。据《宋史》卷419《陈韡传》记载：

（绍定）六年，（陈韡）进宝章阁待制、知隆兴府（治今江西南昌——引者）。赣寇陈三枪据松梓山砦，出没江西、广东，所至屠残。韡遣官吏谕降，贼辄杀之。乃谓盗贼起于贪吏，劾其尤者二人。又谓：“寇盗稽诛，以臣下欺

① （宋）刘克庄：《后村先生大全集》卷159《宋经略墓志铭》。
② （宋）刘克庄：《后村先生大全集》卷145《余尚书墓志铭》。
③ （元）《宋史》卷41《理宗纪一》。

诞、事权涣散所至，若决计荡除，数月可毕。”十一月，诏节制江西、广东、福建三路捕寇军马。韡奏遣将刘师直扼梅州、齐敏扼循州，自提淮西兵及亲兵捣贼巢穴。十二月，兼知赣州。

端平元年正月，进华文阁待制、江西安抚使。二月至赣，斩将士张皇贼势及掠子女货财者。齐敏、李大声所至克捷。三月，分兵守大石堡，截贼粮道，遂破松梓山。三枪与余党縋崖而遁。韡亲督诸将，乘春瘴未生，薄松梓山。贼悉精锐下山迎敌，旗帜服色甚盛。韡军步骑夹击，又纵火焚之，士皆攀崖上，贼穴荡为烟埃，贼首张魔王自焚。斩千五百级，擒贼将十二，得所掠妇女、牛马及僭伪服物各数百计。三枪中箭，与敏军遇，击败之，贼遁。翌日，追及下黄，又败之。余众尚千余，薙弥略尽。三枪仅以数十人遁至兴宁就擒，槛车载三枪等六人，斩隆兴市。

初，贼跨三路数州六十砦，至是悉平。

同书《许应龙传》的有关记载，可补《陈韡传》的不足：

理宗即位……（许应龙）知潮州。盗陈三枪起赣州，出没江、闽、广间，势甚炽。而盗钟全相挻为乱。枢密陈韡帅江西任招捕，三路调军，分道追剿。盗逼境上，应龙亟调水军、禁卒、土兵、弓级，分扼要害。明间谍，守关隘，断桥开堑，斩木塞涂，点集民兵，激励隅总，谕以保乡井、守庐室、全妻子，搜补亲兵，日加训阅。既而横冈、桂屿相继以捷闻。

招捕司遣统领官齐敏率师由漳趋潮，截赣寇余党。应龙谕敏曰：“兵法攻瑕，今钟寇将穷，陈寇猖獗，若先破钟，则陈不战而擒矣。”敏惟命。于是诸寇皆平。

赵汝腾《许应龙神道碑》亦云：

（许应龙）守潮州，汀、邵寇（即晏梦彪事件——引者）甫平，而郭（当作赣——引者）寇陈三枪作，出没江、闽、广间，势炽甚。元枢陈公韡帅江西，任招捕，三路调官兵分道追剿。潮连汀、赣、循、梅、惠，盗声摇四鄙。兴宁勇丁钟全之徒乘衅起，且逼境上。公亟调水军禁卒，鼓楼、赤沙两寨土兵，三县弓级，分扼要害。明间谍，守关隘，断桥开堑，斩木塞途。点集民兵，激劝隅总，谕以保乡井，守庐室，全妻子。搜补亲兵，日加训阅。时外邑警报狎至，人心大恐，郡僚欲张皇陈利害，公不为动。既而横冈、桂屿相继以捷闻。①

陈三枪所发起的这次“赣寇”事件，是继晏梦彪事件之后发生在赣闽粤边境内的又一次大规模民变事件。这一事件波及的范围很广，涉及江西、福建和广东三路数州，连营六十余砦。刘克庄在《陈韡神道碑》中记载说：“初，江、广群盗皆听命于三枪，服饰僭拟，蹂践十余郡，数千里无人烟。”②有关陈三枪的身世背景，文献中没有任何记载。不过，从他以松梓山为根据地这一重要线索来分析，他极有可能具有苗瑶语族的背景。松梓山在赣州南部的龙南县境内，据《明一统志》记载：“松梓山在龙南县南八十里，上有古松瘦柏，森然苍翠，又有古笋三十，率高三十八丈。”③ 直到元代，这里依然是苗瑶语族的集中分布区域。据元人柳贺记载：“赣有废县龙南，居獠中。”④ 所谓“獠”，就是指由湘中迁来的苗瑶语族。由此推知，南宋时期这里也应该是苗瑶语族的聚居地之一。陈三枪把这里作为自己的根据地，表明他极有可能具有苗瑶语族血统，至少他的麾下一定有不少苗瑶语族的成员。至于他率部出入的主要地区，诸如汀州、循州、梅州和潮州等，也都是畲族人口比较集中的区域。因此，可以肯定，在陈三枪所率领的这支民间武装中，一定有为数不少的苗瑶语族或畲族民众。他们与汉族民众一道，揭竿而起，在血与火的考验中，把赣闽粤边的民族融合推向了一个新的境界。

陈三枪事件被平息之后，赣闽粤边苗瑶语族的反抗斗争仍时有发生。端平三年（1236），“南安峒丁逾岭掠（南）雄、韶（州）”⑤。嘉熙三年（1239），“江西峒丁反”⑥。这些零星的反抗斗争，一直延续到南宋末年。

宋末元初，赣闽粤边的民族融合迎来了一个新高潮。德祐元年（1275），蒙元大军南下，南宋都城临安（今杭州）告急。时任赣州知州的文天祥，在赣南举兵“勤王”。为了集结兵力，文天祥“使陈继周发郡中豪杰，并结溪

① （宋）赵汝腾：《庸斋集》卷6《资政许枢密神道碑》。
② （宋）刘克庄：《后村先生大全集》卷146《中肃陈观文（韡）神道碑》。
③ （明）李贤：《明一统志》卷58《赣州府》。
④ （元）柳贯：《待制集》卷11《故平阳州判官陈君墓志铭》。
⑤ （宋）陈元晋：《渔墅类稿》卷35《赣州清平堂记》。
⑥ （清）雍正《江西通志》卷30《武事二》。

洞蛮，使方兴召吉州兵，诸豪杰皆应，有众万人”①。这年九月，“天祥将吉、赣民人及峒丁二万人入卫”②。这里所谓的“溪洞蛮”或“峒丁”，都是指生活在赣南境内的具有苗瑶语族背景的民众。次年秋，文天祥收兵汀州。为了集结兵力，他又派赵戊岜广泛招募闽西的畲族民众入伍。据时人刘埙记载：“（德祐二年，1276）九月，制司（文天祥）奔汀州，十月使君捐重赏，募峒丁廖陈六等进取。”③ 这里所谓的“峒丁”，当是指汀州境内的畲族。汀州沦陷后，负责招募“峒丁”的赵戊岜，“解兵隐迹，出畲中”，并最终病死在那里。④

与文天祥同时率兵“勤王”的另一位重要将领张世杰，在福建一带组织抗元斗争时，更是得到了畲族武装的大力支持。临安沦陷后，张世杰于德祐二年四月随南宋宗室来到福建，并先后转战于福州、泉州、漳州和潮州一带。这年五月，泉州知州蒲寿庚降元。张世杰“自将陈吊眼、徐夫人诸畲兵攻蒲寿庚”⑤。佚名氏编撰的《宋季三朝政要》亦载，德祐二年，“七月壬申，张世杰围泉州，将淮军及（陈）吊眼与许（徐）夫人诸洞畲军，兵势稍威。蒲寿庚闭城拒守”⑥。陈吊眼和徐夫人所率领的“诸洞畲军”，原是活跃在粤东北和闽西南一带的畲族反宋武装。清人蓝鼎元在《饶平县图说》一文中记载：“尖山在东洋屯，连闽漳，多险阻，为伏戎之区，白鹇山险亦如之，土贼陈吊眼拥众处也。”⑦ 由此可见，陈吊眼率领“诸洞畲军”举兵反宋，最初是在粤东北的潮州一带。陈氏举兵反宋之日，正值蒙元南下、临安失守之时。为了响应张世杰的号召，陈吊眼遂与徐夫人一起，率“诸洞畲兵”共同阻击蒙元的南下。南宋灭亡后，陈吊眼和徐夫人率领麾下畲兵，在闽西南的漳州和汀州一带，继续抗元。据《元史》记载：

（至元十六年，1279）漳州陈吊眼聚党数万，劫掠汀、漳诸路，七年未

① （元）《宋史》卷418《文天祥传》。
② （元）刘一清：《钱塘遗事》卷8《文天祥入卫》。
③ （元）刘埙：《水云村稿》卷4《赵抚州传》。
④ （元）刘埙：《水云村稿》卷4《赵抚州传》。
⑤ （元）《宋史》卷451《张世杰传》。
⑥ （宋）无名氏：《宋季三朝政要》卷6。
⑦ （清）蓝鼎元：《鹿洲初集》卷12《饶平县图说》。

平。十七年八月，枢密副使孛罗请命完者都往讨，从之……率五千兵以往……至贼所，破其五寨。十九年三月，追陈吊眼至千壁岭，擒之，斩首漳州市，余党悉平。①

（至元）十七年，漳州盗数万，据高安寨，官兵讨之，二年不能下。诏以（高）兴为福建等处征蛮右副都元帅。兴与都元帅完者都等讨之，直抵其壁，贼乘高瞰下击之。兴命人挟束薪蔽身，进至半山，弃薪而退，如是六日，诱其矢石殆尽，乃燃薪焚其栅，遂平之，斩贼魁及其党首二万级。十八年，盗陈吊眼聚众十万，连五十寨，扼险自固。兴攻破其十五寨，吊眼走保千壁岭，兴上至山半，诱与语，接其手，掣下擒斩之，漳州境悉平。②

（至元十九年）夏四月……征蛮元帅完者都等平陈吊眼巢穴班师，赏其军钞，仍令还家休息。遣扬州射士戍泉州。陈吊眼父文桂及兄弟桂龙、满安纳款，命护送京师。其党吴满、张飞迎敌，就诛之。③

从文天祥在赣南和闽西招募畲族“峒丁”加入“勤王”大军，到张世杰联络陈吊眼、徐夫人的“诸洞畲兵”，进行联合抗元，再到南宋灭亡后陈吊眼率“诸洞畲兵”坚持抗元多年，这些事实都一再表明：在宋末元初这个特定的历史时刻，赣闽粤边的民族融合已进入了一个全新的阶段。

在陈吊眼所率领的畲民反元武装被平息之后不久，闽北一带又出现了以黄华为首的大规模畲民抗元活动。据史书记载，以黄华为首的畲民武装抗元活动，最早发生在至元十五年。这年十一月，“建宁政和县人黄华，集盐夫，联络建宁、括苍及畲民妇自称许夫人为乱”④。两年之后，这支队伍已发展到三万人，并自称“头陀军”。⑤ 此时，陈吊眼所率领的“诸洞畲军”，已在闽西南一带掀起大规模的武装抗元活动。眼看这两支畲族武装即将在福建境内形成南北夹击之势，元政府便采取分化瓦解的策略，首先将尚未形成规模的黄华部畲军诱降。时任征蛮元帅的完者都，对黄华百般利诱，“许以为副元

① （明）《元史》卷131《完者都传》。
② （明）《元史》卷162《高兴传》。
③ （明）《元史》卷12《世祖纪九》。
④ （明）《元史》卷10《世祖纪七》。
⑤ （明）《元史》卷131《完者都传》。

帅，凡征蛮之事，一以问之”[①]。在平息了陈吊眼部的武装抗元活动之后，元政府又让黄华出任建宁路管军总管。[②] 至元二十年（1283），黄华重新举起反元复宋的旗帜。据史书记载，这年十月，“建宁路管军总管黄华叛，众几十万，号头陀军，伪称宋祥兴五年，犯崇安、浦城等县”[③]。黄华领导的这场武装抗元活动，波及的范围很广，对元朝在福建的统治构成很大的威胁。据文献记载：“福建一道收附之后户几百万，黄华一变，十去其四。”[④] 其影响之大，由此可以想见。后来，元军调集了数路兵马，才将这场大规模的武装抗元活动平息。[⑤]

在相继平息陈吊眼和黄华两部的畲族抗元武装活动之后，元政府开始着手解决福建境内的“畲军”问题。至元二十一年八月，“放福建畲军，收其军器，其部长于近处州郡民官迁转”[⑥]。次年八月，“令福建黄华畲军有恒产者为民，无恒产者与妻子编为守城军”[⑦]。二十四年初，“以宋畲军将校授管民官，散之郡邑”[⑧]。这一系列措施，主要是针对闽北黄华部的畲军。至于跟随陈吊眼在闽西南一带活动的畲军，元政府则通过在汀州和漳州一带组织屯田，来加以处置。据《元史·兵志》记载：

汀、漳屯田：世祖至元十八年，以福建调军粮储费用，依腹里例，置立屯田，命管军总管郑楚等，发镇守士卒年老不堪征战者，得百有十四人，又募南安等县居民一千八百二十五户，立屯耕作。成宗元贞三年（1297），命于南诏、黎、畲各立屯田，摘拨见戍军人，每屯置一千五百名，及将所招陈吊眼等余党入屯，与军人相参耕种。为户汀州屯一千五百二十五名，漳州屯一千五百一十三名。为田汀州屯二百二十五顷，漳州屯二百五十顷。[⑨]

《元史·仁宗纪》亦载：皇庆元年（1312）十一月，“调汀、漳畲军代亳

① （明）《元史》卷131《完者都传》。
② （明）《元史》卷12《世祖纪九》。
③ （明）《元史》卷12《世祖纪九》。
④ （元）王恽：《秋涧集》卷92《论草寇钟明亮事状》。
⑤ （明）《元史》卷162《高兴传》。
⑥ （明）《元史》卷13《世祖纪十》。
⑦ （明）《元史》卷13《世祖纪十》。
⑧ （明）《元史》卷14《世祖纪十一》。
⑨ （明）《元史》卷100《兵志三》。

州等翼汉军于本处屯田”①。

元朝政府所采取的这些措施，对于推动福建境内的畲汉融合进程，应该说具有积极的意义。对于闽北黄华部的畲军而言，其中“有恒产者”被编为普通的民户，从而成为国家的编户齐民，“无恒产者”则与妻子一起被“编为守城军”，一些归降的畲族首领还被委任为附近州县的民政官员。这些措施，都在一定程度上提高了畲民的社会地位，有利于畲民的汉化。至于闽西南陈吊眼部的畲军，在被征招到汀、漳一带屯田后，也与当地的驻军“相参耕种”。年深日久之后，他们也都成了国家的“版籍之民”。

生活在赣南境内的苗瑶语族“峒丁”，在南宋末年曾响应文天祥的招募而起兵“勤王”。不过，元政府似乎并未对他们采取过任何特别的处置措施。元初，赣南一带人口损失严重。至元二十四年（1287），原苗瑶语族人口比较集中的龙南和安远二县，分别被并入信丰和会昌，直到武宗至大三年（1310）才恢复原先的建置。② 成宗大德二年（1298），政府在赣南一带组织屯田。据史书记载：

成宗大德二年正月，以赣州路所辖信丰、会昌、龙南、安远等处，贼人出没，发寨兵及宋旧役弓手，与抄数漏籍人户，立屯耕守，以镇遏之，为户三千二百六十五，为田五百二十四顷六十八亩。③

信丰、会昌、龙南和安远4县，都处在赣州的南部山区一带，是赣南境内苗瑶语族的集中分布区域。政府在这里组织带有军事性质的屯田，对于促进当地“峒丁”的汉化进程，也具有积极的意义。据时人柳贯记载：

赣有废县龙南，居獠中，而以其地隶信丰南安万户府，盖侨处其县。官命分卒为六屯，使耕龙南旷土，自食其力，以备捍御。久之，招纳亡命，橐籥奸私。④

这里所谓的“居獠中”，意即龙南一带是苗瑶语族的集中分布区域，而所谓的“亡命”者，自然是指该县境内或其周边地区无地或失地的汉族民

---

① （明）《元史》卷24《仁宗纪一》。

② （明）《元史》卷62《地理五》。

③ （明）《元史》卷100《兵志三》。

④ （元）柳贯：《待制集》卷11《故平阳州判官陈君墓志铭》。

众。这些汉族民众被“招纳”到屯垦区耕种，势必在当地形成“峒丁与省民错处”的局面。这种局面的形成，在客观上促进了赣南境内汉族与苗瑶语族“峒丁”之间的接触和交流，为双方血缘与文化的融合创造了条件。

有元一代，赣闽粤边的民族融合进程，伴随着钟明亮领导的各族民众联合反抗斗争而再掀高潮。钟明亮，福建汀州人。从元代官方文献称他为“畲寇”①等情况来看，他应该是闽西的畲族。至元二十四年（1287）冬，②他聚众造反，短时间内便“拥众十万，声摇数郡，江、闽、广交病焉”③。这支被称官方称为“畲寇”的民间反抗武装，出入于赣闽粤边及其毗邻区域。在福建，继汀州路所辖的闽西一带之后，漳州、南剑、邵武等地，也先后成为钟明亮部的活动范围。在江西，赣州、南安和建昌诸路，都有钟部的踪迹。在广东，地处粤东北的循州和梅州一带，也是钟部时常出没之区。钟明亮所率领的这支“畲寇”武装，对推动赣闽粤边及其毗邻区域的武装反元活动，起了十分积极的作用。至元二十五年三月，“循州贼万人寇漳浦，泉州贼二千人寇长泰，汀、赣畲贼二千人寇龙溪”。稍后，“广东贼董贤举等七人皆称大老，聚众反，剽掠吉、赣、瑞、抚、隆兴、南安、韶、汀诸郡，连岁击之不能平”。④至元二十六年，“畲民丘大老集众千人寇长泰”，“漳州贼陈机察等八千人寇龙岩”⑤。至元二十七年，“江西贼华大老、黄大老等掠乐昌诸郡”，“建昌贼朱元等称大老，集众千余人掠南丰诸郡”，⑥在此同时，“赣、吉有谢主簿、刘六十，乐安有卢大老，南丰有雷艾江之徒，乘时响应”⑦。赣闽粤边及其周围地区，几乎同时出现了“盗贼蜂起”的局面。

钟明亮领导的这场武装反元活动，对元朝在赣闽粤边及其周边地区的统

---

① （元）刘埙：《水云村稿》卷2《参政陇西公平寇碑》：“畲寇钟明亮起临汀。”

② 钟明亮起事开始的时间，史书记载不一。在《元史》卷15《世祖纪十二》中，钟明亮一名始见于至元二十六年正月，但早在至元二十五年便时有闽粤边“民变”的记载，应为钟明亮部所为。刘埙在《水云村稿》卷2《参政陇西公平寇碑》中，称钟起于至元二十五年。但苏天爵在《滋溪文稿》卷15《赵公神道碑铭》则称：“（至元）二十四年，移南剑……是冬，钟明亮兵起，公协福州路达鲁噶齐托欢捕之。”这里即采用苏天爵的说法。

③ （元）刘埙：《水云村稿》卷2《参政陇西公平寇碑》。

④ （明）《元史》卷15《世祖纪十二》。

⑤ （明）《元史》卷15《世祖纪十二》。

⑥ （明）《元史》卷16《世祖纪十三》。

⑦ （元）刘埙：《水云村稿》卷13《汀寇钟明亮事略》。

治形成极大的威胁。据时人记载，钟明亮“有威风，多智略，得操纵谲诈之术，似非田野农夫比”①。早在钟明亮率部起事之初，元朝的有关官员就认识到：“今剧贼钟明亮，悍黠尤非（黄）华比，未可视为寻常草窃，诚当有虑者。”② 钟明亮身为畲族首领，对赣闽粤边的地形地势十分熟悉。他善于流动作战，充分利用当地山深林密的地理条件，“出没叵测，东击则西走，西击则东轶”，使得元军疲于奔命。③ 为了取得军事上的主动，他曾先后于至元二十六年（1289）五月和二十七年二月两次向元军诈降，并被元政府授予循州知州。④ 但是，一旦形势有利，便立即重新举事。元朝官员在上书忽必烈时说道：“况江岭阻隔，动辄数百里，贼去此盗彼，即欲加兵，则曰：‘我已降于彼’。比缘知会，已杀掠而去，如向者钟贼是也。”⑤ 时人在谈及钟明亮的诈降时也说：“上烦庙堂应接，诸省奔赴，竭数载之力，仅得明亮至军前一面，而诈降无实，傲睨反复，气凌威铄，未尝获一交锋决胜”⑥。钟明亮死后，“众犹畏服，止奉一木主尔，藉其虚声余烈，尚能统御所部，不即溃”⑦。直到至元二十八年，元军才将其余部平息。⑧

从钟明亮本人被称为“畲寇”和其所部被称为“畲贼”等情况来看⑨，他所率领的这支反元武装，应该主要由畲族民众组成。但是，在钟明亮部出入于赣闽粤边及其周围地区之后，却得到了当地汉族民众的广泛支持和响应。例如，江西广昌的邱元在至元二十七年起事时，就是为了策应钟明亮，所以有关文献说他“与明亮相犄角”⑩。再如赣、吉的谢主簿和刘六十，乐安的卢大老，南丰的雷艾江等人，在其举起之时，也都有声援钟明亮部的意图，所以时人说他们是“乘时响应”⑪。再如，当钟明亮部在循、梅一带活动时，

① （元）刘埙：《水云村稿》卷13《汀寇钟明亮事略》。
② （元）王恽：《秋涧集》卷92《论草寇钟明亮事状》。
③ （元）王恽：《秋涧集》卷92《论草寇钟明亮事状》。
④ （明）《元史》卷15《世祖纪十二》。
⑤ （元）王恽：《秋涧集》卷35《上世祖皇帝论政事书》。
⑥ （元）刘埙：《水云村稿》卷13《汀寇钟明亮事略》。
⑦ （元）刘埙：《水云村稿》卷13《汀寇钟明亮事略》。
⑧ （元）刘埙：《隐居通议》卷30云：“至元辛卯，汀寇钟明亮平。”至元辛卯即至元二十八年。
⑨ （明）《元史》卷16《世祖纪十三》。
⑩ （元）刘埙：《水云村稿》卷13《汀寇钟明亮事略》。
⑪ （元）刘埙：《水云村稿》卷13《汀寇钟明亮事略》。

“韶、雄诸贼二十余处皆举兵应之，声势张甚”①。由此可见，由钟明亮所发起的这场武装反元活动，事实上是一场生活在赣闽粤边及其周围地区的畲汉民众的联合行动。在这场持续了五年之久的联合行动中，畲汉民众相互支持，彼此声援，同仇敌忾，从而将双方的血缘与文化融合推向了一个新的阶段。

## 三、客家方言群的形成

南宋以降赣闽粤边畲汉融合进程的全面展开，对于客家方言群的形成与发展而言，具有极其重要的意义。经过这一漫长而又曲折的民族融合过程，原先生活在闽西南和粤东北一带高山岭谷之间的畲族，以及播迁到赣南南部山区地带的苗瑶语族，除一小部分由于种种因缘际会而得以保持其原有的生产、生活习性，继续辗转播迁于赣闽粤边的十万大山之中，另有一部分开始迁出赣闽粤边，陆续播迁到闽东和浙南山区之外，其余绝大部分已与生活在同一地域的汉族融为一体，成为赣闽粤边居民共同体中的一个重要组成部分。正因为如此，“畲民”这一在南宋时期具有特定义涵的指称，到了元代，其义涵已发生了很大的变化。据元代编修的《元一统志》记载：

（汀州路）山深林密，岩谷阻窃。四境椎埋玩狼之徒，党与相聚，声势相犄，负固保险，动以千百计，号为畲民。时或弄兵，相挺而起，民被其害，官被其扰。盖皆江右广南游手失业之民逋逃于此，渐染成习。此数十年间，此风方炽，古岂有是哉？

武平南抵循、梅，西连章贡。篁竹之乡，烟岚之地，往往为江广界上逋逃者之所据。或曰长甲，或曰某寨，或曰畲洞。少不如意，则弱肉强食，相挺而起。税之田产，为所占据而不输官。②

如前所述，“畲”或“畲民”，在南宋人刘克庄那里，原本是一个专称，用以指代生活在闽西南和粤东北一带的苗瑶语族。但是，到了《元一统志》的作者这里，“畲民”之称显然已经被作了相当泛化的理解。在《元一统志》

① （明）《元史》卷15《世祖纪十三》。
② 《永乐大典》卷7890“汀”部引《元一统志》。

的作者看来，所谓“畲民”，已包括“江右广南游手失业之人”和“江广界上逋逃者”。所谓“江右广南游手失业之人”和“江广界上逋逃者”，应该是指赣闽粤边的汉族。因此，《元一统志》里所说的“畲民”，其义涵已与此前已了很大的不同。“畲民”义涵的这一微妙变化，正是南宋以降赣闽粤边民族融合进程的曲折反映。“畲民”一词由最初的专称，转而被用来指代“江右广南游手失业之人”和“江广界上逋逃者”，这一事实表明，最迟在《元一统志》的编修时代，[①] 原先生活在赣闽粤边的畲族，已与当地的汉族融合成为一个整体，成为赣闽粤边居民共同体的一个重要组成部分。

如前所述，畲族先民早在六朝时期就开始陆续播迁到赣闽粤边。隋唐之际，赣闽粤边已形成了一个较为广阔的畲族先民聚居区。不过，这一时期生活在赣闽边的汉族人口不多，故而双方之间的接触和交流尚未完全展开。据此推断，“隋唐时期生活在赣闽粤边的畲族先民，应该有自己作为交际工具的语言，这种语言既非后来的汉语客家方言，也非汉语的其他方言，而是本民族内部使用的古畲语”[②]。唐中期以降，随着赣中北一带移民的大规模南下，赣南和闽西境内的汉族人口骤然增加。到了宋代尤其是到了南北宋交替之际，由于赣中北一带第二波移民在短时间内的集中迁入，以江西中北移民后裔为主体的汉族，已成为赣闽粤边境内具有压倒性优势的群体。在这以后相当长的时间里，畲族和以江西中北部移民后裔为主体的汉族，一起生活在赣闽粤边的这个共同区域内，双方的交往亦由此展开。由于以江西中部移民后裔为主体的汉族，在人数上占有绝对的优势，加之他们又从原乡带来先进的生产方式和生产技术，畲族与他们相比，算是后进民族，故而在双方的融合过程中，以江西中北部移民后裔为主体的汉族，无论是在生产、生活方式还是在语言文化方面，都占据主动地位。就语言这一层面来看，随着双方交往的日益频繁，畲语的使用范围不断缩小，最终发展到完全被对方的语言所取代。“这种取代是逐渐地、缓慢地影响和渗透的过程。其影响和渗透首先是从借词开始的，那些畲族所没有的新事物的词语，就只能照搬对方的说法”，“另一

① 《元一统志》于至元二十三年（1286）年开始编修，三十一年（1294）成书，大德七年（1303）续修。

② 陈元煦：《中国文化通志·畲族文化志》，上海：上海人民出版社，1998年，第280页。

些畲语中虽有的词语也逐渐变为自由选用畲（语）”和对方的同义词语。这种大量借词的结果，“必然导致畲语语音系统和语法结构的变化”，并“最终改造了畲语，使畲语语音、词汇、语法系统都发生了质变”。[①] 由赣闽粤边播迁到闽北和浙南等地的畲族，其日常语言之所以是汉语的客家方言，古代畲语之所以只能少量地保存在畲族日常语言的“底层”之中，正是南宋以降赣闽粤边畲汉融合的必然结果。

然而，这只是问题的一方面。另一方面，畲族语言（早期畲语）对赣闽粤边汉语方言（客家方言）的形成，也同样具有不可忽视的作用。如前所述，从汉语方言的谱系来看，客家方言与赣方言均渊源于唐代中期形成的原始（或早期）赣语。正因为如此，直到今天，在客家方言与赣方言之间，依然存在着很大的一致性。1987—1990 年间，李如龙和张双庆合作主持了一项中型的赣、客方言面上调查，分别在广东、福建、江西、广西、湖南、湖北、安徽 7 省以及香港地区共 34 个点上展开，结果表明：赣、客方言在语音上的共同点有 14 个之多，“这种共时性的大面积一致关系，应是客赣方言的深刻的历史联系的反映；同时，与客赣方言地域上大片相连的现状也不无关系”[②]；至于词汇方面，在选取的 1120 条词语中，多数方言点说法一致的有 150 条，占总数的 12%，“这些说法又都是些和共同语差别大、富于地方特色的。可见客、赣方言在演变过程中有过很深的历史联系”[③]。

问题在于，共同渊源于原始赣语的客家方言与赣方言，为什么会走上了不同的发展道路，以至于形成了两个判然分可的汉语方言系统呢？[④]

要回答这个问题，除了本书第五章所分析的江西中北部一带（赣方言区）的语言由于受到北方汉人南下所带来的北方汉语的影响这个因素之外，

① 陈元煦：《中国文化通志 · 畲族文化志》，上海：上海人民出版社，1998 年，第 281 页。

② 李如龙、张双庆：《客赣方言调查报告》，厦门：厦门大学出版社，1992 年，第 193、196 页。

③ 李如龙、张双庆：《客赣方言调查报告》，厦门：厦门大学出版社，1992 年，第 515 页。

④ 李如龙和张双庆的调查结果表明，客家方言和赣方言尽管在语音和词汇等方面有着很大的一致性，但两者间的差异也同时存在。就语音方面来看，两者间的差异之处达 17 条之多，“虽然有些差异不是有与无、此与彼的对立，而是多与少的区别，但整体上的差异还是较为明显的”。至于词汇方面，在选取的 1120 条词语中，双方有明显差异的词目共 478 条，约占总数的 40%，“可见，尽管客、赣两方言是有紧密关系的姊妹方言，在汉语方言大系中，把它们分为两个大区还是较为合适的”。详请参阅李如龙、张双庆：《客赣方言调查报告》，厦门：厦门大学出版社，1992 年，第 193、196、515 页。

南宋以降赣闽粤边畲汉融合所造成的语言变异，不能不说是另一个极其重要的原因。

从社会语言学的角度来看，南宋以降赣闽粤边的畲汉融合进程，一方面固然是早期畲语使用范围不断缩小，并最终被以江西中北部移民后裔为主体的汉人语言所覆盖和替代的过程，另一方面则又是畲语通过“向上传递”的机制影响汉人语言，并最终使得当地汉人的语言发生重大变异的过程。正像语言学家所说的那样：“语言，像文化一样，很少是自给自足的。交际的需要使说一种语言的人和说邻近语言或文化上占优势的语言的人发生直接或间接的接触。交际可以是友好的或敌对的。可以在平凡的事务和交易关系的平面上进行，也可以是精神价值——艺术、科学、宗教——的借贷或交换。”① 在赣闽粤边的畲汉融合进程中，尽管汉族无论是在人口的规模上还是在文化的态势上，都占有压倒性的优势；但是，他们的语言还是无法“自给自足”的。随着双方融合的展开及其深化，以江西中北部移民后裔为主体的赣闽粤边的汉族，在将自己的语言“借给”同样生活在这片土地上的邻居——畲族的同时，也通过“借词”的方式将畲语的部分词汇“借入”到自己的语言之中。赣闽粤边的区域开发进程表明，南宋以前，当地的汉族民众基本上都生活在平原河谷地带。从南宋初年开始，随着江西中北部一带第二波移民的到来，赣闽粤边的区域开发开始向半山地带推进。南宋初年先后出任江西路判运使和福建路转运使的赵汝愚就报告说：“臣昨任江西路判运时，所见江西十一州内赣州地最险，俗最悍……臣今任本路（福建路），八州内汀州与赣为邻，地亦最险，俗最悍……臣自到任以来，不住询访，得汀州一郡，系在福建最高处，四面皆崇山峻岭。其民皆十百为群，依山阻险而居，散居田野者绝少，其间道路行旅稀阔，亦难得邸店。其人不能蚕桑，除耕田织布外，皆别无生业。”② 所谓“其民皆十百为群，依山阻险而居，散居田野者绝少”，正表明赣南和闽西的区域开发已由原先的平原河谷地带推进到高山岭谷之间。对于这些长期生活在平原河谷地区的汉人而言，高山岭谷地带的万事万物，

---

① 陈原：《社会语言学》，北京：商务印书馆，2000 年，第 292 页。

② （明）杨士奇：《历代名臣奏议》卷 319《弥盗》。

都是完全陌生的。为了适应新的生存环境，他们只能向长期生活在深山之中并因此而积累了丰厚的耕山种山经验的畲族学习，学习他们的耕山种山技术，领悟他们对于山区生态的适应能力，体会他们对于大山的特殊情怀。例如，粤东北一带的畲族，在长期的“刀耕火种”过程中，培养出适合于山区耕种的旱稻——“菱禾”（又称菱米、畲米、畲禾）。从南宋开始，菱禾的栽培技术已开始在粤东北一带的汉人中得到推广。据王象之《舆地纪胜》记载：菱禾，“此本山客輋所种，今居民往往取其种而莳之”①。比王象之稍晚的祝穆，在《方舆胜览》中也记载说：梅州一带有土产菱米，“植于旱山，不假耒耜，不事灌溉，逮秋自熟，粒米粗粝”②。这一事实表明，最晚从南宋中期开始，这种作物已经在粤东北一带的汉人中得到广泛的种植，以至于已成为当地的“土产”。汉人在学习畲族种山经验和作物栽培技术的同时，也在有意无意之中“借入”了畲语中的部分词汇，尤其是与山区的生产和生活密切关联，而在平原河谷地区的生产和生活中却无法一一对应甚至根本就没有的那些词汇。研究客家方言的学者甚至认为：“客家族群历史上居住于闽、粤、赣交界的山区，与历史上畲族的聚落地相重叠……（客话的）词汇系统则是北方汉语与南方土著民族语言混合而成，土著的比例甚至更大。”③

由于语言的即时性以及汉字书写系统的方块化（非拼音化）特征，使得我们无法从根本上厘清客家话的词汇系统中到底有哪些词汇是“借”自畲语，哪些词汇才是当地的汉语中所固有的。正因为如此，对于方言学者所提出的“土著的比例甚至更大”的推论，我们也无法作出实证性的判断。不过，可以肯定的是，客家方言中那些有音无字的词，只要能够从早期的畲语中找到其相关对应词，我们便可以视之为“借”自畲语。对此，罗美珍和邓小华在他们合著的《客家方言》一书中，已列举了大量的语言学材料加以证明，④ 这里不妨节录于下：

在亲属称谓上，客家话使用“娓”表示女性长辈，用“伯娓”“舅娓”

---

① （宋）王象之：《舆地纪胜》卷102《广南东路·梅州》。

② （宋）祝穆：《方舆胜览》卷36《梅州》。

③ 邓小华：《关于古南方汉语“非”汉说》，陈支平主编：《林惠林教授诞辰一百周年纪念论文集》，厦门：厦门大学出版社，2001年，第70～86页。

④ 罗美珍、邓小华：《客家方言》，福州：福建教育出版社，1995年，第25～27页。

“叔娓”表示“伯母”“舅妈”“婶婶”，当面称“母亲”为“阿娓”或“姆娓”。其实，在汉语的习惯用法中，“娓”字仅表示顺从或美好，并无“母”意。客家方言中借“娓”为“母”的土俗字，应该是受到了畲族早期语言的影响。直到今天，湘西苗语、畲语以及壮侗语族中的傣语、泰语和壮语等，也都有着类似的称谓。又如客家话称“祖母”为“毑”，这里的“毑”也是土俗字。壮侗语族中的傣语、泰语以及湘西的苗语和瑶族的布努语，也都有类似的称谓。

除亲属称谓之外，客家方言中尚有大量的有音无字的词汇，而且这些词汇都可以从现代的苗瑶语族或壮侗语族的语言中找到相关的对应词。如客家方言中表示“粘、附着”或“背（物）”、表示“丢、扔”、表示“咬”、表示“张开（嘴）”、表示“拍（手）”、表示“玩”、表示“回转”、表示“想吃”、表示“清洗（衣物）”等动作性的词汇，又如表示“稠” “不好”、“（捆）紧”等状态的词汇，再如表示“牛轭”“臭虫”和“房屋”等专有名词，都可以从现代的苗瑶语族或壮侗语族的语言及其地方变体中找到对相关的对应词。

根据罗美珍和邓小华的研究，客家方言除词汇系统中保留了畲语的大量“底层”成分之外，其语序也明显地受到畲族语言的影响。汉语的语序一般都是修饰语在前，中心语在后，如公鸡、母鸡、客人等；但是，客家方言却把上述词语的顺序倒过来，说成“鸡公”“鸡嫲”和“人客”。此外，在客家方言的习惯用语中，还把“灰尘”说成“尘灰”，把“力气”说成“气力”，把“多吃点”说成“食多滴子”，把“再吃点”说成“食滴子添”，等等。这种把中心词（语）提前、将修饰部分后缀的语序，正是早期畲语的典型语序，直到今天，壮侗语族和苗瑶语族语言的基本语序也依然如此。①

除语序之外，客家方言中还有一些特殊的表达方式，这种方式与汉语的习惯完全不同，但是却可以在苗瑶语族或壮侗语族的语言中找到极其类似的形式。如有些客家方言区就有将“来”和“去”两字连用的习惯，闽西长汀一带的客家话，就把“去进城”说成“来去入城”，把“回家去”说成“来

① 罗美珍、邓小华：《客家方言》，福州：福建教育出版社，1995年，第27页。

去归”，把“去玩”说成“来去嬲”。这种把“来”和“去”连用的表达方式，与汉语的一般用法迥然不同，但是却可以在苗瑶语族的语言中找到其源头。今天的苗语黔东方言，就有这种连用的习惯，如“来去赶集”（去赶集）、“来去做活路”（去干活）等。又如，在客家方言中，还往往将量词的“个”用作助词的“的”。“个”在汉语中的习惯用法是作为量词，但是，客家方言却把它虚化为表示相当于普通话结构助词“的”的语法意义。如“打铁个”（打铁的）、“教书个”（教书的）、“肥个”（肥的）、“食个饭”（食的饭）、“做活路个”（做活的）等。这种把量词用作助词的表达方式，与汉语的习惯完全不同，但在今天壮侗语族的语言中，却可以找到类似的表达形式，只不过把量词放在前面而已，如“个高那”（高的那个）、“棵树大”（大棵的树）、“只虎凶”（凶的虎）等。这类迥异于汉语的习惯用法、但是却可以从苗瑶语族或壮侗语族的语言中找到其源头的特殊的表达方式，也应该是在早期畲语的影响之下形成和凝固起来的。①

除语言之外，畲族在长期的迁移历史中所形成的独特的家庭组织和劳动组合模式，也对后来的客家方言群产生深远而且持久的影响。畲族从其先人莫徭开始，就长期过着刀耕火种的生活。由于生产力的低下，使得他们不分男女性别，都得参加日常的生产活动。据北宋范致明记载：“江西妇女皆习男事，采薪负重，往往力胜男子。设或不能，则阴相讥诮。衣服之上，以帛为带，交结胸前后，富者至用锦绣，其实便操作也，而自以为礼……巴陵、江西华容之民犹间如此，鼎、澧亦然。”② 范氏提到的巴陵、鼎、澧一带，都是宋代莫徭的分布区域。因此，可以肯定，江西境内的这一习俗，应该是在湘中莫徭民族的影响之下形成的。作为莫徭民族后裔的畲族，也一直继承了这一传统。直到清代，由赣闽粤边外迁到闽东北一带的畲民，依然延续着“男女相协力作”的劳动组合方式。据记载，“福州府属罗源等县畲民，即粤之猺人……多在荒僻山岭结茅为屋，男女相协力作，采薪、捕鱼，以供食用”，“古田畲民，即罗源一种……妇以蓝布裹发，或戴冠，状如狗头。短衣布带，

---

① 罗美珍、邓小华：《客家方言》，福州：福建教育出版社，1995 年，第 27～28 页。
② （宋）范致明：《岳阳风土记》。

裙不蔽膝，常跣足荷锄而行，以协力作”。[①] 畲族这一独特的传统，对后来赣闽粤边客家方言群的家庭组织、两性分工、妇女的性别文化角色等都产生了深远的影响。明代天顺年间（1457—1464）编修的《惠州府志》在记载长乐（今五华）、兴宁一带的民风民俗时，就有这样的文字：“女无老少，与男同力，耕获采樵。”[②] 嘉靖《兴宁县志》亦云：“女不朱粉，髻、服大异中州，多务耕采，戴笠徒跣。”[③] 到了清代，有关这方面的记载更多。据清初的屈大均记载：“长乐、兴宁，其民多骄犷喜斗……其男即力于农乎，然女作乃登于男。厥夫菑，厥妇播而获之。农之隙，昼则薪烝，夜则纺绩，竭筋力以穷其年岁……故论女功者以是为首。增城绥福都亦然，妇不耕锄即采葛。其夫在室中哺子而已，夫反为妇。夫之事妇尽任之。谓夫逸妇劳，乃为风俗之善云。”[④] 道光《定南厅志》云：“妇女勤纺绩，戒嬉戏。贫者采薪负水，不辞劳苦。”[⑤] 咸丰《兴宁县志》亦云：“乡村妇人……与男从均劳苦。”[⑥] 光绪《嘉应州志》的记载更具有代表性：“中上人家，妇女纺绩、缝纫，粗衣薄妆，以贞淑相尚。至村乡妇妪，椎髻短裳，任田园诸务。采山负担，蓬跣往来，未免村野，然而甘淡泊，服勤劳，其天性也。”“村庄男子多逸，妇女则井臼、耕织、樵采、畜牧、灌种、纫缝，炊爨，无所不为。天下妇女之勤劳者莫若此，盖天下妇女劳逸尚分贵贱贫富，吾乡即绅士素封之家，主母与婢妾种作劳逸均之。且天下妇女即勤劳，亦或专习一事，吾乡则日用饮食，皆出其手，不独田工、女工也……其近山诸乡妇女，上山樵采，负薪入市求售以谋升斗者，尤为勤苦，然皆习之而安。”[⑦] 客家传统社会的家庭组织与劳动组合方式，以及由此而形塑起来的客家妇女的性别文化角色，显然都是在畲族“男女相协力作”的基础上发展起来的。

当然，赣闽粤边的畲汉融合过程，并不是一方取代另一方的过程，而是

① （清）傅恒：《清职贡图》卷3《罗源县畲民》、《古田县畲民》。
② （明）嘉靖《惠州府志》卷5《地理》引天顺《惠州志》。
③ （明）嘉靖《兴宁县志》卷三《人事部》。
④ （清）屈大均：《广东新语》卷8《女语》，北京：中华书局，1985年，第270～271页。
⑤ （清）道光《定南厅志》卷6《风俗》。
⑥ （清）咸丰《兴宁县志》卷10《风俗志》。
⑦ （清）光绪《嘉应州志》卷8《礼俗》。

双方在血缘与文化两个层面上形成互动与共变的过程。伴随着这种互动与共变，畲、汉双方在各自改变着自身的同时，也在改变着对方。就畲族而言，在他们以其独特的语言文化和社会组织方式影响着、改变着赣闽粤边地域社会与文化结构的同时，其自身的生产生活方式也在当地汉人的影响之下而发生着重大的改变。长期以来，畲族在日常的生产与生活方式上，一直保持着其先人——莫徭人游徙不定的传统。民族志中所谓“椎结跣足，随山散处，刀耕火种，采实猎毛，食尽一山则他徙”①，正是其日常生产和生活方式的写照。与这种游徙不定的生产和生活方式相适应，其居住形式往往也十分简陋。“粤人以山林中结竹木障居息为畲，故称徭所止曰畲。”② 畲族之所以又被称为“畲人”，就与他们的这种居住形式有关。由于长期生活在深山密林之中，他们已适应了山区的生存环境，故而南宋的刘克庄又用“崖栖谷汲”来描述其生活方式。所谓“崖栖”，意即居住在深山岭谷之中；所谓“谷汲”，则表明他们不知井饮，汲于山涧溪流。随着赣闽粤边民族融合的展开，畲族日常的生产和生活方式，也都经历着深刻的变化。早在南宋时期，生活在梅州一带的畲族，已开始以木瓦代替茅寮。据南宋中期的楼钥记载：“梅（州）在万山间，官舍民居率以茅竹为屋，公（时知梅州的张和卿——引者）虑火灾，更以木瓦……民亦乐从。”③ 到了元代中后期，由于民族融合的不断深化，畲族中除一小部分继续保持其原有的民族特性而过着“迁徙无常”的生活之外，其余绝大多数都已采用了汉人的生产和生活方式，成为赣闽粤边居民共同体中的一个组成部分。元代载籍中有关这方面的记述很多，兹引录数条如下：

在赣南——

杨景行……登延祐二年（1315）进士第，授赣州路会昌州判官。会昌民素不知井饮，汲于河流，故多疾疠；不知陶瓦，以茅覆屋，故多火灾。景行教民穿井以饮，陶瓦以代茅茨，民始免于疾疠火灾。④

---

① （清）嘉靖《惠州府志》卷14《外志·徭疍》。
② （明）嘉靖《惠州府志》卷14《外志·徭疍》。
③ （宋）楼钥：《攻愧集》卷104《知梅州张君墓志铭》。
④ （明）《元史》卷192《杨景行传》。

至正十三年，循民弄兵，掠汀州，攻龙南，于是安远顽民作乱。十五年，赣州路总管嚚海齐以先生（王礼）尝典教是邑，令奉诏往绥之。蛮獠砺兵刃，弦弓矢，以逆于境。先生谕其父老曰："吾奉诏辑安，汝民宜改过自新，毋自速咎，使妻孥得保首领以殁，顾非幸欤？若负固肆暴，一旦天兵远临，父母兄弟并遭擒戮，悔之何及？汝宜思之。"父老再拜谢，曰："明公教以生道，敢不自悛。"叱其子弟，令各归舍，解甲为农。于是远近居民悉遵化。[1]

在闽西南——

漳南五县半溪洞，狂獠恃险时纵横。巨蛇吞象出当道，猛虎搏人行近城。如何百年渐礼化，尚尔二度烦天兵。顽愚无知固可悼，承宣亦合思廉平。[2]

汀环山负阻，民俗犷悍，接江通广，奸宄出没，建府之初，兵革相挺，疆界陆梁，巨猾倾煽，郡宿重师，无日不于征讨是急。大宣武公严肃威重，风驰雨沐，枕戈裹甲，蒐狝抚镇，化贼为民。[3]

所谓"悉遵化"、"渐礼化"或"化贼为民"，都反映了这样一个事实：随着民族融合的深化，畲族在整体上已成为赣闽粤边居民共同体中的一个重要组成部分。

粤东北境内的民族融合进程虽然稍缓于赣南和闽西，但是其总体的趋势却是一致的。元代初年，粤东北境内曾一度为各种地方武装势力所占据。至元二十二年（1285），广东宣慰使月的迷失率兵讨伐出没于潮、惠二州的郭逢贵部，四十五寨皆平，"降民万余户，军三千六百一十人"[4]。随着元政府对粤东北一带控制的强化，原先游离于版籍之外的大量人口，开始被重新编入版籍。至元二十七年，循州地方官便招纳到大批"久不能至者"，即长期游离于政府版籍之外的人口，"立兴宁废县以处流民"。[5] 这其中便包括一部分畲族人口。到了元代后期，生活在粤东北境内的畲族，也像生活在广东北部一带的瑶族一样，加快了与当地汉族的融合进程。时人对此曾评论说："广东一道，为海上雄藩……地方数千里，户口数十万，猺獠半之。近年以来，

① （元）王礼：《麟原文集》附录，孔公恂撰：《元广东宣慰使司都元帅府照磨王公墓志铭》。
② （元）贡师泰：《玩斋集》卷4《漳州》。
③ （元）刘将孙：《养吾斋集》卷30《宣武将军汀州路达鲁噶齐瓜尔佳玉陇齐公墓志铭》。
④ （明）《元史》卷13《世祖纪十》。
⑤ （元）姚燧：《牧庵集》卷23《王公神道碑铭并序》。

民化猺獠之俗者又半。"[1] 所谓"民化猺獠之俗"，表明汉人与"猺獠"之间互动与共变的局面已经形成。

综上所述，最晚到了元代中后期，生活在赣闽粤边的汉族和畲族，在经过长期的互动与共变之后，已经在日常的生产生活方式和语言文化诸方面开始趋于一致，从而逐渐形成为一个"你中有我，我中有你"的新的语言文化群体。这个新的语言文化群体，就是方言群意义上的客家。

① （元）刘鹗:《惟实集》卷3《广东宣慰司同知政德碑》。

# 第七章　人口流动与客家方言群地域格局的变迁

前一章的研究结果表明，客家方言群是宋元时期赣闽粤边畲汉民族融合的产物，而客家方言则是由江西中北部一带的移民所带来的早期赣语与早期畲语融合而成的。正因为如此，客家方言群的形成，并非意味着当时生活在赣闽粤边境内的所有居民都是这一群属的成员；同样，客家方言的形成，也并非意味当时整个赣闽粤边境内都通行这种方言。

既然客家方言（群）是赣闽粤边畲汉融合的产物，那么，其原初的中心区域就应该在畲汉两个民族最容易产生接触和交流的“锋面”地区。这里所谓的“锋面”，有两个层次的意思：其一，就区域发展的整体态势而言，该区域的内部开发已由河谷平台地区推进到高山岭谷地带，这是推动生活在该区域内的畲、汉双方进行接触和交流并最终走向融合的决定性力量；其二，就人口的分布格局而言，畲、汉两个民族在该区域内都有着相当大的人口规模，没有一定的人口规模，就无法保证双方融合的充分展开。从南宋以降赣闽粤边区域社会与文化的发展过程来看，同时具备上述两个条件的“锋面”区域，大致在雩都—石城—宁化一线以南、龙川—兴宁—梅州一线以北、雩都—信丰—龙南一线以东、宁化—上杭—梅州一线以西这个范围之内。其整体的地理格局，大致沿着武夷山（南段）—罗浮山系与南岭九连山系这一“十”字形轴心展开。对应于元代的行政区划，这个“锋面”区域则包括赣州路属下的雩都、石城、瑞金、会昌、安远、信丰和龙南7县，汀州路属下的宁化、长汀、上杭、武平4县，循州属下的龙川、兴宁、长乐以及梅州属下的程乡4县。

如果把这一“锋面”区域与现代客家方言群的地理格局进行一番比照，我们就会发现，两者之间的差异非常明显。形成这种差异的原因很多，但是客家方言群由“锋面”区域向周边区域的迁移，以及其他方言群向赣闽粤边的人口迁移，则是形成这种差异的决定性因素。本章的目的即在于通过对明代客家方言群由“锋面”区域向周边区域迁移史实的梳理，借以分析客家方言群的发展及其地域格局变迁的历史过程。

## 一、赣闽粤边内部的人口流动

元代以降，随着北方移民大规模南迁运动的结束，赣闽粤边已不可能再像以前那样，大量地接纳北方的移民人口，尤其是江西中北部一带的移民人口。与这一总体的趋势相对应，赣闽粤边内部的人口迁移，也发生了戏剧性的变化。唐宋时期，北方移民尤其是赣中北一带的移民，总是利用地利之便，首先迁入赣南，然后再通过赣南绾结闽西和粤东北的通道，陆续迁入闽西和粤东北一带。正因为如此，就赣闽粤边内部而言，其人口迁移总是由西向东、自北而南展开的。赣南对于赣中北一带而言，是移民人口的接纳地，但对于闽西和粤东北而言，则是移民人口的输出地。从明代开始，尽管赣南还在向闽西和粤东北一带不断地输出人口，但是闽西和粤东北一带的人口，也在悄悄地向赣南转移，从而出现了令人眼乱缭乱的人口流动现象。赣闽粤边内部人口流动现象的产生，是赣闽粤边地域社会变迁的必然结果。而流民群体的产生，则是推动赣闽粤边内部人口流动的历史前提。

需要指出的是，这里所说的“流民”，与明代官方所谓的“流民”概念不尽相同。按《明史·食货志》的解释，“年饥或避兵他徙者曰流民”。这里所谓的“流民”，则是指那些既非由官方组织迁移又未获得官方允许并且长期未被编入迁入地户籍的流动人口。有明一代，赣南既是赣闽粤边流民人口的最大输出地又是流民人口的最大接纳地。赣闽粤边内部的人口流动，在很大程度上正是伴随着赣南的流民输出和对外来流民的接纳而展开的。正因为如此，以下的论述将围绕赣南而进行。

宋元之际，赣南境内的人口骤然下降。南宋宝庆年间（1225—1227），赣州在籍户数为321356，① 以每户平均5口计，总人口超过160万。从宝庆年

① （明）嘉靖《赣州府志》卷4《食货》。

间到南宋覆灭的祥兴二年（1279），尚有50多年的时差。假定在这50多年里赣州的人口年均增长率维持在2‰~3‰的最低水准之上，那么到了元初，其总人口也应该不下200万。但是，《元史》登录的赣州路人口尚不足30万。① 直到明初的洪武二十四年（1391），赣州的人口也只有37万左右，② 百余年间，人口减少了100余万，只及南宋宝庆年间赣县一县的人口规模。③ 导致宋元之际赣州人口骤然减少的原因，主要有两条：其一，赣州一带是文天祥举兵勤王的中心区域，文天祥部与元军在这里曾展开反复的拉锯战。连年的战火使得使赣州地区的人口损耗极大。尤其是赣州东南部一带的石城、瑞金、雩都、会昌、信丰、安远和龙南等县，由于地处赣南绾结闽西和粤东北的要冲之地，是文天祥部与元军周旋的战略腹地，故而，人口损失尤其严重。南宋宝庆年间，上述7县的在籍户数分别是14714、28251、37105、22116、54423、9157和9234，但是到了明初的洪武二十四年，分别只有3807、1421、3911、691、638、293和260，④ 下降的幅度分别达71.4%、95%、89.4%、96.9%、99.8%、96.8%和97.2%。与此形成强烈对比的是，地处赣南西南一侧的南安（元代改南安军为南安路，仍领有大庾、南康和上犹3县）一带，由于宋元之际的战火基本上未曾殃及，故而人口不降反增。据《元史》记载，元代初年，南安路的总人口为30.4万，⑤ 超过了赣州。这也从反面证明，宋元之间的战争，是导致赣州境内人口急剧下降的重要原因。其次，进入元代以后，赣南境内自然灾害频发，瘴疠肆虐，瘟疫流行。仅《元史》一书记录的赣南境内重大自然灾害和饥荒就有数起之多。如，“（延祐元年，1314）九月，赣州……水，发廪减价赈粜”⑥，“（延祐二年）五月，赣州、南安……处饥，并发廪赈粜”⑦。又如，“（至治元年，1321），赣州……霖雨”⑧。再

① （明）《元史》卷62《地理五》。

② （明）嘉靖《赣州府志》卷4《食货》。

③ （明）嘉靖《赣州府志》卷4《食货》登录赣县宝庆年间主客户合计为68200，以每户平均5口计，总人口为34万多。

④ （明）嘉靖《赣州府志》卷4《食货》。

⑤ （明）《元史》卷62《地理五》。

⑥ （明）《元史》卷25《仁宗纪二》。

⑦ （明）《元史》卷27《仁宗纪二》。

⑧ （明）《元史》卷27《英宗纪一》。

如，“（泰定元年，1324）十一月，南安、赣州等路饥，赈粜有差”①，“（泰定四年）闰九月，建昌、赣州、惠州诸路饥，赈米四万四千石”②，等等。除重大的自然灾害之外，赣南南部山区一带，还不时为瘴疠之气所笼罩。据时人姚燧在《平章政事大司农史公神道碑》一文中记载：“大德之元（即大德元年，1297），迁江西左丞，俄移湖广左丞一年，复江西左丞，以屯田赣州，军兵多死瘴疠，与广东宣慰司加民丁粮于田租外者，皆罪之，召入为大司农。”③ 直到明代后期，潘季驯在一份报告中仍然奏称：“照得赣州府属长宁（今寻乌县）、定南二县，原为贼窟，续因剿平诸酋，建立县治，设置官僚，一方生民，不胜大幸。但近日以来，据长宁县申称，知县沈文渊沾染瘴气，十分危笃，随任家口，病亡殆尽，乞要休致。又据定南县申详，知县费价履任未几，即患瘴病，水土不服，不能供职，乞放还乡……查访二县，委系虔南边徼，山谷丛深，人烟稀少，春秋之际，岚瘴为多。官兹土者，必两广、福建之人，始能无患。”④ 宋末元初的战火、连年的重大自然灾害和饥荒，加之烟瘴肆虐的自然环境，使得赣南一带瘟疫时发。据文献记载，有元一代，发生在江西境内的“大疫”或“疫疠”就有多次。如，“至正三年（1343），（江西全省）大疫”⑤。又如，“（至正十四年）夏四月，江西、湖广大饥，民疫疠甚众”⑥。赣南地处江西的南部，山高林密，天气炎热，因此疫情自然更为严重。与此同时，在赣南的周边地区，也时有疫情发生。如，“（至顺二年，1331）夏四月，衡州路属县比岁旱蝗，仍大水，民食草木殆尽，又疫疠，死者十九”⑦。再如，“至正四年，汀州……夏秋大疫”⑧。再如，“（至正）十九年春夏，广东南雄路大疫”⑨。以上所举的衡州、汀州和南雄等地，均与赣南毗邻；故而，这些区域的疫情也会波及赣南一带。正因为如此，有学者就

---

① （明）《元史》卷29《泰定纪一》。
② （明）《元史》卷30《泰定纪二》。
③ （元）姚燧：《牧庵集》卷16《平章政事大司农史公神道碑》。
④ （明）潘季驯：《潘司空奏疏》卷7《更调县官疏》。
⑤ （清）雍正《江西通志》卷107《祥异》。
⑥ （明）《元史》卷43《顺帝纪六》。
⑦ （明）《元史》卷35《文宗纪四》。
⑧ （明）《元史》卷51《五行志二》。
⑨ （明）《元史》卷51《五行志二》。

认为，瘟疫是继宋元战争之后导致赣南境内人口骤减的另一个重要原因。[①]至于瘟疫到底造成赣南境内多大规模的人口耗减，由于文献的失载，目前还无法确定；不过，可以肯定的是，在南宋以降赣南境内人口的直线下降过程中，瘟疫曾扮演了极其重要的角色。以赣南西南部的南安一带为例，如前所述，未经宋元之际战火殃及的南安3县，元初的人口已达30.4万。但是，到了明代初年，这里的人口已降至7.4万，[②] 百年之间，人口损失20多万，降幅达76%。元代南安境内的人口锐减，除瘟疫之外，很难用其他的原因来加以解释。

进入明代以后，赣南境内的户口数依然呈不断下降的态势，而且绝对的降幅很大。为便于比较，我们将明代赣州和南安两府的历年户口数列表如下：

**表7-1　明代赣州府户口**

| 时　间 | 户　数 | 口　数 | 距上个统计年份的增长率（%） | |
|---|---|---|---|---|
| | | | 户 | 口 |
| 洪武二十四年（1391） | 82036 | 366265 | | |
| 永乐十年（1412） | 88050 | 380702 | 7.3 | 3.9 |
| 永乐二十年（1422） | 47135 | 189399 | -46.5 | -50.3 |
| 宣德七年（1432） | 58593 | 229678 | 24.3 | 21.3 |
| 正统七年（1442） | 51954 | 204252 | -11.3 | -11.1 |
| 景泰三年（1452） | 44881 | 200580 | -13.6 | -1.8 |
| 天顺六年（1462） | 37364 | 140633 | -16.7 | -30 |
| 成化八年（1472） | 42145 | 140630 | 12.8 | 0 |
| 成化十八年（1482） | 37341 | 133366 | -11.3 | -5.1 |

① 曹树基：《中国移民史》，第6卷，福州：福建人民出版社，1997年，第209页。
② （明）嘉靖《南安府志》卷20《食货》。

（续表）

| 时　间 | 户　数 | 口　数 | 距上个统计年份的增长率（%） | |
|---|---|---|---|---|
| | | | 户 | 口 |
| 弘治五年（1492） | 39229 | 168951 | 5 | 26.7 |
| 弘治十五年（1502） | 39988 | 154046 | 1.9 | -8.8 |
| 正德七年（1512） | 39993 | 155052 | 0 | 0.6 |
| 嘉靖元年（1522） | 40454 | 161743 | 1.1 | 4.3 |
| 嘉靖十一年（1532） | 39258 | 164237 | -2.9 | 1.5 |

资料来源：嘉靖《赣州府志》卷4《食货·户口》

**表7-2　明代南安府户口**

| 时　间 | 户　数 | 口　数 | 距上个统计年份的增长率（%） | |
|---|---|---|---|---|
| | | | 户 | 口 |
| 洪武二十四年（1391） | 17968 | 74958 | | |
| 嘉靖十一年（1532） | 7509 | 44715 | -58.2 | -40.3 |

资料来源：嘉靖《南安府志》卷20《食货·户口》

表7-1的统计结果显示，从明初至明代中叶的百余年间，赣州境内的户口数总体上呈不断下降的趋势。在这期间，永乐十年至二十年的10年间降幅最大，户数和口数分别下降了46.5%和50.3%。宣德初年，赣州府的户数和口数虽然都有20%以上的增长，但接下来30年间却又连续下降。从总体上来看，百余年间，赣州府的户数和口数分别下降了52.1%和55.1%，降幅都超过了五成。

表7-2虽然只有两个年份的统计数据，但它所反映的南安府人口发展态势，却与赣州府基本一致。百余年间，南安府的户数下降了近六成，而口数的降幅也超过了四成。

也许有人会说，嘉靖《赣州府志》和《南安府志》所记载的明代赣南户口，只是文牍统计的结果，与赣南境内真正的户口数相差甚远，因此不能据此就得出赣南户口不断下降的结论。① 对此，我们的答案是否定的。因为，有足够的文献材料可以证明，赣南境内持续不断的户口耗减，在当时的人看来，就是一个不争的事实。以向来被视为赣南“壮县”的雩都为例，弘治初知该县的高伯龄就曾有过这样的议论：

雩都为汉大县，自孙吴割地为阳都，肖（当代“萧”——引者）梁分地为安远，南唐析象湖镇为瑞金，宋析九州镇为会昌，石城之分，又自阳都，是雩一邑分为虔之六县。且吴、晋立郡于此，实为一大都会。慨想古昔，其盛可知。夫何沧桑屡变，版籍益少？姑置宋元弗论，即国初尚有东西八厢坊，编户三十里。至正统间，则存七厢坊，一十七里。今则厢坊减三，而里又减六。民之衰耗，一至于此。②

高伯龄的这番话是在弘治十二年（1499）说的。他以“国初”、“正统间”和“今”三个时段内雩都县厢坊、里数的盈缩，来证明“民之衰耗，一至于此”，应该说是很有说服力的。如果雩都的户口自明初以来并没有经历真正意义上的下降过程，身为知县的高伯龄为何要无中生有地发出如此的感慨？

再来看看与雩都毗邻的赣南另一个大县——兴国县。嘉靖四十二年（1563），海瑞出任兴国县知县，在一份名为《兴国八议》的奏议中，针对兴国乃至整个赣南地区的人口现状，他作了如下的描述：

兴国县山地全无耕垦，姑置勿计。其间地可田而未垦及先年为田近日荒废，里里有之，兼山地耕植，尚可万人。岁入所资七八万人，绰绰余裕也。访之南赣二府，大概类兴国……及查户口，（兴国）则名虽五十七里，实则不及一半。嘉靖三十年以前，犹四十四里，今止三十四里。卑职到任后，极

① 据何炳棣《1368—1953年中国人口研究》一书的研究，在明代官方的人口统计中，只有洪武时期的人口统计接近于现代的人口调查，在这以后，全国各地的人口上报数仅仅包括一部分人口，与真正的人口之间差异越来越大，明代中后期某些地区的人口数字只能看作“纳税单位”。详请参阅何炳棣著，葛剑雄译：《1368—1953年中国人口研究》，上海：上海古籍出版社，1989年，第一章《明代人口数据的实质》。曹树基《中国人口史：明时期卷》的研究结果也表明：明代某些地区的地方志所载的人口，也只能看作“纳税单位”，与真正的人口之间相差甚远。详请参阅曹树基：《中国人口史》，第4卷，上海：复旦大学出版社，2000年，相关章节。

② （明）高伯龄：《雩都县志序》，同治《雩都县志》卷首《志序》，于都县志编纂委员会办公室，1986年重印本，第2页。

力招徕，今亦止得四十里。其间半里、一分、二分、三分尚多。通十排年计之，该五百七十人，今止有四百三十人。其间有有里长而全无甲首者，有有甲首而止存一二户，户止一二人者。以故去县二十里外，行二十里、三十里，寥寥星居，不及十余家。问其人，又多壮无妻，老无子，今日之成丁，他日之绝户也。人丁凋落，村里荒凉，岭内县分，似此盖绝少也。①

从土地的大片荒芜，到里甲的大幅度减少，海瑞的这份奏议以铁的事实证明：兴国以至赣州全境人口的严重耗减，乃是不争的事实。

雩都和兴国二县分别位于赣南雩都盆地与兴国盆地的中心，长期以来一直是赣南最为发达的农业区，也是赣南的人口大县。这两个县的户口耗减尚且如此，其他各县也就可想而知了。

南安府的户口耗减也十分严重，嘉靖后期巡抚南赣的陆稳曾报告说：

据南安府四县里老称，南安僻居江西之穷源，路当岭表之首地，所辖四县共止六十里，总计一府四县之粮，不及外府一县之数……即今之地方生聚日微。②

南安府辖下的4个县，总共只有60里的编户，以标准里每里110户计，总户数只有6600户。与表7-2中嘉靖十一年的户数相比，30年间又减少了近1000户，降幅达11.3%。

从高伯龄、海瑞和陆稳的上述言论中不难发现，尽管嘉靖《赣州府志》和《南安府志》所记载的户口数字，与赣南境内真正的户口数之间可能存在着一定的差距；但是，它们所反映的明代赣南人口不断下降的趋势，应该说还是符合明代赣南人口发展实际的。

研究明代移民史和人口史的学者曹树基认为，导致明代赣南人口大幅度耗减的直接原因，是鼠疫的流行。根据他的研究，“鼠疫流行是导致赣州人口大量死亡的主要原因。洪武时期，鼠疫传入南安府境……洪武年间，南安府境相继发生大疫。弘治八年（1495）冬，大疫再次发生……直到1949年，鼠疫仍是这里常见流行的地方病之一”③。在我们看来，鼠疫流行可以解释永乐

① （明）海瑞：《海瑞集》上编《兴国八议》，北京：中华书局，1962年，第203、206页。
② （明）陆稳：《边方灾患恳免加派钱粮以安人心疏》，雍正《江西通志》卷116《艺文》。
③ 曹树基：《中国人口史》，第4卷，上海：复旦大学出版社，2000年，第278～279页。

十年（1412）至二十年这个时段内赣南人口超过50%的大幅度耗损。但是，如果把明代百余年间赣南人口的持续下降统统归之于鼠疫，则是有欠周详的。

有材料表明，有明一代，赣南境内大规模的人口逃亡现象，一直十分突出。以兴国县为例，嘉靖三十年（1551），卢宁出任兴国县的知县。上任伊始，他对该县的人口和里甲编制作了一次调查。据他报告：

本县五十七里，里长五十七名。本职到任，幸不逃亡者仅半耳。后稍招集，复业当差，今得四十四名。然半里者已居强半。其中有有里长无甲首，如崇贤、曹溪等里之曾桥、刘通、钟实、刘克浩者；有无里长，仅存贫单甲首一名，如方太上之刘元海者；又有里长，仅余寡妻幼子，名具而不堪应役，复无甲首帮助，如云山里之谢蒙福者。其余闾团、衫团、云相上下等一十三里，则里长、甲首尽行逃绝。查各里下，有止存三五姓、流移佃种小户而已。不惟远年里书无存，而近岁排老亦皆渐尽。①

根据卢宁的调查，导致兴国境内人口大幅度下降的直接原因，是人口的大量逃亡。连里长、甲首都已逃亡过半，其他的平民百姓也就可想而知了。正是鉴于人口大规模逃亡的这一事实，海瑞在知兴国县之初，才把“招抚逃民”作为治理该县的第一要务。在《兴国八议》中，他奏称：

居官幸值全美县分，安之不使逃流，不幸适当疲惫，去者招之使来，将去者抚之使得安集，县官第一事也。即兴国一县论，逃绝户极多，问其故则虚粮不能赔，重役不能供也。而其去无还心，则拖欠之粮未除，重役之差银尚在，追征如故。数年并之还之，尤不可也。是以招徕为难。②

如果不是逃亡的人口实在太多，海瑞所谓的“招抚逃民”便无从谈起。

根据高伯龄、海瑞和陆稳等人的调查，导致赣南人口大规模逃亡的原因，主要有以下两点。

其一，军屯弊病丛生，致使百姓“一佃其田，百端生害”。明代初年，“民无定居，耕稼尽废，粮饷匮乏”，朱元璋于是“命诸将分兵于龙江等处屯田，自是立法渐密，遍于天下。大率卫所军士，以三分守城，七分屯种”。③

---

① （明）卢宁：《议二》，（清）张尚瑗：《潋水志林》卷12《明申文》，兴国县地方志办公室2001年重刊本，第135页。

② （明）海瑞：《海瑞集》上编《兴国八议》，北京：中华书局，1962年，第207页。

③ 《明会典》卷19《户部四》。

这便是明代的所谓“军屯”之制。据统计，明代江西各地的屯田总数为5623顷。① 这一数字，占洪武二十六年（1393）江西土田总数的1.3%，占弘治十五年（1502）和嘉靖二十一年（1542）江西土田总数的1.4%。② 考虑到赣南自明初以来一直土旷人稀，因此这一比例应该更高。弘治年间，高伯龄在分析雩都人口的大量逃亡时，就把“田分于营田之戍”作为最重要的原因而提了出来。③ 海瑞在谈到兴国的人口逃亡时更进一步指出：自弘治末年以来，“各军生奸，指附近民田报作己力开垦，遂增余田名目。查得屯田原一千余分三十亩，今余田数约六千余亩，当正田三分之一。查得隅都虚粮一千八百石，以田多人少，自国初自今，无一亩一坵开垦。民坐都坐里，有虚粮；屯军原为住屯，佃户何利，何取工食，独为之开垦，致有余田若是耶？军田大率杂民田间中，四旁非尽山地，何自开垦？军之余田，乃民之虚粮。册籍已成，征收日久，小民賍粮，无能辩诉，犹曰往事可诿也。目今军人生奸得惯，沿袭而来，凡屯田系是水冲沙涨，水涸抛荒，往往指邻田为已田原有之数，一佃其田，百端生害。无事则子粒倍收，万一花费拖负，运兑损数，军粮重事，料上司必为追理，又揑论佃户拖欠己粮，一年不完，佃户拖害一年不已。是屯田之为害于民，自有屯至今，无止日也”④。

其二，赋役太重。南赣二府地当中原进入岭南的交通要冲之地，力役之征，较其他地区尤重。早在永乐年间，王直在一篇文章中就曾议论道：“庾岭，江西、广东之限也……凡朝廷达官显人有事于广东，及使海外诸国，广之使者如京师，与夫诸夷之奉职贡、效臣顺者，未有不由于此。其送往迎来、水浮陆走、居处饮食之劳费，皆取给于民。虽轻重厚薄载诸令，然有力之豪与无知而凶悖者，往往自纵于礼法之外。民既竭力以应之，而又有赋税之贡，征敛之挠。”⑤ 弘治年间，一位告老还乡的官员，在解答雩都知县高伯龄“民

---

① 《明会典》卷19《户部四》。

② 据梁方仲的统计，洪武二十六年、弘治十五年和嘉靖二十一年江西的田土总数分别为431186顷、402465顷和401739顷。详请参阅梁方仲：《中国历代户口、田地、田赋统计》，上海：上海人民出版社，1980年，第332～333页。

③ （明）高伯龄：《雩都县志序》，同治《雩都县志》卷首《志序》，于都县志编纂委员会办公室，1986年重印本，第2页。

④ （明）海瑞：《海瑞集》上编《兴国八议》，北京：中华书局，1962年，第202～203页。

⑤ （明）王直：《抑庵文集》后集卷15《送李太守序》。

之衰耗，一至于此”的疑问时，也曾分析说：“雩当闽广湖岭之冲，惟力役之征至重。使客一临，舁者、担者、挽者、牵者，动辄百十人。顾募之资，会其数有至千六百铢者。”① 明代中期开始，赣南境内的赋役之征更是日趋沉重。海瑞在调查兴国县的人口逃亡时就发现：“卑职自到任至今，县民每告近日赋役日增，民多逃窜……以粮计，无一亩田输七八十亩粮有之；以丁计，一丁供三四丁之差有之。满望造册年除豁，县中又以失额不理所诉。其偏有轻重犹甚，奈之何民不穷而盗、盗而逃也哉。”② 陆稳在分析南安府的情况时也说：“郡小而路当要冲之地，粮少而赋实繁重。以六十里之编民，数年增至五千余两，较之旧额，是加三之一矣……盖差重则民贫，民贫则盗起。今应征求者不惟有催科之累，且有绁缧之苦。入盗贼者不惟无拘摄之忧，且有抢掠之利，民亦何苦而不从盗哉！”③

总之，根据高伯龄和海瑞等人的调查，军屯的弊病丛生和难以承担的赋役，使得赣南的百姓只能选择逃亡，而逃亡人口所留下的赋役，又得由尚未逃亡的人口来承担。正因为如此，对那些尚未逃亡的百姓而言，“以粮计，无一亩田输七八十亩粮有之；以丁计，一丁供三四丁之差有之”。面对无法承担的赋役，他们最终也只能选择逃亡。正是在这种恶性循环之中，赣南的逃亡人口越来越多，而在籍人口则越来越少。

随着赣南人口的大量逃亡，从明代中期开始，赣中北一带的移民开始进入赣南地区。嘉靖初年巡抚南赣的右副都御史周用，在一份奏疏中就曾指出：

南赣地方，田地山场坐落开旷，禾稻竹木生殖颇番，利之所共趋，吉安等府各县人民常前来谋求生理，结党成群，日新月盛。其搬运谷、石，砍伐竹木，及种蓝栽杉、烧炭锯板等项，所在有之。又多通同山户田主，置有产业，变客作主。④

由此可见，赣中北一带的过剩人口，在向湖广一带大量转移的同时，也有一部分在向赣南流动。

---

① （明）高伯龄：《雩都县志序》，同治《雩都县志》卷首《志序》，于都县志编纂委员会办公室1986年重印本，第2页。

② （明）海瑞：《海瑞集》上编《兴国八议》，北京：中华书局，1962年，第205～206页。

③ （明）陆稳：《边方灾患恳免加派钱粮以安人心疏》，雍正《江西通志》卷116《艺文》。

④ （明）周用：《乞专官分守地方疏》，雍正《江西通志》卷117《艺文》。

尽管赣中北一带的移民早在嘉靖初年就已经在赣南“变客作主”，但是从总体上来看，他们的到来对改变赣南的居民格局并没有发生太大的作用。海瑞在稍晚的一份奏折中曾报告说：

昔人谓江右有可耕之民，而无可耕之地，荆湖有可耕之地，而无可耕之人。盖为荆湖惜其地，为江右惜其民，欲一调停行之也。兴国县山地全无耕垦，姑置勿计，其间地可田而未垦，及先年为田近日废芜，里里有之。兼山地耕植，尚可万人。岁入所资，七八万人绰绰余裕也。访之南赣二府，大概类兴国。而吉安、南昌等府之民，肩摩袂接，地不能尽之使农，贸易不能尽之使商，比比皆游食于他省。是一省之民也，此有余地，彼有余民，目亲睹，身亲历，听其固然而不一均之可乎？即今吉、抚、昌、广数府之民，虽亦佃南赣之田。然佃者南赣者十之一，游食他省者十之九。盖去远则声不相闻，追关势不相及。①

从海瑞的上述言论中可以看出，尽管当时吉安、南昌等府都有移民进入赣南耕种，但其总体的人口规模却十分有限。为什么江西中北部一带的移民，尤其是赣中地区的移民要舍近求远迁入荆湖地区，而不就近迁入赣南呢？对此，海瑞也有详细的分析：

一佃南赣之田，南赣人多强之入南赣之籍。原籍之追捕不能逃，新附之差役不可减，一身而二处之役加焉。民之所以乐于舍近，不惮就远，有由然矣。

赣中北一带的移民迁入地广人稀的赣南之后，赣南当地就会强迫他们就地入籍。由于赣中北距离赣南太近，移民进入赣南之后，无法摆脱原籍的赋役。这样，移民势必同时承担起原籍和迁入地的两份赋役。故而，赣中北一带的移民宁愿远徙荆湖，也不愿意就近迁入赣南。在海瑞看来，只有解决移民的户籍与土地问题，“凡愿籍南赣者，与之除豁原籍，而又与之批照以固其心，给之无主山地荒田，使不尽佃仆于富户，民争趋之矣。民争趋之，则来者附籍不归，未来者闻风仰慕，不数年间南赣无余地”②。

与赣中北一带的移民相比，闽西和粤东北的移民迁入赣南地区，就不存

---

① （明）海瑞：《海瑞集》上编《兴国八议》，北京：中华书局，1962 年，第 203 页。

② （明）海瑞：《海瑞集》上编《兴国八议》，北京：中华书局，1962 年，第 203 页。

在海瑞所说的这种障碍。因为，尽管闽西、粤东北与赣南互为毗邻，但却分属于不同的行政大区（前两者分属福建布政使司和广东布政使司，而后者则属江西布政使司）。从这个意义上来讲，闽西和粤东北移民流入赣南，就像赣中北移民迁徙到荆湖地区一样，也会形成海瑞所描述的“远去则声不相闻，追关势不相及”的结果。正因为如此，从明代中期开始，闽西和粤东北一带的移民遂陆续进入赣南境内垦荒。

从现有的资料来看，早在景泰年间（1450—1456），闽西上杭和武平二县的移民就已开始进入赣南的东部一带。据时人记载，“会昌与福建接境，万山阻绝，为上杭、武平流贼所聚”①。所谓“流贼”，当是上杭、武平一带流入会昌境内的流民垦荒者。

稍后，闽西的移民又不断蔓延到赣南东北部的宁都一带，据清代早期的魏礼所云：

阳都（宁都旧称）属乡六，上三乡皆土著，故永无变动；下三乡佃耕者悉属闽人，大都福建汀州之人十七八，上杭、连城居二三，皆近在百余里山僻之产……夫下三乡闽佃，先代相仍，久者耕一主之田至子孙十余世，近者五六世、三四世……久历数百年。②

魏礼生当康熙时期，从康熙向前推“十余世”，正当明代中叶。由此可见，最晚到明代中期，赣南东侧由北（宁都）而南（会昌），都有来自闽西的移民。

在闽西移民进入赣南的同时，粤东北一带的部分人口也在向赣南流徙。天顺年间（1457—1464），原先生活在粤东北北部高山岭谷间的一部分具有畲、瑶族血统的人，开始陆续迁入赣南的龙南和安远等南部山区。据时人吴宽在《布政使陈公（选）传》一文中记载：“天顺四年（1460），（陈选）会试第一人，遂登进士第……出巡江西，风纪大振……俄广蛮流贼劫赣之龙南，督兵剿捕，遂平之。”③ 在《林公神道碑铭》中，吴氏又记载说：“天顺丁丑（1257），英宗皇帝既复位，庶政更新，尤重守令之选……（几年后）擢（陈

① （明）徐溥：《谦斋文录》卷4《右副都御史钱塘李公神道碑铭》。
② （清）魏礼：《魏季子文集》卷8《与李邑侯书》。
③ （明）吴宽：《家藏集》卷59《布政使陈公传》。

选）江西按察使……俄有广寇逾岭行劫赣之龙南、信县二县，势炽甚……公慨然约武臣，调兵讨之，寇闻（风）而逃。”① 吴氏所谓的“广蛮流贼”或“广寇”，其中很大一部分都是自粤东北一带逾岭前来赣南垦荒的畲、瑶或汉族流民。

就这样，伴随着赣南逃亡人口向闽西和粤东北一带的流动，闽西和粤东北境内的流民也在悄悄地向赣南转移。最晚到了明代中期，赣闽粤边的这种人口流动已发展成为一种十分普遍的现象。在闽西和粤东北的流民进入赣南的过程中，早期基本上都是季节性的往返。时人罗屺就曾指出：“春耕闽粤者，彼曰良民也；秋入赣建，翼然而虎，巨寇也。”② 罗氏所说的“赣”，指赣州府，“建”指建昌府（治今江西南城县）。由此可见，此时的闽粤流民还只是在秋冬农闲季节进入赣南，并未定居。但是，年深日久之后，他们则开始了定居落籍的过程。嘉靖年间的陆稳就曾说：“（南赣二府）有田者非土著之民，力役者半寄籍之户。缓则谓非亲管，或相抗拒；急则逃去原籍，追摄不前。”③ 所谓“有田者非土著之民，力役者半寄籍之户”，表明流入赣南境内的闽西和粤东北一带移民，有的已在赣南置有田产从而成为“有田者”，有的则承担起赣南当地的力役从而成为“寄籍之户”。

## 二、社会动乱与流民“安辑”

随着人口流动的持续进行，流民问题开始成为赣闽粤边的一个十分严重的社会问题。由流民而发起的地方社会动乱，更是频频发生。天顺十三年(1448)，在闽西的东北部一带，爆发了邓茂七领导的大规模民变事件，并在很短的时间内“陷二十余县”。④ 邓茂七，“江西建昌人，初名邓云，豪侠为众所推，杀人亡命，入闽至宁化县，依豪民陈正景，易名茂七。聚众集会，常数百人。远近商贩至，皆依之”⑤。当时，在汀州、延平和邵武三府毗邻的

① （明）吴宽：《家藏集》卷77《通议大夫刑部右郎林公神道碑铭》。
② （明）罗屺：《圭峰集》卷1《送都阃文君之江西任序》。
③ （明）陆稳：《边方灾患恳免加派钱粮以安人心疏》，雍正《江西通志》卷116《艺文》。
④ （清）《明史》卷10《英宗前纪》。
⑤ （清）谷应泰：《明史纪事本末》卷31《平浙闽盗》。

高山岭谷地带，聚着大量的流民。邓茂七举事后，这些流民便成了邓部的主力。有记载说邓茂七势力最大时“聚众至五十余万”①，福建的汀州、延平、邵武、漳州诸府以及江西的赣州、南城、广信诸府，均受到不同程度的冲击。在邓茂七发起的这次民变事件中，有相当数量的畲族民众参与。明人吴宽在《题汀州忠爱祠》一诗中写道：“闽南初置千夫长，邓贼乘机潜聚党。一朝变起沙尤间，山谷群蛮应如响。”② 吴氏所谓的“群蛮”，就是指辗转流徙到汀州、延平和邵武三府毗邻的高山岭谷一带的畲族。《明史·王得仁传》亦载：“沙县贼陈政景，故邓茂七党也，纠清流贼蓝得隆等攻（汀州）城。”从蓝得隆的姓氏即可以看出，他当是清流境内的畲族。

邓茂七举事失败后，闽西东北部一带的社会动乱依然连年发生。“成化己丑（1469）岁，闽大侵，有盗数千余人，自将乐、尤县四出放劫，而紫云台者介清流、宁化境上，号最险，盗入居之。”③ 连年的社会动乱，促使有关当局开始关注流民问题。成化初，张宁出任汀州知府。在《汀州府行六县榜》中，张氏报告说：“访得各属人民近年有为官府贪求、豪强逼协，大则逃躲山泽，久旷粮差。”④ 为了加强对流民的控制，在原先地僻人稀的高山岭谷一带建县，遂被提上日程。成化五年（1469），滕昭巡抚福建，并邀何乔新分巡汀州、邵武和延平各府。何氏履任之后，“遍历诸县，访民利病而兴除之。清流之归化里，介乎将乐、沙县之间，民恃其险僻，不供徭赋”⑤，于是便建议在此另设新县，以便驾驭。前文提到的紫云台，就在何氏所说的清流县归化里一带。由于这里僻处高山岭谷之间，属于汀州、邵武和延平三府的边陲地带，故而成为三府流民的聚集之区。邓茂七当年就是以紫云台为其根据地的。正因为如此，滕昭在接到何乔新的报告后，很快便决定在此设县。⑥ 成化六年，以清流之明溪正式设立归化县（今明溪县），“析将乐、沙县、宁化三县地益

① （明）王世贞：《弇山堂别集》卷69《命将上》。
② （明）吴宽：《家藏集》卷9《题汀州忠爱祠》。
③ （明）程敏政：《篁墩文集》卷42《同知汀州府事程君墓表》。
④ （明）张宁：《方洲集》卷2《汀州府行六县榜》。
⑤ （明）何乔新：《椒邱文集》外集，蔡清撰：《椒邱先生传》。
⑥ （明）程敏政：《篁墩文集》卷43《滕公墓志铭》。

之”。[1] 归化设置之初，居民5157户，总共32152口。[2] 从归化设县之初只有3万多居民的情况来看，地处于深山岭谷之中的归化，设县并非是区域开发与人口增长的压力所致，而纯粹是政府为镇抚地方、控制流民而采取的行政措施。由于归化境内的流民主要来自汀州、邵武和延平三府，故而，其基本的居民格局也表现为客家方言群和其他方言群的杂居，靠近宁化和清流一侧的，属于客家方言群，而靠近沙县和将乐一侧的则属于闽方言群，归化也因此成为闽西客家方言群分布的北界。

归化县的设置，使得闽西东北部一带的社会动乱暂时得到了缓和。但是，在闽西的南部一带，社会动乱却日甚一日。尤其是在上杭附近，由于地接赣州的会昌、安远、龙南以及粤东北的程乡等县，故而，从明代中期开始，这里遂成为赣南和粤东北一带流民的聚集地。随着流民的大量涌入，由流民而引发的社会动乱也日趋频繁。明人吴宽记载说：“永定在万山中，为闽之穷处，自正统末以寇增设，险阻寡民，寇不时发。”[3] 《明史·伍骥传》亦载：“（伍氏于）天顺七年（1463）巡抚福建，是时上杭贼起……已而贼势转炽……骥单骑诣贼垒……谕以祸福，贼见其至诚，感悟泣下，归附者七百余户，给以牛种，俾复故业。”同书《高明传》也记载说：“（成化）十四年（1478）上杭盗发，诏起（高明）巡抚福建，督兵往讨，擒诛首恶……以上杭地接江西、广东，盗易啸聚，请析置永定县。”永定正式设县在成化十四年，至成化十八年，该县的总户数2256，口数为11129。[4] 因此，就像归化县的设置一样，永定的设县也不是区域开发与人口发展的压力所致，而是政府为镇抚地方、控制流民所采取的行政措施。该县以“永定”为名，本身就具有安定边方、镇抚流移的意味。

在偏远的深山岭谷地带设县，固然可以强化对流入境内的流民的控制，但是却无法从根本上解决赣闽粤边内部的人口流动问题，更无法从根本上消弭赣闽粤边内部的流民问题。成化中期，赣闽粤边内部的流民问题，愈发严重。于是，政府开始着手采取措施，“安辑”流民。据《明史·洪钟传》记

---

① （清）《明史》卷45《地理六》。

② （明）嘉靖《汀州府志》卷4《户口》。

③ （明）吴宽：《家藏集》卷73《永定知县陈君墓表》。

④ （明）嘉靖《汀州府志》卷4《户口》。

载："洪钟……成化十一年（1475）进士。为刑部主事，迁郎中，奉命安辑江西、福建流民。"洪氏"奉命安辑江西、福建流民"在成化二十一年。王守仁在《谥襄惠两峰洪公墓志铭》中记载说："（成化）乙巳（即成化二十一年），江西、福建流贼甫定，公承命往审处之。归言福建之武平、上杭、清流、永定、江西之安远、龙南、广东之程乡，皆流移错杂，习于斗争，以武力相尚，是以易哄而乱。"① 洪氏"安辑"流民的具体措施，文献中未见有任何记载，《明史》本传也只是说他曾建议当局"宜及平时令有司立乡社学，教之诗书礼让"。由此看来，洪氏此行只是调查赣闽粤边的流民现状，而并未采取任何实质性的措施来"安辑"流民。

从现有的资料来看，真正采取措施来解决赣闽粤边内部的流民问题，始于弘治时期。据明人何乔新记载：

皇帝（弘治）即位之七年，汀、赣奸民合为寇。其始甚微，萑符狗鼠之盗耳。郡县有司无远略，不急捕，其势寖炽，而岭南、湖湘之不逞者从而和之，四出剽掠，劫富室，燔民居，掠币藏，杀官吏，哄然为东南郡县患。有司始骇而图之，备其东则发于西，剿其南则窜于北。时镇守江西太监邓公原……以为盗之未平，以政令不一，而邻境有司不肯协心故也。宜设巡抚宪臣，置司要地，以节制之，而割附近郡县以隶之，则盗易平也。乃合辞以闻，皇帝俞其请，爰命大臣慎选方岳重臣有牧民御众之才者以授予之，得广东左布政使金公泽，遂迁都察院右副都御使，俾巡抚江西，兼督闽广湖湘之地，置司于赣，而割江西之南安、赣州、建昌、福建之汀州、广东之潮州、惠州、南雄、湖广之郴州隶焉。四省三司皆听节制，赐之玺书，许以便宜行事。②

从何氏的记述中不难看出，当时的赣南、闽西和粤东北一带，已然成为所谓"盗寇"的渊薮，由流民而引发的地方社会动乱，已从过去的局部区域发展到整个赣闽粤边，甚至蔓延到周边的粤北和湘南一带。鉴于"备其东则发于西，剿其南则窜于北"的严峻现实，朝廷不得不打破既有的行政区划体系，通过设置南赣巡抚而将赣南、闽西、粤东、粤北和湘南置于一个统一的军事控制网之下，借此来消弭赣闽粤边及其相邻区域的地方社会动乱。

① （明）王守仁：《王文成全书》卷25《谥襄惠两峰洪公墓志铭》。

② （明）何乔新：《椒邱文集》卷13《新建巡抚院记》。

南赣巡抚于弘治八年（1495）正式建置，据雍正《江西通志》记载：

（弘治）八年夏四月，始设南赣巡抚……弘治甲寅（1494），汀、漳寇起，岭南、湖湘不逞者四出剽掠，为东南患。于是，镇守江西太监邓原、巡按御使张缙暨藩臬臣议设巡抚宪臣，开府于赣，以统制之。制下，因推广东左布政金泽迁都察院右副都御使，俾江西，兼督闽广湖湘。其所辖则江西之南安、赣州、建昌、福建之汀州、广东之潮州、惠州、湖广之郴州，四省三司皆听节制，赐以玺书，许以便宜行事……副都御使金泽总制江西，莅任七年，始得代去，寻以事宁，裁去南赣巡抚。①

南赣巡抚是在由流民问题而引发的赣闽粤边地方动乱这一总体背景下设置的，正因为如此，金泽在出任南赣巡抚的 7 年（1495—1501）时间里，在以武力弹压赣闽粤边地方乱动的同时，还对引发赣闽粤边社会动乱的流民问题，着手予以解决。正德年间，巡抚南赣的王守仁曾报告说："其初畬贼，原系广东流来，先年奉巡抚金泽行令，安插于此。不过砍山耕活，年深日久，生长日蕃，羽翼渐多。"② 在金泽巡抚南赣期间，既然由广东流入赣南的畲民（即王守仁所谓的"畬贼"）都已被"安插"，那么由闽西和粤东北一带流入赣南境内的客家籍流民，也当在他的"安插"之列。

在金泽"安插"流民的过程中，到底有多少来自闽西和粤东北一带的流民被安插到赣南地区？他们是以何种方式被安插到赣南地区的？流民在赣南二府各县的分布情况如何？由于史料的缺乏，这些问题尚无法厘清。不过，可以肯定的是，这次按插对于缓解赣闽粤边因流民问题而引发的地方社会动乱，具有一定的积极作用。从前引雍正《江西通志》说金泽"莅任七年，始得代去，寻以事宁，裁去南赣巡抚"这一记述来看，金泽对于流民的"安插"显然是比较成功的。由于流民的问题暂时得到了解决，由流民而引发的社会动乱自然也会有所缓和。正因为如此，为处置赣闽粤边的地方社会动乱而专门设置的南赣巡抚，也在金泽离任之后被裁去。

① （清）雍正《江西通志》卷 32《武事四》。
② （明）王守仁:《王文成全书》卷 10《立崇义县治疏》。

## 三、王守仁巡抚南赣与“新民”的定居落籍

如果说金泽的“安插”措施暂时缓解了赣闽粤边因流民问题而引发的社会危机，那么，弘治末年以降发生在赣南境内的一系列重大自然灾害，则又使得赣闽粤边的社会动乱再掀高潮。天灾与人祸纠缠在一起，终于导致了赣闽粤边积聚已久的各种社会矛盾的总爆发。

有关弘治末年发生在赣南境内的一系列重大自然灾害，时人林俊（弘治末任江西巡抚）记载甚详。据他报告：

据江西布政司呈南安府申大庾县老人甘文瑞等呈，本县城市乡村军民男妇，自弘治十六年正月中旬以来，多感喉风肿毒急症，辰病午死，或即时死，或在市买卖入门即死，一家三五口者有之，六七口者有之，男女痘疹死者不可胜数，家家遍染前灾。

上犹县老人李清秀等呈，自弘治十五年十二月以来，本县厢坊龙下、童子等里，耕牛、猪蓄沾患时气，俱已灾死。今年正月初旬，市井村团军民多感风痰咽喉急症，朝病暮死，全家遍染。①

据赣州府瑞金县申报里老钟永声等呈，称弘治十六年五月十四日以来，淫雨不止，十八日大雨如注，巳时分江水汹涌，泛涨满城。田园堆成沙坝，道路陷成深坑……近河民房、财物、牲口，漂流罄空。故老相传，自昔罕见。又本年二月以来，各乡虎狼纵横，被伤亡不可枚举，至今人绝往来。似此灾异相继，民不聊生。

又据本府龙南县申，本县五月初二日起，淫雨连绵，山溪水涨……城内水溢，官民房……有浸至四尺……各民所种晚田，有水冲成湖，有沙积成堆，人民悉叹等。

又据本府会昌县申，本年五月初旬以来，淫雨林漓……田禾多被冲淹，城垣多致伤塌。②

瘟疫、水灾等一系列重大的自然灾害，使得赣南二府民不聊生。正因为

① （明）林俊：《见素集》奏议卷2《灾患疏》。
② （明）林俊：《见素集》奏议卷2《水患疏》。

如此，从正德初年开始，赣南境内的各种社会矛盾日趋严重，社会动乱连年发生。据《明史纪事本末》记载：

武宗正德六年（1511）夏四月，江西盗起。命左都御史陈金总制军务，右都御史俞谏提督军务，讨之。先是江西各地盗贼蜂起。赣贼犯新淦，执参政赵士贤……金等奏调广西田州东兰等处狼兵合征之。①

如前所述，从明代中期开始，赣南、闽西和粤东北之间的人口流动，就已成为一种十分普遍的现象。随着人口流动的持续进行，赣闽粤边逐渐演变成为一个典型的移民社会。移民社会的流动性，以及移民与原乡的关联性，使得赣闽粤边的区域性社会动乱具有很强的传染性特点。正因为如此，正德初年发生在赣南境内的社会动乱，很快便蔓延至闽西境内。据《明史纪事本末》记载：

（正德）七年春正月，南赣巡抚都御史周南率兵攻破大帽山等山寨，尽平之。大帽山交界江闽广三省，贼首……聚徒数千，流劫攻陷建宁、宁化、石城、万安诸县。南分遣江西兵从安远入，攻破巢穴七。广东兵从程乡入，破巢穴九。福建兵从武平入……悉斩之。②

这里所说的大帽山，系指位于汀州府东侧的博平岭支脉，在今福建的南靖与平和二县之间。据《明史・地理志》记载：“南靖，旧治在西南，双溪之北，嘉靖四十五年（1566）北迁大帽山麓。”显然，所谓“福建大帽山”，就是指南靖境内的这个大帽山。明代中期开始，这里也成为畲民和赣闽粤边客家流民的聚集之区。因此，可以肯定，流民是这次民变的主要参与者。

赣南和闽西的地方性社会动乱，很快便席卷到整个赣闽粤边，并将粤北与湘南也卷入其中。据《明史・王守仁传》记载：

（正德）十一年八月，擢（王守仁）右佥都御史，巡抚南赣。当是时，南中盗贼蜂起。谢志山（又作栅）据横水、左溪、桶冈，池仲容据浰头，皆称王，与大庾陈曰能、乐昌高快马、郴州龚福全等攻剽府县。而福建大帽山贼詹师富等又起。前巡抚文森托疾避去。志山合乐昌贼掠大庾，攻南康、赣州，赣县主簿吴玭战死。

① （清）谷应泰：《明史纪事本末》卷48《平南赣盗》。
② （清）谷应泰：《明史纪事本末》卷48《平南赣盗》。

面对赣闽粤边日趋严重的社会动乱，朝廷于正德五年（1510）重开南赣巡抚。据雍正《江西通志》卷32《武事四》记载：

（正德五年）用福建镇守太监张俊、巡按御史贺泰议，复设南赣巡抚。

后世所谓的南赣巡抚，就是指正德五年重开并一直延续至明代末年的南赣巡抚。明人王士性对此记载甚详：

南赣称虔镇，在四省（指江西、福建、广东、湖广四省）万山之中。辖府九，汀（州）、漳（州）、惠（州）、潮（州）、南（雄）、韶（州）、南（安）、赣（州）、吉（安）；州一，郴（州）；县六十五，即诸郡之邑也。卫七，赣州、潮州、碣石、惠州、汀州、漳州、镇江。卫所官一百六十四员，军二万八千七百余名。寨隘二百五十六处。专防山洞之贼寇也。正（德）、嘉（靖）之间，时作不靖。①

从王士性的上述记载中不难发现，正德年间重开的南赣巡抚，与弘治年间初设的那个南赣巡抚相比，其管辖的范围要更大一些。弘治年间的南赣巡抚，“其所辖则江西之南安、赣州、建昌、福建之汀州、广东之潮州、惠州、湖广之郴州”，而正德年间重开的南赣巡抚，则将江西的吉安（代替建昌）、福建的漳州、广东的韶州均包括在内。至于两者所担当的角色，差异则更大。此前所设的南赣巡抚，充其量只是一个临时性的军事协调机构，而此次重开的南赣巡抚，则是一个常设的、辖9府、1州、65县、拥有28700多名士兵、专门用以镇抚赣闽粤边“山洞之贼寇”的军事机构。

南赣巡抚重开之后，周南出任第一任巡抚，所以史书上称“南赣巡抚之设，自（周）南始”②。周南走马上任之时，正值闽西大帽山一带的民变愈演愈烈之日。据《明史·周南传》记载：

汀州大帽山贼张时旺、黄镛、刘隆、李四仔等聚众称王，攻剽城邑，延及江西、广东之境，数年不靖，官军讨之辄败。推官莫仲昭、知县蒋玑、指挥杨泽等被执，贼势愈炽。南集诸道兵击之龙牙，擒时旺……先后斩获五千人。

① （明）王士性：《广志绎》卷4《江南诸省》，周振鹤点校《王士性地理书三种》，上海：上海古籍出版社，1993年，第343页。

② （清）《明史》卷187《周南传》。

然而，一波刚平，一波又起。就在周南平息闽西大帽山区的社会动乱之后不久，一场席卷整个赣闽粤边的社会动乱再度发生。正德十一年（1516），赣南、闽西和粤东北几乎同时爆发了大规模的民变事件，并很快在粤北的乐昌和湘南的郴州一带引起连锁反应。其中，活跃在赣南的为谢志山部，他们出没于桶冈、横水和左溪一带。桶冈乃洞名，据雍正《江西通志》记载："桶冈洞在崇义县西北一百二十里……地有水自上而下，注于石穴，深潭形若桶然，此桶冈所由名也。"[①] 横水乃隘名，据雍正《历代通鉴辑览》记载："（横水）在江西南安府崇义县东，其南为十八面岭。"[②] 左溪也就是闽西境内的汀江，据雍正《历代通鉴辑览》记载："左溪即汀水，亦曰鄞江，在福建汀州府长汀县东，源出宁化，下流至广东大埔县入海。"[③] 由此可见，从南安府西北侧，经赣州府南部的九连山区，[④] 一直逶迤至闽西的汀江一带，都在谢志山部的势力范围之内。加之西有郴州袭福全部的策应，南有大庾陈曰能部和乐昌高快马部的奥援，因此谢志山部被王守仁视为"腹心之患"[⑤]。活跃在闽西的为詹师富部，他们以博平岭西侧的大帽山为根据地，出没于汀、漳两府。活跃在粤东北一带的则有数支，其中以池仲容部势力最大。据明人费宏《阳明先生平浰头记》一文记载："惠之龙川北抵赣，其山谷贼亡虑数百，而浰头最大。浰之贼肆毒吾民者，亡虑数千，而池仲容最著。仲容之放兵四劫，亡数虑十年，而龙川、翁源、始兴、龙南、信丰、安远、会昌以迩，受毒最深"[⑥]。池仲容部以浰头为根据地。浰头乃东江上游重要支流浰水的发源地，在今广东省和平县（原属龙川县）境内。据雍正《历代通鉴辑览》记载："浰头，山名，在广东惠州府和平县西北，接江西龙南县界，有上中下三浰，最北近龙南者为上浰，在岑冈者为中浰，最南者为下浰。"[⑦] 至于该部的

① （清）雍正《江西通志》卷13《山川》。

② （清）雍正：《历代通鉴辑览》卷107，正德十一年八月。

③ （清）雍正：《历代通鉴辑览》卷107，正德十一年八月。

④ 据乾隆《清一统志》卷253《赣州府》记载：赣南南部的九连山区，亦有大帽山，"在长宁县（今江西寻乌县）南二百里，绵亘数百里……明正德中，贼徒聚此"。可见，赣南南部的九连山区，也在谢志山部的势力范围之内。

⑤ （明）王守仁：《王文成全书》卷10《横水桶冈捷音疏》。

⑥ （明）王守仁：《王文成全书》卷38《附录》，费宏撰：《阳明行生平浰记》。

⑦ （清）雍正：《历代通鉴辑览》卷107，正德十一年八月。

活动范围，则广及粤东北、赣南以及粤北的翁源和始兴一带。

面对赣闽粤边汹涌澎湃的民变浪潮，继周南而出任南赣巡抚的文森，竟“托疾避去”。后经兵部尚书王琼的举荐，王守仁以右佥都御史之职，巡抚南赣。

正德十二年（1517）年初，王守仁正式开府于赣州。在侦知各地的军情之后，他决定首先攻打闽西的詹师富部，“于是檄福建、广东会兵，先讨福建大帽山贼”①。王守仁自己则坐镇上杭，“出不意捣之，连破四十余寨，俘斩七千有奇，指挥王铠等擒师富”②。

在平息了闽西玳瑁山一带詹师富部的民变之后，王守仁开始着手解决活跃在赣南境内的谢志山部。与詹师富所部相比，谢志山部不仅人多势众，而且活动范围更广。正德十二年七月，王守仁率先对大庾的陈曰能部展开围攻。在平息了陈曰能部之后，遂于该年十月全面展开对谢志山部的围攻，“凡破巢八十有四，俘斩六千有奇”③。

在连破闽西的詹师富部和赣南的谢志山部之后，正德十三年年初，王守仁率军围攻浰头的池仲容部，并“连破上、中、下三浰，斩首二千有奇”④。至此，波及整个赣闽粤边的地方社会动乱，遂告一个段落。

以武力先后平息了赣南、闽西和粤东北的地方社会动乱，这大概就是王守仁所谓的“破山中贼”。不过，作为一代心学宗师，王守仁在以武力平息了赣闽粤边地方社会动乱的同时，也深刻地意识到“破山中贼易，破心中贼难”的道理。在出任南赣巡抚的两年多时间里，他对赣闽粤边社会民情的了解，有一个由浅入深的过程。伴随着这一认识的不断深化，他先后采取了一系列重要的措施，希图以此来消弭赣闽粤边社会动乱的根源，稳定地方社会。其中，最主要有如下三项：

其一，推行“十家牌法”，强化政府对于流动人口的控制，通过控制流动人口以稳定地方社会。

明代中期，赣闽粤边之所以社会动乱频发，其中很重要的一个原因就在

---

① （清）《明史》卷195《王守仁传》。
② （清）《明史》卷195《王守仁传》。
③ （清）《明史》卷195《王守仁传》。
④ （清）《明史》卷195《王守仁传》。

于赣闽粤边内部的人口流动，以及因人口流动而产生的大量流民人口。就社会控制的角度而言，流民人口由于脱离原籍，所以无法通过原籍的里甲来加以约束；同样，流民作为“非法”的移民，又无法被编入流入地的里甲，所以流入地也无法通过里甲来控制他们。正因如此，流民事实上成为一个既游移于原籍，又脱离流入地社会控制的一个特殊群体。从这个意义上来讲，只有设法控制人口的流动，尽可能地把流民人口控制在最小的范围之内，才有可能稳定赣闽粤边的社会秩序。

正是基于这样的考量，王守仁在巡抚南赣之初，就极力推行“十家牌法”。所谓“十家牌法”，就是以家户为单位，每十户编为一甲，每甲持有一牌，牌上书明每家户主的姓名和籍贯。此牌每天一轮，由各户轮流收掌。每天晚上，持牌户到各家照牌查看，查看的重点是“某家今夜少某人，往某处，干某事，某日当回；某家今夜多某人，是某姓名，从某处来，干某事务”。在查看的过程中，对于上述一切要“审问的确”，并将查看的结果“通报各家知会”。在查看时，如果“有可疑，即行报官，如或隐蔽，事发，十家同罪”。此外，每户又另有一牌，牌上书明该户户主姓名、家中人口（包括每个人的性别、职业、技能、病史、去处等）、财产、房屋以及寄歇客户等。如果户主系“寄庄”客户，则需书明原籍某处、某里甲、寄庄田在本县某处、原买何人、何人担保等项。“寄庄”客户如“有庄田，皆不准不报写原籍里甲，即系来历不明，即须查究”①。此牌悬于各家门户之首，“以凭官府查考”②。

显然，“十家牌法”的核心内容，就是通过掌握地方社会的人口流动状况，并通过对地方社会的一种准军事化的管理，来达到社会控制的目的。根据王守仁自己的看法，“十家牌法”的颁行，“其法甚约，其治甚广。有司果能着实举行，不但盗贼可息，词讼可简。因是而修之，补其偏而救其弊，则赋役可均。因是而修之，连其伍而制其什，则外侮可御。因是而修之，警其薄而劝其厚，则风俗可淳。因是而修之，导以德而训以学，则礼乐可兴”③。

---

① （明）王守仁：《王文成全书》卷16《十家牌法告谕各府父老子弟》。
② （明）王守仁：《王文成全书》卷16《按行各分巡道督编十家牌》。
③ （明）王守仁：《王文成全书》卷17《申谕十家牌法》。

由此可见，“十家牌法”在通过连坐互保，建立基层里甲制度，以实现对人口流动全面控制的同时，还具有以礼乐教化百姓的意味。随着“十家牌法”的颁行，原先流入赣南一带的大多数流民，也被编入到牌甲之中。这样，政府便可以通过“查考”牌甲来控制流民。随着流民人口大量地被编入牌甲之中，由流民而引发的社会动乱自然趋于缓和。据记载，“十家牌法”颁行之后，原先“俗多鄙野”的赣南一带，风俗为之“丕变”，“赣人多为良善，而问学君子亦多矣”。①

其二，颁布“乡约”，通过礼乐教化来安抚基层社会。

正德十三年（1518）十月，在先后平定了闽西、赣安和粤东北的三个反抗中心之后，王守仁颁布了《南赣乡约》。其《年谱》记载说：

（正德十三年）十月，举乡约。先生自大征后，以为民虽格面，未知格心，乃举乡约告谕父老子弟，使相警戒。②

由此可见，乡约是在军事镇压之后为教化“新民”而设立的，其重点即在于“格心”。从《南赣乡约》的具体条文来看，主要包括九个方面的内容，即督促寄庄户纳粮，禁高利贷，禁居民小忿报仇，禁阴通贼情，禁差役扰民，新民不得怀前仇，新民改过自新，婚嫁从简和丧葬合乎礼仪。③

如果说“十家牌法”主要是通过一种准军事性的社会管制来控制地方社会，那么，乡约则主要通过礼乐教化来安抚地方社会。正因为如此，两者的轻重缓急是各不相同的。王阳明自己就曾认为：

大抵法立弊生，必须人存政举。若十家牌式，徒尔编制张挂。督劝考较之法，虽或暂行，终归废弛。仰各该县官，务于坊里乡都有之内，推选年高有德，众所信服之人，或三四十人，或一二十人，厚其礼貌，特示优崇，使之分设巡劝论，深山穷谷必至，教其不能，督其不率，命面耳提，多方化导。或素习顽梗之区，亦可间行乡约，进见之时，咨询民谟，以通下情。其于邑政，必有裨补。④

所谓“或素习顽梗之区，亦可间行乡约”，表明乡约只是“十家牌法”

① （明）王守仁：《王文成全书》卷37《附录》六，黄绾撰：《阳明先生行状》。
② （明）王守仁：《王文成全书》卷32《附录》一，《年谱》。
③ （明）王守仁：《王文成全书》卷17《南赣乡约》。
④ （明）王守仁：《王文成全书》卷31上《申行十家牌法》。

的一种补充。在王守仁自己的设计中，“十家牌法”是一种强制性的措施，所以“深山穷谷”也必须落实。至于乡约，则未必如此。正因为如此，在王守仁巡抚南赣的两年多时间里，曾多次颁发正式公文，三令五申，要求属下贯彻“十家牌法”，而绝不可敷衍了事；[①] 但是，关于乡约的正式公文，除《南赣乡约》一文之外，再无其他文字。

尽管如此，对于赣南地区基层社会组织的形成与发展而言，乡约也像“十家牌法”一样，发挥着极其重要的影响作用。正因为如此，王守仁的继任者们，大都继续延用这种保甲加乡约的方式来处理赣南的地方社会问题。嘉靖三十三年（1554），南赣巡抚谈恺就曾指出：

照得本院所属，四省联络，万山盘踞……在昔尝为盗区，自阳明王公荡平之后，增设县治，建立社学，十家有牌，一乡有约，汙染尽革，政教维新。迩年以来，法久而玩，虽有司治之无力，亦新民顽而弗率……甚者迫于饥寒，相率聚为盗贼，余风未殄，积习犹存，将谓官府莫能谁何……仍照十家牌法相率劝勉，其有举行乡约，教子孙念书，遵守法度，地方信服者，千百长、总甲、里老人等指名报官，年终量加犒赏。行乡约者给以米布，入社学者给以纸笔，以为一方之劝，仍类申本院另行给赏施行。其有顽弗率教……照依律例问断，决不轻贷。[②]

从谈恺的上述议论中，我们不难发现，王守仁所推行的乡约，在明后期赣南地方社会制度的形成与发展过程中，依然有着重要的影响。正像有研究者所指出的那样，在“行乡约者给以米布，入社学者给以纸笔”的安排之下，乡约不可能完全流于形式。[③] 康熙《南康县志》记录的明代乡约遗址就有24处之多[④]，这也从一个侧面证明，至少在赣南的部分区域，确实推行过乡约制度。

---

① 在王守仁颁布的有关行十家牌法的正式公文中，除《十家牌法告谕各府父老子弟》一文之外，尚有《申谕十家牌法》、《申谕十家牌法增立保长》、《牌行崇义县查行十家牌法》等保存在《王文成全书》中。

② （明）嘉靖《虔台续志》卷5《纪事四》，转引自黄志繁：《乡约与保甲：以明代赣南为中心的分析》，载《中国社会经济史研究》2002年第2期，原引文断句有误。

③ 黄志繁：《乡约与保甲：以明代赣南为中心的分析》，载《中国社会经济史研究》2002年第2期。

④ （清）康熙《南康县志》卷4《建置志一》，转引自黄志繁：《乡约与保甲：以明代赣南为中心的分析》，载《中国社会经济史研究》2002年第2期。

其三，通过增设县治，将原先偏僻的山区直接纳入国家政权的垂直控制之下，以杜绝乱源。

南宋以降，赣闽粤边内部的区域开发，已开始由早先的平原河谷地带逐渐推进到高山岭谷地带。然而，由于山区生存环境的恶劣以及开发的艰难，故而直到明代，在赣闽粤边的一些高山岭谷之间，依然是人烟稀少，村落星散。以赣南南部的九连山一带为例，直到明中叶的正德七年（1512），地处九连山区的安远和龙南二县，在籍的人口只有区区的3376和4867。① 人口的稀少，使得山区开发所需要的大量劳动力无法保证，从而极大地延缓了山区开发的进度。另一方面，从行政地理的角度来看，赣闽粤毗邻区域的南岭九连山系和武夷山系，是江西、福建和广东三个行政大区的地理界线。自元代行省制度确立之后，赣闽、闽西和粤东北分属于三个不同的一级行政大区。行政大区的条块分割，使得横跨这两大山系的部分区域，往往成为“三不管”的权力真空地带。例如，横跨在赣南西南的南安府与粤北的韶州府和南雄府之间的南岭山系，以及横跨在赣州府南部和粤东北惠州府北部的九连山系，长期以来，事实上都处在无政府的状态之中。正因为如此，有关地田、山场的争夺，在这些区域往往最为激烈。成化年间先后担任过江西按副察使和广东按察使的闵珪就曾发现：“庾岭介南雄、南安间，二境争田不决。”为了解决两境的田讼，闵氏决定通过“会勘”以决定归属，结果却以“民啸聚山谷为乱”而告结束。② 此外，赣闽粤边与周边其他区域的地理界线，大多也因高山岭谷而划定。如诸广山之于南安府与郴州，再如博平岭之于汀州与漳州，等等，皆在此例。这些地界性的山脉及其附近区域，由于分处在不同的二级行政建置（府、州）之内，故而往往也成为权力的真空地带。明代赣闽粤边的人口流动，其主要流入地就是这些具有省界或府（州）界性质的边缘山区。王守仁先后平定的闽西、赣南和粤东北三个反抗中心，也都毫无例外地集中在这些边缘山区。

为了填补赣闽粤边这些边缘山区的权力真空，强化政府对于僻远山区的垂直控制，王守仁在完成了“破山中贼”的任务之后，便把建立县治提上日

① （明）嘉靖《赣州府志》卷4《食货》。
② （明）王鏊：《震泽集》卷29《闵公墓志铭》。

程。正德十二年（1517）年初，在平定了闽西大帽山区的詹师富部之后，他在善后工作方面所做的第一件事便是设立平和县。在给朝廷的奏折中，他写道：

南靖县治，僻在一隅，相离芦溪、平和、长乐等处，地理遥远，政教不及，小民罔知法度，不时劫掠乡村，肆无忌惮，酿成大祸。今日动三军之众，合二省之民，虽曰歼灭渠魁，扫除党类，特一时之计，未为久远之规。乞于河头、中营等处添设县治，引带汀、潮，喉襟清宁，人烟辏集，道路适均，政教既敷，盗贼自息。考之近日，龙岩添设漳平而盗寇以靖，上杭添设永定而地方以宁，此皆明验。今若添置县治，可以永保无虞。①

他强调，县治之所以选在河头，是因为“河头地方，北与芦溪、流恩山冈接境，西南与平和、象湖接境，而平和等乡又与广东饶平县大伞、箭灌等乡接境，皆系穷险贼巢。两省民居相距县治各有五日之程，名虽分设都图，实则不闻政教，往往相诱出劫，一呼数千，所过荼毒”②。也就是说，河头地方，形势险要，位置适中，在此设县，北可以控制闽南，南可以引领粤东。这样，闽西南与粤东之间的权力真空状态便会填平，作为“盗贼”渊薮的条件便不复存在。正德十四年，朝廷批准了他的建议，正式设立平和县，“以南靖县之和头大洋陂置，析漳浦县地益之”③。

正德十二年，在平息了南安谢志山部之后，王守仁再次把设立县治作为善后工作的第一件大事。在《立崇义县治疏》中，他写道：

上犹等县横水、左溪、长流、桶冈、关田、鸡湖等处，贼巢共计八十余处。界乎三县（即上犹、大庾和南康）之中，东西南北相去三百余里。号令不到，人迹罕至。其初拳贼，原系广东流来。先年奉巡抚都御史金泽行令安插于此，不过砍山耕活，年深日久，生长日番，居民渐多……又且潜引万安、龙泉等县避役逃民，并百工技艺，游食之人，杂处于内，分群聚党，动以万计。始渐虏略乡村，后乃攻劫郡县，近年肆无忌惮，遂立总兵，僭拟王号……蒙本院亲率诸军，捣其巢穴，擒其首恶，妖氛为之扫荡，地方为之底

① （明）王守仁:《王文成全书》卷9《添设平和县治疏》。
② （明）王守仁:《王文成全书》卷9《添设平和县治疏》。
③ （清）《明史》卷45《地理六》。

宁……访得各县流来之贼，自联夹攻消息，陆续逃出颇众。但恐大兵撤后，未免复聚……后患所当预防，今议立县治并巡司等衙门……如此则三省残孽有控制之所而不敢聚，三省奸民无潜匿之所而不敢逃，变盗贼强梁之区为礼义冠裳之地。久安长计，无出于此。①

正德十四年（1519）三月，朝廷批准了他的建议，正式设立崇义县，“以上犹县之崇义里置，析大庾、南康二县地益之”②。崇义开县时的基本居民，除原上犹、大庾、南康三县的部分居民之外，主要是此前陆续由各地迁来的流民，其中还包括一定数量的畲族流民。

正德十三年年初，在平息了浰头的池仲容部之后，他再次把设立县治作为当务之急。在《添设和平县治疏》中，他写道：

（浰头池仲容部平息之后）若不趁此机会，建立县治，控制三省贼冲之路，切恐流贼复聚，祸根又萌。切见龙川和平地方，山水环抱，土地坦平，人烟辏集，千有余家。东去兴宁、长乐、安远，西抵河源，南界龙川，北际龙南，各有数日之程。其间山林阻隔，地里辽远，人迹既稀，奸宄多萃……如蒙怜念，于和平地方设建县治，以控制猺洞，兴起学校，以移易风俗……庶几变盗贼之区为冠裳之地，是为保安之计。③

正德十三年八月，朝廷批准了他的请求，正式设立和平县，“以龙川县之和平司置，析河源地益之”④。

就客家方言群的发展及其地域格局的变迁而言，王守仁在巡抚南赣期间所实行的这些措施，均具有深刻而且持久的影响。“十家牌法”的颁布和乡约的实行，一方面固然强化了政府对流民（主要是客家人，此外还包括部分畲瑶族）的人身控制；但是，另一方面则又赋予流民以某种合法的身份。从某种程度上来讲，“十家牌法”和乡约的实行，就是建立在承认流民在流入地的合法居住权这一前提之上的。伴随着“十家牌法”和乡约的实施，王守仁又在流民人口比较集中的区域组织安插工作。例如，在平息南安府的谢志山部之后，王守仁便于正德十三年初指示当地官员：“横水等处新民廖成、廖

① （明）王守仁：《王文成全书》卷10《立崇义县治疏》。
② （清）《明史》卷43《地理四》。
③ （明）王守仁：《王文成全书》卷11《添设和平县治疏》。
④ （清）《明史》卷45《地理六》。

满、廖斌等前来投招，随又招出别山余党……一百四十二名口……乞要安插……照得横水、桶冈诸贼，已经本院调官兵……擒剿，地方宁静……此后但有未尽余党，务要曲加招抚，毋得再行剿戮，有伤天地之和……为此牌仰县丞舒富即将新民廖成授以领哨义官……令其分统，招出新民，编立牌甲……就于横水新建县城内立屋居住，分拨田土，令其照例纳粮当差。"[①] 在他的组织之下，赣闽粤边一些流民人口比较集中的区域，都在不同的程度上开展了流民的安缉工作。在赣南，"（南安府）三县招安新民六百余名，帖然安堵"[②]。在闽西的大帽山一带，"今新抚之民群聚于河头者二千有余"[③]，"新县所属，多系新民"[④]。在粤东北，"浰头新民，皆诚心归化"[⑤]。由于流民在流入地获得了合法的身份，或者已被安插到流入地的里甲之中，故而被称为"新民"。从流民到"新民"的转化，既意味着一种身份性的转变，同时也标志着落籍定居的完成。

"十家牌法"和乡约的实施范围，主要集中在南赣二府。正因为如此，它们对于改变赣南境内客家方言群的分布格局，影响尤其深远。如前所述，在明代之前，客家方言群在赣南境内的分布，主要集中在雩都—信丰—龙南一线以东。然而，伴随着"十家牌法"和乡约的推行，客家方言群在赣南境内的分布格局发生了显著的变化。由于大量客家流民的定居入籍，雩都—信丰—龙南一线以西的广大地区，也都开始了"客家化"的进程。到了明代后期，赣州府和南安府境内，几乎都已成为客家方言区。据时人记载，当时赣州府境内"十二县习故相若也"[⑥]。所谓"相若"，表明赣南各县的语言和风俗已趋于一致。

至于设立平和、崇义及和平三县，对于改变客家方言群在赣闽粤边的分布格局，影响则更为深远。平和、崇义及和平三县立县之初，其境内的居民主要由来自赣闽粤边的客家流民和部分畲瑶族人所构成。按照王守仁的说法，

① （明）王守仁：《王文成全书》卷16《牌行招抚官》。
② （明）王守仁：《王文成全书》卷11《再议崇义县治疏》。
③ （明）王守仁：《王文成全书》卷9《添设和平县治疏》。
④ （明）王守仁：《王文成全书》卷11《再议平和县治疏》。
⑤ （明）王守仁：《王文成全书》卷11《浰头捷音疏》。
⑥ （明）赵秉忠：《江西舆地图说》，《纪录汇编》卷208。

就是“新县所属，多系新民”[1]。立县之后，由于人口稀少，地方当局又多次招徕“新民”，以扩充人口。例如，崇义县设置之后不久，王守仁就曾指示地方当局，要对前来投招的“新民”“曲加招抚”，并拨出商税银100两，“置买耕牛、农器，分给各民”。[2] 招徕的“新民”中，除有部分畲瑶族人口之外，其余的绝大多数都属于客家流民。到了明代后期，时人已有这样的议论：“（崇义）县本新造，余风未殄。昔輋人称乱，新建（县）剿而抚之。因割庾、康、犹之上农以充编户，而新民亦知向化。是以邑号荒落，俗称淳厚，公赋谨输。男则采山种靛，女则续葛织席。”[3] 昔日的僻远荒芜之区，已俨然变成为一个典型的客家住县。在这三个县中，崇义、和平二县直到今天都依然是纯客家住县，而平和则是客家人与闽南人的杂居县。不过，可以肯定的是，平和县在初置之时，客家人应该占据绝大多数。因为，平和在建县之初，其县治设在河头（今九峰），巡检司则设在枋头（今长乐）。这两个重要建置都位于该县的西部一侧，直到今天，这一带依然是客家人住区。这一建置格局表明，该县早期的政治、经济和军事中心都位于客家人聚居的西部一侧。至于该县最终变成客家人与闽南人的杂居区域，应该是明中期以后九龙江流域区域开发由下游往中上游不断推进的结果（闽南人随区域开发由九龙江下游陆续移居到上中游的龙岩、南靖和平和一带）。

需要指出的是，通过设立县治，以强化政府对于边缘山区的垂直控制，这一行政措施并非王守仁的首创。前文提到的成化年间闽西清流县和永定县的设置，早已开此先河。王守仁自己在奏折中，也曾引用过“龙岩添设漳平而盗寇以靖，上杭添设永定而地方以宁”的例子。不过，从理论的高度阐述建立县治与稳定地方政局之间的内在关系，并以一人之力，连设三县，则非王守仁莫属。经过他的这一理论发挥与实际操作，在两个以上县级政区的边缘地带增设新的县治，特别是在那些地处僻远、交通不便、人烟稀少、流移杂处的地带增设县治，成为明中后期以降处理地方性社会动乱的不二之法。嘉靖年间的谭纶，在巡福建时就曾指出：

---

① （明）王守仁：《王文成全书》卷11《再议平和县治疏》。
② （明）王守仁：《王文成全书》卷11《再议崇义县治疏》。
③ （明）赵秉忠：《江西舆地图说》，《纪录汇编》卷208。

福建山民往往啸聚为盗，至父子相继，莫之谁何，盖自昔而然矣。其故盖起于山川险阻，地理绵旷，距县窎远，政令莫及。即大加征讨，率无过四五十年而不复叛。且每一用兵，小费则数万，大则数十万。载在故牒，历历可数。至如汀州之溪南、漳平之和睦、集贤二里与宁德之东洋，则其甚者。盖皆在诸府各县之交，有如三窟可以藏避。必欲为久安长治之计，佥谓设县最便。①

正是在这一思想的指导下，谭纶在巡抚福建和陕西期间，总是仿效王守仁在巡抚南赣时期的立县之举，一再主张通过设立新的县治，来解决边缘区域的地方性社会动乱问题。②

就赣闽粤边而言，明中期以降新设的诸多县治，也都是在王守仁的这一理论与实践的影响或启发之下而建置起来的。以赣南南部的定南县为例，该县建于隆庆三年（1569），“以龙南县之莲莆镇置，析安远、信丰二县地益之”③。从龙南、安远和信丰三县嘉靖十一年（1532）的在籍人口数分别只有4693、5325、4711这一情况来看，④ 定南县的设置显然并非是区域经济发展和人口增长压力的结果，而是政府为强化对边缘区域的垂直控制而采取的行政措施。明人张翀在《建定南县疏》中写道：

江西龙南高砂、下历二堡，界连广东和平岑冈，离县遥远，政教鲜及，以致人民顽梗有年……恳请比照南安府桶冈洞改建崇义县，至今太平……共建县治，地方有赖……庶几县立而民赖以安，政行而俗因以化矣。⑤

与张翀同时的殷从俭在《新建定南县记》中也写道：

赣治以信丰、安远、龙南三邑之间高砂、下历二堡，与岭东岑冈接壤，皆重峦复岭，盘谷邃洞，顽犷之民，多负险裂据，自相犄角为三巢。弘治以来累叛，反侧不定者，非其地去诸邑远，政教有不能及欤？……三巢向与下浰、横水为声倚，下浰、横水之地非建崇义、和平二县，民得今安乎？三巢地若循二县故事，又何足虞焉……自阳明议建和平、崇义，鹤楼（即张翀，

① （明）谭纶：《谭襄敏奏议》卷2《条陈善后未尽事宜以备远略以图治安疏》。
② （明）谭纶：《谭襄敏奏议》卷3《增设县治以图治安疏》。
③ （清）《明史》卷43《地理四》。
④ （明）嘉靖《赣州府志》卷4《食货》。
⑤ （明）张翀：《建定南县疏》，（清）雍正《江西通志》卷117《艺文》。

隆庆初巡抚南赣）议建定南，则贼窟尽民廛矣。[①]

从张、殷两人的议论中不难发现，定南县的设置，简直就是王守仁增设县治理论及其实践的再版。

除定南县之外，赣闽粤边在明代中后期集中设置的新县还有很多，它们基本上都是在王守仁前述理论与实践的影响之下而建立起来的。其中，设在赣南的有长宁（今寻乌），万历四年（1576）正式建县，“以安远县之马蹄冈置，析会昌县地益之”[②]。设在粤东北一带的则更多，其中，在潮州府境内的有大埔（建于嘉靖五年，1526）、平远（建于嘉靖四十二年）和镇平（今蕉岭，建于崇祯六年，1633）；在惠州府境内的有长宁（今新丰，建于隆庆三年）、永安（今紫金，建于隆庆三年，1569）和连平（建于崇祯六年）。[③] 也就是说，自王守仁始建平和、崇义与和平3县之后，赣闽粤边此后百年间猛增了8个县。这些新设的县，后来全部都是纯客家住县。从这个意义上来讲，王守仁的立县之举，对明代客家方言群地域格局的变迁，实具有至关重要的影响。

## 四、粤东北和粤北山区的客家流民[④]

明人王士性在《广志绎》一书中曾就明代潮州府的区域开发作过这样的分析：

潮州在唐时风气未开，去长安八千里，故韩文公以为瘴疠之地。今之潮非昔矣，闾阎殷富，士女繁华，裘马管弦，不减上国。然开云驱鳄，潮阳之名犹在，故今犹得借此以处迁客……潮，国初止领四县，海阳、潮阳、揭阳、程乡，今增设澄海、饶平、平远、大埔、惠来、普宁六邑，此他郡所无。[⑤]

王氏生当嘉靖至万历时期（1547—1598），故而他所列举的潮州新县，尚不全面。如果加上崇祯六年设置的镇平县（今蕉岭），潮州自嘉靖以降总共

① （明）殷从俭：《新建定南县记》，（清）雍正《江西通志》卷133《艺文》。

② （清）《明史》卷43《地理四》。

③ （清）《明史》卷45《地理六》。连平县在建县不久即升为连平州。

④ 本节参见曹树基：《中国移民史》，第5卷，福州：福建人民出版社，1997年，第408～410页。

⑤ （明）王士性：《广志绎》卷4《江南诸省》，周振鹤点校：《王士性地理书三种》，上海：上海古籍出版社，1993年，362～363页。

新设了7个县，更可谓“他郡所无”。

明代中后期潮州府县治的不断增加，与赣闽粤边的人口流动密切相关。至少，潮州府西侧新增的大埔、平远和镇平3县，在很大程度上都是闽西和赣南客家流民移入的结果。有材料表明，在明代赣闽粤边的人口流动过程中，粤东北在向外输出人口的同时，也在不时地接纳周边地区的流民。如前所述，早在成化年间，洪钟在“奉命安辑江西、福建流民”时，就曾提到粤东北的程乡一带乃流民汇集之区。光绪《嘉应州志》亦载，成化年间，程乡一带已是“流移错杂，盖客户愈盛”①。迁入程乡一带的人口，以闽西和赣南的客家籍流民为主。随着流民的不断聚集，粤东北一带的社会动乱也连年发生。早在天顺五年（1461），程乡就爆发了以杨辉为首的民变事件。据文献记载，“程乡贼杨辉者，故剧贼罗刘宁党也。已招复叛，与其党曾玉、谢莹分据宝龙、石坑诸洞，攻陷江西安远，剽闽、广间”，致使粤东北一带“数百里无人烟”。② 嘉靖初年，程乡又爆发了以梁八尺为首的民变事件。与此前的杨辉事变不同，这次民变不仅有大量的流民参与其中，而且，梁八尺还与闽西的流民武装彼此呼应，所以文献中称“程乡贼梁八尺等与福建上杭流贼相应”③。为了稳定地方社会，镇抚流民，嘉靖五年（1526），朝廷在潮州通往汀州的要冲之地，④ 正式设置大埔县。⑤

嘉靖四十一年，在程乡县北部毗邻赣南南部之地，置平远县；崇祯六年（1633），又在平远与大埔两县之间置镇平县⑥。清人蓝鼎元曾就平远与镇平二县的设置作过如下的分析：

平远在万山中，故程乡、兴宁分地也，介三省之交，与江闽接壤者半……诸峰悬崖密箐，为山匪窠巢，执丸弄兵者屡矣。⑦

镇平作邑，为萑符也。三省之交，山峒深阻，明季屡为贼巢，远迩生灵，

---

① （清）光绪《嘉应州志》卷8《礼俗》。

② （清）《明史》卷165《毛吉传》。

③ （清）《明史》卷200《张嵿传》。

④ 清人蓝鼎元在《鹿洲初集》卷12《潮州府总图说》中记载道：“由汀入潮，以大埔石上为要害，溪滩险高，舟行石阻，贩夫之所往来。”

⑤ （清）《明史》卷45《地理六》。

⑥ （清）《明史》卷45《地理六》。

⑦ （清）蓝鼎元：《鹿洲初集》卷12《平远县图说》。

横遭涂炭……胡椒迳在县东三十里，直通上杭、永定，诸山奥折，崇崖深箐，伏莽跳梁者屡矣。铁山嶂半属平远，天门凹与五子石连界梅子畲，与武平、平远连界，皆有名奸薮，诸贼入寇之要害。①

蓝氏所谓的"山匪窠巢"、"有名奸薮"，就是指流民聚居之区。从"平远"和"镇平"的命名便可以得知，这两个县的设置，其目的都是为了镇抚流民。除潮州府西部一带之外，赣南和闽西的流民在明中期以降还逐步深入到惠州府的中部腹地一带。正德年间曾在惠州府兴宁县为官的祝允明就曾说："惠州壤邻汀、赣，奸民实繁。"② 祝氏所谓的"奸民"，其主体正是来自汀、赣一带的流民。嘉靖年间，在惠州府的龙川以南、河源以东的腹部地区，"山谷中多良田，流民杂居"③。迁入者大多自来赣南和闽西地区，也有一部分自潮、惠诸县迁来。④ 隆庆三年（1569），在河源县的东西两侧，分别设置永安县（今紫金县）和长宁县（今新丰县）。⑤ 其实，这两个县的设置，并非是当地人口发展和区域开发的结果，而是政府为镇抚流民而采取的行政措施。据时人叶春及记载，永安县立县之初，编户仅七里，凡770户，其中，"寓籍居半"。⑥ 所谓"寓籍"者，主要也就是来自赣南和闽西的客家籍流民。康熙《永安次志》云："古名、宽得，俗本归善；琴江割自长乐，俗亦因之……琴江好虚礼，颇事文学。民多贫，散佚逋赋……县中雅多秀氓，其高曾祖多自闽、江、潮、惠诸县迁徙而至者，名曰客家。"⑦ 长宁县的设置，也是如此。据叶春及记载："长宁置（县）十余年……曾不能三家之市。"⑧ 可见，长宁建县之初，人口也十分稀少。光绪《嘉应州志》引长宁旧志云："（长宁）方言有二，一客家音，一水源音。相传建邑时，人自福建来此者为客家，自江右来者为水源。"⑨ 由此可见，这两个县的建置，主要也是出于镇抚流民的

① （清）蓝鼎元：《鹿洲初集》卷12《镇平县图说》。

② （清）道光《广东通志》卷93《惠州府风俗》。

③ （清）道光《永安三志》卷末《邑事》。

④ （清）康熙《永安县次志》卷14《风俗》，转引自曹树基：《中国移民史》，第5卷，福州：福建人民出版社，1997年，第409页。

⑤ （清）《明史》卷45《地理六》。

⑥ （明）叶春及：《石洞集》卷10《代令作》。

⑦ （清）道光《永安三志》卷1《地理》引康熙《永安县次志》。

⑧ （明）叶春及：《石洞集》卷13《长宁邑侯龙公致仕序》。

⑨ （清）光绪《嘉应州志》卷8《礼俗》。

考虑。

粤北山区也是明代赣闽粤边流民的主要流入地。粤北一带是岭南最早开发的区域，社会经济与人口规模在历史上曾一度领先于岭表。但是宋元之际，随着珠江三角洲一带区域开发节奏的加快，粤北的人口开始大规模地向南迁移。到了明代初年，粤北一带已成为地广人稀之地。以南雄府（州）为例，南宋嘉定年间，领有始兴和保昌二县的南雄州，其在籍户数为33639，但是，到了元代，则已减至19813户，到明初的洪武年间，更是锐喊至8909户。①明代早期的王直也记载说："庾岭，江西、广东之限也，南安、南雄二府在其下，盖江西之地尽于南安，而入广东者则自南雄始。二郡之民皆不多。"②由此可见，粤北南雄府境内地广人稀，早在明代初年就已是不争的事实。正因为如此，自明初以来，当地的官员一直奉行"徕流移，辟荒地"的政策，以壮大当地的人口规模。如"欧文通……洪武中以荐辟任南雄知事，勤于参赞，尝奉檄招龙南诸县流民，还集六百余户，安措有法"③。显而易见，赣南南部一带的流民，是南雄府地方当局的主要招抚对象。又如，"龙归荔……永乐中任南雄知事，始兴招集流民，令各复业，请豁赋累三千六十余石"④。在地方当局的招徕之下，至永乐年间，南雄境内归籍者达数万之众。至万历年间，南雄府境内，"客浮于主，至有强壮盈室而不入版籍者矣"⑤。府属之通济镇，"天顺以来为无籍者所据"⑥。这里所谓的"客"或"无籍者"，其绝大多数都是来自赣南或闽西的流民。随着客家移民的大量迁入，南雄府境内的语言开始了"客家化"的过程。据嘉靖《广东通志》记载："（南雄）语言多与韶（州）同，而杂江右、荆湘之语，郡城常操正音，而始兴则多蛮声。"⑦这里所谓的"江右"之语，应该是指赣南境内的客家方言。不过，在此时南雄境内的居民格局中，客家人口尚没有占据绝对多数，故而，其语言除"江

---

① （明）嘉靖《南雄州志》卷下《户口》。

② （明）王直：《抑庵文集》后集卷15《送李太守序》。

③ （清）雍正《广东通志》卷40《名宦》。

④ （清）雍正《广东通志》卷40《名宦》。

⑤ （清）乾隆《保昌县志》卷4《田赋》，转引自曹树基：《中国移民史》，第5卷，福州：福建人民出版社，1997年，第409页。

⑥ （明）江璞：《通济镇记》，《古今图书集成》卷1324《南雄府部艺文》。

⑦ （清）嘉靖《广东通志》卷20《民物志一·风俗》。

右”之语外，还有“荆湘之语”，甚至还有“蛮声”的大量存在。明清之际，来自赣南和闽西的移民人口进一步增加，南雄境内的语言也开始逐步趋同。据康熙《始兴县志》记载：“盖县中居民，土著者十之三四，豫章之人十之五，闽之人十之二。”① 所谓“豫章人”，主要是指赣南的客家移民，而所谓“闽人”，主要则是闽西的客家移民。这一人口比例表明，最晚在明末清初之际，客家方言已成为始兴境内的通行语言。

韶州府的情况与南雄府大致相似。北宋元丰年间，韶州的总户数为57438，② 到了元代，这一数字则锐减至19584，③ 到明初的洪武年间，更是降至18900户。④ 正因为如此，自明初以来，有关当局一直重视招徕流移，发展农桑。以翁源县为例，据嘉靖《翁源县志》记载：“熊本诚，洪武初任（翁源）知县，时天造草昧，干戈甫戢，民逋未还，田旷未垦，桑麻未植。本诚多方招徕之，既又躬临村落，相地势教之垦辟，因土宜教之树艺，莅官事如家事。”⑤ 在乐昌县，“索彦胜……洪武二年（1369）以经明行修举授乐昌知县，邑无城池，百姓散处山林间，彦甫下车，即劳来安集，宣明政教，建立城池，民相继复业”⑥。在英德县，“杜宥……天顺二年（1458）擢知英德，厘积弊，开荒芜，修堤防，户口日增”⑦。正是在有关当局的招徕之下，赣南和闽西等地的流民开始陆续进入韶州府境内的山区，从事垦荒种植。在乳源县，洪武时期，由于天灾人祸，“人多死，田荒，江、楚、闽汀之人，多占籍于乳源”⑧。在英德县，“明初地少居人，至成化间多有自闽及江右来入籍者，习尚一本故乡，与粤俗差异”⑨。随着移民人口的大量迁入，到了正统年间，韶州府境内已是“主户少而客户多”，而“翁源、乳源尤甚”，客户甚至被准

---

① 《古今图书集成》卷1323《南雄府风俗考》。

② （元）《宋史》卷90《地理六》。

③ （明）《元史》卷62《地理五》。

④ （明）嘉靖《广东通志》卷21《民物志二·户口》。

⑤ （明）嘉靖《翁源县志》，不分卷，《名宦》。

⑥ （清）雍正《广东通志》卷40《名宦》。

⑦ （清）雍正《广东通志》卷40《名宦》。

⑧ 《古今图书集成》卷1320《韶州府部纪事》。

⑨ （清）光绪《英德县志》卷4《风俗》，转引自曹树基：《中国移民史》，第5卷，福州：福建人民出版社，1997年，第409页。

予“占籍编入户册”。[①] 成化年间，韶州府境内的在籍人口和土地垦辟，都已达到了相当的规模。据史书记载：“苏韡……成化五年（1469）知韶州府，存心公恕，莅事精明，士民猺獠莫不悦服……三年间，百废俱兴，垦田增六千顷，户增三千八百。”[②] 从以上所征引的材料中可以看出，赣南和闽西的移民从明初至明代中期一直在绵延不断地向韶州境内迁移。不过，由于韶州府辖境广阔，除赣南和闽西的客家移民之外，湖南等地也有移民陆续迁入，故而直到明代中后期，韶州府境内的语言尚处在多元的格局之中。据嘉靖《广东通志》记载：“（韶州）地杂流移，楚越不一，周回山隔，乡音随异。曲江邻南雄，仁化邻南安，乐昌、乳源接郴州，翁源接惠州，各于近者大同小异。惟英德、曲江相同。”[③] 显而易见，客家方言此时还未能成为韶州府境内的通行语言。明末清初，伴随着赣闽粤边的客家移民陆续向韶州府境内各县迁移，客家方言才最终成为赣州府境内的通行方言。

① （清）道光《广东通志》卷248《滕员传》。
② （清）雍正《广东通志》卷40《名宦》。
③ （明）嘉靖《广东通志》卷20《民物志一・风俗》。

# 结语　离心式移民的展开与客家方言群的裂变

16 世纪中后期，在赣闽粤边地域社会与文化的发展进程中，出现了一个十分显著的变化。原先一直作为移民接纳地的赣闽粤边，从这一时期开始成为人口的输出地。自此而后，直到清代中叶，赣闽粤边的离心式移民，规模越来越大，迁移的距离越来越远。伴随着离心式移民的产生，客家方言群在空间上最终突破了传统的赣闽粤边这一地域格局，纷纷播迁到赣西北、浙南山区、广东中南部地区，甚至远徙至四川和台湾等地。随着客家移民的大量外迁，移民与迁入地土著之间的矛盾也开始由隐而显，并因矛盾的不断聚集而演变为日趋严重的土客冲突。在不同的区域里，由于生存资源、土客力量对比等因素各不相同，所以，客家移民与土著之间的矛盾以及冲突的形式等，也不尽相同。相应地，移民在迁入地的定居、落籍过程、权利与义务以及文化适应策略等，也都个个有别。大致而言，在土客关系持续紧张、矛盾与冲突日趋激烈的区域里，移民的定居落籍过程往往一波三折；移民不仅无法享受与土著同等的权利，而且还要承担比土著多得多的义务。由于定居、落籍过程的一波三折，以及权利与义务的不成比例，使得移民在文化适应的策略上，往往更倾向于坚守自己原乡的语言、民俗与文化传统，并借此把分散在区域内的移民凝结成一个整体，以壮大自身的力量。同样，作为矛盾与冲突的另一方，土著往往也会通过自己的语言、民俗与文化传统，来进行有效的社会动员，以便使自己在矛盾与冲突中立于不败之地。年深日久之后，双方的矛盾与冲突，遂由具体的物质利益而不断扩大到语言与文化等各个方面。但是，在那些土客关系相对缓和的区域内，移民的定居、落籍过程则往往比较顺利。由于移民在定居之后差不多享有与土著同等的各种权利，所以移民的文化适应，往往也采取“入乡随俗”的策略。正因为如此，同样是来自客家方言群的移民，往往会因迁移区域的差异而造成对原乡语言与文化的认同差异。正是这种差异，最终导致了客家方言群的“裂变”——即由统一的语言文化群（cultural group）“裂变”为不同的“族群”（ethnic group）或“亚族群”（sub-ethnic group）。

有关16世纪中后期至19世纪中期赣闽粤边离心式移民的产生以及客家由方言群“裂变”为“族群”或“亚族群”等问题的研究，到目前为止，以已故澳大利亚籍学者梁肇庭（Sow-Theng Leong）先生的遗著——《中国历史上的移民与族群性：客家、棚民及其邻居们》（*Migration and Ethnicity in Chinese History*，*Hakkas*，*Pengmin and Their Neighbors*）一书最为详备。在该书中，作者以美国汉学人类学家施坚雅（W. Skinner）的“区域系统理论”（the regional systems methodology）为方法论基础，通过对东南沿海、岭南、江西、长江下游等几个宏观区域（macro region）经济发展周期的讨论，来分析16世纪以降赣闽粤边离心式移民产生的时间图式与空间特征。从施坚雅的“区域系统理论”出发，作者认为，作为客家人传统聚居地的赣闽粤边，在地缘上恰好位于东南沿海、岭南和江西三个宏观区域的边际地带。正因为如此，这三个宏观区域的经济发展周期，对客家移民的影响尤为巨大。据此，作者得出如下四个结论：

其一，不同时期迁移到不同区域内的客家移民，是对每个宏观区域内核心区与边际区交互作用的一种具有人口统计学意义的反映。当某一个宏观区域进入发展的高潮时，它所提供的经济机会就越多，尤其是在它的核心区域，情况更是如此。这样，原先居住在其边际区的人口，就会在它的吸引之下进行移民。

其二，当这个区域的经济发展开始收缩之后，移民也会随之而退潮。此前聚居在这里的大量移民人口，或者退居到原来的边际区，或者是移居到另一个区域的边际区。

其三，在经济发展的收缩时期，由于生存资源的竞争开始加剧，移民的族群认同和族群动员也会随之而突显起来。

其四，赣闽粤边的客家移民是随着其周边不同区域发展周期的交替变化而在不同的时间播迁到不同的区域的，而每个区域都有着自己独特的土著社会与文化系统，因此，尽管他们都有着共同的语言和文化背景，但是，播迁到不同区域之内的客家人，其族群的表达方式是完全不同的。[①]

显而易见，梁著对于赣闽粤边离心式移民产生背景的分析，是一种近乎经济决定论的解释。这种解释模式尽管有助于说明16世纪中后期至19世纪中期赣闽粤边离心式移民产生的时间图式和空间特征，但是，稍加分析便不难发现这一模式的内在局限性。首先，这一解释模式是建立在施坚雅“区域系统理论”基础上的，而施坚雅的“区域系统理论”充其量只是一种假设，而并非是一种经过经验研究而被证实的结论。在施坚雅所划分的所谓九大宏观区域中，他自己真正做过实证研究的只有长江上游、华北和东南沿海3个区域。而且，即便是这3个区域，他的相关结论也未必完全正确。[②] 根据这种未被经验研究所证实的，或者根本就没有经验研究作为支撑的理论假设，来建构分析模型，并运用这一模型来分析赣闽粤边离心式移民产生的时间图式和空间特征，从学理上来讲，其本身就是有欠周详的。其次，在作者的这种近乎经济决定论的解释中，赣闽粤边作为周边几个宏观区域的边际区，完全是在一种被动的状态下源源不断地向外输出人口，至于赣闽粤边内部的社会与人口发展过程对于持续几个世纪的离心式移民所产生的深刻影响，则未见有任何系统的分析。

其实，16世纪中后期至19世纪中期赣闽粤边的离心式移民，是一个原因极其复杂的人口输出过程。在这场延续近300年的人口输出过程中，无论是赣闽粤边作为人口输出地所产生的离心式推力，还是周边地区作为人口接纳地所产生的拉力，都是不尽相同的。其中，既有梁氏所讨论的经济方面的原因，也有政治（如清初的迁海与复界等）、社会（如闽西和粤东北的人口过剩等）和自然环境（如过度开垦之下的生态失衡等）等其他各种因素。正因为如此，下文将从这一离心式移民的具体发展进程出发，通过对不同阶段中移民输出地离心式推力和移民人口接纳地向心式拉力的综合讨论，来动态地揭示隐藏在一波又一波移民大潮背后的深层原因，并进而分析不同波段中

---

① Sow-Theng Leong. *Migration and Ethnicity in Chinese History*, *Hakkas*, *Pengmin and Their Neighbors*, SMC Publishing Inc., Taipei, 1998, p. 26.

② 王铭铭：《社会人类学与中国研究》，北京：三联书店，1997年，第112～148页。

移民定居落籍的形式、土客关系以及移民由统一的方言文化群最终“裂变”为“族群”或“亚族群”的历史过程。①

## 一、早期的离心式移民及其迁移方式

本书第七章的研究结果表明：早在 15 世纪中期，赣南、闽西和粤东北各地就已陆续出现了大量的流民人口。不过，这些流民人口主要是在赣闽粤边的内部进行人口流动。这一人口的基本流向表明，此时的赣南、闽西和粤东北地区，还不存在真正意义上的“人口过剩”。流民人口之所以产生，主要是基于两个方面的原因：其一，赋役太重而致使百姓无法承担，故而只能通过逃亡予以规避；其二，无论是在赣南，还是在闽西或粤东北，都还存在着一定数量的荒地或可供开垦的荒山，流民人口的主要流入地，大多集中在这些地区。正因为如此，我们发现，直到 16 世纪中期，一方面是文献中时常有赣闽粤边流民大量聚集的报道，另一方面则是有关人士对于赣闽粤边部分区域“地广人稀”的议论。嘉靖后期，海瑞在赣南的调查中就发现：“兴国县山地全无耕垦，姑置勿计，其间地可田而未垦，及先年为田近日荒废，里里有之……访之南赣二府，大概类兴国。”② 尽管赣南、闽西和粤东北各地的情况不尽相同；但是，从总体上来看，终有明之世，在赣闽粤边的内部，并不存在真正意义上的“人口过剩”问题。

既然赣闽粤边的内部并不存在真正意义上的“人口过剩”问题，那么，16 世纪中后期的第一波移民潮又是如何产生的呢？其中的原因，还得从赣闽

① 本章关于该问题的讨论，主要参考以下几项重要研究成果：刘敏：《论清代棚民的户籍问题》，载《中国社会经济史研究》1983 年第 1 期；万芳珍：《清前期江西棚民的入籍及土客融合与矛盾》，载《江西大学学报》1985 年第 2 期；曹树基：《明清时期的流民与赣南山区的开发》，载《中国农史》1985 年第 4 期；曹树基：《明清时期的流民与赣北山区的开发》，载《中国农史》1986 年第 2 期；曹树基：《中国移民史》第 5 卷、第 6 卷，福州：福建人民出版社，1997 年；Sow-Theng Leong. *Migration and Ethnicity in Chinese History, Hakkas, Pengmin, and Their neighbors*, SMC Publishing Inc. Taipei, 1998；梁洪生：《从“异民”到“怀远”以“怀远文献”为重心考察雍正二年宁州移民要求入籍和土著罢考事件》，载《历史人类学》第 1 卷第 1 期（2003 年 4 月）；黄志繁：《清代赣南的生计与生态》，载《中国农史》2003 年第 3 期；黄志繁：《地域社会变革与租佃关系：以 16—18 世纪赣南山区为中心》，载《中国社会科学》2003 年第 6 期。

② （明）海瑞：《海瑞集》上编《兴国八议》，北京：中华书局，1962 年，第 203 页。

粤边的地域性分化谈起。

由于地理环境的封闭性，赣闽粤边的地域社会长期以来基本上是在一种孤立的状态下缓慢地形成和发展起来的。就日常的生产与生计而言，从总体上来看，水田稻作农业长期以来一直是赣闽粤边最主要的经济门类。开发较早、拥有多片中型盆地的赣南自不必说，即便是素称山多田少的闽西和粤东北，其有限的梯田长期以来也一直以稻米种植为主。元人卢琦就曾记载说：

汀州居万山之中，其民不为他业，惟以农为生。虽以贫民遇歛岁亦必有积聚。其地又无深溪大川，舟棹所不到，故谷价恒贱……武平、上杭二邑，去汀州尤远，其谷价视汀州诸邑尤贱。①

卢氏所说的“其民不为他业，惟以农以生”，正是对赣闽粤边经济生产和生活的最准确的概括。诚然，在不同的历史时期，赣闽粤边山区经济性较强的林木、矿冶、陶瓷等也有着一定程度的发展，但是，这些都是作为农业生产的补充形式而存在的。明代早期的王直就曾指出：

闽之八郡，而其半附山。附山之郡虽不若濒海之利，然田既肥沃，而山之产亦饶。为其民者，秫、稻、菽、麦、猪、鹅、鸭、鸡、牛、马、犬、羊之属之畜于家，竹、木、茶、纸、金、铁、桑、苎、果、瓜、鹿、兔……之类之育于野。凡可以养生送死者，皆不待外求。四方商贾挟其所有，以贸迁往来，不绝于路。故民皆有以自给。且去海既远，外国之货不至，奇衺之人矜智术骋诈力以乘势射利者亦鲜……汀州在闽为远郡，而与江西赣州境相接。予郡（吉安府泰和县）之人贸迁者多往焉。②

所谓“凡可以养生送死者，皆不待外求”，正是这种自给自足经济形态的典型形式。

直到16世纪中叶，当江南和东南沿海一带城市手工业和商业不断发展、区域性的市场逐渐形成之时，赣闽粤边的经济生产与生活依然维持着这种传统的自给自足形态。不论是在赣南，还是在闽西或粤东北，当地居民基本上还是以种植水稻等谷物为主要生计，而很少从事工商业活动。在赣南，雩都“男虽躬稼，女不亲蚕”；兴国“民鲜商贩，惟务农业”；瑞金“民务耕而不

① （元）卢琦：《圭峰集》卷7《建言常平》。

② （明）王直：《抑庵文后集》卷20《送陆太守序》。

商”；龙南“民惟力耕，不知贩负”；石城“男耕稼不商贾”；[1] 上犹，“农多商少”[2]。在闽西，“民庶安稼穑”、“少营商贾”、“富家专守禾税，贫夫力治山畲”。[3] 在粤东北，龙川“地广山多，民朴无诈。惟务农力田，习技为商者寡”；河源“地旷人稀，山林深僻……农勤耕稼，不务商贾”；长乐“邑多良田，民乐生业，易为衣食，性颇淳朴，不事远商”；兴宁“习儒者少，务农者多”；[4] 程乡“敦尚质实，惟知树艺，重本薄末，商贾、百工技艺皆不能解，远人擅之以有其利”[5]。以上征引的材料，全部出自嘉靖年间编修的地方志，由此可见，直到明代的嘉靖年间，赣闽粤边的经济生产与生活，依然维持着传统的形态。

然而，也就是在这一时期，赣闽粤边的区域性分化开始初露端倪。以汀江流域为腹地的闽西地区，在福建东南沿海一带经济发展的连动作用下，率先开始了与周边市场的联系。嘉靖年间，在闽西传统的集市和墟场里，出现了越来越多的陌生面孔。来自江南、东南沿海和岭南各地的商人，不仅把“江广百货”带到闽西，而且还把当地出产的竹木、蓝靛、山货等特产，购置而去。据史料记载，嘉靖时期，闽西各县传统的“会”，几乎一下子都变成了“江广百货”的博览会。如清流县的“樊公会”：“每岁八月二十八日，相传樊公生辰，邑人每岁以是日迎神赛会。先期八月初，直隶、江、浙、闽、广各处客商俱来其土，所有货物集于县中，至期各以财货互相贸易。四方人欲市货者，俱如期至会，至九月方散。”[6] 除县城的“樊公会”之外，清流县还有分散在各地举行的“转水会”和“余朋会”：“转水会，在县四保。每年九月重阳日，清流会（即樊公会）客商携余货在此发卖，数日而退”；“余朋会，在县梦溪里，以十月初一日，客商财货在此交易，数日而退。”[7] 再如每年四月的“连城会”，“每岁四月初八为连城会，先期三月下旬，直隶、江、浙、闽、广各处客商俱赍土货，集于县前，至四月朔日各以财货互相贸易，

① （明）嘉靖《赣州府志》卷1《地理》。
② （明）嘉靖《南安府志》卷8《地理》。
③ （明）嘉靖《汀州府志》卷1《风俗》。
④ （明）嘉靖《惠州府志》卷5《地理》。
⑤ （明）嘉靖《广东通志》卷20《民物志一·风俗》。
⑥ （明）嘉靖《清流县志》卷1《墟市》。
⑦ （明）嘉靖《清流县志》卷1《墟市》。

十日而散”[1]。即便是新建不久的归化县，也有“六月市”：“在县治前，每年六月十一日惠利夫人华诞。四方商旅辐辏，各贩珍异货物，列肆交易，至七八月始退。”[2] 至于汀州城内，则有“四方货物辏集”的五通庙前市和专售“江广货物”的水东街市两处，常年开市。[3] 外地商人和商品的大量涌入，在一定的程度上打破了闽西地区长期以来所形成的自给自足的经济形式，推动了汀江流域与周边区域间的经济联系。据嘉靖《清流县志》记载，由于外地商品的大量进入，使得该县“财货器用多仰给于外郡”[4]。在外地商品流入闽西的同时，闽西的竹木、蓝靛和山货等山区特产，也通过客商而输入外地。据嘉靖《汀州府志》记载，在当时的汀州城内，就有专门的市场发卖当地的特产，如发售蓝靛的店头市以及“市竹木”的河边市等。[5]

到了16世纪后半期，随着东南沿海、华南和江南一带商品经济和贸易的发展以及区域性市场规模的进一步扩大，以汀江流域为腹地的闽西地区也开始在更大的程度上被卷入其中。特别是在月港开放以后，以漳州为核心的闽南地区，经济发展加快，并对闽西地区产生很大的牵引作用。16世纪后期至17世纪前期，随着福建沿海一带区域性市场的不断扩大，对来自闽西汀江流域的蓝靛、蔗糖、木材、茶叶等的需求，也开始日益旺盛。正是在这种日益增长的需求的强烈刺激下，泉、漳一带的富商大贾开始投资闽西的山场，以栽种蓝靛、甘蔗等经济作物而谋取厚利。稍后，徽商也加入其中。徽商在闽西主要从事木材的经营。据康熙《宁化县志》记载，明代后期，徽商的足迹已遍及闽西的宁化等地。他们在当地购买山场，砍伐杉木，“连筏数千为捆，运入瓜步，其价不赀……宁土之食此利者多矣”[6]。伴随着周边市场对山区特产需求的增长，闽西一带的生计模式也开始发生显著的变化。以水田稻作为主的传统种植业，慢慢地为多种经营所取代，蓝靛、茶叶、油茶等经济性较强的旱地作物，在整个经济门类中占有的比例越来越高。以茶叶为例，明末

① （明）嘉靖《汀州府志》卷3《坊街巷市》。
② （明）嘉靖《汀州府志》卷3《坊街巷市》。
③ （明）嘉靖《汀州府志》卷3《坊街巷市》。
④ （明）嘉靖《清流县志》卷2《习俗》。
⑤ （明）嘉靖《汀州府志》卷3《坊街巷市》。
⑥ （清）康熙《宁化县志》卷2《土产志》，福州：福建人民出版社，1989年，第119页。

清初，仅宁化一县的茶叶产量就达到数十万斤。① 这类经济性较强的产品，除部分在当地销售外，其余绝大部分都用来供应周边的市场。

随着生计模式的不断变化，闽西与福建东南沿海，尤其是闽南一带的经济联系也在日益加深。以漳州和泉州为核心的闽南地区，无论是在经济上还是在文化上，都对闽西一带形成巨大的向心引力。16 世纪末至 17 世纪初，汀、漳、泉一体化的趋势已初露端倪。伴随着一体化进程的展开，人口的双向流动亦随之而来。一方面，漳州一带的人口，溯九龙江而上，开始向闽西流动；另一方面，汀州的移民，也陆续进入闽南一侧的山区，从事山地作物的种植。正是在闽西与闽南人口的这种双向流动中，原先在方言与文化上都属于模糊地带的玳瑁山一带，其方言与文化的属性开始清晰起来。由北而南延伸至闽西腹部的玳瑁山，其东侧位于九龙江上游，闽南的语言与文化逆九龙江而上，便可以对这一带产生强大的辐射作用，故而，玳瑁山东侧的漳平和龙岩后来便成为闽南方言文化区。而玳瑁山西北侧的连城，由于远离九龙江水系，闽南方言与文化的辐射力相对较弱，故而，这里后来便成了客家方言文化区。

16 世纪中后期，在福建东南沿海一带经济发展所形成的巨大牵引力作用之下，闽西的客家移民在向闽南一带迁移的同时，也在向延平、兴化、福州等府的边远山区迁移。随着周边市场对蓝靛和油茶等需求的日益增强，闽南和闽东一带的富商大贾开始把资金投向闽中和闽东的山区。在乾隆《永福县志》中，就有漳州人王凤于嘉靖后期去永福租山种菁的记载。② 由于汀江流域的客家人长期以来一直以垦山种山为生，具有种植蓝靛和油茶等经济类作物的丰富经验，故而闽南和闽东的富商大贾都乐意雇佣他们，以从事蓝靛等作物的种植。久而久之，迁居闽中和闽东一带的客家人遂越来越多。在闽中的延平府一带，早在嘉靖后期，就有客家移民前来垦山种植。民国《南平县志》引旧志云，明嘉靖至万历年间，在该县山区，“依山傍谷，诛茅缚屋而居，曰棚民。携山禾、芊、桐、茶、衫、漆、靛、苎、番薯之种，挈眷而来，

---

① （清）康熙《宁化县志》卷 2《土产志》，福州：福建人民出版社，1989 年，第 169 页。

② （清）乾隆《永福县志》卷 10《杂事》：“嘉靖四十年，漳人王凤以种菁失利，聚众据二十八都为乱……不旬日至数知人……西北诸都残毁萧然。”

披荆棘，驱狐狸种之，率皆汀泉漳永之民”①。在闽东福州府一带的山区，客家移民的数量也不少。以福州府属的永福县（今永泰县）为例，据乾隆《永福县志》记载：“永邑皆山田，火耕水耨，陇莳崖锄，用力勤矣……至若穷冈邃谷，多漳（州）、泉（州）、延（平）、汀（州）之氓，种畬栽菁，伐山采木，其利乃倍于田，故永多客氓，黠而为党，凌揉土著，岁侵，揭竿而呼者，皆客氓也。”② 需要指出的是，在永福境内“种畬栽菁，伐山采木”的“客氓”，早在明代后期就已陆续迁徙而至。据万历《永福县志》记载：“邑居万山之中，地之平旷者不得什一……引水不及之处，则漳泉延汀之民种菁种蓝，伐山采木，其利乃倍于田。”③ 显而易见，包括闽西客家移民在内的所谓“客氓”，最迟在万历年间，就已迁徙至永福境内。有证据表明，在迁入永福的“漳泉延汀之民”中，来自汀州府的客家移民数量最多。乾隆《永福县志》记载：“万历十七年（1589）正月，汀人邱满聚众据陈山为乱。”“万历十八年，烽洋、小姑、西林、赤皮、赤水诸处菁客会盟为乱。”④ 如果没有一定的人口规模，所谓“菁客会盟为乱”也就无从谈起。

16 世纪中后期，在福建东北部的福宁州一带，也有闽西客家移民的足迹。万历《福宁州志》记载说：“漳、汀流寓之民，辟地种菁，弥漫山谷，客倍于主，米价腾踊。”⑤ 除种植蓝靛之外，闽西的客家移民还在宁德境内从事开矿、冶银等活动。据嘉靖《宁德县志》记载，在当时的宁德县境内，“外郡有等无籍顽民，往往聚集群众，偷矿煎银，甚至肆为劫掠，拒敌官兵，杀伤人命，殃及无辜”⑥。这里所谓的“无籍顽民”，大多数都是来自汀江流域的客家移民。

由于闽东北在地缘上与浙江南部一带毗连，故而，16 世纪后期至 17 世纪前期，在浙江南部的部分山区，也有闽西客家移民的足迹。根据梁肇廷的研究，浙江处州府的丽水、云和、遂昌等县以及温州府的泰顺等县，这一时

① （民国）《南平县志》卷 11《礼俗》引旧志。
② （清）乾隆《永福县志》卷 1《风俗》。
③ （明）万历《永福县志》卷 1《风俗》。
④ （清）乾隆《永福县志》卷 10《杂事》。
⑤ （明）万历《福宁州志》卷 2《舆地志下 · 风俗》。
⑥ （明）嘉靖《宁德县志》卷 4《遗事》。

期也有闽西客家移民的活动。① 他们在浙南山区的活动，开启了清代早中期浙江境内“棚民”运动的先河。

这一时期，闽西的客家移民在向福建东南沿海一带迁移的同时，还在向地处岭南的潮州府和惠州府等地迁移。众所周知，由于特殊的地质构造，赣闽粤边境内诸山，矿藏资源丰富。早在唐代，赣南和闽西的冶矿业就已发展起来。进入宋代，虔州的冶铁、南安军的冶金和冶铜、汀州的冶银和冶铁，都已闻名全国。② 随着矿冶的发展，生活在赣南和闽西的百姓，有相当一部分便以矿冶为生。南宋以降，随着赣闽粤边人口的激增，一些无地或失地的百姓，除了在当地从事与矿冶有关的手工业之外，还到周边地区充当“矿徒”。例如，与汀州毗邻的漳州，矾矿资源丰富，“潮、梅、汀、赣四州之奸民居焉，其魁杰者号大洞主、小洞主，土著与贩负皆盗贼也”③。悠久的矿冶传统，使得世代生活在赣闽粤边的客家人，在挖掘、冶炼和制作等方面，均具有相当的经验。正因为如此，当岭南的冶铁业在明代中后期迅速地发展起来之后，④ 赣闽粤边的客家人便理所当然地成为各矿山的主要劳动力。

岭南境内诸山，大多富含铁矿。从宋代开始，岭南的冶铁业便逐渐地发展起来。到了明代，广东的铁器已行销大江南北。明末清初的屈大均就曾记载说：“铁莫良于广铁，广中产铁诸山，凡有黄水渗流，则知有铁，掘之得大铁矿一枚，其状若牛，是铁牛也。循其脉理，深入掘之，斯得多铁矣。”⑤ 粤东北的潮州和惠州境内诸山，更是“广铁”的主要出产地。明代初年，“罢各布政司官冶……令民得自采炼，每岁输课三十分取二”⑥。从此，粤东北的民营冶铁业迅速发展起来。据嘉靖年间编修的《广东通志初稿》记载：“广东惠州、潮州有（铁场）四十三处”，“潮矿冶出海阳等五县，每年听各县商

---

① Sow-Theng Leong. *Migration and Ethnicity in Chinese history*, Hakkas, Pengmin and their Neighbors, SMC Publishing Inc., Taipei, 1998, P. 46.

② （元）《宋史》卷185《食货下》七。

③ （元）《宋史》卷185《食货下》七。

④ 有关明清时期广东冶铁业的发展情况，可参阅曹腾騑、谭棣华：《关于明清广东冶铁业的几个问题》；邓开颂：《明至清代前期广东铁矿产地和冶炉分布的统计》。以上两文均收入广东历史学会编：《明清广东社会经济形态研究》，广州：广东人民出版社，1985年，第117～131页、第170～186页。

⑤ （清）屈大均：《广东新语》卷15《货语》，北京：中华书局，1985年，第408页。

⑥ 《明会典》卷194《冶课》。

民采山置冶……各山座数不等，通计饷银一千两。”① 随着冶铁业的发展，对劳动力的需求也在不断增加。正是在这种需求的吸引下，闽西的客家移民，纷纷进入潮州和惠州境内的铁矿，受雇于当地的矿主。据《广东通志初稿》记载：“广东之铁冶于利固肥，而于害亦烈。凡韶、惠等处系无主官山，产生铁矿，先年节被本土射利奸民号山主、矿主各色，招引福建上杭等县无籍流徙，每年于秋收之际，纠集凶徒，百千成群，越境前来，分布各处山洞，创寮驻扎。每山起炉，少则五六座，多则一二十座。每炉聚集二三百人，在山掘矿，煽铁取利。山主、矿主利其租税；地鬼、总小甲利其常利；土脚小民利其雇募。”② 按该书的估计，潮州和惠州境内的43处铁场，其铁炉总数便不下200座，以每炉需矿工300人计，矿工总数便超过6万人。明末清初的屈大均，对当时铁矿的生产程序及其规模记述更详：

凡开炉始于秋，终于春……凡一炉场，环而居者三百家，司炉者二百余人，掘铁矿者三百余。汲者、烧炭者二百有余。驮者牛二百头，载者舟五十艘。计一铁场之费，不止万金。③

按屈氏的记载，每炉所需矿工便不下700人。照此计算，潮、惠二州43处铁场，雇佣的总人数便超过14万人。尽管这十多万矿徒并非全部来自闽西，但类似于“福建上杭等县无籍流徙”者应该占有相当的比例。

以上所讨论的，是16世纪后期至17世纪前期赣闽粤边离心式移民的大体情形。总体而言，在这一时段内，移民的输出区域以闽西的汀江流域为主，至于移民的接纳区域则以福建的东海沿海一带山区、岭南的潮州和惠州二府最为集中。由于移民在迁入之后，主要在人烟稀少的山区从事蓝靛、苎麻、油茶等经济类作物的种植，或者在山场以矿徒的身份谋生，故而，移民的经济与迁入地土著的经济之间，具有很强的互利性和互补性。经济生活中的这种互利与互补，虽然无法从根本上消除移民与土著之间的身份性差异，但是却有助于缓解彼此间因争夺生存资源而产生的矛盾与冲突。此外，这一时期的客家移民，大多数都还只是单身往返，他们的对外迁移，主要还是以“出

---

① （明）嘉靖《广东通志初稿》卷30《铁冶》。
② （明）嘉靖《广东通志初稿》卷30《铁冶》。
③ （清）屈大均：《广东新语》卷15《货语》，北京：中华书局，1985，第409页。

境佣工就食”为目的。嘉靖《连城县志》就曾记载说，当时连城境内“农隙凡丁壮俱出境佣工就食”①。由此可见，这一阶段的客家移民，主要限于丁壮劳力，他们外迁之后的主要谋生方式是为人“佣工”，而且时间仅限于“农隙”之际（即所谓的“冬归春集”）。屈大均在记载当时广东境内铁炉的生产过程时也说：“凡开炉始于秋，终于春。”② 据此推知，受雇于铁矿的“福建上杭等县无籍流民”，也都是在秋冬的农闲之时才来矿山为人佣工的。这种候鸟式的迁移方式，决定了移民在大多数情况之下都不会在迁入地定居落籍。正因为如此，在这一阶段，移民与土著之间，并未发生直接的利益冲突。在当时编修的有关地方志中，尽管不乏因“菁客”、“矿徒”增加而导致地方治安恶化的议论，③ 但是，类似于后世那种大规模的土客冲突与械斗，则未见有任何记载。

## 二、走天涯与大裂变

如果说16世纪中后期至17世纪初期的客家移民还只是一股涓涓细流，那么，因明末战乱、明清战争以及稍后的“三藩之乱”等事件而造成的赣闽粤边周边区域人口格局的重大调整，则最终导致了赣闽粤边狂飙突进式的对外人口大转移。客家方言群在现代的分布格局，在很大程度上就是由这场人口转移而奠定的。

从清代前期开始的赣闽粤边狂飙突进式的对外人口大转移，一直延续到19世纪中叶。在这场持续两个多世纪的人口转移过程中，赣闽粤边的人口输出一直以闽西和粤东北为主，赣南虽然也有零星的人口输出，但主要还是作为闽粤移民人口的接纳地而存在的。这一事实告诉我们，在明清鼎革以及稍后的一段时间里，闽西和粤东北的社会与人口发展过程，有着与赣南不尽相

---

① （明）陶文渊：《连城县志序》，康熙《连城县志》卷首，北京：方志出版社，1997，第12页。

② （清）屈大均：《广东新语》卷15《货语》，北京：中华书局，1985，第409页。

③ 有关“菁客”、“矿徒”引发地方治安恶化的案例，在明末清初福建和广东的地方志中多有记载。清初的蓝鼎元在《鹿洲初集》一书中，也时有记述。如卷12《潮州府图说》云：“揭邑极西有河婆，大山深阻，为从来盗贼窟穴，矿徒出没之区，莫有知其要害者。”《揭阳县图说》亦云：“西南河婆诸山，绵亘深远，高原大谷，多连海丰、永安诸矿山，为奸徒窟穴，盗贼窝巢，历来抗法之区。”

同的经历。

由于特殊的地缘关系，明末的大规模社会动乱，基本上没有波及闽西和粤东北一带。明清鼎革之际，闽西和粤东北所经历的战事，也相对较少。就闽西而言，顺治三年（1646），由于郑芝龙的降清，清兵顺利地越过仙霞岭，由福建北部长驱直入。这年八月，南明隆武帝从延平逃亡汀州。清兵闻讯后，遂遣大军压境，隆武帝遇难，闽西的战事遂告结束。不久，清兵又攻下福州，福建全境遂为清兵所有。由于战事延续的时间较短，所以闽西遭受战火的影响程度也比较轻微。在清军由邵武攻打汀州的过程中，发生在宁化、长汀等北部诸县的战事最为激烈。但是，据康熙《宁化县志》记载："崇祯六年（1633），（宁化）户五千四百三十，口三万七千六百五十七……至大清顺治十三年，户五千二百六十七，男丁一万五千五百二十九，女口二万二千三百五十九，与明季增损无大异。"① 长汀的情况，与宁化大致相似。② 由此可见，即使是在战事最为激烈的闽西北部一带，也没有发生大规模的人口耗减。

像闽西一样，粤东北在明清鼎革之际也未经历过太大的战事。顺治三年，清军在李成栋的率领下，由福建经潮州、惠州向广州挺进。一路上几乎未遇像样的抵抗，即抵达广州。顺治十年，潮州总兵郝尚久举兵反清，粤东一带燃起战火。但双方仅相持一个多月，除潮州城中有大约 2 万居民被清军屠杀之外，周边地区并无太大的人口耗减。③

由于闽西和粤东北在明清鼎革之际并未遭遇到太多的兵火，故而，入清以后，这两个地区的人口发展很快。明崇祯六年，汀州府在籍户数为35688，在籍人口为 21 万余人，④ 但是，到了清代的嘉庆二十五年（1820），汀州的户数已增至 251082，人口更增至 1485903。⑤ 200 年不到的时间，户数净增长 215000 多，增幅超过 602%；人口净增长 127 万多，增幅超过 604%。粤东北的户口增长，更是十分惊人。雍正十一年（1733），省程乡县置嘉应州，领兴

---

① （清）康熙《宁化县志》卷 3《户口志》，福州：福建人民出版社，1989 年，第 212 页。
② （清）乾隆《汀州府志》卷 9《户役》。
③ 曹树基：《中国人口史》，第 5 卷，上海：复旦大学出版社，2001 年，第 27～30 页。
④ （清）乾隆《汀州府志》卷 9《户役》。
⑤ （清）嘉庆《清一统志》卷《汀州府》。

宁、长乐（今五华县）、平远和镇平（今蕉岭县）4县。至嘉庆二十五年(1820)，嘉应州的人口规模已达到1314050。[①] 人口的快速增长，使得原本就山多田少的闽西和粤东北一带，人地矛盾日趋尖锐。以闽西为例，康熙《连城县志》云："闽，古之荒服也，而连（城）则荒服中僻壤也。山居其九，地不通商。男不负贩，女不蚕纺。区区数钟田，家给不足矣。"同书又谓："连（城）瘠壤也，男力耕不足于食，女力纺不足于衣……贫生于不足，不足则奸邪生。民如鸟兽，轻去其乡，虽严刑重法，不能为禁。"[②] 该志的作者在《序》中亦云："（连城）寡陋如余，既无其长，地瘠且偏，不通商贾。山无果木，水无鱼盐之利……逃亡遍室，残喘未苏。"[③] 康熙《武平县志》亦载："（武平）崇山复岭，为汀南斗绝之地……大抵疆圉硗瘠，物产稀有。"[④] 至于地处北部山区的清流县，由于山多田少，"居乡以刺船为业，陆而樵、水而渔者，仅足衣食，此外则别无土产。外货不至，城鲜贸易，盖由地瘠民贫之故"[⑤]。

在粤东北，因人口发展而引起的人地矛盾，也是与日俱增。正像光绪《嘉应州志》所说的那样："本朝休息生息，丁口蕃滋，故在国初之时，已有人多田少之患。况更二百余年以至于今，物力之不支，民生之日困，故其宜也。"[⑥] 清代早期的蓝鼎元，曾对粤东北各县的人地矛盾作过详细的记述：

平远在万山中……人民、土田亦号称繁庶，食力众而豪富稀。[⑦]

镇平作邑……田少山多，人稠地狭，虽有健耜肥牛，苦无可耕之地。[⑧]

（大埔、程乡诸县）人稠地狭，崇冈大阜，种稻、黍、薯、芋，如悬崖瀑布，尚不给，多佣力四方，则亦未如之何矣。[⑨]

康熙《兴宁县志》对当时兴宁县的人地关系状况也有这样的描述："民

---

① （清）嘉庆《清一统志》卷456《嘉应州》。
② （清）康熙《连城县志》卷4《籍产志》。
③ （清）康熙《连城县志》卷首，杜士晋《序》。
④ （清）康熙《武平县志》卷2《风土志》。
⑤ （清）乾隆《汀州府志》卷6《风俗》。
⑥ （清）光绪《嘉应州志》卷8《礼俗》。
⑦ （清）蓝鼎元：《鹿洲初集》卷12《平远县图说》。
⑧ （清）蓝鼎元：《鹿洲初集》卷12《镇平县图说》。
⑨ （清）蓝鼎元：《鹿洲初集》卷12《潮州府总图说》。

稠土瘠，家无隔夜之储。”①

随着人地关系的持续紧张，闽西和粤东北一带的粮食短缺日益严重。在闽西，“汀州府属之八县，产谷俱属有限，长汀为附郭首县……食口颇众”②。闽西的另一个人口大县上杭，“田少山多，民人稠密，所产谷米不足供”③。由于粮食的短缺，闽西境内各县基本上都依赖江西的米粮供应。据道光《福建通志》记载，清代的汀江流域各县，“与江西建昌府属之广昌、赣州府属之石城等县毗连，素籍江西米谷接济”④。如长汀县，“粮食仰给于江右之赣宁，而（上）杭、永（定）及潮又往往资贩籴于郡，稍留滞乏继，市价腾踊”⑤。同治《上杭县志》亦谓，“瑞金、长汀米盐互易，长（汀）、（上）杭民食赖以接济”⑥。在粤东北的嘉应州，雍正年间就已出现“土瘠民贫，农知务本，而合境所产谷不敷一岁之食。藉资上山之永安、长乐、兴宁。上山谷船不至，则价腾踊。民尝艰食而勤树艺……种姜、薯、芋、粟以充稻食”⑦的情况。潮州的大埔县，百姓也是“种粟、芋、番署、瓜蔬诸物以佐谷食”⑧。至于镇平县，则更是“民食半赖包粟”⑨。

为了解决日益严重的粮食短缺问题，闽西和粤东北一带的客家人，或者通过大范围地毁林开荒，以扩大耕地面积，或者通过耕山来从事番薯等经济作物的种植。在闽西，由于人口的激增，当地的客家人便大规模地开山种植烟草和番薯等高产耐旱的作物。据清人杨澜在《临汀汇考》中记载说，自清代早期以来，闽西的汀江流域各县就开始普遍地种植番薯，“瘠土、沙土皆可种，一亩之地可收十余担。山居之民以此代饭，可省半岁之粮”⑩。番薯等高产耐旱作物的大面积种植，一方面固然部分地解决了因人口增长而导致的粮食短缺问题，但另一方面却又严重地破坏了汀江流域的植被，动摇了当地生

---

① （清）康熙《兴宁县志》卷2《行署》。
② （清）道光《福建通志》卷52《蠲赈门》。
③ （清）同治《上杭县志》卷12《杂志》。
④ （清）道光《福建通志》卷52《蠲赈门》。
⑤ （清）光绪《长汀县志》卷30《风俗》。
⑥ （清）同治《上杭县志》卷12《杂志》。
⑦ （清）光绪《嘉应州志》卷8《礼俗》引雍正旧志。
⑧ （清）乾隆《大埔县志》卷10《民风》。
⑨ （清）光绪《镇平县志》卷4《民风》。
⑩ （清）杨澜：《临汀汇考》卷4《物产》。

态环境的基础。据研究，正是在大规模的乱垦乱伐之下，“长汀的河田、羊耳山区与连城县西的果茶农场各地出现严重的水土流失，而长汀的新桥、馆前、童坊，连城的城郊、四堡、北团和庙前，也都成了荒山和荒地”①。在粤东北的嘉应州，清代以前，这一带“山中草木蓊翳，雨积根荄，土脉滋润，泉源渟蓄，虽旱不竭。”② 然而，入清以后，随着人口的增加，“樵采日繁，草木根荄俱被划破，山土浮松，骤雨倾注，众山浊流汹涌而出，顷刻溪流泛滥，冲溃堤土，雨止即涸，略旱而涓涓无存，故近山坑之田，多被山水冲坏为河为沙碛，至不可复垦，为害甚巨”，以致田地“高者恒苦旱，下者恒为涝”③。平远县在康熙年间已是“一望而童山，灵且随斧斤湮没也”④。为了养活过多的人口，除大范围毁林开荒之外，对土地资源的掠夺性利用，也成为一种必然的趋势。早在清初，嘉应州就有人“图目前升斗小利”，将“灌口养鱼两不相妨”的水池，“垦而为田，塘为蓄水，或仅存小沟”。⑤ 这样做虽然扩大了耕地的面积，但却因减少灌溉，收成大打折扣，故而从长远来看，往往得不偿失。原来生态环境很好、“林木蔚荟蔽日”的永安（紫金）县，在经过乱垦乱伐和破坏陂塘之后，很快便出现“山高水驶，半月不雨，即称天旱……后世不知水利，皆湮塞为田。今之塘视昔，存者十一耳”，“况山崩不已，河高水溢。耕者彼此为堤，以河相吞”的严重局面。⑥ 生态环境的持续恶化，从根本上动摇了这里的农业基础。正像民国《潮州志·实业志》所说的那样：“韩江上游（含梅江）人民，惟急功近利，是图所有，林木每未达伐采之期，即行收取。水原失于会蓄，土质病其松懈，霪潦一至，泥沙随洪流而俱来，旱魃为灾。”；“大埔、丰顺……居民大多依林业为生……其余各县类多童山濯濯。”20 世纪 30 年代，一份关于粤东地区水旱情形的官方调查报告也称：“森林荒废，不足以涵养水源；河床填高，无法以收量水量。故一旦暴雨，则洪水泛滥，一泻千里，溃决防堤，淹没田舍，为害甚巨。但数日

① 林汀水：《明清福建植被的破坏与水土流失》，载《中国社会经济史研究》2003 年第 3 期。
② （清）光绪《嘉应州志》卷 5《水利》引旧志。
③ （清）光绪《嘉应州志》卷 5《水利》引旧志。
④ （清）嘉庆《平远县志》卷 2《物产》引康熙旧志。
⑤ （清）光绪《嘉应州志》卷 5《水利》。
⑥ （清）道光《永安三志》卷 1《地理》。

不雨，则又以山无泉水，河水干涸，高陂田地，辄有旱魃之虞。潮梅水旱之惨为各江冠，而兴宁、梅县、大埔三县，灾情尤重。每年于夏秋之间，连日降雨，发生水灾，每年两三次而至四五次不等。旱灾亦然，小旱每年必一两次，大旱每隔一两年间必发生一次。"① 生态环境的不断恶化，正是清初以来大规模滥伐乱垦的必然结果。②

因此，如果说人口的急剧增长，是闽西和粤东北一带客家人自清初以来对外迁移的根本原因，那么，生态环境的持续恶化，则是这一"离心式"的人口迁移过程得以长期延续的重要内力。人口与环境纠缠之下所产生的强大"推力"，使得一代又一代的客家人离开故土，星散四方。正像民国《大埔县志》所总结的那样："山多田少，树艺无方。土地所出，不给食用。走上川，下南洋，离乡井，背父母，以薪补救。未及成童，既成游子，比比皆是。"③客家方言群就是在这种大规模的、长期的迁移过程中，不断地由原先统一的方言文化群而"裂变"为一个又一个的"族群"或"亚族群"的。

关于清代客家的"离心式"移民问题，客家研究界和中国移民史学界已经取得了大量的研究成果。④ 这些成果对客家移民的迁移过程、迁入区域以及人口规模等诸多问题，都已作了极为详细的实证性研究。正因为如此，这里将不再对清代的客家移民史作全面的讨论。以下只是在已有的研究成果基础上，有选择性地对赣南地区、赣西北山区、浙西南山区和广东中南部等几个区域的移民迁入及其分布情况，予以粗线条的勾勒，以期为后文集中讨论移民的入籍和土客关系等问题提供一个基本的背景。

### （一）赣南地区

清代客家的"离心式"移民，最早是从闽粤客家大规模"倒迁"赣南开始的。明清鼎革之际，赣南的人口因战争影响而耗损严重。尤其是赣州府的

---

① 广东省政府建设厅农林局：《韩江水源林调查报告》（1931 年），转引自罗香林：《客家研究导论》，台北：南天书局，1992 年，第 108 页。

② 关于粤东和粤北地区生态环境的持续恶化，司徒尚纪在《岭南历史人文地理：广府、客家、福佬民系比较研究》一书（广州：中山大学出版社，2001 年）中，论述甚详，可参阅该书第 68 ～ 71 页。

③ 民国《大埔县志》卷 11《民生志》。

④ 这些成果主要包括罗香林的《客家研究导论》、《客家源流考》，刘正刚的《闽粤客家人在四川》，曹树基的《中国移民史》第 6 卷，以及梁肇庭的《中国历史上的移民与族群性：客家、棚民及其邻居们》等。

兴国、赣县和雩都（1957年后改为于都）等县以及南安府的南康、大庾和上犹等县，人口损失极其严重。[①] 人口的严重耗损，导致了赣南地区大片土地的荒芜。康熙年间编修的《潋水志林》记载说："赣属赣、兴二邑，兵燹流亡，荒田独多。"[②] 乾隆《上犹县志·杂记》亦云："自康熙十三年（1674）至今，（上犹）人绝烟断，空余四壁……土著百姓徙亡过半，田土悉多荒芜。"[③] 故而，入清以后，官府多次招徕流民，来赣南垦荒种植。顺治六年（1649）五月，赣南总兵胡有升在题本中就奏称："臣方逐一招抚，将行各县，有司履亩劝农，假贷牛种，可望稍稍开垦。"[④] 同年七月，江西巡抚朱延庆在题本中也奏称："赣州、南安二府所属县分……奉圣旨招徕流亡，民人开垦种至陆年之后，方议征收钱粮。"[⑤] 江西和赣南有关当局的积极招抚以及"假贷牛种"、缓征赋税等优惠政策，对于深陷人地矛盾之中的闽西和粤东北一带的百姓而言，无疑具有极大的吸引力。加之，赣南在入清以后，社会秩序相对稳定，既没有经历东南沿海地区的"迁海"和"复界"，也未像江西中北部那样遭受"三藩之乱"的兵火摧残。因此，赣南成为清代第一拨闽粤客家移民的集中迁入地，也就顺理成章了。

有关清代闽粤客家移民迁入赣南的详细过程及其人口规模，曹树基在《中国移民史》第六卷中研究甚详。根据曹氏的研究，闽粤客家移民在赣南的分布，主要集中在赣州府的赣县、兴国、雩都以及南安府的南康、大庾、上犹和崇义等县，这些地区在明清鼎革的过程中，多次经历战火，人口损失最为严重，急需大规模的人口补充；至于赣南东侧的宁都、石城、瑞金和会昌等县以及地处南部山区的龙南、定南、长宁（今寻乌）、安远等县，由于明清战争并未对当地的人口造成太大的伤害，故而，闽粤客家移民虽有零星

① 关于明清战争导致赣南境内人口耗减的详细情况，请参阅曹树基：《中国人口史》，第5卷，上海：复旦大学出版社，2001年，第24～25页。

② （清）张尚瑗：《潋水志林》卷14《兵寇》，兴国县志办公室2001年重印本，第169页。

③ 转引自罗勇：《客家赣南》，南昌：江西人民出版社，2004年，第63页。

④ 清内阁汉文题本，粮饷类，南赣总兵胡有升，顺治六年五月十日，转引自黄志繁：《地域社会变革与租佃关系》，载《中国社会科学》2003年第6期，第191页。

⑤ 清内阁汉文题本，粮饷类，江西巡抚朱延庆，顺治六年七月五日，转引自黄志繁：《地域社会变革与租佃关系》，载《中国社会科学》2003年第6期，第191页。

的迁入，但总体的规模并不大。兹根据曹氏的研究成果，[①] 将闽粤客家移民在赣南各县的分布情况以及移民在当地人口结构中所占的比例，列表如下：

| 州府名 | 县名 | 乾隆后期移民人口总数（万人） | 移民占当地人口百分比 |
|---|---|---|---|
| 宁都直隶州 | 宁都 | 不详 | 不详 |
| | 石城 | 不详 | 不详 |
| | 瑞金 | 1 | 5% |
| 赣州府 | 赣县 | 6 | 25% |
| | 兴国 | 9 | 43% |
| | 雩都 | 8 | 33% |
| | 信丰 | 不详 | 6% |
| | 会昌 | 不详 | 不详 |
| | 龙南 | 不详 | 不详 |
| | 定南 | 不详 | 不详 |
| | 安远 | 不详 | 不详 |
| | 长宁 | 不详 | 不详 |
| 南安府 | 南康 | 6 | 24% |
| | 大庾 | 3.6 | 30% |
| | 上犹 | 8.4 | 60% |
| | 崇义 | 4.6 | 47% |

（二）赣西北地区

赣西北地区即鄱阳湖西侧的江西西北部一带。按照清代的行政区划，这一地区主要包括袁州府和南昌府。从地形地貌的角度来看，这一地区除鄱阳湖西岸狭长的平原地带之外，其余大多数地区均属山地或丘陵。早在明代后期，这里的山地或丘陵地带，就已成为包括闽粤客家移民在内的各地流民的

---

① 曹树基：《中国移民史》，第6卷，福州：福建人民出版社，1997年，第181～196页。

聚居地。进入清代，这里更是成为以闽粤客家籍移民为主体的棚民运动的发源地。

明代中后期迁入赣西北萍乡、宜春、分宜三县的北部以及万载县西部山区一带的客家移民，在明末清初曾一度十分活跃。崇祯末年，这里的移民曾起兵抗清，并入据府城。顺治五年（1648），金声桓在江西反清复明，他们又群起响应。顺治十六年，郑成功率军逼近南京，移民武装复起以应。康熙十三年（1674）“三藩之乱”，吴三桂占据长沙，他们再次群起响应。战争过后，清军和当地的土著一起，开始对客家移民进行大规模的驱逐。至康熙年间，客家移民除一部人被收为绿营外，其余大多被遣返原籍。①

然而，正像移民史学者所说的那样，“大规模地驱逐棚民虽能给当地社会带来安宁，却不能带来繁荣”②。因为，赣西北一带在明清战争以及稍后的“三藩之乱”过程中，人口耗减极其严重。入清以后，这里需要大量的外来移民补充人口。棚民被逐之后，这里劳动力严重缺乏，致使大片田地荒芜，赋税无人承担。正因为如此，康熙中期以后，地方政府不得不招徕流移，鼓励垦荒。据雍正《万载县志》记载：“庚午（即康熙二十九年）以后，始招徕闽粤之人，渐次垦辟。”③ 正是在地方政府的招徕之下，闽粤（包括赣南南部的长宁、龙南、定南一带）客家移民再次大规模地向赣西北一带集结。

根据曹树基的研究，位于赣西北南部一带的袁州府属各县，都有闽粤客家移民的分布，但移民人口的数量却悬殊。宜春县是袁州府治所在地，该县的北部一带是明末清初棚民起义的中心地区。故而，在康熙早期对棚民进行驱逐之后，地方当局就有“流民断不可复招”④ 的禁令。正因为如此，康熙中期以后开始的招民垦荒，对宜春的北部几乎没有影响。至于该县南部的丘陵一带，虽有一部分客家移民进入，但人数也极其有限。位于宜春县东侧的分宜县，其总体情况大致与宜春相当。

位于袁州府西侧的萍乡县，客家移民则比较密集。康熙年间的变乱平定

① 曹树基：《中国移民史》，第6卷，福州：福建人民出版社，1997年，第225～226页。

② 曹树基：《中国移民史》，第6卷，福州：福建人民出版社，1997年，第227页。

③ （清）雍正《万载县志》卷6《财赋》。

④ （清）道光《宜春县志》卷10《田赋》。

后，该县编土著为104图，别有客图8个，“以处外来者”① 客图占总图数的6.8%。在这以后，客家移民又陆续迁入。据曹树基的估计，到雍正后期，客家移民约占该县人口总数的10%左右，总人口约有1.6万。②

万载县是袁州府属四县中保留棚民最多的地区，也是清代闽粤客家移民迁入的重点地区。曹树基根据民国《万载县志·氏族志》的资料，对清代进入该县的客家移民籍贯，进行了详细的统计和分析。据他估计，在清代进入该县的客家移民中，“广东、福建和赣南客家氏族分别占氏族总数的60.6%、20.2%和19.2%”，“从县属籍别来看，万载县的客家移民主要来自以粤东嘉应州为中心的客家聚居区，并包括福建汀州和赣南东南部客家区”。乾隆末年，客家移民的人口大约为5.2万，占同期该县总人口的27.8%。③

位于赣西北中北部的南昌府，清代领有8个州县，其中，武宁、义宁州（辖境相当于今铜鼓、修水两县）、靖安和奉新4州县，地处山区，也是清代闽粤客家移民的集中迁入地。

清初的“三藩之乱”曾波及宁州一带，不过，“三藩之乱”以后，这里并未对棚民加以驱逐。据此推测，明代后期进入这一带的棚民，人数可能不多。康熙中期以后，闽粤客家移民开始大规模迁入。有记载说：“迨至康熙十三年（1674）后，国家生齿日繁，闽、广诸省人民散处四方。分宁地广人稀，因而诸省之人扶老携幼，负耒而至。”④ 据曹树基估计，至乾隆后期，该州境内的客家移民总数在3万人左右。⑤

地处赣西北最北端的武宁县，也有闽粤客家移民的迁入。据乾隆《武宁县志》卷30记载：“武宁山谷荒僻……近自湖广、闽、粤异民遍乡开垦，万山童秃。”由此看来，清代进入该县境内的移民，除闽粤一带的客家移民之外，还有相当一部分来自湖北境内。由于该县的北部与湖北南部一带毗连，故而，湖北移民主要集中在该县的北部地区。而来自闽粤的客家移民则主要集中在该县的南部一带。乾隆十八年（1753），武宁县“土著烟户计共四万

---

① （清）道光《萍乡县志》卷1《舆地》。

② 曹树基：《中国移民史》，第6卷，福州：福建人民出版社，1997年，第229页。

③ 曹树基：《中国移民史》，第6卷，福州：福建人民出版社，1997年，第230～231页。

④ （清）同治《义宁州志》卷6《田赋》。

⑤ 曹树基：《中国移民史》，第6卷，福州：福建人民出版社，1997年，第236页。

一千余户，棚民计共一万三千余户”①，棚民的户数占该县总户数的24%。假定在这13000余户的棚民中，有三分之一属于客家棚民，以每户5口计，其总人口则在1.5万左右。

位于赣西北东侧的奉新和靖安两县，其西部的地貌均属山地，清代南昌府境内的客家移民活动，主要就发生在这两个县的西部或西北部一带的山区及丘陵地带。以奉新县为例，据曹树基对该县村落建置的抽样统计分析，在该县西部山区现存的647个村庄中，可以确定为客家移民所建的村庄共255个，占样本总数的39.4%；在丘陵地区的596年现存村庄中，可以确定为客家移民所建的村庄共99个，占样本总数的16.6%。② 乾隆九年（1744），奉新县的知县称：“今查奉新县棚民俱有田园庐墓，非去来不定之棚可比，自应无论土著、棚民，选择身家殷实，为人端实者，佥点承充。今据该县复查，棚民委无全村聚族成姓，俱系散居安、兴、进、化四乡，从前亦未设言棚保，虽有四百余户，查册中土著三十四围，一围之中土著有百十余户，棚民只有十余户之烟。”③ 照此推算，乾隆初年，客家移民在该县总人口中占有大约10%的比例。在这以后，随着移民的陆续迁入，这一比例应该有所提高。至乾隆后期，迁入该县西部山区及丘陵地带的客家移民，总人口有1.5万，占该县丘陵和山区居民总数的25%。至于靖安县，据曹树基对该县建于乾隆时期的369个村庄的统计分析，由闽粤客家移民所建立的村庄共42个，占村庄总数的11.3%。照此推算，至乾隆后期，迁入该县的客家移民人口在0.5万左右。④

### （三）浙西南山区

浙西南山区包括清代浙江省处州府属下的云和、青田、丽水、松阳、遂昌、龙泉、景宁、宣平、缙云等县，衢州属所属的西安（今衢州市）、江山、龙游、常山、开化等县以及金华府所属的汤溪等县。

如前所述，早在明代中后期，闽西汀江流域的客家移民，就已经来到地

---

① （清）乾隆《武宁县志》卷8《户口》。

② 曹树基：《明清时期的流民与赣北山区的开发》，载《中国农史》1986年第2期。

③ （清）道光《奉新县志》卷1《舆地》。

④ 曹树基：《中国移民史》，第6卷，福州：福建人民出版社，1997年，第239页。

处浙南山区的云和、缙云等县，在那里从事蓝靛和苎麻的种植。不过，那时的客家移民，人数无多。清代初年的“三藩之乱”爆发后，浙西南一带的人口严重耗减。战争过后，地方政府开始招集流亡，垦荒种植，以闽西客家籍移民为主体的棚民，开始大规模地向浙西南山区一带集结。

处州府属下的青田、丽水、松阳、龙泉、云和、宣平诸县，是以闽西客家移民为主体的棚民的集中迁入地。在青田县，据光绪《青田县志》记载：“青田自耿藩平，荒田特多。康熙四十年（1701）后，前县令郑新命招民开垦，大率皆有粮之荒田，谓之垦复。”到了雍正年间，垦复渐次完成，外来的移民已占居县中人口的一半，故有“民异籍居半”之谓。① 在丽水县，据道光年间的记载说：“近岁诸山经棚民垦辟，土质疏松，蛟水骤发，挟以壅溪。”② 进入丽水的棚民，除部分来自江西东北部一带之外，其余绝大多数均来自闽西的汀江流域。据民国《丽水县志》记载：“靛青，闽人始来种之，俱在山，今渐种于田矣。”③ 这里所谓的“闽人”，就是指来自汀江流域的客家移民。在松阳县，据1932年发表的《浙松阳县经济调查》称：“全县人口121574……再就籍贯分之，土著占十成之六，福建占十成之二，温州占十成之一，各处杂居，共十成一。”④ 占当地人口十成之二的福建人，就是指来自汀州一带的客家人。民国《松阳县志》记载说：“汀州腔，石仓源、小巷一带及清源岔等处语之。”⑤ “汀州腔”在该县部分区域的流行，显然是汀州移民陆续迁入的结果。在云和县，据乾隆年间的统计，“康熙三十年以前，云和烟户一千三百耳，今将计五千，闽中客强半”⑥。所谓“闽中客”，也是来自汀江流域的客家移民。据新编《云和县志·方言志》记载，在今天云和县的方言地理中，“大源小点”的方言，与该县境内的主体方言依然存在着明显

① （清）光绪《青田县志》卷4、卷7，转引自曹树基：《中国移民史》，第6卷，福州：福建人民出版社，1997年，第284页。

② （清）道光《丽水县志》卷14《杂记》。

③ （民国）《丽水县志》卷4，转引自曹树基：《中国移民史》，第6卷，福建人民出版社，1997年，第284页。

④ 转引自曹树基：《中国移民史》，第6卷，福州：福建人民出版社，1997年，第285页。

⑤ （民国）《松阳县志》卷6，转引自曹树基：《中国移民史》，第6卷，福州：福建人民出版社，1997年，第285页。

⑥ （清）同治《云和县志》卷15，转引自曹树基：《中国移民史》，第6卷，福州：福建人民出版社，1997年，第296页。

的差异："（大源小点的方言）包括大源、库北乡，紧水滩镇小部，赤石、金村、朱村乡部分，即龙泉溪以北地区，人口约占全县总人口8.3%。居民绝大多数从福建汀州迁徙而来，所操语言与云和话相差甚大，属闽语汀州话。"① 云和境内"大源小点"汀州腔方言岛的形成，显然也是汀州移民陆续迁入的结果。据曹树基的统计，至乾隆后期，处州府属各县的外来移民总数在17万左右，约占当地人口总数的18.7%。② 这些被当地土著称之为"棚民"的移民，除部分来自江西之外，其余绝大多数都来自汀州府属各县。

衢州府属下的西安、江山、龙游、常山、开化各县，也是清代棚民移民的集中迁入地。西安县是衢州府治所在地，早在康熙年间，就有记载说："山源深邃，林菁密险，有靛、麻、纸、铁之利，为江闽流户篷罗踞者，在在而满。或蜂飞而集，丛奸府患，不可爬梳，此隐患在上者，而西安、龙游为急。"③ 在江山县，自康熙中叶开始，来自闽西和江西一带的移民，陆续进入该县。时人描述当时该县的情况是，"大约流移杂处，闽人居其三，而江右之人居其七。日引月长，岌岌乎有反客为主之势"④。棚民数量之多、势力之大，由此可以想见。在西安县东侧的龙游县，据民国《龙游县志》记载："经明末清初之乱，继以联精忠之乱，旧族丧亡不少，而迁来者福建长汀之人占十之七八。"⑤ 除上述各县之外，位于衢州府西部的常山、开化两县，也有相当数量的棚民分布。据曹树基统计，至乾隆后期，衢州府所属五县的外来移民总数约13.6万，占该府人口总数的15%左右。⑥

金华府属下的汤溪县，地处浙西南山区的腹部地区，西与衢州府的龙游县相邻。该县的南部山区，也是清代闽西客家移民的分布区域。据曹树基估计，乾隆后期，该县境内的移民人口约1.9万，占全县总人口的21%。⑦

---

① 云和县志编纂委员会编：《云和县志》，杭州：浙江人民出版社，1996年，第575页。

② 曹树基：《中国移民史》，第6卷，福州：福建人民出版社，1997年，第299页。

③ （清）康熙《衢州府志》卷首，马遴《序》，转引自曹树基：《中国移民史》，第6卷，福州：福建人民出版社，1997年，第290页。

④ （清）谷应泰：《形势论》，同治《江山县志》卷1《舆地》。

⑤ （民国）《龙游县志·氏族志》，转引自曹树基：《中国移民史》，第6卷，福州：福建人民出版社，1997年，第290页。

⑥ 曹树基：《中国移民史》，第6卷，福州：福建人民出版社，1997年，第302页。

⑦ 曹树基：《中国移民史》，第6卷，福州：福建人民出版社，1997年，第302页。

### （四）广东中南部

如前所述，自明代中后期开始，赣闽粤边的客家人就陆续向惠州府的中南部和西部一带迁移。不过，总体而言，这一时期的客家移民规模不大，影响也极为有限。闽粤客家移民的大规模南迁，始于清代康熙年间，而其背景则与康熙年间的“迁海”和“复界”密切相关。

康熙元年（1662），清廷为割断大陆民众与台湾郑氏政权之间的联系，下令实行迁海。涉及的范围包括广东、福建、浙江、江南、山东和北直隶6省。广东沿海的迁界始于康熙元年，而康熙二年和三年又进行了两次“续迁”。由于广东迁海的范围大，迁界的距离远（大多以50里为率），故而，因迁界而造成的人口损失也特别大。据清初的屈大均记载：

粤东濒海，其民多居水乡。十里许，辄有万家之村，千家之砦。自唐、宋以来，田庐丘墓，子孙世守之勿替……岁壬寅（即康熙元年）二月，忽有迁民之令。满洲科尔坤、介山二大人者，亲行边徼，令滨海民悉徙内地五十里，以绝接济台湾之患。于是麾兵折界，期三日尽夷其地，空其人民。弃赀携累，仓卒奔逃，野处露栖，死亡载道者，以数十万计。明年癸卯，华大人来巡边界，再迁其民。其八月，伊、吕二大人复来巡界。明年甲辰三月，特大人又来巡界。遑遑然以海防为事，民未尽空为虑，皆以台湾未平故也。先是，人民被迁者以为不久即归，尚不忍舍离骨肉。至是飘零日久，养生无计，于是父子夫妻相弃，痛哭分携。斗粟一儿，百钱一女。豪民大贾，致有不损锱铢、不烦粒米，而得人全室以归者。其丁壮者去为兵，老弱者辗转沟壑。或合家饮毒，或尽帑投河。有司视如蝼蚁，无安插之恩；亲戚视如泥沙，无周全之谊。于是八郡之民，死者又以数十万计。民既尽迁，于是毁屋庐以作长城，掘坟茔而为深堑。五里一墩，十里一台。东起大虎门，西迄防城，地方三千余里，以为大界。民有阑出咫尺者，执而诛戮。而民之以误出墙外死者，又不知几何万矣。自有粤东以来，生灵之祸，莫惨于此。①

据人口史学者估计，因迁海而导致广东沿海直接的人口死亡当不下90万之众。②

---

① （清）屈大均：《广东新语》卷2《地语》，北京：中华书局，1985年，第57～58页。

② 曹树基：《中国人口史》，第5卷，福州：福建人民出版社，1997年，第41页。

鉴于迁海所造成的巨大的人口损失，康熙七年（1668），广东巡抚王来任上书朝廷，请求复界。他奏折中称：

粤东之边界宜急展也。粤负山面海，疆土原不甚广，今概于濒海之地，一迁再迁，流离数十万民，每年抛弃地丁钱粮三十余万两。地迁矣，又在在设重兵以守其界内，立界之所，筑墩台，树桩栅，每年每月又用人工土木修整，动用之资不费公家，丝粟皆出之民力。未迁之民，日苦派办；流离之民，各无栖止，死丧频闻。欲生民不困苦，其可得乎？臣请将原迁之界，急驰其禁，招徕迁民，复业耕种与煎晒盐。斥将港内之河撤去其桩，听民采捕。海内之兵尽撤，驻防沿海州县，以防外患，于国不无小补，而祖宗之地又有不轻弃之，更于生民大有裨益。①

在广东地方当局的一再请求之下，清廷于康熙八年（1669）开始复界。于是，“招民复业，一以补国用，一以苏民生……于是孑遗者稍稍来归，相庆再造。边海封疆，又为一大开辟焉”②。在这以后，广东地方当局基本上一直采取招民垦荒的政策。直到道光十一年（1831），还有记载称：“（广东）巡抚朱桂祯因粤东无业贫民流于匪僻，会同总督李鸿宾，奏请援照乾隆间高、雷、廉、琼四府成例，将广州、南雄各府州属山头地角荒地，听本地无业贫民报官给照垦殖，成熟后作为世业，永不升科。奉旨依议。”③

正是在广东沿海复界之后招民垦殖的“拉力”之下，粤东北潮、嘉、惠一带的客家人，开始陆续地向广东的中南部一带迁移。正像赖际熙在《崇正同人系谱》中所分析的那样：

广州属之增城、东莞、新安、番禺、花县、龙门、从化、香山、三水等县，又西江之肇、阳、罗，沿海之高、雷、琼、廉等州县，广西全省各州县……在在皆有吾系，大抵皆在清初康、雍、乾各朝代，由梅州及循州之人，或以垦殖而开基，或以经商而寄寓。此盖为最后移殖者。④

由于客家移民在广东中南部一带的分布范围极其广泛，迁移的过程也非常复杂，故而，这里不拟作详细的讨论。兹根据曹树基在《中国移民史》第

① （清）道光《新宁县志》卷7《事纪略》。
② （清）屈大均：《广东新语》卷2《地语》，北京：中华书局，1985年，第58页。
③ （清）道光《新宁县志》卷6《政经略》。
④ 赖际熙：《崇正同人系谱》卷1《源流》。

六卷中的有关研究成果，将客家移民在广东中南各州县的分布情况，列表如下：[1]

| 州府名 | 县厅名 | 乾隆后期移民人口总数（万人） | 移民占当地人口百分比 |
|---|---|---|---|
| 广州府 | 花县 | 1.2 | 25% |
| | 增城 | 1.0 | 10% |
| | 番禺 | 3.2 | 13% |
| | 佛冈 | 4.0 | 10% |
| | 新安 | 4.5 | 25% |
| | 东莞 | 5.7 | 20% |
| | 新宁 | 17.5 | 33% |
| 肇庆府 | 开平 | 1.2 | 10% |
| | 鹤山 | 0.8 | 10% |
| | 恩平 | 1.0 | 10% |
| 罗定州 | 东安 | 2.5 | 10% |
| | 西宁 | 2.5 | 10% |
| 高州府 | 信宜 | 6.0 | 25% |
| 雷州府 | 徐闻 | 7.0 | 10% |
| 廉州府 | | 11.0 | 15% |

## 三、移民的定居落籍与土客关系

从前述清代早中期客家“离心式”移民的迁移过程来看，他们向赣南、赣西北、浙西南以及广东中南部等地的大规模迁移，都是在明清战争、清初的“三藩之乱”以及迁海等事件造成当地人口格局重大调整的这一大背景下

① 曹树基：《中国移民史》，第6卷，福州：福建人民出版社，1997年，第379～399页。

开展起来的。换句话说，客家“离心式”移民的空间分布图式，是由有关区域的“拉力”作用所决定的。由于不同区域内的人口格局不尽相同，区域发展的模式及其程度千差万别，故而，不同区域的“拉力”强度，也是各不相同的。这种“拉力”强度的差异，不仅影响着不同区域内的移民规模，而且还影响着移民在区域内的分布格局。不同区域内的移民规模、分布格局以及土著社会和文化系统的诸多差异，又从根本上决定着不同区域内的土客关系。而不同区域内的土客关系，不仅影响到移民的定居落籍形式和本土化进程，而且还在很大的程度上影响着移民的自我认同及其文化适应策略。下面将结合赣南、赣西北、浙西南、广东中南部几个区域的实际情况，集中分析不同区域内客家移民的定居落籍方式和土客关系。

### （一）赣南地区

就赣南、赣西北、浙西南和广东中南部这四个区域的比较而言，赣南地区对闽粤客家移民所产生的“拉力”不仅启动最早，而且最为强劲。如前所述，赣南在明清战争时期的人口损失十分严重，尤其是赣南的中北部一带，几度沦为战场，人口损失尤为惨重。入清以后，当赣西北、浙西南和广东中南部或由于“三藩之乱”而兵荒马乱、或由于迁海而动荡不定之时，赣南却最早迎来了相对安宁的环境。① 正因为如此，清代闽粤客家移民进入赣南，不仅在时间上最早，而且相对的规模（移民在当地人口结构中的比例）也最大。兴国、赣县和雩都等县动辄数万的移民规模，移民在当地人口结构中高达到25%、30%乃至40%以上的比例，正是这一强劲的“拉力”在人口统计学上体现。而地方志文献中一再提到的“流移浮于土著”、“客强于主”、“主弱客强”、“异籍环居”等，则是时人对这一人口迁移过程的直观反映。

如前所述，赣南的生产与生计一直维持着以水田稻作为主的传统。明代中后期，当闽西的汀江流域在东南沿海市场的影响下开始调整其生产与生计之时，赣南传统的稻作农业却迟迟没有发生任何变化。天启《赣州府志》记载说：“（赣州府）户口田赋登耗盈绌实相率，总赣里籍民数，不及邻封一钜邑……盖地广人稀，生理鲜少，惟赣为然。且人多乡土恋，不肯逐末，终岁

① “三藩之乱”虽曾波及赣南的北部一带，但整体而言，与赣中、赣北相比，赣南全境受“三藩之乱”的影响，则要轻微得多。

株守田庐间，视穰俭为忻戚，以故素无羡财，廪无陈粟，罄一岁之入，得完一切之赋，不啻幸矣。”① 入清以后，这种情况依然没有发生根本性的改变。康熙《赣州府志》记载说：“（赣州府）山邑地瘠而民贫，奇淫珍玩之好，服物之需，皆不及他郡。所恃惟谷菽而已，故力耕者众。”② 该书对赣南境内生产与生计的描述，还可以从各县的地方志中得到印证。如康熙《会昌县志》就记载说：“会昌去郡颇远，界连闽广……民于耕稼之外，更无别业。”③ 同一时期，瑞金乡绅谢聘关于该县生产与生计的议论，也差不多给人同样的印象：“夫瑞之为邑，山多而不毛，田少而土瘠……土著之民，耕读之余并无别业；地利所产，稻谷之外并无他物。”④ 由此可见，直到清代的康熙年间，传统的稻作农业依然是赣南境内最重要的、几乎是唯一的生产门类。

也就是在康熙时期，随着闽粤客家移民的迁入，早先流行于汀江流域的烟草、蓝靛、甘蔗等经济类作物，开始在赣南各地得到广泛的种植。以烟草为例，地处赣南东侧的瑞金和石城一带，由于靠近闽西，故而，闽西的移民很早就将烟草引种到这里。康熙年间就有记载说：“自闽人流寓于瑞（金），以莳烟为生，往往徒手起家，骤拥雄资”，以致该县“连阡累陌，烟占其半”，“或称膏腴之亩，半为烟土，半为稻场”。⑤ 稍后，随着客家移民的大批涌入，烟草的种植也从东向西推进至整个赣南地区。康熙《赣州府志》中，已有“近多闽广侨户，载烟牟利”⑥ 的记载。乾隆时期，“赣属邑遍种之，甚者改良田为蔫畬，致妨谷收，以获厚利，闽贾争夹资觅取”⑦。再如蓝靛，康熙《兴国县志》记载说：“兴国土满人稀，东北多旷地，闽粤流寓耕之，种蓝栽苎，而土著弗业焉。”⑧ 康熙《赣州府志》也说：“虔惟耕山者种此（蓝

① （明）天启《赣州府志》卷7《食货志》，转引自饶伟新：《清代山区农业经济的转型与困境：以赣南为例》，载《中国社会经济史研究》2004年第2期，第87页。

② （清）乾隆《赣州府志》卷2《地理志》引康熙旧志。

③ （清）康熙《会昌县志》卷1《舆地志》，转引自饶伟新：《清代山区农业经济的转型与困境：以赣南为例》，载《中国社会经济史研究》2004年第2期，第87页。

④ （清）谢聘：《瑞金县名实论》，光绪《瑞金县志》卷11《艺文志》。

⑤ （清）康熙四十九年《瑞金县志》卷4《物产》；（清）谢重拔：《禁烟议》，康熙二十二年《瑞金县志》卷8《纪言志》。

⑥ （清）乾隆《赣州府志》卷2《地理志》引康熙《赣州府志》。

⑦ （清）乾隆《赣州府志》卷2《地理志》。

⑧ （清）康熙《兴国县志》卷1《舆地志》。

靛)，而赣县山谷间尤多。”① 所谓“耕山者”，也就是指来自闽粤的移民。又如蔗糖，康熙《雩都县志》记载说：“濒江数处，一望深青，种之者皆闽人也。”② 康熙《南康县志》则记载说：“南康近产糖蔗，岁煎糖可若干万石……悉系闽人赁土耕种。”③ 乾隆《赣州府志》则记载说：“甘蔗，赣州各邑皆产，而赣县、雩都、信丰最多。”④ 可见，最迟在乾隆年间，甘蔗已在赣州全境获得广泛的种植。

由于移民以“耕山”为特色的生产活动对赣南当地的传统农业生产具有重要的补充作用，故而，大量移民的到来，并没有引起赣南境内生存资源的紧张。相反，随着烟草、蓝靛和甘蔗等经济作物的普遍种植，赣南的经济状况和生计模式都有着显著的变化。正像移民史学者所说的那样：闽粤客家移民“把一系列新技术、新品种、新物种传入了赣南山区，给赣南农业带来了深远的影响；尤其是赣南经济作物区与经济林区的形成，使赣南的农业生产结构发生了巨大的变化。单一的粮食生产结构被打破了，大批的农林产品进入了国内市场，传统的自给自足的自然经济开始瓦解，商品生产渐趋繁盛。到清代中期，赣南山区已经成为我国东南经济作物和经济林区的一个重要组成部分”⑤。由移民的经济活动所引发的赣南传统经济模式的改变，不仅使移民自身受益，而且也让赣南的土著百姓普遍受惠。

总之，无论是就填补清代早期赣南境内的人口空白而言，还是就促进赣南区域经济模式的转型而论，大批闽粤移民的到来，都是一个积极的因素。正因为如此，移民在赣南境内顺利地完成定居落籍，也就顺理成章了。

由于资料的缺乏，关于赣南境内移民的定居落籍情况，至今仍不得其详。不过，可以肯定的是，移民在赣南境内的定居落籍过程，进展得相当顺利。清代初年，闽粤移民基本上都是以“赁土开荒”的“佃客”身份进入赣南境内的。他们从当地“田主”或“山主”那里租种土地或山场，以从事经济作物的种植。正因为如此，这一时期的移民还未在赣南当地定居落籍，而只是

① （清）康熙《赣州府志》卷3《地理志》。
② （清）康熙《雩都县志》卷1《物产》。
③ （清）康熙《南康县志》卷3《舆地志》。
④ （清）乾隆《赣州府志》卷2《地理志》。
⑤ 曹树基：《明清时期的流民与赣南山区的开发》，载《中国农史》1985年第4期，第38～39页。

延续着以前“候鸟式”的迁移传统。康熙年间的张尚瑗就曾报告说：“峤岭四冲，土著少而客籍多。民俗买田则立户，立户则充役。侨寓流移，襁负担簦，春来秋去。著之以名籍，惴惴乎有征徭差雇之事，愚民之所畏者。”① 正因为移民“春来秋去”，往返不定，所以当地的土著或称之“侨寓”，或谓之“流氓”，或呼曰“客籍”，或名之“客家”。康熙《兴国县志》记载说：“兴国土著少而流寓多，彼生齿既不列于兴之版图，姓名复不载于兴之烟户，各居一方，不与土著杂处。”② 康熙《信丰县志》则说，该县“侨户顷亩连阡陌而丁不登一”③。康熙《龙南县志》说该县“不丁不籍者”是当地土著人口的五十倍。④ 康熙《定南县志》也记载说，“邑中异籍者田连阡陌，而丁仅一二”⑤。上述文献中所谓的“生齿不列于版图”、“姓名不载于烟户”、“丁不登一”和“不丁不籍”，都反映了这样一个基本的事实：康熙年间，进入赣南境内的闽粤移民，尚未进入定居落籍的阶段。

大约从康熙末、雍正初开始，闽粤客家移民开始了在赣南当地定居落籍的过程。据民国《南康县志》记载：“雍正九年（1731），东粤新民五十一户入南康籍与考。”⑥ 乾隆《兴国县志》亦云：“今海宇隆平，王风浩荡，百有余年，无论世居巨族，悉归乐土，凡属侨居，皆编入户甲，化以礼让，泽以诗书，给公奉上，相率皆为良善。”⑦ 由此可见，最迟在乾隆年间，进入赣南的闽粤移民已基本上完成了“皆编入户甲”的定居入籍过程。

迁入赣南的闽粤移民，之所以能够在当地顺利地定居落籍，除了前面所讨论的人口和经济方面的原因之外，移民与土著之间相同的语言与文化背景，恐怕也是一个不容忽视的因素。曹树基在比较赣南和赣西北的土客关系时就曾发现，“与赣西北地区相比较，赣南地区土客冲突持续的时间不长，康熙后期已基本停息”。究其原因，他认为主要有两个：其一，赣南没有为闽粤客家设立专门的“棚籍”；其二，闽粤客家移民“与赣南土著的方言是相近或相

---

① （清）张尚瑗：《潋水志林》卷11《保甲》，兴国县志办公室2001年重印本，第126页。
② （清）康熙二十二年《兴国县志》卷7《保甲》。
③ （清）康熙《信丰县志》卷5《食货》。
④ （清）康熙《龙南县志》卷4《食货》。
⑤ （清）康熙《定南县志》卷5《户口》。
⑥ （民国）《南康县志》卷13《大事记》。
⑦ （清）乾隆《兴国县志》卷3《志地》。

同的”。[1] 曹氏的相关结论，应该说是有道理的。就我们的观点而言，赣南、闽西和粤东北同属于客家方言区，赣南境内的土著也是客家方言群的一个重要组成部分。更何况，早在明代中后期，赣南境内就是闽粤流民的集中迁入地。正是由于赣南土著与闽粤移民之间有着相同的语言与文化背景，加之彼此间早已存在的人口对流传统，故而，当闽粤移民在清代大规模迁入赣南之后，并未引起赣南土著的强烈排拒。闽粤移民之所以能够顺利地完成在赣南境内的定居落籍，与赣南境内的土客关系，显然是有内在关联的。

（二）赣西北和浙西南地区

迁入赣西北和浙西南山区的客家移民，均被称之为“棚民”，故而，这里一并加以讨论。

如前所述，清代的客家棚民，是在“三藩之乱”造成当地人口的大量耗减和劳动力严重短缺的这一大背景下，而陆续迁入赣西北和浙西南山区的。不过，相对于浙西南山区而言，客家棚民之进入赣西北地区，其过程则更加复杂。由于明代后期进入赣西北一带的客家棚民在明末清初曾一度卷入各种政治势力的角逐之中，并由此而引发与当地土著的矛盾和冲突，故而，入清以后，在政府的支持之下，当地土著曾开展对棚民的大规模驱逐活动。在这以后，尽管由于劳动力的缺乏而不得不招徕棚民；但是，在袁州府所属的宜春和分宜等县，由于有着“流民断不可复招”[2] 的规定，从而给客家移民的进入设置了巨大的障碍。正因为如此，清代进入赣西北一带的闽粤客家移民，不仅数量有限，而且其分布范围主要集中在赣西北西侧与湖南接壤的山区或丘陵地带。

客家移民在进入赣西北和浙南山区之后，大多从当地山主那里租赁山场，从事开垦。由于他们大多在租种的山场附近搭棚居住，故而被当地的土著称为“棚民”。不过，需要特别指出的是，“棚民”这一称谓，并非专指客家移民，而是泛指清代遍布于南方各省的流寓耕山者。按照当时人的看法，“江西、浙江、福建三省各山县内，向有民人搭棚居住，种麻种菁，开炉煽铁，

① 曹树基：《中国移民史》，第6卷，福州：福建人民出版社，1997年，第214页。
② （清）道光《宜春县志》卷10《田赋》。

造纸做菇为业，谓之棚民”①。稍后，随着广东、湖南、安徽、江苏、河南、陕西和四川等省山区流民运动的展开，“棚民”这一称谓亦随之而泛化为对上述山区流寓种山者的一种统称。

历史上国家政权对于农民的人身控制，主要是通过对户籍和土地的管理而实现的。而棚民作为一个流动性极强的群体，在迁入地既无户籍又无土地，故而，国家政权对他们的控制也最为薄弱。康熙末至雍正初，随着棚民人口的大量增加，不论是中央政府还是地方当局，都开始关注起这个不断膨胀的群体。正是在这种背景之下，棚民入籍问题开始被提上议事日程。进入赣西北和浙西南地区的客家棚民，也是在这一背景之下而展开其在当地的入籍及本化过程的。

雍正元年（1723），在赣西北棚民人口比较集中的袁州府万载县和宁州铜鼓营（今江西铜鼓县），先后发生温上贵和黄本习领导的两起民变事件。江西地方当局经调查得知，这两次民变事件的组织者和参与者，都是来自“闽广等处”的棚民，他们“向来附居江西荒山，搭棚垦种靛、烟，名为棚民，良匪杂处”②。这两次棚民事变的相继发生，使清朝的统治者对棚民问题十分忧虑。雍正在饬令江西地方当局派兵弹压的同时，还要求各级官员就棚民问题展开调查，并提出应对之策。一时间，两江总督查弼纳、闽浙总督觉罗满保以及户部尚书张廷玉等人，都有专折奏报棚民问题。据《八旗通志·查弼纳传》记载：

查弼纳……（康熙）六十一年（1722）十一月，授江南江西总督……雍正元年，有流匪温上贵结江西棚民，籍闭籴为名，树旗谋掠。万载知县施昭庭、新昌知县李玥调集乡勇，击杀三百余人，擒温上贵等十数人……鞫得温上贵为台湾逆匪朱一贵遗党，与数十人并伏诛。于是大学士白潢、尚书张廷玉，并陈奏安戢棚民之策。得旨，下查弼纳详议。寻言江西界连湖广、广东诸省，地旷山深，土人无力开垦，率多招徕流民，搭棚居住，种艺麻靛，名曰棚民。但安业日久，驱令回籍恐另生事端，应编入保甲。千户以上，添驻官弁稽查……以后续到流移，不得容隐。辨其有膂力可用及读书向学之士，

① 《清朝文献通考》卷19《户口考一》。

② 《雍正硃批谕旨》卷15，雍正元年四月二十一日。

准一体入籍应试。①

同书《觉罗满保传》亦云：

觉罗满保……满洲正黄旗人……雍正元年（1723）……先是（福建）上杭奸民温上贵往台湾从朱一贵，得副元帅札副及木刻伪币，乃还上杭，将煽其乡人从贼。闻朱一贵伏诛，遂窜江西，潜结棚匪数百人谋掠……于是大学士白潢、尚书张廷玉各条奏禁棚匪策，敕所在督抚详议。满保疏言：闽浙两省棚民，以种麻种菁种烟、造纸、烧炭、煽铁等项为业，奸民不一，令地邻出保结伍，棚长连环互结，若有为匪不法事、踪迹可疑人而弗首报者，依律连坐，则不敢容隐。州县官于农隐时遍履各棚稽查，如始勤终怠，约束不严，即刻罢之。浙江之鄞县、奉化等二十七县、福建之闽县、龙岩等四十州县，皆有棚民，宜如沿海州县例，于通省内拣选才守兼优之员，题请调补，则治法与治人咸收寔效矣。②

应该说，作为封疆大吏的查弼纳和觉罗满保两人，对江西和浙江等地棚民问题的了解，还是比较准确的。在他们看来，棚民是一个外出谋生的群体，尽管其中“奸民不一”，但是绝不能用“驱令回籍”这种简单的办法来处理。当务之急，是通过“保甲”，将棚民人口“编册”，或者是通过“出保结伍”、“连环互结”等办法，将棚民纳入当地的社会控制体系。雍正二年二月，户部尚书张廷玉所提出的解决棚民问题的一揽子计划，就是在吸收了查弼纳和觉罗满保等人意见的基础上发展起来的。

张廷玉的计划，集中体现在他的《请定安辑棚民之法疏》中，兹将其主要内容，引录如下：

（棚民）安插既久，其素不为匪者，则编入烟户册籍之内；其居住未久，而踪迹莫定者，令取具五家连环保法，以杜日后事端。皆于编查保甲时一体稽核，毋许遗漏。再，棚民聚处日久，人数渐多，其中不无膂力技勇之人与读书向学、稍知礼义者，亦令该州县查明，申详上司，分别考验录用，卑与彼地人民同霑圣朝之化。③

① 《八旗通志》卷151《人物志三十一》。
② 《八旗通志》卷152《人物志三十二》。
③ （清）张廷玉：《请定安辑棚民之法疏》，《皇清奏议》卷25。

以张廷玉的上述建议为基础，雍正三年（1725），清政府正式制定了处理江西和浙江等地棚民问题的具体办法。其主要内容有如下：

见在各县棚户，请依保甲之例，每年按户编册。责成山主、地主并保长、甲长出结送该州县，该州县据册稽查。有情愿编入土著者，准其入籍。有邑中多至数百户及千户以上者，添拨弁兵防守。棚民有窝匪奸盗等情，地方官及保甲长失察徇庇者，分别惩治。编册之后，续到流移，不得容留。有欲回本籍者，准其回籍。棚民有膂力可用及读书问学者，入籍二十年，准其应试，于额外酌量取进。①

显而易见，清政府处理棚民问题的基本措施，乃以张廷玉的上述建议为蓝本。这些措施归纳起来主要有四点：其一，将棚民照保甲之例，每年按户编册，责成山主、地主以及保、甲长出结，送该县稽查，有情愿入籍者，准其入籍；其二，在棚民人口众多的州县，添加兵勇，以备不测；其三，编册之后，续到流移，不得容留；其四，棚民入籍 20 年后，可以像土著居民一样，参加科举考试，其名额另外划拨。

这个以清代保甲法为核心内容的安置办法，为后来各地的棚民安置工作提供了政策框架。雍正四年，清政府将“有情愿入籍者，准其入籍”一款，改为“已置有产业并愿入籍者”，准其入籍，作为“棚民保甲法”正式颁行，成为解决棚民户籍问题的基本依据。②

然而，由于各地的情况不尽相同，故而，在具体的处理过程中，各地所采取的具体措施也各有侧重。在浙西南一带，棚民长期来大规模的垦山活动，造成了严重的水土流失，使得当地的整个生态环境面临严重的威胁。道光《丽水县志》就有记载说：“处州十邑之水，除庆元半入闽江，景宁半入青田，径入瓯海，余皆汇于丽邑……近岁诸山经棚民垦辟，土质疏松，蛟水骤发，挟以壅溪，患且有甚于昔。”③ 正因为如此，这里的安置工作把棚民的入籍与限期退山结合起来，并把退山作为棚民入籍的先决条件。乾隆二十四年（1759），政府就浙江境内的棚民入籍问题作出如下明确的规定：

---

① 《清世宗实录》卷 34，雍正三年七月辛丑。
② 刘敏：《论清代棚民的户籍问题》，载《中国社会经济史研究》1983 年第 1 期。
③ （清）道光《丽水县志》卷 14《杂记》。

浙江省有棚民开山过多，以致沙淤土壅，有碍水道田庐，亟应查禁。惟据称浮居未定者尚易驱逐，年久难迁者，亦须安插编查，当分别去留。①

嘉庆六年（1801），浙江巡抚阮元在此基础上，再立“棚民保甲法”，制止浙西南山区的棚民继续开山垦殖，其主要内容如下②：

其一，已经迁入的棚民免其驱逐，编造保甲，就地入籍。

其二，清查之后，外省棚民仍有在保甲之外引类呼朋，来浙种山者，即行查究治罪。

其三，棚民所租山场，如有已满年限者，山主必须收回。

其四，嘉庆七年以后，仍有贪利而向棚民出租山场者，严治其罪。

其五，未满年限的山场，酌量给钱收赎，或者著令改种对水土破坏不大的靛菁、番薯和茶叶等经济作物。

阮氏的这一措施，为浙西南山区的棚民入籍奠定了基础。但是，在刚开始的一段时间里，这一措施并未取得阻止棚民开山种植的效果。经过十多年的引导和安置，到嘉庆二十年，政府在浙西南山区进行了一次大规模的清查，并将清查的结果上报户部。户部讨论的结果是：

浙江省棚民，核其租种已逾二十年者，现有田产、庐墓者，娶有妻室得，即令入籍。其年未久，业已置产缔姻，俟扣满年限，亦准其呈明入籍。若前未置产缔姻，租种山场尚未年满，及租票内并未注有年份者，应暂为安插。所限未满者，俟年满饬退，未注年份者，酌定五年饬退，俱不准再种苞芦，致碍农业水利……此次清厘后，不准再有增添。如本地民人将公共山场，不告知合业之人，私招异籍民人搭棚开垦者，招租之人照子孙盗卖祀产例，承租之人照强占官民山场律治罪。③

次年，清政府重申：“其原编中户棚民之外，不许再添一户。”④ 伴随着这一系列政策的出台，浙西南一带的棚民，开始了定居入籍和本土化的过程。

与浙西南地区相比，赣西北地区的棚民入籍过程则要曲折得多。

---

① 《清朝续文献通考》卷25《户口一》。

② （清）嘉庆《德清县志》卷4《法制志·禁棚民示》。

③ （清）光绪《钦定大清会典事例》卷158《户部·户口》。

④ 《清仁宗实录》卷316，嘉庆二十一年二月丙辰。

早在雍正二年（1724），当张廷玉解决棚民问题的一揽子计划提出之后，江西的地方当局就开始着手处理其境内的棚民问题。这年三月，江西巡抚裴率度在一份奏折中指出：

查诸臣条议，编甲之法大概相同，但编甲之中不无变通。臣身任地方，细访情形，各有不同。（棚民）有入籍年久，现在纳粮者；有入籍未久，去留未定者；有远在山箐，星散各居者；有土民雇其佣工，地方招其垦田者；有山主利其力作，曲为隐庇者。或种靛、麻，或种茶、烟，或佃耕、做纸，统名之曰棚民。要在因地制宜，顺情立法。地方官得人，方才有益。①

雍正在接到奏折之后，作了这样的批语：

将诸臣条奏发来，原为尔等地方大吏洞悉利弊，故令尔等详议也。务须细加访察，必透彻事之始终情节，再加以详慎筹画，方于事有益。不可以一二属员之语为凭，忽于整理而贻害于后日也。②

显而易见，作为江西巡抚的裴率度，他在奏折中所着意强调的是各地棚民问题的特殊性。而雍正“不可以一二属员之语为凭”的批语，也为江西地方当局采取特殊的政策来处理棚民问题预留了空间。

这年六月，裴率度再次就江西境内的棚民入籍问题上奏雍正：

伏思棚民一事，臣因屡奏谕旨，愈求详慎，惟恐地方官编查不力，叠次告诫，已经彻底查明，除九江、南康、抚州、建昌四府无棚民外，九府共计一万五千余户，俱逐一分析，编甲造册，料理齐备，地方宁谧。③

三个月之后，裴氏再次在奏折中声称：

棚民编甲既定，稽查肃清，现在地方宁谧，人民安堵。至土著之户，亦遵通饬。清编统归，岁底汇册造报。④

不过，需要指出的是，裴氏在奏折中所陈述的事项，并非江西全境的实际情况。至少，在赣西北一带，由于土著人数的强烈反弹，政府对棚民的“编甲造册”工作曾一波三折。至于“棚民编甲既定……现在地方宁谧，人民安堵”等语，与赣西北地区的实际情形，则更是相差甚远。

---

① 《雍正硃批谕旨》卷15，雍正二年三月十八日。
② 《雍正硃批谕旨》卷15，雍正二年三月二十八日。
③ 《雍正硃批谕旨》卷15，雍正二年六月二十四日。
④ 《雍正硃批谕旨》卷15，雍正二年九月二十八日。

从现有的资料来看，在雍正初年清政府处理棚民问题的相关办法出台之后，赣西北宁州一带的棚民，就开始自下而上地要求入籍。光绪年间编修的《华国堂志》，在序言中就有这样一段文字：

溯我都自雍正三年呈请入籍，州宪刘详明各大宪，旋沐奏奉谕旨，准立怀远四都八图八十甲，与土著一体纳粮考试。由是图籍定而赋税有经，版册登而考试无阻，我都人士固辟我丕之基矣。①

“华国堂”是由宁州境内的“怀远人”（即棚民）所创办的一个纳粮组织，《华国堂志》则是该组织所编修的一部民间文献。从前引该书的序言中不断发现，宁州一带棚民的入籍，是从雍正三年（1725）正式开始的。收录在该书中的《递抚院呈》，则是宁州棚民递交给江西巡抚的要求入籍的呈文，内中写道：

具呈人黄克章、刘正思、谢际云、张鸣冈等，为遵例陈情按粮入籍，以广皇恩，以全大典事：

窃思天下四海，莫非皇王土也；中国万姓，尽属圣朝人民。是以兵籍、客籍，原同一籍；苗生、徭生，总无二视。故凡各郡子弟，置有田粮、庐墓、经住二十年者，俱准入籍考试。况沐圣天子德政维新，定例作养，博施济众，一道同风之雅化者哉！

慨自宁邑兵燹以后，田荒粮缺，土广人稀。业蒙前任州主奉徼招徕开垦，以致蚁等祖父弃闽粤而来修水，抛南赣而适乐郊。由是替州中辟草而披榛，为土著养生而供赋。及后置产买业，钱粮不下二千；串名设户，立名已上三百。生于斯，长于斯，桑梓之邦，既绝往来；庐于斯，墓于斯，婚冠之联，无分土客。历年久，生齿繁，略计壮幼，万有余丁；受皇产，蒙洪恩，约训子弟，悉皆朴厚。但入户以籍为定，而籍贯以粮为据。按粮编都立图，入籍承丁当差，庶不负圣天子惠养元元之意也。蚁等遵例禀州蒙批，详明在府。伏乞宪天恩同日月，德并乾坤，普同仁于一体，视中国如一家，施父母之慈心，广皇恩之浩荡，准予按粮入籍，庶俾枯朽齐荣，永颂甘棠，德垂不朽。

---

① 《华国堂志·序》，转引自梁洪生：《从“异民”到“怀远”：以“怀远文献”为中心考察雍正二年宁州移民要求入籍与土著罢考事件》，载《历史人类学》2003 年第 1 卷第 1 期。下引《华国堂志》均转引自该文。

在这份呈文的后面，还附有江西布政司、南昌府知府和江西巡抚的三份批文。其中，江西布政司的批文如下：

客户开垦久居，自宜按粮入籍，与齐民等。既据该州准详郡守，候府文到，酌夺可耳，速归安业。

而江西巡抚的批文则是：

闽广之人入籍多年，置有田地庐墓，安分守法，即与土著无异，自应一律当差。仰州遵照出示晓谕。

然而，棚民的入籍要求，却遭到了土著社会的强烈反对。雍正二年（1724）二月，就在棚民由下而上，运动官府，积极要求入籍的同时，宁州的土著也在层层动员，并向有关当局递交诉状，反对棚民入籍。保存在《华国堂志》中的一份题名为《土著呈里递流状》的诉文，就是宁州土著反对棚民入籍的宣言书。内中写道：

具呈人宁州八都里递陈兴隆、张元兴、徐三凤、周旺生等，为逆谋乱籍、激窜良民事：

窃惟国家定制，原有疆界之殊；成例宜颁，首严紊籍之禁。宁邑不幸，近遭闽广群凶渐次逃流入宁。其初不过觅食流寓，挖山种土，并非招徕补绝。后则炎炎势炽，凶狠绝伦。屡任州主，目击横暴，于其置有田者相循老客旧规，于坊图外立图完赋，有粮无籍。为非即解回籍，彼若安分自守，土著亦无异视。讵意养虎贻患，背恩反噬。不惟强行劫掠乡村，累官累民，反敢窥宁版籍，群思狡窜，酿成祸端。前此间有一二暗中摸索，诡插丁粮，蚁等呈明公、呈前主，厘剔在案。旧自刘主到任，护庇客民，疏视赤子，以至异党得意，歃血敛金，于旧八月纷然呈请入籍。州批汇宪夺，随详府主，请许入籍承丁，取名新都，编图立甲，子弟一体考试。率意坦祥，分图分甲，紊乱版籍，为州祸烈。

土著在这份诉状中，不仅坚决反对棚民入籍，而且还将矛头直指宁州知州刘世豪，抨击他“护庇客民”、“紊乱版籍”。江西当局在接到这份诉状之后，先后由巡抚院和布政司作出批示。巡抚院的批文是：“编查棚民，原系清理地方，永远安靖之计。土著流寓，各有分别，不必挂虑。”而布政使司的批文则是：“奉旨编辑棚民，抚绥异籍，专为清理地方，为汝土著起见。何得因此讹传，远来呈控?”

除递交诉状，反对棚民入籍之外，雍正二年（1724）四月，宁州土著还通过发动大规模的罢考来向地方当局施力。收录在《华国堂志》中的《宁州儒学报文》，可谓是土著生员罢考的一份声明。在这份声明中，土著将当地棚民一律视为“异贼”“异党”或“异民”，声称“只恨铅刀无利，不能尽歼丑类”，双方已然是不共戴天之仇。在土著看来，棚民“轻弃故业，已忘父母之恩”，是为不孝；“图谋不轨，更悖圣恩之德”（指此前的温上贵事件），是为不忠。对于这些“忠孝尽绝”的棚民，现在居然允许他们入籍，当地土著“岂甘薰莸一器，同隶图册，共厕宫墙”?

然而，无论土著社会如何反对，棚民的入籍已是大势所趋。雍正三年，在地方土著社会一浪高过一浪的反对声中，宁州的棚民完成了棚籍登记的工作，开始了入籍定居的过程。据同治《义宁州志》记载：“怀远都四都八图，雍正三年添设。宁州从前流寓俱归客户，后生齿日繁，闽广诸省之人复扶携负耒而至，于时安辑棚民，耕山者概编保甲，有产者另立都图，以怀远为名，其秀者令与考试。”① 道光《义宁州志》的记载则更为详细：“宁州从前流寓俱客户，是以创置田产，有粮无丁。迨自康熙三十年（1691）后，国家生齿日繁，闽广诸省之人散处各方。义宁地广人稀，因而诸省之人扶老携幼，负耒而至。缘旷土之租甚轻，久荒之地极沃，而无产之人得土耕种，其力倍勤，故不数年家给人足，买田置产……至雍正元年，有匪类蠢动，彼此响应，于是万载县有温上贵之忧，宁州有黄本习之警。虽旋就诛戮，而根荄滋蔓，当事者患之，复为善后之图。荷蒙皇上谨如天之仁，特允臣工安置棚民之请，耕山者概编保甲，有产者另立都图，以怀远为名，隐寓招携之意，其秀者令为义学课习，五年后俱得一体考试，卷面令注‘怀远’字样。其居宁最久之老客户，原有庐墓、田产、姻娅、亲族之可征，迥与客民不同，又援例改客为土，不在此例。”② 由此看来，宁州境内棚民的入籍，大致可分为三种情况：迁入年代久远的棚民，由于有“庐墓、田产、姻娅、亲族之可征”，故而“改客为土”，直接被编入土著；迁入年代未久，但已有一定的财产积累

① （清）同治《义宁州志》卷2《地理·乡都》。
② （清）道光《义宁州志》卷6《田赋》。

者，被编入棚籍；没有财产的棚民，只能编入保甲，待到有一定的财产之后，才能重新编入棚籍。到雍正四年，宁州境内被编入籍的棚民共1320丁，实际总人口在1万以上。

根据“耕山者概编保甲，有产者另立都图”的原则，宁州境内被编入土著的棚民，数量极其有限，大部分的棚民最后都被编入“棚籍”之中。根据规定，被编入“棚籍”的棚民及其后裔，只能在远离村舍的山中，就所耕之地搭棚居住，自成村落，而不得与土著居民杂处。

地处宁州东侧的奉新县，其境内的棚民入籍过程大致与宁州类似，但是在具体的实施过程中却更为复杂。雍正十三年（1735），“奉新县知县赵知希查看棚民王、刘、徐，皆闽、广、南赣人也，凿耕奉新地方盖有年矣。缘俾县例有土著客异之殊视，是以各棚民等虽置有奉邑田产，在粮多者，犹得以寄户于图甲册尾，而粮少者并不得自立的户，少有更置，即起物议，相沿至今”。后经查实，县令请求“援照邻邑宁（州）、武（宁）等州县棚民另立图甲之例，准其另立图甲，名曰归德。佥点粮多大户为滚首，依限输纳，既免土著之纷争，尤省差催之滋扰，并可令各棚民自查户口，稽查匪类，急公请地，均属有益”。在得准之后，该县遂设“归德乡”，“辖散居奉化、进城、新兴、新安四乡”之棚民。① 此前，奉新县全境共设有十二乡，归德乡及其所辖棚民在当地遂被称为“十三乡”。从此，在奉新县，客家移民及其后裔遂有了一个新的名称“归德人”。②

袁州府万载县的棚民，其入籍过程大致与奉新相同。所不同的是，万载县的棚民被编入“怀旧乡”，入籍的棚民被称为“附图客籍”。③

编入“棚籍”的棚民，尽管在形式上与土著无异，但是在日常的社会生活方面，却无法取得与土著同等的待遇。在赣西北的一些州、县，棚籍还往往成为地方贪官污吏敲诈勒索的对象。前文提到的宁州，乾隆五年（1740），有个叫俞胡子的管仓，就勾结州内承办人，对境内怀远都的棚民，采用大斛量谷和大戥称银的办法，进行种种敲诈。嘉庆年间，当地的图差和书办等，

---

① （清）道光《奉新县志》卷1《舆地》。
② 曹树基：《中国移民史》，第6卷，福州：福建人民出版社，1997年，第253页。
③ 曹树基：《中国移民史》，第6卷，福州：福建人民出版社，1997年，第253～254页。

又公然违禁，在政府规定的各种赋税之外，又添加了所谓“水脚银”、“补平银”、“挂牌银”、“当年费”、“班头费”、“年节费”、“通书费”、“伙食费”和“脚价费”等数十种额外负担，对棚民百姓肆意盘剥。道光末年，每石米仓规定只要缴纳7吊500文，但落实到怀远都各户时，却增加到15吊乃至16吊。也就是说，怀远都人完粮折价竟是当地土著的两倍。①

编入棚籍的怀远都人，不仅受到地方贪官污吏的盘剥，而且在法律上也受到种种歧视。道光三十年（1850），怀远籍绅士曾咏春、李林等人，激于对地方图差大肆盘剥怀远人的义愤，联名到州衙告状，要求处置图差。但是，出于对怀远人的歧视，州衙不仅不准，而且认定曾咏春等人是诬告，并声言如果再告，必将以“率渎违征”治罪。曾咏春等人不服，随即控至南昌府，又不准，再分别上诉至按察司和布政司，最后一直上诉至巡抚院。结果不仅没有告准，反而以“漕棍主唆”和“紊乱枢交”罪名，被知州革去功名顶戴。②

至于子弟进入官学就读以及参加科举考试，棚籍与土著更是有霄壤之别。最初，清政府在规划江西棚民的入籍时，对棚民子弟的考试资格作过这样的硬性规定：棚民入籍以后，其子弟“于义学课习，五年后得一体考试，卷面令注‘棚童’字样”③。由于棚民大多居住在深山僻远之处，交通闭塞，很难就近进入“义学”读书，故而，这样的规定，对大多数的棚民子弟而言，无疑是变相地取消了他们的考试资格。一些地方学政，也看到了其中的弊端，故而，请求放宽限制：

棚民子弟读书愈众，现今文武童生合例者，万载县已及七百多名，宁州、武宁、新昌等县，多以百计，少亦不下数十名。再越数年，今之尚未符例者，又复踵起；今之尚未报名者，闻风踵至。日见其多，蒸蒸蔚起矣。惟是，曾入义学读书，十不能一二。盖缘棚民多居山僻，距城穹远，欲赴义学，未免艰难。倘限于定例，不准应试，则阻其上进之门。即自今伊始入义学，犹须尚待五义，少者已壮，长者已老，锐志蹉跎，亦堪惋惜。宜请概准与试，以

① 修水县客家研究会编：《客家人在修水》，1999年铅印本，第151页。

② 修水县客家研究会编：《客家人在修水》，第151页。

③（清）乾隆《义宁州志》卷4《户口》。

广皇仁。[①]

雍正九年（1731），礼部对江西棚民的考试问题作出新的规定，取消了入义学五年的先决条件，但同时又附加了“入籍在二十年以上，有田庐、坟墓者”等条件。[②] 尽管如此，棚民子弟的科举考试权，还是得到了基本的落实。

在落实了科举考试权之后，棚民与土著之间围绕着学额问题，又产生了新的矛盾。众所周知，清代府、州、县学每年录取生员的数量都有定额，即所谓的“学额”。棚民入籍，并在入籍地参加考试，势必要占取有限的学额，从而构成对当地土著利益的直接影响。正因为如此，棚民与土著之间，围绕着学额问题，曾展开了长期的争夺。

早在雍正二年，清政府在规划棚民的入籍问题时，就曾对江西棚籍的学额作过明确的规定。据《清会典则例》记载：

（雍正二年上谕）江西棚民近年读书愈众，令地方官按入籍二十年以上，有田粮、庐墓者，随所在各州县考试。童生满五十以上，额外取进一名，百人以上二名，二百人以上三名，最多以四名为率。如不足五十人，令与本籍童生凭文考取。[③]

雍正九年，清政府再次就江西棚民的学额问题作出明文规定：

（雍正九年）定江西棚民入学之制。凡江西棚民内文武童生，入籍在二十年以上，有田庐、坟墓者，准其在各居住之州县一体考试。其入学额数，五十名取进一名，百名取进二名，二百名取进三名，其最多亦以四名为率。其不满五十名者，仍与土籍童生一体凭文考取。[④]

乾隆《义宁州志》的记载与此大同小异：棚民子弟于“义学课习，五年后得一体考试，卷面令注‘棚童’字样，每童生五十名进取一名，百名以上取二名，二百名以上取三名，其最多统以四名为率”[⑤]。

然而，随着人口的不断增长，对棚童学额的这样硬性规定，越来越严重

① （清）李阑：《请棚民子弟应试详文》，乾隆《江西通志》卷145《艺文》。
② 《清朝文献通考》卷70《学校考八》。
③ 《清会典则例》卷68《学校一》。
④ 《清朝文献通考》卷70《学校考八》。
⑤ （清）雍正《义宁州志》卷4《户口》。

地限制了棚民子弟读书进取之途。正因为如此，武宁等县的棚民，遂开始想方设法，力图突破这种限制，以获得更多的学额。在当地土著看来，棚童学额的增加，就意味着土著学额的减少。故而，他们强烈予以反对。在土著看来，“武宁儒童现在应考者不下八九百人，入学定额八名。（棚民）若入籍年久，遂可改为本籍。现在棚民有一万三千之多，将来人人效尤，呼朋引类，蕞尔有限之额，尽归冒籍，额外另取之例，渐成具文”。结果，土著的意见，得到地方政府的认可：“乾隆十九年，知县邹应元据绅士呈详，蒙上宪念武额隘，不堪搀挤，而异民本有棚籍可考，应令……悉归棚籍考试，檄示永为定例。”① 棚民的努力以失败而告终。

乾隆二十八年（1763），由于应试棚民数量的减少，赣西北的宁州、武宁、靖安、奉新、宜春和万载等州县的棚童，“改归土著考试”。② 据《清朝文献通考》记载：

（乾隆）二十八年，定江西棚民之学悉归土籍之例。先是雍正九年定棚民别额取进之例，至是议准归土籍考试，毋庸另立棚籍，以杜冒占。③

经过这次改变，赣西北一带的土客矛盾再度激化起来。尤其是在万载县，由于棚民数量众多，土客矛盾更加尖锐。为了缓和土客双方在学额问题上的矛盾，政府决定扩大入学的名额，“文童加额四名，武童加额一名”，④ 按童生成绩录取，不分棚籍土籍。然而，由于棚籍童生的成绩往往高于土籍童生，故而录取时往往超过原定的四名限额，从而再次引起土著的不满。最后，礼部经过讨论，还是决定土棚份额，将增加的文童四名、武童一名，作为棚童录取的定额。

在这以后，棚民与土著围绕着科举考试权和学额而展开的争夺虽有所缓和，但是，双方的矛盾与冲突却并没有从根本上消除。直到20世纪20年代后期，毛泽东在《井冈山的斗争》一文中还指出：“（湘赣）边界各县还有一件特别的事，就是土客籍的界限。土著籍的本地人和数百年前从北方移来的客籍之间存在着很大的界限，历史上的仇怨非常深，有时发生很激烈的斗争。

① （清）雍正《武宁县志》卷30《杂记》。

② 《清高宗实录》卷686，乾隆二十八年五月戊辰。

③ 《清朝文献通考》卷71《学校考九》。

④ 《清仁宗实录》卷134，嘉庆九年九月甲辰。

这种客籍人从闽粤边地，沿湘、赣两省边界，直到鄂南，大概有几百万。客籍占领山地，为占领平地的土籍人所压迫，素无政治权力。”① 可见，清政府设置棚籍所留下来的社会问题，其影响是何等的深远。

（三）广东中南部

如前所述，客家移民向广东中南部一带的大规模迁移，是在“迁海”造成广东南部沿海地区大量人口耗减的这一背景下开展起来的。由于“迁海”涉及广东南部沿海的各府州县，故而，客家移民在向广东中南部一带迁移时，往往是见缝插针。这一迁移模式使得客家移民在广东中南部一带的空间分布，明显地呈现出大分散、小聚居的格局。从前文的移民统计数据不难看出，客家移民在肇庆府、罗定州、高州、廉州和雷州的人口格局中，一般只占有10%左右的比例；只有在广州府，这一比例稍高，其中，新宁县（今台山市）的比例最高，移民占当地人口总数的33%，在花县、新安（今深圳和香港）和东莞三县，移民占当地人口的比例在20%～25%之间，其余各县（厅）也都在10%左右。这一数据表明，与广东中南部一带强大的土著社会相比，客家移民只是其中的少数。广东中南部地区的土客关系，在很大程度上就是由土客人口的这一结构所决定的。

正是由于客家移民在各地的人口格局中所占的比例不尽相同，故而，移民在不同区域的定居落籍过程也各不相同。大致而言，在一些移民人口相对较少的区域，如肇庆府的鹤山、恩平、开平、阳春、阳江等县，移民的入籍过程就比较顺利；反之，在移民人口比较集中的区域，如广州府的新宁、新安等县，移民的入籍过程则一波三折。道光《新宁县志》记载说：

今据广东巡抚图萨布奏称，新宁县沿海地宽，先于雍正年间及乾隆五、六年等，有惠、潮各属及闽省人民曾、廖等姓，陆续就耕，积至二千余户，屡请入籍，皆为土著所阻。②

民国《赤溪县志》的记载则更为详细：

雍正十年（1732），督粮道陶正中至新宁、开平、恩平等县，劝令垦，民悉领地开耕。时新宁知县王暠，亦以垦辟自任，详报省宪开畸畛图，准立户

① 毛泽东：《毛泽东选集》，第1卷，北京：人民出版社，1966年，第73页。
② （清）道光《新宁县志》卷7《经政略》。

升科，完纳税粮。乾隆初，惠、潮、嘉人来垦者仍众，至是生齿日繁。读书人士，难归原籍，各请就近入籍考试。鹤山、高平、开平、恩平等县，客民占居者众，得与土民一同应考。独新宁客民屡请入籍考试，皆为土著所阻。[①]

综合以上两段材料，我们便不难看出，晚至乾隆初年，当肇庆府属之鹤山、高平、开平和恩平等县的客家移民均已完成定居落籍，“得与土民一同应考”之时，新宁县的移民，尽管也“立户升科，完纳税粮”，但是其“入籍考试”之请，却“为土著所阻”。客家移民在新宁县与鹤山府属各县的境遇，之所以存在如此重大的差别，原因就在于土客人口的比例。正像移民史学者所分析的那样：“在新宁县以外的各县，由于客家移民大体仅占当地人口总数的十分之一左右，难以对土著的学额产生大的威胁。新宁则不同，客家人口众多，乾隆后期已达15万之众，可能占该县人口总数的三分之一左右。他们对土著权利的侵占要比其他县严重得多。”[②]

直到乾隆中期，新宁境内的客家移民，才正式开始定居落籍的过程。据道光《新宁县志》记载：

乾隆二十九年（1764），学臣边继祖奏请入籍加额。经部臣驳查，当将各客童等照例拨回原籍报册……钦奉谕旨查办，当即委员前往新宁清查，现在客户共二千二百零四户，内有田粮庐墓，已符年例，难以回原籍，共四百零四名，以文艺粗通者百有余名，请附籍新宁应试，仿照商籍及江西棚民、四川眉州等属之例，酌加文童二名、武童一名，另编客籍字号录取。[③]

民国《赤溪县志》记载与此大致相同：

迨乾隆二十九年，（新宁）客童廖洪等赴都察院具控，奉谕旨着广东巡抚图萨布查奏，经部议复准新宁另编客籍考试，取进文武生员。于是客童有上进之阶，膺贡举而登仕版者代有人矣。[④]

新安境内的客家移民，其入籍时间则更晚。据嘉庆《新安县志·学制》记载：

新安自复界以来，土广人稀，奉文招垦军田，客民或由江西、福建，或

---

① （民国）《赤溪县志》卷8《赤溪开县事纪》。

② 曹树基：《中国移民史》，第6卷，福州：福建人民出版社，1997年，第396页。

③ （清）道光《新宁县志》卷7《经政略》。

④ （民国）《赤溪县志》卷8《赤溪开县事纪》。

由本省惠、潮、嘉等处陆续来新，承垦军田并置民业。自康熙五十五年（1716），奉例开设军籍文武学额各二名，至雍正十三年（1735）裁，并军民通考。迨嘉庆七年，奉旨设客籍学额，岁试取进文武各二名，科试取进文学二名，拨入广州府学……其捐纳贡监职员者，亦注明客籍字样，以免牵混。

综合新宁、新安二县的情况，我们不难发现，在广东中南部客家移民人口比较集中的县份，移民的入籍过程大致与赣西北的棚民情况相似。道光《新宁县志》所谓“仿照江西棚民之例”，说的就是这个意思。即移民在迁入地居住20年以上、并在当地拥有田产庐墓者，方可入籍。移民入籍以后，其子弟可以在当地参加考试，但试卷上需注明“客籍”字样，且学额由政府另外划拨。

不过，如果细加分析，编入“客籍”的移民，与编入“棚籍”的棚民之间，在社会身份上还是不完全相同的。在赣西北地区，编入“棚籍”的棚民，在社会身份上本身就低土著一等；但是，被编入“客籍”的移民，至少在理论上与土著是平等的。正是由于这种社会身份上的平等，使得“客籍”移民在定居落籍之后，并没有产生类似于赣西北棚民阶层的那种被歧视感和被压迫感。正像民国《赤溪县志》所总结的那样，当客家移民以“客籍”的方式定居落籍之后，“各县土客相处，百余年来，向无猜嫌。客民因方言与土著有别，又性坚毅，不苟随人，彼此似难融化。然偶或龃龉，一经调停，即可冰释，犹相安也”①。说客家移民入籍以后，百余年间与土著“向无猜嫌”，可能有点言过其实，但在咸（丰）同（治）之前没有发生过类似于赣西北地区的那样严重的土客冲突，倒也是历史的真实。

然而，随着时间的推移，“客籍”与华南土著之间“向无猜嫌”的局面，终于难以维持。正像罗香林所说的那样：“乾嘉以后，客家在台山（新宁）、开平、四会一带者，因人口激增，势力扩展，始则租赁土人的田地，以耕以殖，继则渐次设法收买，形成与土人相对竞争的局势。”② 正是在双方的这一“竞争”过程中，土客矛盾与冲突开始日益突显起来。

如同闽粤移民进入赣南、赣西北和浙西南地区一样，迁入广东中南部一

① （民国）《赤溪县志》卷8《赤溪开县事纪》。
② 罗香林：《客家研究导论》，台北：南天书局，1992年，第62页。

带的客家移民，主要也是通过租种当地土著的田地而开始其生产与生计的。由于客家移民在当地的人口格局中所占的比例不高，故而，在清代中叶以前，当地的租佃关系一直是由土著“田主”来主导的。正像清季恩平的土著士绅陈坤所说的那样：“恩平客民，乃惠、潮、嘉三州之人。雍正年间流寓广、肇二属各州县，开垦住聚，自为村落，佣力营生，土民奴隶视之。”① 所谓“土民奴隶视之”，正说明在当地的租佃关系中土著社会所拥有的压倒性的优势地位。然而，随着移民的定居落籍，反客为主的现象也时有发生。正是在这一背景之下，土客双主围绕着租佃关系，展开了新的攻防。据民国《增城县志》记载：

（客民）男女俱习田功，且耐劳苦，本亦可取。其见恨于人者，在佃耕之例。其例有长批，有短批。长批预定年限，或以永远为期。硗瘠之土，一经（客民）承佃，辄不惜工费以渔利，而田主莫能取盈。转佃他人，亦必先索其值。甚至佃经数易，田主仍有不知者。短批腴壤居多，听田主逐年招佃。然名为更招，仍不外原佃族党。苟非其人，则怙势凭凌，争讼随之。至其岁纳之租，共立成例，十常不及七八。田主之懦者，则其数更减。税业被其陇断，收息既微，不得已而议卖，他人无敢售者，彼乃短勒其价而得之。此则客民恶习，为土著所差叹者也。②

显然，以华南的土著“田主”为一方，以客家移民佃户为另一方，双方围绕着租佃关系中的租额、批赁权、转佃权以及土地买卖等，展开了激烈的攻防。从上文的“佃经数易，田主仍有不知者”和“名为更招，仍不外原佃族党”等情况来看，移民佃户正像他们在赣南的乡党一样，已在双方的攻防过程中占据一定的优势。不过，广东中南部地区的客家移民佃户，始终没有通过暴力的形式来解决他们与土著田主之间的租佃矛盾。之所以如此，土客双方力量的悬殊对比，无疑是一个重要的因素。与赣南地区“土弱客强”或“客浮于主”的情况完全不同，在华南地区，客家移民面对的是一个庞大的土著社会系统。正像有研究者所分析的那样：“清初至清中期粤东北客家的南

① （清）陈坤：《粤东剿匪纪》，转引自刘平：《被遗忘的战争：咸丰同治年间广东土客大械斗研究》，北京：商务印书馆，2003 年，第 50 ～ 51 页。

② （民国）《增城县志》卷 1《客民》。

迁，并没有将他们在闽粤赣交界之区‘反客为主’的历史重演，因为此时他们所遭遇的已不是畲、瑶等少数民族，而是与他们一脉同源、先期进入粤中、粤西地区的汉族移民后裔……较之客家人，他们文化同样先进，根基更是深固。”① 正是土客双方这种一强一弱的悬殊对比，决定了华南地区的土客矛盾不至于在短时间内演化为激烈的暴力冲突。至于双方最终在清季的咸（丰）同（治）年间爆发“仇杀十四年，屠戮百余万，焚毁数千村”的大规模武装械斗，② 则是在近代特定的历史背景下华南地区各种社会矛盾交互作用的结果。③

① 刘平：《被遗忘的战争：咸丰同治年间广东土客大械斗研究》，北京：商务印书馆，2003 年，第 59 ～ 60 页。

② （民国）《赤溪县志》卷 8《赤溪开县事纪》。

③ 有关咸（丰）同（治）年间广东土客大械斗原因的分析，可参见刘平：《被遗忘的战争：咸丰同治年间广东土客大械斗研究》，北京：商务印书馆，2003 年，第 5 ～ 86 页。

# 附录　主要引用文献

## 一、史籍


1.（汉）司马迁：《史记》，北京：中华书局，1997。
2.（汉）班固：《汉书》，北京：中华书局，1997。
3.（南朝）范晔：《后汉书》，北京：中华书局，1997。
4.（晋）陈寿：《三国志》，北京：中华书局，1997。
5.（南朝）沈约：《宋书》，北京：中华书局，1997。
6.（南朝）萧子显：《南齐书》，北京：中华书局，1997。
7.（北朝）魏收：《魏书》，北京：中华书局，1997。
8.（唐）姚思廉：《梁书》，北京：中华书局，1997。
9.（唐）姚思廉：《陈书》，北京：中华书局，1997。
10.（唐）李百药：《北齐书》，北京：中华书局，1997。
11.（唐）令狐德芬等：《周书》，北京：中华书局，1997。
12.（唐）魏徵等：《隋书》，北京：中华书局，1997。
13.（唐）房玄龄等：《晋书》，北京：中华书局，1997。
14.（唐）李延寿：《南史》，北京：中华书局，1997。
15.（唐）李延寿：《北史》，北京：中华书局，1997。
16.（五代）刘煦等：《旧唐书》，北京：中华书局，1997。
17.（宋）欧阳修等：《新唐书》，北京：中华书局，1997。
18.（宋）薛居正等：《旧五代史》，北京：中华书局，1997。
19.（宋）欧阳修：《新五代史》，北京：中华书局，1997。

20.（元）脱脱：《宋史》，北京：中华书局，1997。

21.（明）宋濂等：《元史》，北京：中华书局，1997。

22.（清）张廷玉等：《明史》，北京：中华书局，1997。

23.（唐）杜佑：《通典》，北京：中华书局，1988。

24.（宋）司马光：《资治通鉴》，北京：中华书局，1997。

25.（宋）徐梦莘：《三朝北盟会编》，文渊阁四库全书本。

26.（宋）李心传：《建炎以来系年要录》，文渊阁四库全书本。

27.（宋）李焘：《续资治通鉴长编》，文渊阁四库全书本。

28.（宋）佚名：《宋季三朝政要》，文渊阁四库全书本。

29.（宋）佚名：《宋史全文》，文渊阁四库全书本。

30.（宋）佚名：《两朝纲目备要》，文渊阁四库全书本。

31.（宋）罗泌：《路史》，文渊阁四库全书本。

32.（元）马端临：《文献通考》，文渊阁四库全书本。

33.（元）刘一清：《钱塘遗事》，文渊阁四库全书本。

34.（明）《明会典》，文渊阁四库全书本。

35.（清）谷应泰：《明史纪事本末》，文渊阁四库全书本。

36.（清）吴任臣：《十国春秋》，北京：中华书局，1983。

## 二、地理、地志

### （一）总志类

1.（唐）李吉甫：《元和郡县志》，贺次君点校本，北京：中华书局，1983。

2.（宋）乐史：《太平寰宇记》，金陵书局光绪八年（1882）刻本。

3.（宋）王存：《元丰九域志》，王文楚等点校本，北京：中华书局，1984。

4.（宋）欧阳忞：《舆地广记》，武英殿聚珍版丛书本。

5.（宋）王象之：《舆地纪胜》，道光二十九年（1849）刊本。

6.（宋）祝穆：《方舆胜览》，文渊阁四库全书本。

7.（明）李贤：《明一统志》，文渊阁四库全书本。

8.（明）王士性：《广志绎》，周振鹤点校本，上海：上海古籍出版社，1993。

9.（清）乾隆《清一统志》，文渊阁四库全书本。

10.（清）嘉庆《重修清一统志》，四部丛刊续编本。

（二）地方史志类

1.（唐）刘恂：《岭表录异》，鲁迅辑本，广州：广东人民出版社，1983。

2.（宋）范成大：《桂海虞衡志》，胡起望等点校本，成都：四川民族出版社，1986。

3.（宋）周去非：《岭外代答》，文渊阁四库全书本。

4.（宋）胡太初：《临汀志》，福州：福建人民出版社，1990。

5.（明）赵秉忠：《江西舆地图说》，纪录汇编本。

6.（明）王世懋：《闽部疏》，续修四库全书本，上海：上海古籍出版社，2003。

7.（明）嘉靖《广东通志》，广东省地方志办公室，1997年誊印本。

8.（明）嘉靖《赣州府志》，上海：上海古籍书店，1962。

9.（明）嘉靖《南安府志》，上海：上海书店，1990。

10.（明）嘉靖《汀州府志》，上海：上海书店，1990。

11.（明）嘉靖《惠州府志》，上海：上海古籍书店，1961。

12.（明）嘉靖《南雄府志》，上海：上海古籍书店，1961。

13.（明）嘉靖《南康县志》，上海：上海书店，1990。

14.（明）嘉靖《清流县志》，上海：上海书店，1990。

15.（明）嘉靖《兴宁县志》，嘉靖三十一年（1543）刻本。

16.（清）张尚瑗：《潋水志林》，兴国县地方志办公室，2001年重印本。

17.（清）康熙《连城县志》，北京：方志出版社，1997。

18.（清）康熙《宁化县志》，福州：福建人民出版社，1989。

19.（清）康熙《武平县志》，康熙三十八年（1699）刻本。

20.（清）屈大均：《广东新语》，北京：中华书局，1985。

21.（清）姚虞：《岭海舆图》，文渊阁四库全书本。

22.（清）雍正《江西通志》，文渊阁四库全书本。

23.（清）雍正《广东通志》，文渊阁四库全书本。

24.（清）乾隆《浙江通志》，文渊阁四库全书本。

25.（清）乾隆《福建通志》，文渊阁四库全书本。

26.（清）乾隆《赣州府志》，同治六年（1867）刻本。

27.（清）乾隆《汀州府志》，北京：方志出版社，2004。

28.（清）乾隆《上杭县志》，乾隆二十五年（1760）刻本。

29.（清）乾隆《镇平县志》，乾隆四十八年（1783）刻本。

30.（清）嘉庆《平远县志》，嘉庆二十五年（1820）刻本。

31.（清）道光《广东通志》，续修四库全书本，上海：上海古籍出版社，2003。

32.（清）道光《永安三志》，道光二年（1822）刻本。

33.（清）道光《定南厅志》，道光五年（1825）刻本。

34.（清）道光《瑞金县志》，道光二年（1822）刻本。

35.（清）道光《安远县志》，道光三年（1823）刻本。

36.（清）道光《龙南县志》，道光六年（1826）刻本。

37.（清）道光《义宁州县》，道光四年（1824）刻本。

38.（清）咸丰《兴宁县志》，1929年铅印本。

39.（清）同治《南安府志》，同治七年（1868）刻本。

40.（清）同治《赣州府志》，同治十二年（1873）刻本。

41.（清）同治《崇义县志》，同治六年（1867）刻本。

42.（清）同治《安远县志》，同治十一年（1872）刻本。

43.（清）同治《雩都县志》，于都县志编纂委员会办公室1986年油印本。

44.（清）同治《义宁州志》，同治十二年（1873）刻本。

45.（清）同治《兴国县志》，同治十一年（1872）刻本。

46.（清）同治《汀州府志》，同治六年（1867）刻本。

47.（清）光绪《江西通志》，续修四库全书本，上海：上海古籍出版社，2003。

48. （清）光绪《长汀县志》，光绪五年（1879）刻本。

49. （清）光绪《漳州府志》，光绪三年（1877）刻本。

50. （清）光绪《长宁县志》，光绪七年（1881）刻本。

51. （清）光绪《龙南县志》，光绪二年（1876）刻本。

52. （清）光绪《惠州府志》，光绪七年（1881）刻本。

53. （清）光绪《嘉应州志》，光绪二十四年（1898）刊本。

54. （民国）《上杭县志》，启文书局1938年铅印本。

55. （民国）《长汀县志》，1941年石印本。

56. （民国）《连城县志》，1938年石印本。

57. （民国）《大埔县志》，1943年铅印本。

58. （民国）《丰顺县志》，1943年铅印本。

59. 新编《赣州地区志》，北京：新华出版社，1994。

60. 新编《赣县志》，北京：新华出版社，1991。

61. 新编《于都县志》，北京：新华出版社，1991。

62. 新编《上犹县志》，上犹县志编纂委员会，1992年油印本。

63. 新编《安远县志》，北京：新华出版社，1993。

64. 新编《信丰县志》，南昌，江西人民出版社，1990。

65. 新编《瑞金县志》，北京：中央文献出版社，1992。

66. 新编《会昌县志》，北京：新华出版社，1993。

67. 新编《大余县志》，海南，三环出版社，1990。

68. 新编《南康县志》，北京：新华出版社，1993。

69. 新编《崇义县志》，海南，海南人民出版社，1989。

70. 新编《宁都县志》，宁都县志编纂委员会，1986年油印本。

71. 新编《石城县志》，北京：书目文献出版社，1989。

72. 新编《龙南县志》，北京：中共中央党校出版社，1994。

73. 新编《定南县志》，定南县志编纂委员会，1990年油印本。

74. 新编《全南县志》，南昌，江西人民出版社，1995。

75. 新编《寻乌县志》，北京：新华出版社，1996。

76. 新编《遂昌县志》，南昌，江西人民出版社，1996。
77. 新编《万安县志》，合肥：黄山书社，1996。
78. 新编《泰和县志》，北京：中共中央党校出版社，1993。
79. 新编《井冈山志》，北京：新华出版社，1997。
80. 新编《广昌县志》，上海：上海社会科学院出版社，1994。
81. 新编《福建省志·方言志》，北京：方志出版社，1998。
82. 新编《龙岩地区志》，上海：上海人民出版社，1992。
83. 新编《宁化县志》，福州：福建人民出版，1992。
84. 新编《清流县志》，北京：中华书局，1994。
85. 新编《明溪县志》，北京：方志出版社，1997。
86. 新编《长汀县志》，北京：三联书店，1993。
87. 新编《连城县志》，北京：群众出版社，1993。
88. 新编《武平县志》，北京：中国大百科全书出版社，1993。
89. 新编《永定县志》，北京：中国科学技术出版社，1994。
90. 新编《上杭县志》，福州：福建人民出版社，1993。
91. 新编《龙岩市志》，北京：中国科学技术出版社，1993。
92. 新编《漳平县志》，北京：三联书店，1995。
93. 新编《南靖县志》，北京：方志出版社，1997。
94. 新编《平和县志》，北京：群众出版社，1994。
95. 新编《云霄县志》，北京：方志出版社，1999。
96. 新编《诏安县志》，北京：方志出版社，1999。
97. 新编《广东省志·地理志》，广州：广东人民出版社，1999。
98. 新编《广东省志·少数民族志》，广州：广东人民出版社，2000。
99. 新编《梅州市志》，广州：广东人民出版社，1999。
100. 新编《梅县志》，广州：广东人民出版社，1994。
101. 新编《大埔县志》，广州：广东人民出版社，1992。
102. 新编《兴宁县志》，广州：广东人民出版社，1992。
103. 新编《五华县志》，广州：广东人民出版社，1991。
104. 新编《蕉岭县志》，广州：广东人民出版社，1992。

105. 新编《平远县志》，广州：广东人民出版社，1993。
106. 新编《丰顺县志》，广州：广东人民出版社，1995。
107. 新编《龙川县志》，广州：广东人民出版社，1994。
108. 新编《紫金县志》，广州：广东人民出版社，1994。
109. 新编《和平县志》，广州：广东人民出版社，1999。
110. 新编《连平县志》，北京：中华书局，2001。
111. 新编《翁源县志》，广州：广东人民出版社，1997。
112. 新编《新丰县志》，广州：广东人民出版社，1998。
113. 新编《龙门县志》，广州：广东人民出版社，1995。
114. 新编《汕头市志》，北京：新华出版社，1999。
115. 新编《饶平县志》，广州：广东人民出版社，1994。
116. 新编《揭西县志》，广州：广东人民出版社，1994。
117. 新编《普宁县志》，广州：广东人民出版社，1995。
118. 新编《乐昌县志》，广州：广东人民出版社，1994。
119. 新编《仁化县志》，仁化县志编纂委员会，1992 年油印本。
120. 新编《始兴县志》，广州：广东人民出版社，1997。
121. 新编《南雄县志》，广州：广东人民出版社，1991。
122. 新编《乳源县志》，广州：广东人民出版社，1997。
123. 新编《曲江县志》，北京：中华书局，1999。
124. 新编《从化县志》，广州：广东人民出版社，1994。
125. 新编《增城县志》，广州：广东人民出版社，1995。
126. 新编《博罗县志》，北京：中华书局，2001。

## 三、文集、笔记

1.（宋）欧阳修：《文忠集》，四部丛刊初编本。
2.（宋）司马光：《涑水记闻》，文渊阁四库全书本。
3.（宋）苏轼：《东坡全集》，文渊阁四库全书本。
4.（宋）苏辙：《栾城后集》，文渊阁四库全书本。

5.（宋）苏辙：《龙川志略》，北京：中华书局，1983。
6.（宋）范致明：《岳阳风土记》，文渊阁四库全书本。
7.（宋）曾敏行：《独醒杂志》，文渊阁四库全书本。
8.（宋）陈淳：《北溪大全集》，文渊阁四库全书本。
9.（宋）李弥逊：《筠溪集》，文渊阁四库全书本。
10.（宋）吴泳：《鹤林集》，文渊阁四库全书本。
11.（宋）魏泰：《东轩笔录》，北京：中华书局，1983。
12.（宋）方勺：《泊宅编》，北京：中华书局，1983。
13.（宋）李纲：《梁溪集》，文渊阁四库全书本。
14.（宋）曾丰：《缘督集》，文渊阁四库全书本。
15.（宋）赵鼎：《忠正德文集》，文渊阁四库全书本。
16.（宋）真德秀：《真西山文集》，文渊阁四库全书本。
17.（宋）张守：《毗陵集》，文渊阁四库全书本。
18.（宋）庄绰：《鸡肋编》，文渊阁四库全书本。
19.（宋）彭龟年：《止堂集》，文渊阁四库全书本。
20.（宋）杨万里：《诚斋集》，四部丛刊初编本。
21.（宋）楼钥：《攻愧集》，四部丛刊初编本。
22.（宋）叶适：《水心集》，文渊阁四库全书本。
23.（宋）蔡戡：《定斋集》，文渊阁四库全书本。
24.（宋）岳珂：《金佗粹编》，文渊阁四库全书本。
25.（宋）李昴英：《文溪集》，文渊阁四库全书本。
26.（宋）朱熹：《晦庵集》，四部丛刊初编本。
27.（宋）赵汝腾：《庸斋集》，文渊阁四库全书本。
28.（宋）周必大：《文忠集》，文渊阁四库全书本。
29.（宋）方大琮：《铁庵集》，文渊阁四库全书本。
30.（宋）刘克庄：《后村先生大全集》，四部丛刊初编本。
31.（宋）魏了翁：《鹤山集》，文渊阁四库全书本。
32.（宋）黄幹：《勉斋集》，文渊阁四库全书本。
33.（宋）文天祥：《文山集》，四部丛刊初编本。

34. （宋）陈元晋：《渔墅类稿》，文渊阁四库全书本。
35. （元）刘埙：《水云村稿》，文渊阁四库全书本。
36. （元）柳贯：《待制集》，文渊阁四库全书本。
37. （元）刘仁本：《羽庭集》，文渊阁四库全书本。
38. （元）刘鹗：《惟实集》，文渊阁四库全书本。
39. （元）王恽：《秋涧集》，文渊阁四库全书本。
40. （元）姚燧：《铁庵集》，文渊阁四库全书本。
41. （元）卢琦：《圭峰集》，文渊阁四库全书本。
42. （元）王礼：《麟原文集》，文渊阁四库全书本。
43. （元）贡师泰：《玩斋集》，文渊阁四库全书本。
44. （元）刘将孙：《养吾斋集》，文渊阁四库全书本。
45. （明）林弼：《林登州集》，文渊阁四库全书本。
46. （明）徐溥：《谦斋文录》，文渊阁四库全书本。
47. （明）王直：《抑庵文集》，文渊阁四库全书本。
48. （明）吴宽：《家藏集》，文渊阁四库全书本。
49. （明）黄仲昭：《未轩文集》，文渊阁四库全书本。
50. （明）林俊：《见素集》，文渊阁四库全书本。
51. （明）王鏊：《震泽集》，文渊阁四库全书本。
52. （明）罗屺：《圭峰集》，文渊阁四库全书本。
53. （明）王守仁：《王文成全书》，四部丛刊初编本。
54. （明）谭纶：《谭襄敏奏议》，文渊阁四库全书本。
55. （明）叶春及：《石洞集》，文渊阁四库全书本。
56. （明）何乔新：《椒邱文集》，文渊阁四库全书本。
57. （明）海瑞：《海瑞集》，北京：中华书局，1962。
58. （明）王世贞：《弇州四部稿》，文渊阁四库全书本。
59. （明）王世贞：《弇山堂别集》，文渊阁四库全书本。
60. （明）程敏政：《篁墩文集》，文渊阁四库全书本。
61. （明）张宁：《方洲集》，文渊阁四库全书本。
62. （明）潘希曾：《竹简奏议》，文渊阁四库全书本。

63.（明）马文升：《马端肃奏议》，文渊阁四库全书本。

64.（明）潘季驯：《潘司空奏疏》，文渊阁四库全书本。

65.（清）魏礼：《魏季子文集》，《宁都三魏文集》，道光二十五年（1845）本。

66.（清）傅恒：《清职贡图》，文渊阁四库全书本。

67.（清）蓝鼎元：《鹿洲初集》，文渊阁四库全书本。

## 四、类书、文献汇编

1.《全唐文》，上海：上海古籍出版社，1990。

2.《全唐诗》，北京：中华书局，1999。

3.《艺文类聚》，文渊阁四库全书本。

4.《太平御览》，文渊阁四库全书本。

5.《永乐大典》，北京：中华书局，1959—1960 年影印本。

6.（明）杨士奇：《历代名臣奏议》，文渊阁四库全书本。

7.（清）蒋廷锡：《古今图书集成》，北京：中华书局，1934 年影印本。

## 五、研究论著

1. 罗常培：《临川音系》，北京：中国科学出版社，1958。

2. 梁方仲：《中国历代户口、田地、田赋统计》，上海：上海人民出版社，1980。

3. 百越民族史研究会编：《百越民族史论集》，北京：中国社会科学出版社，1982。

4. 蒙文通：《越史丛考》，北京：人民出版社，1983。

5. 百越民族史研究会编：《百越民族史论丛》，南宁：广西民族出版社，1985。

6. 施联朱、蒋炳钊：《畲族社会历史调查》，福州：福建人民出版社，1986。

7. 周振鹤、游汝杰：《方言与中国文化》，上海：上海人民出版社，1986。

8. 谭其骧：《长水集》上、下，北京：人民出版社，1987。

9. 施联朱编：《畲族研究论文集》，北京：民族出版社，1987。

10. 陈国强、蒋炳钊等：《百越民族史》，北京：中国社会科学出版社，1988。

11. 罗香林：《客家源流考》，北京：中国华侨出版公司，1989。

12. 罗香林：《客家研究导论》，台北：南天书局，1992。

13. 李如龙、张双庆：《客赣方言调查报告》，厦门：厦门大学出版社，1992。

14. 吴永章：《瑶族史》，成都：四川民族出版社，1993。

15. 房学嘉：《客家源流探奥》，广州：广东高等教育出版社，1994。

16. 谢重光：《客家源流新探》，福州：福建教育出版社，1995。

17. 罗美珍、邓小华：《客家方言》，福州：福建教育出版社，1995。

18. 赖际熙：《崇正同人系谱》，香港：香港崇正总会1995年影印本。

19. 王东：《客家学导论》，上海：上海人民出版社，1996。

20. 陈支平：《客家源流新论》，南宁：广西教育出版社，1997。

21. 刘正刚：《闽粤客家人在四川》，南宁：广西教育出版社，1997。

22. 葛剑雄、吴松弟、曹树基：《中国移民史》，第1～6卷，福州：福建人民出版社，1997。

23. 周振鹤：《中国历史文化区域研究》，上海：复旦大学出版社，1997。

24. 周振鹤：《中华文化通志·地方行政制度志》，上海：上海人民出版社，1998。

25. 盘承乾、陈元煦等：《中华文化通志·瑶、畲族文化志》，上海：上海人民出版社，1998。

26. 董楚平、金永平：《中华文化通志·吴越文化志》，上海：上海人民出版社，1998。

27. 张永祥、曹翠云：《中华文化通志·苗族文化志》，上海：上海人民出版社，1998。

28. 周振鹤：《学腊一十九：周振鹤自选集》，济南：山东教育出版社，1999年。

29. 陈支平：《福建六大民系》，福州：福建人民出版社，2000。

30. 吴松弟：《中国人口史》，第3卷，上海：复旦大学出版社，2000。

31. 宫哲兵：《千家峒运动与瑶族发祥地》，武汉：武汉出版社，2001。

32. 曹树基：《中国人口史》，第4～5卷，上海：复旦大学出版社，2000。

33. 司徒尚纪：《岭南历史人文地理：广府、客家、福佬民系比较研究》，广州：中山大学出版社，2001。

34. 葛剑雄：《中国人口史》，第1卷，上海：复旦大学出版社，2002。

35. 冻国栋：《中国人口史》，第2卷，上海：复旦大学出版社，2002。

36. 蒋炳钊：《东南民族研究》，厦门：厦门大学出版社，2002。

37. 吴永章：《民族研究文集》，北京：民族出版社，2002。

38. 谢重光：《闽台客家社会与文化》，福州：福建人民出版社，2003。

39. Sow-Theng Leong. *Migration and Ethnicity in Chinese History, Hakkas, Pengmin, and Their Neighbors*, SMC Publishing Inc., Taipei, 1998.